FRANZ BAUMER

KÖNIG ARTUS

FRANZ BAUMER

KÖNIG ARTUS

UND SEIN ZAUBERREICH

EINE REISE ZU DEN URSPRÜNGEN

KOMET

Bildnachweis:
Alle Fotos aus dem Archiv des Autors.

Der Verlag konnte in einzelnen Fällen die Inhaber der Rechte an den reproduzierten Fotos nicht ausfindig machen. Er bittet, ihm bestehende Ansprüche mitzuteilen.

Lizenzausgabe für Komet Verlag GmbH, Köln
www.komet-verlag.de
Umschlagmotiv: Archiv für Kunst und Geschichte, Berlin
Gesamtherstellung: Komet-Verlag GmbH, Köln

ISBN 3-89836-258-2

Inhalt

Vorwort

Dieses Buch blättert die Geschichte eines zum Mythos gewordenen Helden auf. Nicht nur um ihn und seine Zeit geht es dabei – auch wenn Artus stets im Zentrum bleibt –, sondern auch um die Poeten späterer Jahrhunderte, durch deren Werke er und seine Ritterschaft unsterblich wurden. In kaum einer Gestalt der historischen Erinnerung sind Wirklichkeit, Sage, Dichtung und Zaubermärchen so eng ineinander verwoben wie bei der dieses britischen Helden aus dem 5. Jahrhundert. Als Sagenkönig, der dennoch nicht nur ein König der Sage war, wurde Artus mit seiner Tafelrunde und der Suche nach dem Gral in einem so hohen Maße zum Inbegriff edlen Rittertums, ja zum charismatischen Heros mit messianischen Zügen, daß seine historischen Umrisse dabei fast völlig verschwanden.
Der Mythos um König Artus, der ein »dux bellorum«, ein Heerführer gegen die Barbareneinfälle der Angeln und Sachsen ins römisch kultivierte Britannien war, reicht weit über die christliche Tradition des Mittelalters hinaus in die religiöse Welt der Frühzeit, zu den Kelten, ihren Druiden, ihren Göttinnen und Göttern. Aber auch antike Traditionen des mediterranen Raumes werden sichtbar. Nur durch eine »literarische Archäologie«, die das geschichtliche Umfeld, die insulare und kontinentale Kulturlandschaft, vor allem aber auch die Bereiche des Mythos miteinbezieht, sind unter den Ablagerungen der Jahrhunderte die Schichten einstiger Wirklichkeit freizulegen. Wir müssen uns König Artus also von vielen Seiten her nähern. Der Aufbau dieses Buches ist deshalb zyklisch. In den verschiedenen Kapiteln wird das Thema immer wieder unter anderen Aspekten eingekreist. Eine keltische Methode, wenn man so will, und kein lineares Vorwärtsstürmen, wie es dem hektischen Geist unserer Zeit entspricht. Aber gerade das Kreisend-Organische gehört mit zum Reiz einer Reise zu den Ursprüngen, wie sie hier unternommen wird.
Nicht weniger interessant als König Artus' geschichtliche Existenz ist sein Weiterleben in der Literatur, seine »zweite Wirklichkeit« seit der

höfischen Dichtung des Mittelalters. Beidem gerecht zu werden, dem historischen Artus und dem der Dichtung, ist das Ziel unserer Reise. Wir werden dabei auch mit dem Imperativ des »Gnothi seauton« konfrontiert werden, der klassischen Aufforderung zur Selbsterkenntnis, wie sie schon am Apollotempel zu Delphi stand; denn längst ist Artus und sind seine Tafelritter zu archetypischen Figuren geworden, in denen psychische Muster sichtbar sind, die wir auch in uns selber finden. Vom Archetypischen, den urtümlichen Leitbildern menschlicher Erfahrungen, die im Unbewußten liegen, wird deshalb des öfteren in diesem Buch die Rede sein.

Immer wieder wurde die Geschichte von König Artus und den Helden seiner Tafelrunde neu erzählt: im 12. und 13. Jahrhundert von dem englischen Bischof und Chronisten Geoffrey of Monmouth, den altfranzösischen Dichtern Chrétien de Troyes, Robert de Boron und Robert Wace, sowie dem deutschen Epiker Wolfram von Eschenbach, dann im 15. Jahrhundert von Sir Thomas Malory und im 19. Jahrhundert vom englischen Dichter Alfred Tennyson, vor allem aber von Richard Wagner in seinen Opern »Tristan und Isolde«, »Lohengrin« und »Parsifal«. Zahlreiche wissenschaftliche Untersuchungen, aber auch Musicals, Comics und eine Flut von esoterischer Literatur unserer Tage sind dem Artus-Thema gewidmet. Alle diese Quellen waren zu berücksichtigen. Um der Darstellung einen möglichst hohen Grad von Authentizität zu verleihen, wurden bewußt auch längere Passagen mittelalterlicher Texte zitiert. Sie sind zuweilen, auch noch bei Malory, von einer entwaffnenden Direktheit. Nicht wiederzugeben war freilich die Schönheit der höfischen Epen in ihrer ursprünglichen, mittelhochdeutschen oder altfranzösischen Versform. Deshalb wurden, mit wenigen Ausnahmen, die zum Teil recht freien Prosaübersetzungen moderner Ausgaben benutzt, deren Autoren im Literaturverzeichnis genannt sind. In seltenen Fällen nahm sich der Verfasser die Freiheit, eigene Übersetzungsversionen mit einzustreuen.

Bei der Schreibweise von Namen wurde im Text, soweit es sich nicht um Zitate handelt, die im Deutschen übliche Form benutzt. Also Artus und Ginevra für englisch Arthur und Guinevere oder die entsprechende französische Wiedergabe. Daß der mittelalterliche Parzival bei Richard Wagner Parsifal heißt, ist bekannt. Überhaupt wird der Leser feststellen, daß in den mittelalterlichen Quellen große Freizügigkeit in der Namensbezeichnung herrscht. Doch das ist weit weniger problematisch, als es die sich oft widersprechenden historischen Quellen selber sind. Sollen wir deshalb Paul Valéry recht geben, der einmal behauptete: »Die gesamte Geschichte ist eine Fälschung, und folglich ist sie nutzlos. Ich bin der Verführung der Geschichte niemals erlegen.«?

Der französische Dichter mag nicht unrecht haben, wenn Geschichtsbetrachtung sich nur auf die von vielerlei Zielsetzungen und Rücksichtnahmen eingefärbte historische Berichterstattung stützt und nicht auch auf andere, ergänzende Überlieferungen und Quellen. Dieses Buch legt besonderen Wert auf die Veranschaulichung der mythischen Hintergründe der Artusdichtung, vor allem auf die überall durchschimmernden Bezüge zu einer offensichtlich matriarchalisch bestimmten, weiblichkeitsbezogenen Vorzeit. Wenn wir die mythischen Strukturen zu erkennen und zu durchschauen versuchen, so wird das nicht zu einer »Verführung« durch den Mythos anstelle der Geschichte führen. Wo aber beide, Mythos und Geschichte, sich ergänzen, um vom kritischen Betrachter als eine Einheit analysiert zu werden, bringt uns eine Reise zu den Ursprüngen vielleicht doch einer Wahrheit näher, nach der wir suchen.

Dieses Buch will nicht zuletzt auch zu eigenen Entdeckungen anregen. Deshalb werden sowohl historische Fakten wie Schauplätze der Artusdichtung ganz konkret mit Orten und Landschaften in Verbindung gebracht, wo immer es sich anbietet, auch unter kunstgeschichtlichen Aspekten. Das Buch ist kein Reiseführer. Aber es beschreibt solche Stätten – sei es in Cornwall, in Wales, in der Bretagne, in Italien, Spanien oder Deutschland – als Kontext in einer Weise, die es dem Leser ermöglicht, sich seine eigene Route zu einer Reise auf den Spuren von König Artus zusammenzustellen. Der Verfasser kann dazu nur ermuntern. Er hat alle genannten Orte selbst wiederholt bereist und dabei stets Neues, Ergänzendes, Anregendes gefunden.

F.B.

Mythos und Wirklichkeit

»Es ist mein Vergnügen, eine durchaus hörenswerte Geschichte über den König erzählen zu können, dessen Ruhm so groß war, daß die Menschen in aller Welt noch immer von ihm sprechen.«

Chrétien de Troyes

Eine durchaus hörenswerte Geschichte

Wie eine Welt zu Anbeginn der Schöpfung, so erscheint uns noch heute das Land am Meer an der Westküste Cornwalls, von der Felsenburg Tintagel im Gischt der Brandung bis hinunter zu den verfallenen Zinnminen zwischen Zennor und Land's End, deren Mauerreste und Kamine wie Torsi antiker Tempelstädte über den Klippen des Atlantik kauern. Sturmböen und Wolkenfetzen wechseln mit glasklaren Jenseitshimmeln, und das Ohr vernimmt nichts als den Rhythmus des Wellenschlags, das an- und abschwellende Geräusch des Windes und den klagenden Schrei der Möwen.

Eine ähnliche Szenerie elementarer Naturgewalten eröffnet sich in jenem anderen, dem Atlantik zugewandten Territorium jenseits des Ärmelkanals, in der Bretagne, das einst »Armorica«, das »Land am Meer«, geheißen hat und dort, wo geheimnisvoller Kuckucksruf den Möwenschrei ersetzt und die salzige Brise sich mit dem Wind über Eichen, Föhren, Buchen, Ginster, Farn und Wacholder mischt, den Namen »Argoat«, »Waldland«, trägt.

Eng ist die Bretagne mit der Geschichte des alten Britannien verbunden, und beiden gemeinsam ist keltisches Erbe, das auch in Wales, Irland und Schottland noch weiterlebt. Naturverehrung und Fruchtbarkeitskult waren dort einst die Grundpfeiler einer Religion, in der auch weibliche Gottheiten eine wichtige Rolle spielten. Als Julius Cäsar 58–51 v. Chr. Gallien eroberte, war er von der Kultur der Kelten beeindruckt, die unter der geistigen Leitung einer Priesterschaft der Druiden ein Niveau erkennen ließ, dem die Germanen nichts Gleichartiges gegenüberzustellen hatten. In den Jahren 55–54 v. Chr. konnte er dieser Lebensform während zweier Expeditionen auch auf der britischen Insel wieder begegnen. Wie eng die Beziehungen zwischen dem keltischen Gallien und der von keltischen Britonen bewohnten Insel schon damals waren, erfahren wir ebenfalls von dem Kronzeugen Cäsar, der in seinem Bericht über den Gallischen Krieg, »De bello Gallico«, im 6. Buch, schreibt: »Man glaubt, daß die Lehre der Druiden aus Britannien stammt und nach Gallien herübergebracht worden ist. Daher gehen die, die tiefer in ihre Lehre eindringen wollen, meist nach Britannien, um sie dort zu studieren.«

Das Keltentum, auf das wir auf der Suche nach König Artus immer wieder stoßen werden, hatte sich während der letzten vorchristlichen Jahrhunderte über Mittel- und Westeuropa ausgebreitet und ist als kulturelles Ferment trotz Romanisierung und Christianisierung auch in späterer Zeit wirksam geblieben. Man braucht kein Apostel modisch gewordener Keltenschwärmerei zu sein, um sich dessen während eines Aufenthaltes in der Bretagne, in Cornwall oder in Wales bewußt zu werden. Es ist ein Element des Geheimnisvollen und Märchenhaften, das auch heute noch zur Magie dieser Landschaft gehört, deren geographische Struktur selbst dort, wo sie heroische und harte Züge trägt, sensibilisierend wirkt und offener macht für die Welt der Dichtung und der Phantasie. Auch diese Welt betreten wir auf unserer Reise zu den Ursprüngen; denn untrennbar ist auch der historische Artus ihr verbunden.

»Lacht nicht über uns Kelten!« schrieb Ernest Renan, der aus Tréguier an der Côte-du-Nord stammende bretonische Schriftsteller und Religionshistoriker des vorigen Jahrhunderts: »Wir senken unsere Hände in das Innerste des Menschen, und gleich den Hexen des Macbeth ziehen wir sie mit den Mysterien des Unendlichen angefüllt wieder heraus... Im Herzen unseres bretonischen Volkes schlummert ein ewiger Quell des Wahnsinns. Sein Reich, das königliche Feenreich, ist das schönste auf Erden.«

Jahrhundertelang schien dieses Reich versunken, schienen unter den rauhen Wellenschlägen der Geschichte der »heilige« Wahnsinn des inspirierten Wortes seine grenzensprengende Gewalt und Kraft verloren zu haben. Dann aber, im Frankreich des 12. Jahrhunderts, wurde dieser Quell wieder entdeckt, um als keltisch-bretonischer Sagenkreis der europäischen Dichtung Impulse zuzuführen, die bis heute fortwirken. Ganz verschwunden aber war die Erinnerung an die Welt des Wunderbaren dennoch nie. Keltische Barden hatten sie sich bewahrt, und bald auch ergingen französische und deutsche Dichter sich in dem gleichen Zaubergarten. Phantasie und utopische Hoffnung waren seine Blüten, deren schönste sich im Traum vom heiligen Gral entfaltete. In seinem »Parsifal« hat Richard Wagner die Gralsgeschichte in Musik verwandelt. Parzival und alle anderen Gralsritter der mittelalterlichen Dichtung aber sind nur Paladine eines sagenhaften Königs, dessen edler Tafelrunde sie angehören: des Königs Artus. Schon um 1170 schreibt der französische Dichter Chrétien de Troyes: »Es ist mein Vergnügen, eine durchaus hörenswerte Geschichte über den König erzählen zu können,

dessen Ruhm so groß war, daß die Menschen in aller Welt noch immer von ihm sprechen, und ich stimme der Meinung der Bretonen zu, daß sein Name für alle Zeiten fortleben wird.«
Und er lebt fort bis heute.
Unzählige wissenschaftliche Untersuchungen, aber auch Musicals, Filme, Comics und eine Flut von esoterischer Literatur sind dem Artus-Thema gewidmet. Alle Bilder aber, die es von ihm gibt, die literarischen wie die der mittelalterlichen Miniaturmaler, sind Phantasiegebilde späterer Jahrhunderte, romantisierter Widerschein aus viel früherer, heroischer Zeit. Bis zurück ins 5. Jahrhundert führt die Spur.
König Artus: Morgen- und Abendröten der Geschichte begleiteten ihn, und immer, wenn die Sehnsucht nach dem Außerordentlichen, nach dem edlen und gerechten König, dem archetypischen Helden, von dem Schutz und Heilkraft zu erwarten ist, die Menschen in besonderem Maße erfaßte, erinnerten sie sich an ihn und seine Tafelrunde, an der das Märchen selber mit zu Tische saß. Wer ihm, dem unsterblichen Sagenkönig, der dennoch nicht nur ein König der Sage war, nachspürt, stößt auf Urgestein, auf keltisch-druidisches Geheimnis ebenso wie auf historische Fakten. Ein Kranz wundersamer Geschichten, bluttriefender Abenteuer und höfischer Ritterlichkeit wurde der Gestalt des Artus gewunden, unter dem die geschichtliche Wirklichkeit fast völlig verschwand. Grausame Schlachtenschilderungen und ebenso viele Liebesgeschichten voll ungeschminkter Sinnlichkeit werden da in einem Nebeneinander überliefert, das auf faszinierende Weise die Ganzheit des Lebens im Spannungsfeld der Extreme widerspiegelt.
Noch im 15. Jahrhundert prahlt Sir Thomas Malory mit seinem Helden, der unter der Standarte des Goldenen Drachen das Zauberschwert schwingt: »Artus war so mit Blut bedeckt, daß man ihn nicht einmal an seinem Schild erkennen konnte, und sein Schwert troff von Blut und Hirn. Alles machte er mit seinem Schwert Excalibur nieder und rettete seine Leute. Auch einen Riesen von ungeheurer Masse und Höhe erschlug er. Er hieb ihm beide Beine an den Knien ab und verkürzte ihn so und sagte: ›Jetzt hast du eher die richtige Größe, um es mit dir aufzunehmen‹; und damit schlug er ihm den Kopf ab.«
Wie ein von Hunger getriebener Löwe stürzt Artus sich in den Berichten seiner mittelalterlichen Bewunderer auf die Feinde, denen er mit Excalibur, dem »Schneidestahl«-Schwert, den Schädel gleich »bis zu den Schultern« spaltet, wobei seine Gefolgsleute ihm durchaus nicht nachstehen. Da stößt etwa Bors einem Gegner die Lanze »in den Schlund bis in den Hals hinein, tief ins Mark«, bis dieser »die Lanze verschlungen hat«, während Hyrelgas, der Neffe von Artus' Mund-

schenk Bedevere, seinen Onkel gar dadurch rächt, daß er den Leichnam des Mederkönigs Boccus, der Bedevere in einer Schlacht getötet hatte, »ganz in Stücke hackt«. Nicht zu vergessen Lanzelot, dem niemand widerstehen kann, selbst Ginevra nicht, die schöne Königin. Keinen gibt es, den er nicht aus dem Sattel wirft, und wie Artus schlägt er jedem, der sich ihm entgegenstellt, »den Schädel bis zur Brust« hinunter durch. So geschickt weiß er den Gegner zu treffen, daß er ihm mit der Lanze »den Schild und die Kehle zusammennagelt«. Doch Lanzelot und alle Artusritter tun das stets nur im Kampf um eine gute Sache, wenn zuweilen auch ein unschuldiges Opfer auf der Strecke bleibt. Fast immer aber finden solche Kämpfe im Zusammenhang mit schönen Frauen oder Jungfrauen statt, die es zu retten gilt und um deren Gunst man sich bemüht. So gewinnen diese berserkerhaften Metzeleien den Charakter einstiger Initiationsriten vor dem Heiligtum einer Göttin, ein Thema, das uns noch beschäftigen wird. Lanzelot, »der beste Ritter, der je in der Welt lebte«, vollbringt seine Abenteuer nur für Ginevra, die über alles geliebte Herrin und Frau. Anbetend kniet er vor ihr, die ihn mit den Zauberfäden des Eros umfängt, und es bedarf nur, daß er »ihre nackte Hand in der seinen spürt«, um ihn ganz zu verklären. Kommen die beiden nach längerer Trennung endlich dazu, »sich hinzulegen, um miteinander zu schlafen«, so ist ihr Glück kaum zu beschreiben, haben sie sich doch so sehr »nacheinander gesehnt und deswegen sehr viel gelitten«.

Je grausamer Schwerter und Lanzen wüten, desto süßer winkt die Liebe. Groß ist die Freude, wenn Artus nach der Schlacht heimkehrt, um Hof zu halten. Dann küssen die Freundinnen ihre Freunde, »und bei passender Gelegenheit fanden sie sich auch zu mehr bereit«. Wen wundert es da, daß solche Abenteuer, wenn die Sänger des Mittelalters sie vortrugen, von den Zuhörern begeistert aufgenommen wurden und Artus in aller Munde war?

So leicht aber war es wiederum auch nicht, die Bereitschaft der Frauen »zu mehr« denn einem Kuß in Ehren zu gewinnen. »Sie verschmähten es«, schreibt Malory in seinem Artusbuch, »ihre Liebe einem Manne zu schenken, der sich nicht mindestens dreimal in der Schlacht bewiesen hatte. Auf diese Weise wurden die Frauen keuscher und tugendsamer, und die Ritter kämpften noch kühner.« In alten Miniaturen sehen wir die Frauen zartgesichtig und kostbar gekleidet, mit feinen Händen gestikulierend vom Söller der Burgen herunter aufs Turnierfeld schauen, wo die Ritter im Dienste der »hohen frauwe«, ihrer Herzensdame, die Lanzen brechen.

Wollen wir wissen, wo die Quelle für alle diese Abenteuer und für die literarische Figur des König Artus zu finden ist, dann müssen wir uns nach Monmouth in Südwales begeben. In diesem Landstädtchen mit dem Charme eines Marktfleckens, das gerade dabei ist, durch archäologische Grabungen Teile seiner römischen Vergangenheit offenzulegen, wurde nicht nur Heinrich V. geboren, den wir aus Shakespeares Drama als Sieger über die Franzosen während des Hundertjährigen Krieges kennen, oder Charles Stewart Rolls, der zusammen mit Henry Royce zu Beginn unseres Jahrhunderts die legendäre Rolls-Royce-Luxuskarosse aus der Taufe hob. In Monmouth erblickte um 1100 auch der Erzähler und Geschichtsschreiber Geoffrey of Monmouth das Licht der Welt. Und er ist es, der mit seiner »Historia Regum Britanniae« (»Geschichte der Könige Britanniens«) den Grund zu allen späteren Erzählungen und Sagen über König Artus legte. Er ist es, der Artus, so wie spätere Jahrhunderte ihn kennen, »erschaffen« hat. Sein Werk, das um 1135 vollendet wurde, ist in weiten Teilen mehr Dichtung als Wahrheit, mehr Roman als Chronik, wenngleich immer wieder Bruchstücke historischer Wirklichkeit durchschimmern und der Autor neben dem reichlichen Gebrauch seiner üppigen Phantasie auch stichhaltige Quellen älterer Herkunft benutzt haben muß.

Giraldus Cambrensis allerdings, der Mönch Gerald von Wales (ca. 1146–1223), traute ihm noch ein halbes Jahrhundert später nicht über den Weg. Als Verfasser zahlreicher, für die Geschichte und Topographie von Irland und Wales aufschlußreicher historischer Bücher, war Giraldus selber um realistische und wahrheitsgemäße Geschichtsdarstellung bemüht, glaubte aber auch an Prophezeiungen und die Kraft von Dämonen. Auf kuriose Weise versuchte er, Geoffrey als Lügner zu entlarven. In seinem Waliser Reisebericht von 1191, dem »Itinerarium Cambrensis«, gab er folgende Geschichte zum besten, die wir uns nicht vorenthalten sollten:

»Ein Kambrier hatte Umgang mit unheimlichen Geistern, sah sie, sprach mit ihnen, nannte sie einzeln beim Namen. Wenn jemand log, erkannte er es sogleich, da er einen Dämon ihm über die Zunge springen sah. Auch ein lügenhaftes Buch bezeichnete er an der lügenhaften Stelle sogleich mit dem Finger. Als die Geister ihn einst zu sehr belästigten, legte man ihm das Evangelium Johannis auf den Magen, worauf sie sogleich wie Vögel davonflogen. Als ihm aber Geoffrey of Monmouth ›Historia‹ zur Probe aufgelegt wurde, setzten sie sich nicht nur auf seinen ganzen Körper, sondern auch auf das aufgelegte Buch, und zwar immer wieder und immer ekelerregender.«

Ein hübsches Beispiel literarischen Rufmords zu Ende des 12. Jahrhunderts.

Eingangsseite der »Historia Regum Britanniae« von Goeffrey of Monmouth, Kopie aus dem 12. Jahrhundert.

Was ist aber nun wirklich von Geoffreys Werk zu halten? Wir müssen es wie eine Dichtung lesen, aus der jedoch da und dort historische Wirklichkeit herausgefiltert werden kann. In seiner Widmung an Robert von Glouster, einen illegitimen Sohn König Heinrichs I., beruft Geoffrey sich auf ein »bestimmtes, sehr altes Buch, geschrieben in britischer Sprache«, das er von einem gewissen Walter, Erzdiakon von Oxford, erhalten haben will. Dieses Buch ist nie aufgetaucht, doch muß es in Walisisch abgefaßt gewesen sein. Wenn von der alten walisischen Literatur auch wenig erhalten blieb: einige der wichtigsten Stoffe, so der über Artus, überlebten dennoch in den Berichten der »Conteurs«, der bretonischen Geschichtenerzähler sowie in den Gesängen der Spielleute und Barden. Von ihrem Überlieferungsschatz wird Geoffrey für sein Werk mit profitiert haben.

Daß er seine »Historia« mit der Artuserzählung Robert von Gloucester widmete, ist nicht zufällig. Wenn dabei auch die Hoffnung auf Förderung durch eine so hochgestellte Persönlichkeit im Vordergrund gestanden haben mag, etwas kommt doch noch hinzu: Geoffreys Wertschätzung des Normannenstaates von Roberts Vater, der 1135 bei Gisors in Frankreich gestorben war. Im 11. Buch der »Historia« beklagt Geoffrey sich über die Nachlässigkeit der Nation, die durch eigene Schändlichkeit schmählich zu Boden liege und nach immer neuen Bürgerkriegen dürste. In Heinrich I., dem Sohn Wilhelm des Eroberers, der 1066 die Normandie mit England vereinigt hatte, mochte er die nunmehr verlorene Idee eines Universalstaates verkörpert gesehen haben, die er in der Figur des Artus, die einen breiten Raum in seinem historiopoetischen Werk einnimmt, aus den Tiefen der Geschichte heraus erneut erstrahlen lassen wollte.

Von Geoffrey of Monmouth selber wissen wir nicht viel. Er war Geistlicher, stand mit klösterlichen und kirchlichen Zentren von Wales in Verbindung und lebte in den Jahren 1129 bis 1151 in Oxford, wahrscheinlich als Lehrer. Dann sehen wir ihn als Erzdiakon in Llandaff. Auch in London taucht er auf. Schließlich wird er, wahrscheinlich durch Robert von Glousters Vermittlung, zum Bischof von St. Asaph in Wales ernannt. Politische Unruhen im Lande lassen ihn aber das hohe Kirchenamt nicht antreten. Im Jahre 1154 stirbt er.

Wenn wir in Monmouth vor »Geoffreys Window« treten, das berühmte Fenster der ehemaligen Benediktinerabtei in der Priory Street, die heute Jugendherberge ist, so dürfen wir nicht glauben, der Autor der »Historia Regum Britanniae« hätte je einmal hier herausgeschaut; denn er war bereits an die dreieinhalb Jahrhunderte tot, als das Kloster erbaut wurde. Deshalb konnte er dort auch nicht Benediktinermönch gewesen sein, wie immer noch zu lesen ist. Wichtiger als das Sammeln von Mosaiksteinchen zu seiner Persönlichkeit aber ist sein Werk, dem er auch noch die »Prophetiae Merlini«, die zum größten Teil frei erfundenen Prophezeiungen des Zauberers Merlin, hinzufügte: Es wurde gleich nach Erscheinen unter den Gebildeten Europas, jenen also, die des Lesens mächtig waren, insbesondere aber unter den Dichtern, zu dem, was wir heute einen internationalen Bestseller nennen würden. Schon ein Zeitgenosse Geoffreys konnte über den Hauptthelden seiner »Historia« schreiben: »Welchen Ort gibt es innerhalb der Grenzen des Reiches der Christenheit, an den die geflügelte Lobpreisung Artus', des Britanniers, noch nicht gedrungen wäre? Wer ist da, frage ich, der nicht von Artus, dem Britannier, spricht, nachdem er den Völkern Asiens kaum weniger bekannt ist als den Barbaren?«

Das sind keine Übertreibungen. Durch die Kreuzzüge war Artus' Ruhm tatsächlich bis nach Asien gedrungen, vor allem durch den dritten Kreuzzug (1189–92) von Richard Löwenherz, des Sohnes Heinrichs II. und Eleonores von Aquitanien. Im Metropolitan Museum of Art in New York befindet sind ein flämisches Medaillon, dessen Glasmalerei noch im 16. Jahrhundert König Artus auf einem Kamel reitend darstellt!

Geoffrey hatte dem 12. Jahrhundert in der Figur des Artus ein Symbol der Hoffnung geschenkt, das auch in spätere Zeiten hinein wirkte. Artus' Heldentaten – zwölf Schlachten schlug er siegreich gegen die Barbareneinfälle der Angeln, Sachsen und Pikten – deckten sich mit dem

Artus als Kamelreiter. Bis in den Orient war der Ruhm König Artus gedrungen. Flämisches Medaillon aus bemaltem Glas, 16. Jahrhundert.

Verlangen nach dem strahlenden König, dem vollendeten Ritter und Auserwählten des Wunderbaren. Als Gegengewicht in grausamer Zeit wurde Artus zum Inbegriff romantischer Heldenverehrung, zum Märchenkönig, der an ein »Goldenes Zeitalter« erinnerte oder es gar wieder heraufführen konnte, und dessen legendäre Hofburg Camelot bald im Überall und Nirgendwo zu finden war. Er wurde zum Inbegriff für Edelmut und Tapferkeit, sein Camelot zum Treffpunkt der Besten aus aller Welt.

In dem Roman »Erec und Enide«, des Tafelrundenritters und seiner schönen, aber armen Braut, schreibt Chrétien de Troyes: »Alexander, der so viel eroberte, daß er sich die ganze Welt unterwarf, und so großzügig und reich war, nahm sich gegen Artus arm und geizig aus; Cäsar, der Kaiser von Rom, und alle Könige, die man euch in Gedichten und Heldenliedern nennt, verteilten niemals so viel bei einem Fest, wie König Artus an dem Tag verschenkte, an dem er Erec krönte.«

So nachhaltig ist die Wirkung von König Artus' Glanz und Hofstaat, daß noch in unserem Jahrhundert patriotische Amerikaner in Kennedys Washington ein wiedererstandenes Camelot und in dem jungen Präsidenten einen neuen Artus sehen konnten. Zwanzig Jahre nach seiner Ermordung – hinterhältig wie der Verrat, dem der legendäre Artus zum Opfer fiel –, schrieb das US-Magazin »Newsweek«, jeder Präsidentschaftskandidat hätte es seit der Ära Kennedys schwer, denn er habe »gegen den Mythos von Camelot anzukämpfen«.

Im 12. Jahrhundert, nach dem Erscheinen von Geoffreys Buch, ermunterten Eleonore von Aquitanien, die »Königin der Troubadoure« und Frau König Heinrichs II. – sie war in erster Linie mit Ludwig VII. von Frankreich verheiratet –, und ihre Tochter Marie von Champagne, die an ihren Höfen verwöhnten Dichter zur Wiederaufnahme der alten keltischen Sagenstoffe. Artus wurde nun zum Leitstern höfischen Lebens. Über ganz England und Frankreich verbreitete sich sein Ruhm und von dort aus während der Kreuzzüge in alle Welt. So ist es kein Wunder, wenn wir dem Sagenkönig auch ganz im Süden der Apenninenhalbinsel begegnen, in dem kleinen Otranto, dem einstigen Kreuzfahrerhafen am Stiefelabsatz Italiens. Meister Pantaleone, ein griechischer Mönch, hat dort 1165 mit dem großflächigen Fußbodenmosaik der Kathedrale eine europäische Kostbarkeit ersten Ranges geschaffen: die bildhafte Darstellung der Glaubens- und Wissensinhalte seiner Zeit im Geäst dreier hochaufragender Lebensbäume. Umrahmt von Blattwerk und den Monstern einer ebenso dämonen- wie heilsgläubigen Epoche, tritt darin neben Alexander dem Großen, griechischen Göttern, germanischen Nornen und Figuren östlicher Mythen auch König Artus auf.

»Rex Arturus« steht neben dem archaisch anmutenden Reitermosaik dieses romanischen Kunstwerks, das Artus mit fünfzackiger Krone und riesigem Szepter zeigt, mit einem Blick aus kreisrunden Augen, den Kopf in Richtung des weitausgestreckten rechten Arms geneigt, dessen Hand auf ferne Ziele zu verweisen scheint. Merkwürdigerweise aber reitet er nicht auf einem Pferd, sondern einem ziegenartigen Tier, und da neben ihm Kain und Abel dargestellt sind, hat man sein Bild als Allegorie für den Sündenfall und die darauf folgende Unreinheit des Menschengeschlechts zu deuten versucht. Durch den Ziegenritt kann Artus aber ebensogut als übernatürliches Wesen oder als Feenkönig aufgefaßt worden sein. Die Ziege ist nämlich ein uraltes Symbol des Mythos. Sie gehörte nicht nur mit zu den Ernährerinnen des Zeus, des Göttervaters der Griechen, sondern steht auch mit der britischen Göttin Blodeuwedd, Rhiannon und Danu sowie der kretischen Erdmutter Rhea in Verbindung. Das alles sind nur verschiedenartige Benennungen für die eine Große Mutter und Fruchtbarkeitsgöttin aus grauer Vorzeit. Der Ziegenbock schließlich ist eine Verwandlungsgestalt des Dionysos, ohne den auch kein Walpurgisnachtstreiben denkbar ist, in dessen Hexentänzen noch Elemente sehr alter Wiedergeburtsriten enthalten sein mögen. Wenn wir der Traumlogik des Mythos folgen, dann reicht der ziegenbockreitende Artus auch in Vorstellungswelten des unsterblichen Königs hinein, der ein unterirdisches magisches Reich bewohnt. Genau so tritt er uns tatsächlich ein halbes Jahrhundert später in der »Otia imperialia« (1214) des Gervasius von Tilburg entgegen. In diesem Werk ist Artus in das Innere des Ätna entrückt. Er wird so zum nationalen Hoffnungsträger wie in der deutschen Kaisersage Karl der Große, Friedrich II. von Hohenstaufen oder Friedrich Barbarossa, der im Kyffhäuser auf seine Wiederkunft wartet.

Erstaunlich schnell hat sich die Kunde von König Artus verbreitet. Nur drei Jahrzehnte sind seit dem Erscheinung von Geoffreys »Historia« vergangen, als er in Otranto bereits Aufnahme in den erlauchten Kreis messianisch-mythischer Figuren fand.

Noch früher aber begegnen wir ihm in einem Werk der bildenden Kunst in Norditalien. Ein Bildhauer, bekannt als Artusmeister, hat in der Archivolte des Nordportals der Kathedrale von Modena, der »Porta della Peschiera«, eine Artusgeschichte in romanischen Reliefbildern erzählt, über denen die Namen der Helden als Inschriften mitaufgeführt sind. Der halbkreisförmige Fries beginnt links unten mit einem voll bewaffneten Ritter zu Pferd, ihm folgt ein barhäuptiger, aber mit Rüstung, Speer und Schild ausgestatteter Berittener mit Namen Isdernus, dem der bewaffnete Artus in Rüstung voranreitet. Über ihm ist »Artus de Bretania« in den Stein gemeißelt. Er bekämpft einen wilden Gesellen

zu Fuß, der ohne Rüstung einen Hammer schwingt und als »Burmaltus« ausgewiesen wird. Die Mitte des Torbogens zeigt eine Burg mit Wassergraben, die der Hammerbewehrte verteidigt. Vor ihr befindet sich eine Frau mit dem Namen »Winlogee« – eine alte bretonische Form von Guinevere. Sie ist also Artus' Gemahlin. An ihrer Seite steht ein unbewaffneter Mann, über dem der Name »Mardoc« zu lesen ist. Ihm folgen, weiter im Uhrzeigersinn, nochmals drei voll bewaffnete Ritter. Der erste, als »Carrado« ausgewiesen, kämpft gegen »Galvagin« (Gawan), dem ein »Galvarium« und »Che«, das ist Artus' Seneschall Kay, mit bewimpelten Lanzen folgen.
Das Relief stellt eine sehr alte, im Mythos wurzelnde Geschichte dar: die Befreiung Ginevras aus dem »Schmerzensturm« der Burg des Riesen Caradoc, wohin dieser sie entführt hatte und wo er sie von seinem Kumpan Mardoc bewachen ließ.
Nicht weniger interessant als die Interpretation dieses Reliefs ist seine Datierung. Die Kathedrale von Modena, ein Hauptwerk romanischer Kunst, wurde 1099 begonnen und der Skulpturenschmuck der Westfassade mit der Schöpfungsgeschichte von Meister Willigelmus, der zu den wertvollsten Zeugnissen der Bildhauerkunst dieser Epoche in Italien zählt, entstand schon ziemlich bald. Nehmen wir nun an, daß auch die Artusreliefs in der Nordportal-Archivolte nicht sehr viel jünger sind – Kunsthistoriker rechnen mit einer Entstehungszeit zwischen 1110 und 1130 –, dann mußte der Künstler die Idee zu seinem Erzählwerk noch vor Geoffreys »Historia« und vor den frühesten Artusromanen aus anderen Quellen bezogen haben. Es konnten keine anderen als solche der mündlichen Überlieferung gewesen sein.
Am Beispiel Modena wird deutlich, daß Artus bereits vor den schriftlichen Zeugnissen des 12. Jahrhunderts bekannt war. Er war es überall dort, wohin die Barden aus Britannien und aus der Bretagne kamen, und sie kamen weit herum. Dank ihrer ausgeprägten mündlichen Überlieferungskultur, die sich auf ein lang geübtes Gedächtnistraining stützte, haben sie über Jahrhunderte hinweg die alten keltischen Geschichten aufbewahrt und weitergegeben. Zusammen mit Geoffreys »Historia«, den von Eleonore von Aquitanien und Marie von Champagne inspirierten französischen Artusromanen, denen die der deutschen Dichter Wolfram von Eschenbach, Hartmann von Aue, Gottfried von Straßburg und anderer folgten sowie dem Kulturaustausch während der Kreuzzüge, bereiteten sie den Boden für einen Artuskult vor, der selbst unser Jahrhundert noch berührt.
Wer sich heute in die fabulierfreudige und poetische Welt König Artus' vertiefen und durch die Begegnung mit den Rittern seiner Tafelrunde und ihrer Gralssuche auf ein eigenes geistiges Abenteuer begeben will,

kann das am besten anhand einer besonders lebendigen Darstellung des ausgehenden Mittelalters: Er wird zu der Dichtung von Sir Thomas Malory greifen.
Auch wir tun es in diesem Buch immer wieder und finden uns dabei in keiner schlechten Gesellschaft. Malorys Artusbuch hat auch den amerikanischen Nobelpreisträger John Steinbeck, der es schon als Kind verschlang, so beeindruckt, daß der darüber sagte: »Ich glaube, mein Sinn für Recht und Unrecht, mein Gefühl von ›noblesse oblige‹ und jeder Gedanke, den ich gegen die Unterdrücker und für die Unterdrückten haben mag, kamen von diesem geheimnisvollen Buch.« Nach einem Aufenthalt im englischen Somerset 1958/59 schrieb Steinbeck dann seine 1977 veröffentlichte Dichtung »The Acts of King Arthur and His Noble Knights«, in der er Malory gewissermaßen modernisierte. Auch der Artuskult des 19. Jahrhunderts und seine Förderung durch die Präraffaeliten geht auf Malory zurück. Alfred Lord Tennyson, der »Vater der Artus-Renaissance des Viktorianischen England«, der den größten Teil seines Lebens damit verbrachte, der Artuswelt in seinem eigenen poetischen Werk eine Wiedergeburt zu verschaffen, so etwa in der Versdichtung »Idylls of the King«, hatte Malory bereits als Kind in sich aufgenommen und von ihm seine »Vision« über den kornischen Helden empfangen.
Malory, der zu Beginn des 15. Jahrhunderts geborene Erzähler, war Parlamentsabgeordneter in Warwickshire und saß einen großen Teil seines Lebens wegen verschiedener, nachgewiesener oder behaupteter Delikte im Gefängnis. Wichtige Teile seines Werkes schrieb er wahrscheinlich hinter Gittern. Zwei Jahre vor seinem Tod, 1469, hatte er es mit dem Titel »The Whole Book of King Arthur and of His Noble Knights of the Round Table« (»Das ganze Buch von König Artus und seinen edlen Rittern der Tafelrunde«) abgeschlossen. Bekannt geworden ist das Werk aber unter dem Titel »Le Morte d'Arthur«. Dies beruht auf einem Mißverständnis und ist irreführend; denn Malory schildert keineswegs nur den Tod des Artus, sondern erzählt aus der Kenntnis des gesamten Sagenkreises heraus in bunter Aneinanderreihung seine Artusgeschichten. Die Fabulierfreudigkeit, aber auch die außerordentlich differenzierte Quellenlage der umfangreichen Artusliteratur brachten es mit sich, daß schon in früheren Jahrhunderten auf abgerundete Zusammenhänge der einzelnen Erzählungen wenig oder gar kein Wert gelegt wurde. Darum konnte Cervantes im »Don Quijote« seinem Domherrn den Spott über die Ritterromane in den Mund legen: »Ich habe noch keine Rittergeschichte gesehen, in der der Körper der Fabel mit allen seinen Gliedern ein zusammenhängendes Ganzes bildet ... Alles ist vielmehr aus so fremdartigen Teilen zu-

sammengestoppelt, als hätte man sich mehr bemüht, eine Chimäre oder ein andres Ungeheuer darzustellen, als ein wohlgestaltetes Bild zu schaffen.«

Mit einer solchen Chimäre haben wir es bei Malory zwar nicht zu tun, doch gleicht auch sein Buch mehr einer Sammlung von Einzelerzählungen als einem großen Roman. Dem wollte der erste englische Buchdrucker William Caxton (um 1424–1491) abhelfen, indem er Malorys handschriftlichen Text, von dem es schon mehrere Kopien gab, nach eigenem Gutdünken einer geschlosseneren Gliederung und Form unterwarf, wobei er nicht gerade zimperlich war. Und in dieser von Caxton hergestellten Druckfassung, die er 17 Jahre nach dem Tod von Gutenberg, des Erfinders der »schwarzen Kunst«, am 31. Juli 1485 in Westminster vollendet hatte, liegt uns Malorys farbenfrohe Schilderung von König Artus heute vor.

Wie Malory, so ging es auch Caxton darum, den Menschen seiner Zeit, es war die des aufkommenden Bürgertums, noch einmal das Ideal einer ritterlichen Welt vor Augen zu führen, das beispielhaft auf Sitten und Leben der Zeitgenossen einwirken sollte. In seinem Vorwort schreibt er:

»Demütig bitte ich alle edlen Herren und Damen und alle anderen Stände, die in diesem Buch lesen, daß sie die guten und ehrenhaften Taten in Erinnerung behalten und ihnen nacheifern. Sie werden hier viel unterhaltsame Geschichten des Edelmutes und der Ritterlichkeit finden; denn hier sind dargestellt edles Rittertum, Höflichkeit, Kühnheit, Liebe, Freundschaft, Feigheit, Mord, Haß, Tugend und Sünde. Tut das Gute und meidet das Böse, und es wird euch guten Ruf und Ansehen bringen!«

Malory verschmolz in seiner Artusdichtung französische Romane des 12. und 13. Jahrhunderts, in die mehr oder weniger stark natürlich auch Geoffreys »Historia« miteingeflossen war, mit anderen Quellen zu neuer Gestalt. Er stellte dabei in der Epoche der Rosenkriege einer grausamen Realität seinen Traum von edlem Rittertum gegenüber. Blutiges Kampfgeschehen verbindet sich in seinem Buch, wie in der Artusliteratur überhaupt, mit zartestem Minnekult in einer Weise, die an Sigmund Freud denken läßt, der einmal sagte: »Die schönsten Entfaltungen des Liebeslebens verdanken wir der Reaktion gegen den Stachel der Mordlust, den wir in unserer Brust verspüren.«

Artus ist bei Malory, mehr aber noch in viel früheren Darstellungen, gerade dieses Gegensatzpaares in unserer Psyche wegen, nicht nur der blutige Schwertheld. Er ist auch ein Beschützer all jener, die dem mittelalterlichen Minne-Ideal verpflichtet sind. So bedichtet Wolfram von Eschenbach ihn in seinem »Parzival«:

»Artûs, der meienbaere man, swaz ie von dem gesprach,
zeinen pfingsten daz geschach odr in des meien bluomenzît,
was man im süezes luftes gît!«

»Der meienselige Artus, was man von ihm erzählt,
immer spielt es zu Pfingsten oder in der Blütezeit des Mais.
Immer ist bei ihm von Linden Lüften die Rede.«

Bei Malory wird die Frühlingsblütezeit im Zeichen des Artus dann zum Gleichnis für wahres Rittertum, von Kritik an den Gepflogenheiten der Gegenwart begleitet:
»Wie der Monat Mai in vielen Gärten blüht und prangt, soll deshalb jeder Mann von Ehre in gleicher Weise sein Herz in dieser Welt erblühen lassen, vor allem zu Gott und dann zur Freude derer, denen er seine Treue gelobt hat. Denn es hat nie einen ehrenhaften Mann oder eine ehrenhafte Frau gegeben, die nicht einen Menschen mehr als einen anderen geliebt hätten. Waffenehre kann nie zunichte gemacht werden, doch gebührt Gott zuerst der Ruhm, und zweitens muß der Grund des Kampfes eine Dame sein. Solch eine Liebe nenne ich tugendhaft. Aber heutzutage können die Menschen nicht sieben Tage lieben, ohne all ihr Verlangen zu stillen. Eine derartige Liebe kann nicht von Dauer sein, denn wo es schnelle Erfüllung und rasche Glut gibt, folgt schnelle Abkühlung. So geht es mit der Liebe heutzutage: schnell heiß, schnell kalt. Früher war die Liebe anders. Männer und Frauen konnten sieben Jahre lieben, ohne daß wollüstig Begierden zwischen ihnen entstanden. Damals gab es Liebe und Treue und Beständigkeit, und so war es mit der Liebe auch in den Tagen des König Artus. Daher vergleiche ich die heutige Liebe mit Sommer und Winter: Wie es dann heiß und dann kalt ist, so wandelbar ist die Liebe heute. Darum, ihr Liebenden, ruft euch den Monat Mai ins Gedächtnis, wie es die Königin Ginevra tat, denn solange sie lebte, war sie eine treue Liebende.«
Artus: ein Heros im Frühlingstempel der Liebe. Ginevra: Leitbild der treuen Liebenden. Die Utopie eines Zeitalters, dessen Blutspuren sich durch Shakespeares Königsdramen ziehen.

Malory nennt Gott als ersten, dem der Ruhm gebührt. Jahrhunderte vor ihm aber war durch den hochstilisierten Minnedienst bereits eine Wettbewerbssituation zwischen ihm und der angebeteten »frouwe« entstanden, aus der oft genug die im Zeichen der Venus stehende Dame als Siegerin hervorging. Dies geschah natürlich sehr zum Verdruß der Kirche, die sich nicht genug daran tun konnte, den »vil suezen habedanc« der Frau, um den der minnende Ritter diente, ihren »so süßen

Dank«, als Frucht des Teufels zu verdammen. So zieht sich denn auch unter dem Einfluß des rigoros asketischen Geistes der Zisterzienser in den höfischen Dichtungen des 12. und 13. Jahrhunderts, wie in Robert Waces »Roman de Brut«, Ginevra »über die Untat und die Sünde, die sie begangen hatte«, reuevoll ins Kloster zurück, und Lanzelot teilt dieses Schicksal. Seine tragische Liebe zur Königin wird im »Prosa-Lanzelot« vom Einsiedler, an den er sich wendet, als unritterlich und höchst sündhaft angeprangert.

Ginevra war, im Gegensatz zu Malorys Schilderung, sicher mehr der Liebe selber als dem sie liebenden Artus treu, wenn dieser als maienseliger König auch genau zu ihr paßt.

Ginevra – Guinevere kommt aus dem walisischen »Gwenhyfaer«, was »Weiße Göttin«, auch »Mondgöttin«, bedeutet. Sie stammt also von jener Großen Mutter ab, die über das Meer und seine Gezeiten ebenso herrscht wie über Werden und Vergehen. Damit wird sie zur Nachfahrin der Urmutter und Liebesgöttin, deren Zauber Artus nicht weniger erliegt wie Lanzelot, der für sie jedes Abenteuer wagt.

Weit reichen die mittelalterlichen Erzählungen in den Mythos der keltischen Frühzeit. Trotz aller moralischen Tendenzen wirken seine archetypischen Muster auch noch in Malorys Artusbuch nach. Sie verleihen ihm und der ganzen Artusliteratur jenen Zauber, der aus dem Sagenkönig das nacheifernswerte, strahlende Vorbild macht.

Im gleichen Jahr 1485, in dem Caxton die Artusdichtung von Malory veröffentlichte, setzte sich Henry Tudor, nachdem er Richard III. geschlagen hatte, als Heinrich VII. die englische Krone auf. Ein Gemälde der »National Portrait Gallery« in London zeigt ihn mit Barett und Goldkette, wie er selbstzufrieden die Tudor-Rose in der Hand hält, Zeichen seines Sieges und der Einheit, die er dem Land nach den blutigen Zeiten der Rosenkriege gebracht hatte.

Unter dem Zeichen des Roten Drachen von Wales war er in die Schlacht gegangen. Er hatte walisische Vorfahren und führte seine Herkunft bis auf den letzten britischen Herrscher, den Geoffrey in seiner »Historia« nannte, auf Cadwallader, den König von Gwynedd, zurück. Von den Tudor-Anhängern wurde er als der Wiedererrichter einer altbritischen Monarchie gefeiert, deren tausend Jahre zurückliegende Wurzeln im Zeitalter des historischen Artus gesehen wurden. Seinen erstgeborenen Sohn ließ er in Winchester auf den Namen Arthur taufen. Der Wunsch nach einem zweiten König Artus ging allerdings nicht in Erfüllung, der Prinz verstarb in jungen Jahren.

Winchester, die ehemalige Hauptstadt des angelsächsischen Königreichs

Wessex, war als Taufstätte ausgewählt worden, weil Thomas Malory diese Stadt als Artus' Camelot bezeichnete. Noch heute ist dort die »Runde Tafel« König Artus' zu besichtigen. Die riesige Eichenholzplatte hängt in der einstigen Königsresidenz, der »Great Hall«, hoch an der Ostwand der dreischiffigen Halle. Fünfundzwanzig Segmente kennzeichnen die Plätze der Artusritter. Über roter Tudorrose im Zentrum thront König Artus. Heinrich VIII., der Sohn Heinrichs VII., ließ die Platte anläßlich des Empfangs von Kaiser Karl V. in der »Great Hall« von Winchester restaurieren. Es war nicht die einzige Restaurierung dieser »Round Table«, deren Alter schwer festzustellen ist. Wahrscheinlich hat König Eduard I., der »Schwarze Prinz« von Wales, sie im späten 13. Jahrhundert anfertigen lassen. Es ist auch möglich, daß Eduard III. der Auftraggeber war. Er trug sich mit dem Gedanken, einen Orden der Tafelrunde zu gründen, stiftete statt dessen aber um 1345 in Windsor die noch heute vom englischen Königshaus verliehene höchste Auszeichnung: den Hosenbandorden – Herrschertum im erborgten Artusglanz!
Auch Elisabeth I., Tochter Heinrichs VIII., pflegte den Tudor-Mythos. Sie ließ ihr England als das wiedererstandene Reich des Artushelden preisen. In Edmund Spencers allegorischem Epos »The Fairie Queen« – »Die Feenkönigin« –, das zwischen 1590 und 1596 erschien, wurde sie in der Figur der Gloriana, in die Artus sich in dieser Dichtung verliebt, idealisierend porträtiert.

Solchem Kult steht auch der Kontinent nicht nach. So war Kaiser Maximilian (1459–1519), der »letzte Ritter«, ein ausgesprochener Artusenthusiast. Er beauftragte 1513 Peter Vischer mit einer Statue des legendären Königs in Gestalt eines prächtig gewappneten Ritters im Stil seiner Zeit. Die übermannshohe Artusfigur ziert heute, wie vom Monarchen vorgesehen, seine letzte Ruhestätte in der Hofkirche von Innsbruck. Der Kaiser, dem wir die Aufzeichnung der bedeutendsten Epen des Hochmittelalters in der Ambraser Handschrift verdanken, sah sich als geistigen Erben des Artus.
Als Artuskönig und Gralsritter des 19. Jahrhunderts wiederum begegnet uns auf ganz besondere Weise Bayerns unglücklicher Märchenkönig Ludwig II. Erfüllt von der Musik und dem Geist seines Troubadours Richard Wagner, der aus dem Artus-Sagenkreis nicht nur den Stoff für seinen »Parsifal«, sondern auch für »Tristan« und »Lohengrin« entnahm, träumte der Phantast auf dem Königsthron in Neuschwanstein seinen Traum von Camelot.
Schon das Schloß selbst, schlank aufragend mit seinen Türmen und Türmchen, Giebeln, Erkern, Zinnen und Rundbogenfenstern in luftiger Höhe über der Pöllatschlucht und den dunklen Augen mehrerer Al-

penseen, ist Ausdruck des Wunsches nach Zeitlosigkeit, wie sie auch alle um König Artus gewobene Sagen vermitteln. Wenn das neuromantische Gewand dieses bayerischen Camelot dem kritischen Betrachter auch kitschig erscheinen mag, als später Traum mittelalterlicher Dichtung und ihrer Botschaft bleibt es doch ein Schwanengesang von Poesie an der Schwelle zum Industriezeitalter.

Als »heilig und unnahbar« bezeichnet Ludwig II. in einem Brief vom 13. Mai 1868 an Richard Wagner, dem er den Bau seines Schlosses ankündigt, den Platz, auf dem es als »ein würdiger Tempel für den göttlichen Freund, durch den einzig Heil und wahrer Segen der Welt erblühte«, stehen wird. Um dem Mythenschatz Wagnerscher Dichtung ständig nahe zu sein, nicht nur auf der Opernbühne, wurden die Innenräume zum größten Teil nach Motiven des Komponisten aus dem Artus-Sagenkreis gestaltet. Mehr und mehr entwickelte sich Neuschwanstein, das damals noch »Neue Burg Hohenschwangau« hieß und dem Vorbild der Wartburg mit ihrer Sängerkriegs- und Klingsortradition verpflichtet war, zur Gralsburg des Bayernkönigs. So erzählen im größten Raum des Schlosses, dem Sängersaal, großformatige Wandgemälde der Historienmaler August Spieß und Ferdinand Piloty die ganze Parzivalgeschichte. Bei allem Enthusiasmus Ludwigs II. für Richard Wagner – der schon der Bewunderung des mittelalterlichen Artushelden Galahouts für Lanzelot glich, die der weise Traumdeuter im »Prosa-Lanzelot« als »li mals d'amors«, als »Übel der Liebe«, bezeichnet –, sollten die Bilder in Neuschwanstein nach einer königlichen Anweisung von 1879 »nach der Sage und nicht nach der Wagnerschen Angabe gemacht werden«. Der König zielte auf die historischen Quellen des Wagnerschen Werkes ab, weshalb er auch »nur solche Maler, welche die mittelalterliche Poesie genau studieren«, akzeptierte.
Neben dem Sängersaal war das Schlafzimmer der erste Schloßraum, der projektiert wurde. In ihm waltet das Ideal der Liebe im Gewand der Melancholie: der ganze Raum ist Tristan und Isolde geweiht. Alle Wandbilder sind von August Spieß auf Gobelin gemalt. Im Bogenfeld über der Ausgangstür sehen wir neben den geschnitzten Figuren von Tristan, Isolde und König Marke das Bild einer im Stil des 15. Jahrhunderts prächtig gekleideten Frau, die das Buch mit der »Aventiure« der beiden Liebenden liest. Auf dem Schriftband ist Gottfried von Straßburg zitiert: »Uns ist noch hiute liep vernomen. Süeze und iemer niuve. Ir liep ir leit ir wunne, ir not« – »Uns wird noch heute von ihrer Liebe erzählt, der süßen und immer neuen, von ihrer innigen Treue, ihrer Liebe, ihrem Leid, ihrer Wonne und ihrer Not«.
Die Wandbilder erzählen die ganze Liebesgeschichte, die tragisch en-

det, so wie ja auch König Artus' Reich nur ein kurzer, strahlender Augenblick vor dem schicksalhaften Untergang gewesen ist.

Artus' Name erscheint unter der Decke des Wohngemachs, das ganz im Zeichen von Lohengrin steht. Die Wandteppichbilder stammen von Wilhelm Hauschild und August von Heckel. Als Sohn Parzivals und späterer Gralskönig ist Lohengrin aufs engste mit der Geschichte dieses mysteriösen Heiligtums, nach dem die Ritter der Tafelrunde streben, verbunden. So hat Hauschild ihn auch dargestellt. In überirdischem Glanz und mit einer Taube, die vom Himmel herabkommt, erstrahlt die Wunderschale, auf der Lohengrins Name aufleuchtet.
Immer mehr steigerte sich Ludwig II. in die Rolle des Schwanenritters hinein. Sogar ein eigenes Lohengrinkostüm ließ er sich fertigen, und nicht nur auf Gemälden, sondern auch in großer Porzellanskulptur, als Wasserspender im Ankleideraum, begegnen wir dem Schwan. Er war schon das Lieblingstier von Ludwigs Vater, König Maximilians II., auf dem nachbarlichen Schloß Hohenschwangau gewesen. Seit je gilt der

Lohengrin bei seiner Ankunft in Nimwegen. Holzschnitt, 16. Jahrhundert.

Schwan als Sonnen- und Wiedergeburtssymbol. Auch in Gedichten des »Schwanenritters« aus dem 13. Jahrhundert taucht er auf. In den Versen eines anonymen bayerischen Dichters dieser Zeit vernehmen »Artus' und der edlen Ritter Ohr« auf geheimnisvolle Weise das Leid der schönen Elsa von Brabant, zu deren Rettung Lohengrin ausgesandt wird. Richard Wagner, der diese Gedichte kannte und sie mit noch älteren, keltischen Sagenstoffen zu einem neuen Mythos verband, grub mit seinem »Lohengrin« in tiefere Zeitschichten als die der christlichen Ära. »Auch ›Lohengrin‹ ist kein nur der christlichen Anschauung entwachsenes, sondern ein uralt menschliches Gedicht«, schrieb er, »wie es überhaupt ein gründlicher Irrtum ist, wenn wir die spezifisch christliche Anschauung für irgendwie urschöpferisch in ihren Gestaltungen halten. Keine der bezeichnendsten und ergreifendsten Mythen gehört dem christlichen Geiste, wie wir ihn gewöhnlich fassen, ureigentümlich an; er hat sie alle aus den rein menschlichen Anschauungen der Vorzeit übernommen und nur nach seiner besonderen Eigentümlichkeit gemodelt.«

Auch solche Überlegungen können sich einstellen, wenn wir Ludwigs II. Traumschloß durchstreifen. Sie drängen sich aber auch bei der mittelalterlichen Artuslektüre immer wieder auf.

In Neuschwanstein befindet sich gegenüber dem großen Gralsbild Heckels Gemälde von Lohengrins Ankunft in Brabant. In bewegter Szene zeigt es, wie das am Ufer unter einer Burg versammelte Volk dem Retter zujubelt, der sich ihm in einem muschelförmigen, von einem Schwan gezogenen Nachen nähert. Er muß von weither gekommen sein. Die sich tief in die Bildperspektive hineinziehende Küstenlinie veranschaulicht es. Ein Bild, das nicht nur dem alten Schwanenritterstoff, sondern auch Wagners eigenen Vorstellungen entspricht. Richard Wagner sah in Lohengrin das alte, mannigfach wiederholte Sagenmotiv von Völkern, »die an Meeren oder an meermündenden Flüssen wohnten: Auf dem blauen Spiegel der Wogen nahte ihnen ein Unbekannter von höchster Anmut und reinster Tugend, der alles hinriß und jedes Herz durch unwiderstehlichen Zauber gewann; er war der erfüllte Wunsch des Sehnsuchtsvollen, der über dem Meeresspiegel in jenem Lande, das er nicht erkennen konnte, das Glück sich träumte«.

Doch die Bilder in Neuschwanstein sind, wie Wagners Werk, Nachhall einer längst verschollenen mythischen Welt. Schon zur Zeit der Artussagen schimmern nur noch Bruchstücke alter Erinnerungen in den Figuren der Dichter auf – angespülte Skeletteile aus dem Meer der Zeit.

Bei der Annäherung an König Artus sollten wir der Methode des Archäologen eingedenk sein, der Stein um Stein, Bruchstück um Bruchstück aus dem Schutt der Jahrhunderte herauslöst, alle Funde auf ihre

Bedeutung und zeitliche Herkunft hin abklopft, um sie endlich zu einem Mosaikfragment zusammenzufügen, aus dem dann ein sinnvolles Ganzes erschlossen werden kann. In unserem Fall haben wir dabei außer dem historischen Quellenmaterial auch Volksüberlieferung, Dichtung und Legende zu berücksichtigen. Oft verbirgt sich gerade in ihnen, ist die Krustierung des Fiktiven einmal abgelöst, ein Kern des Faktischen.
So verhält es sich auch mit der »Historia« des Geoffrey of Monmouth. Er hat Artus nicht erfunden, auch wenn er ihm den Mantel eigener Phantasie umhängte. Hinter seinen Erdichtungen verbirgt sich geschichtliche Wirklichkeit. Betrachten wir daraufhin einmal den von ihm erstellten Stammbaum des zur Legende gewordenen Helden:

Artus ist nach Geoffrey der Sohn von König Utherpendragon und der Neffe von Aurelius Ambrosius. Beider Vater sowie der des Mönches Constans ist König Constantin – nicht zu verwechseln mit Konstantin dem Großen. Diesen Constantin, der zuvor im »kleinen Britannien«, das heißt in der Bretagne, lebte, hat der Londoner Erzbischof Guithelinus vom dortigen König Aldroenus erbeten, damit er König der Britannier werde. Mit dieser Geschichte führt uns Geoffrey ins Zeitalter des späten Rom, als das Imperium Romanum schon nicht mehr in der Lage war, seine nördlichste Provinz Britannien vor den einfallenden Barbarenstämmen zu schützen. Bewegt schildert Geoffreys Erzbischof dem König jenseits des Kanals die Lage seines Landes: »Die Barbaren haben unsere Insel, die einst ein Schatzhaus jeglicher Art von Wohlstand war, völlig ausgeraubt. Alle Menschen, die hier leben, leiden unter schrecklicher Lebensmittelknappheit und haben nur das, was sie sich durch ihre Geschicklichkeit in der Jagd erwerben können. Und niemand gibt es, der dem Einhalt zu gebieten vermöchte; denn nicht ein einziger Mann unseres eigenen Volkes, kein einziger Heerführer wurde uns gelassen. Die Römer sind nicht länger an uns interessiert. Sie haben sich geweigert, uns auch nur in irgendeiner Weise zu helfen.«

Der König der Bretagne hat ein Ohr für die Klagen des Erzbischofs. Er läßt Constantin mit ihm auf die Insel ziehen. In Silchester wird er dann zum König der Britannier gekrönt. Es gelingt ihm, die Feinde für eine Weile zu vertreiben. Doch er fällt dem Dolch eines verräterischen Pikten zum Opfer. Nun schwingt Vortigern, ein britischer Stammesführer, sich zum König auf. Zunächst aber lockt er Constantins Sohn Constans aus dem Kloster und verhilft ihm, einer Puppe in seiner Hand, zur Krone. Dann läßt er ihn durch Gift beseitigen und tritt seine Nachfolge an.

Als König verbündet sich Vortigern nun mit Hengist, dem älteren Bruder Horsas – beide historisch umstrittene Figuren –, die zusammen die Jüten, Angeln und Sachsen anführten, und heiratet Hengists Tochter Renwein. Immer mehr Sachsen überschwemmen jetzt die Insel. Sie werden zu Vortigerns Bedrohung.
Nun treten Aurelius Ambrosius und Uther, der damals noch nicht den Beinamen Pendragon, »der große Drache«, führte, auf den Plan. Sie waren als jugendliche Prinzen vor dem Mörder ihres Bruders Constans in die Bretagne geflohen. Jetzt kehren sie auf die Insel zurück. Aurelius Ambrosius besiegt Vortigern und verbrennt ihn in seiner Burg. Dann vertreibt er die Sachsen.

Soweit, stark verkürzt, die Schilderung in Geoffreys »Historia«. Was ist daran wahr? Beginnen wir bei Artus' Vater Utherpendragon.

Ein frühes walisisches Gedicht nennt zwar seinen Namen, und im Norden Englands heißt eine Burgruine »Pendragon Castle«. Das ist aber noch keine Gewähr für seine reale Existenz. Die Burg selbst wurde nämlich erst im 12. Jahrhundert erbaut. Der Burgherr war Hugh de Morville, einer der – wahrscheinlich von Heinrich II. gedungenen – Mörder von Thomas Beckett, des Erzbischofs von Canterbury. Vielleicht wollte Hugh de Morville, dessen Name auch in dem bald nach 1194 geschriebenen Lanzelotroman des Schweizer Dichters Ulrich von Zatzikhofen auftaucht, seiner Burg einen Namen aus der bereits berühmt gewordenen Artuswelt geben. Vielleicht fühlte er sich aber auch selbst als ein Utherpendragon seiner Zeit. Da »Uthr« in Walisisch »schrecklich, furchteinflößend« bedeutet, könnte durch ein Mißverständnis der poetischen Phrase »Artus der Schreckliche« auch auf »Artus, der Sohn von Uther« geschlossen worden sein. Eine Legende erzählt, Utherpendragon hätte einst versucht, das Eden-Flüßchen, das noch heute in der stillen Landschaft nahe der Ruine von Pendragon Castle verläuft, umzuleiten, um einen rund um seine Festung reichenden Wassergraben zu erhalten. Dabei aber wäre er an der Macht der Natur gescheitert. Seitdem kursiert der Spottvers:

»*Let Utherpendragon do what he can*
Eden will run where Eden ran.«

»*Laßt Utherpendragon tun, was er kann,*
Der Eden wird fließen, wo immer er rann.«

Lassen auch wir es dabei bewenden.

Wenn wir nun aber schon auf einen historischen Nachweis von Artus' Vater verzichten müssen, so kommen wir mit den anderen Namen aus Geoffreys »Historia« der Wirklichkeit doch etwas näher. Sowohl für Aurelius Ambrosius wie für Constans und deren Vater Constantin gibt es historische Vorbilder. Desgleichen hat auch Vortigern gelebt, vielleicht nicht als der Schurke, den Geoffrey aus ihm macht.

Aurelius Ambrosius ist der für das 5. Jahrhundert bezeugte Ambrosius Aurelianus. Dieser war ein britischer Heerführer im Süden des Landes mit einem damals üblichen römischen Namen. Er kämpfte erfolgreich gegen die Sachsen, die Britannien schreckliche Angriffe lieferten. Das muß in der Zeit nach 410 gewesen sein. In diesem für die Insel entscheidenden Jahr hatten die Goten unter Alarich Rom erobert. Eine Bitte um militärische Hilfe beantwortete Rom deshalb mit der Botschaft, die Briten möchten sich nun allein um ihre Sicherheit kümmern und sich bewaffnen. Damit war Britannien ein selbständiger Staat auf römischem Territorium. Der Name des Ambrosius Aurelius lebt möglicherweise in der alten Klostergründung Amesbury in Wiltshire, nördlich von Salisbury, fort: Amesbury kann von Ambr-bury abgeleitet werden.

Auch ein Constantin lebte um diese Zeit. Das war ein Soldat, wahrscheinlich ein Brite, der im Jahr 407 von der römischen Armee in Britannien als Constantin III. zum Kaiser proklamiert wurde. Er hatte einen Sohn Constans, der Mönch war und das Kloster verließ. Dieser Constantin III. wollte Gallien und Spanien unter seine Gewalt bekommen. Er zog deshalb den größten Teil der Truppen von Britannien ab und lieferte damit den Hauptgrund zur Loslösung Britanniens vom römischen Imperium. Nach vielerlei Kämpfen und Verhandlungen ergab sich Constantin III. im Jahre 411 einem General des rechtmäßigen weströmischen Kaisers Honorius, wurde dann aber ermordet. An diesen Constantin lehnte Geoffrey sich in seiner Darstellung vage an.

Bleibt noch Vortigern. Ihn stellt Geoffrey in einen nachprüfbaren historischen Zusammenhang, wenn er von dessen Hochzeit mit der Tochter des Hengist berichtet: »Es war zu jener Zeit, als St. Germanus, der Bischof von Auxerre, und mit ihm Lupus, der Bischof von Troyes, kamen, um den Briten das Wort Gottes zu predigen; denn ihr christlicher Glaube war nicht nur durch die Heiden, sondern auch durch die Pelagianische Irrlehre korrumpiert worden.«

Mit diesem Hinweis ermöglicht uns der Autor der »Historia«, was bei ihm sonst kaum der Fall ist, ein Ereignis zeitlich festzulegen. Die Bischöfe Germanus und Lupus waren tatsächlich von Gallien aus nach Britannien gekommen, um gegen den Pelagianismus vorzugehen, und wir wissen, daß das im Jahre 429 gewesen ist. In gleicher Mission kam Germanus in späteren Jahren noch einmal auf die Insel. Die Lehre des Pelagius hatte sich dort mehr und mehr ausgebreitet. Es war das stolze Bekenntnis eines britischen Mönches, der in Rom studiert hatte, in Nordafrika und Palästina lebte und sich weigerte, die Erbsünde sowie die Gnadenlehre des Augustinus anzuerkennen. Er wurde deshalb von Papst Zosima verurteilt und seine Lehre 418 als Ketzerei erklärt. Kaiser Honorius verbannte ihn. Sein erbittertster Gegner aber war Augustinus, jener Kirchenvater, der der christlichen Lehre bis heute den Stempel seines Geistes aufgedrückt hat. Im Nebeneinander zweier Staaten, der »Civitas dei« und der »Civitas terrena«, dem in der Liebe gründenden Gottesstaat und dem der brutalen Gewalt gehorchenden irdischen Staat, sah er die Tragik des Dramas der Geschichte verkörpert. Die ganze Welt um Augustinus lieferte das eindrucksvolle Anschauungsmaterial für diese Zweiweltentheorie. Überall im römischen Imperium, nicht nur in Britannien, zeigten sich die drohenden Zeichen am politischen Himmel. Als man im August des Jahres 430 im nordafrikanischen Hippo regius für den fünfundsiebzigjährigen Bischof betet, belagert das Heer der Vandalen die Stadt. Dumpf dringt der Lärm der Belagerungsmaschinen an das Ohr des Sterbenden.

So sieht das Zeitalter aus, in dem Vortigern lebte, und in das auch der historische Artus hineingeboren sein muß. Die bedrohlichen Schatten dieser Zeitenwende spiegeln sich bei aller Fabulierfreudigkeit auch in Geoffreys »Historia« als geschichtliche Wirklichkeit wider.

Über Vortigern aber haben wir noch ein anderes Zeugnis, ein ganz handgreifliches. Es steht in Nordwales. Dort errichteten die Zisterzienser um 1201 ihre letzte walisische Abtei, das Kloster Valle Crucis. Die Mönche hatten sich einen schönen Platz dafür ausgesucht: ein Seitental des Dee-Flüßchens nördlich von Llangollen am Fuße des Horseshoe-Passes mit seinen weiten, wilden Wiesenhängen, denen zahllose weidende und lagernde Schafe die Aura einer Urlandschaft verleihen. Es fällt nicht schwer, sich die heutige, malerisch in der Talsenke ausgebreitete Ruine als intaktes Ganzes vorzustellen. Die Westfront mit Hauptportal, gotischem Dreibogenfenster und Rosette blieb noch erhalten, und das Fragment der Ostfassade hebt sich als schwankender Spiegel der Vergangenheit aus einem kleinen Teich heraus. Den Namen Valle Crucis, Tal des Kreuzes, aber hat die Abtei von einem berühmten Hochkreuz, das uns in unmittelbaren Kontakt mit Vortigern bringt. Der walisische König Concenn of Powys hatte Anfang des 9. Jahrhunderts zu Ehren seines Urgroßvaters Eliseg dieses Granitkreuz auf hohem Säulenschaft errichten lassen. Seine Spitze, das Kreuz selbst, ist mittlerweile abgebrochen. Deshalb heißt die noch stehende Steinsäule

»Elisegs Pillar«. Das Denkmal steht unweit der Klosterruine auf einer kleinen Anhöhe im freien Feld. In nunmehr bis zur Unleserlichkeit verwitterten einunddreißig Steinzeilen führt es neben der Bitte um ein Gedenken für Elisegs Seele den Stammbaum der Könige von Powys auf. Darunter wird auch ein »Brydw«, ein Britu, genannt, mit dem dieser Gedenkstein besonders interessant zu werden beginnt. Von diesem Britu heißt es nämlich in der Nachfolge vorausgegangener Geschlechter: »Aber Britu war der Sohn von Gwrtheyrn, den Germanus gesegnet hatte und der ihm (Eliseg) durch Severa, die Tochter von König Maximus, geboren wurde, welcher den König der Römer erschlug.«

König Vortigern im Gespräch mit Merlin. Aus einer mittelalterlichen Chronik von England.

Magnus Maximus (in Wales als »Macsen Wledig« bekannt). Münze, 4. Jahrhundert.

Gwrtheyrn aber ist die walisische Version von Vortigern. Damit wurde der Name dieses Königs der Nachwelt in Stein überliefert, und wer nach König Artus sucht, steht hier vor einem Denkmal, das eindringlich an seine Zeit erinnert. Vortigern aber wird auf dieser Gedenksäule nicht nur als historische Figur bestätigt. Er wird auch noch als Schwiegersohn von Kaiser Magnus Maximus identifiziert, der in Wales als »Macsen Wledig«, als »Maximus der König«, bekannt war und dort auch eine Zeitlang regierte.
In Gestalten wie der des Magnus Maximus offenbart sich wieder einmal die ganze Erbarmungslosigkeit jenes Prozesses, den wir Geschich-

te nennen, zugleich aber auch ihr sphinxhaftes Doppelgesicht: Der aus Spanien stammende Kaisermörder Maximus, der im Jahre 383 Gratian umbringen ließ, war der Freund des Heiligen Martin von Tours, jenes eifrigen Missionars, der als »Beschützer aller Bedrängten und Schrecken aller Gewalttätigen« in die Geschichte einging und uns im Bild des edlen Reiters vertraut ist, der mit dem Schwert seinen Mantel teilt, um einen Bettler zu beschenken. Eine ähnliche Polarität wie sie uns bei den blutrünstigen Schwerthelden und ihren zarten Liebesabenteuern begegnet.

Ob die Verwandtschaft Vortigerns mit Magnus Maximus tatsächlich bestand, ist nicht mehr nachprüfbar. Es war auch üblich, zu Legitimationszwecken einer frühen walisischen Dynastie römische Kaiser oder heroische Namen für sich als Vorfahren zu reklamieren. Mit Vortigern als einer historischen Figur, die eng mit der Vorgeschichte König Artus' verbunden ist, verknüpfen sich jedenfalls wieder einmal legendäre Berichte mit geschichtlicher Wirklichkeit. Aus der Atmosphäre dieser Landschaft heraus, in welcher der genius loci seine Rechte anmeldet, steigern sie sich auch noch bis ins Mythische. In Reichweite der Abtei erhebt sich ein Bergkegel, dessen Krone aus den bizarren Mauerresten einer mittelalterlichen Burg besteht, von deren Silhouette zwei hohle Bögen wie magische Augen ins Tal blicken. Ihre Vorgängerin war eine einwallige keltische Befestigungsanlage aus der späten Bronzezeit.

Es ist die Festung von Dinas Bran, einer der Sitze des keltischen Gottes »Bran des Gesegneten«. So wird er im »Mabinogion«, der Quelle ältester kymrischer, d.h. walisischer, Dichtung überliefert. Seinem Schutz war einst Britannien anempfohlen. Ströme religionsgeschichtlicher Traditionen fließen von ihm aus bis hin zur Gralsgeschichte, dem letzten Akt im dramatischen Geschehen um König Artus, der in späterer Zeit dann selbst die Rolle des Beschützergottes übernimmt. Ein Dinas Bran gegenüberliegender Felsabbruch, der sich etwa fünf Kilometer lang als mehrschichtiges Kalksteinband durch die Berge zieht, heißt »Craig Arthur« – Artusfels.

Wie Artus in die walisische Volkstradition Eingang fand, ist bis heute rätselhaft. In den ältesten Teilen des »Mabinogion« wird er nicht erwähnt. Doch auf einmal taucht er auf und füllt die Bühne. Er wird plötzlich König von Göttern, die ihm Verehrung zollen. Lug und Arwen, die keltischen Entsprechungen von Zeus und Pluto, sind seine Beschützer, während Bran, ein wahrscheinlich ebenfalls aus der Ägäis eingeführter Gott mit bemerkenswerten Ähnlichkeiten zum griechischen Heilsgott Asklepios, sich von ihm den magischen Kessel der Fülle abjagen lassen muß.

Was aber hat es mit dem wirklichen Artus auf sich?

Wer war dieser Artus?

Aus dem legendären Stammbaum von Artus ging hervor, daß nicht alle Namen, die Geoffrey of Monmouth überlieferte, reine Erfindung sind. Auch das historische Umfeld mit Roms Schwäche zur Zeit der Völkerwanderung und der Not Britanniens war aus dem Gespräch zu erschließen, das der Autor der »Historia« den Londoner Erzbischof mit dem König der Bretagne führen ließ. Der Schock des Entsetzens muß für die Briten umso größer gewesen sein, da die Zeiten eines blühenden Gemeinwesens noch in Reichweite der Erinnerung lagen.

Werfen wir noch einen Blick auf die Zeit vor Artus.

Ein besonders poetisches Bild von der britischen Insel und ihrem Wohlstand zeichnet im Jahr 310 ein Hofredner vor Konstantin dem Großen in Trier, der damaligen römischen Kaiserresidenz Augusta Treverorum. Er kam auf die römische Provinz jenseits des Kanals zu sprechen, weil Konstantin dort, in York, vier Jahre zuvor zum Kaiser proklamiert worden war. Der unbekannte Panegyriker schwärmte:

»Britannien, du bist in der Tat glücklich und nun noch mehr als jedes andere Land gesegnet, seit du als erstes Konstantin als Kaiser sehen durftest. Wohlausgestattet hat dich die Natur mit jeder Wohltat an Boden und Klima. Deine Winter sind nicht zu kalt, deine Sommer nicht zu heiß. Und so ertragreich sind deine Kornfelder, daß sie dich nicht nur der Gaben der Ceres, sondern auch denen des Liberi versichern. Keine schrecklichen Tiere verbergen sich in deinen Wäldern, keine giftigen Schlangen suchen deine Erde heim. Ganz im Gegenteil! Zahllos sind deine heimischen Herden: ihre Euter sind prall von Milch und ihre Rücken beladen mit Wolle. Um das Leben noch angenehmer zu machen, sind die Tage lang und keine Nacht vergeht ohne einen Schimmer von Licht, da deine flachen Küsten keine Schatten werfen. Während die Nacht und ihre Sternbilder umlaufen, scheint in Britannien

selbst die Sonne, von der wir annehmen, sie ginge unter, nur vorüberzugleiten.«
Mehr und mehr hatte die britische Insel als Bollwerk gegen die Raubzüge barbarischer Nordvölker für das Imperium Romanum an Bedeutung gewonnen. Sie brachte den Römern aber auch eine Reihe wichtiger Häfen, die genannten Kornfelder und Viehweiden sowie reiche Zinnvorkommen in Cornwall ein. Dafür wurde sie mit jener »Romanitas« belohnt, die alles, was mit Kultur und Zivilisation im Gegensatz zu den wilden Barbarenstämmen zu tun hatte, beinhaltete.

»Romanitas«: Mehr als zwei Jahrhunderte prägte sie das spätantike Britannien, das als nördlichste Provinz, als äußerster Zipfel am Rande von Rechtsunsicherheit und steter Kriegsgefahr die Früchte einer mediterranen Kultur genoß. Bis hinauf zum Hadrianswall, den der hochgebildete Kaiser aus Südspanien, ein Verehrer griechischer Kunst und Philosophie, im ersten Drittel des zweiten Jahrhunderts zwischen Carlisle und Newcastle upon Tyne errichten ließ, reichte die Herrschaft Roms, breiteten sich römische Lebensweise und römischer Luxus in einer Villenkultur der höheren britischen Schichten aus. Jeder freie Brite besaß seit Beginn des 3. Jahrhunderts den Status eines römischen Bürgers. Dies alles ist wichtig für die Vorgeschichte von Artus.

Wir müssen ihn uns in diese römische Tradition eingebettet denken, zu der auch Zweisprachigkeit gehörte. Mit Latein als Schrift- und Amtssprache wurden die Söhne der vornehmeren Familien erzogen. Alltagssprache war das Britische, das im heutigen Walisisch noch fortlebt, seit dem 5. und 6. Jahrhundert aber einen wesentlichen Wandel erfahren hat. Britisch war ursprünglich, wie Latein, eine flektierte Sprache, die den grammatischen Fall durch Beugen von Endsilben anzeigt. Während der Entwicklung des Britischen zum »Primitive Welsh« und zu anderen keltischen Sprachen gingen diese Endsilben verloren. Außerdem wurden Konsonanten weicher, Vokale heller, und Lautverbindungen schliffen sich ab. Im Laufe dieser Veränderung wurde dann aus Ambrosius Emrys, aus Gaius Cei, aus Tacitus Tegid, bis hin zu Idris in einer walisischen Dialektform für Artorius. Dieser Umstand ist für die Forschung wichtig, weil sich daraus textkritische Fragen und Datierungsmöglichkeiten ergeben.

Artus gehört in eine Zeit, in der dieser Sprachwechsel noch nicht vollzogen war. Ohne zu sehr ins Spekulative abzugleiten, dürfen wir ihn uns als einen britisch sprechenden Heerführer vorstellen, der des Lateinischen mächtig war und sich dessen ebenfalls bediente. Mit einer

Sprache wie dem heutigen Walisisch hatte er also nichts zu tun. Er brauchte seine Zunge noch nicht mit dem oft zitierten längsten Wort im Walisischen,
»Llanfairpwllgwyngyllgogerychwyrndrobwllllantysiliogogogoch«
zu strapazieren, wie wir es in Nordwales auf der Insel Anglesey an der Bahnstation als Ortsbezeichnung lesen. Wichtiger ist, daß er in einer Zeit lebte, in der, wie Geoffrey seinen Erzbischof klagen läßt, »die Römer nicht länger« an Britannien interessiert waren und in keiner Weise mehr helfen konnten. Deshalb kam dann auch jener Constantin von der Bretagne auf die Insel, um dort, wie Geoffrey es darstellt, König der Briten und Großvater des Artus zu werden. Wir sind also in der Zeit der Völkerwanderung, in der Rom nicht mehr in der Lage ist, Britannien zu verteidigen.

Nicht lange konnte Britannien so glücklich sein, wie der anonyme Hofredner es im Jahre 310 noch pries. Gerade die Wohltaten der Natur und die Gaben der Ceres, der griechischen Demeter und Göttin der Erdfruchtbarkeit, waren es, vereint mit denen des Liber, eines Verwandten des griechischen Dionysos, der mit göttlicher Kraft reifend und nährend in den Pflanzen wirkt, die in den wilden Völkerstämmen immer wieder die Begehrlichkeit nach der britischen Insel regten. Verstärkt durch entlaufene Sklaven und unzufriedene Briten rissen im Jahre 367 die drei Hauptfeinde des römischen Britannien, die Pikten, Iren und Sachsen, nunmehr erstmals in gemeinsamer Aktion, Britannien vom Imperium los. Zwei Jahre später konnten Friede und römische Oberhoheit durch einen Feldzug der Römer zwar wieder hergestellt werden, doch ein Verfall der Städte und der blühenden Villenkultur war nicht mehr aufzuhalten. An allen Fronten kämpfte Rom gegen die anbrandenden germanischen Völkerschaften und Stammesverbände, die sich wie Sturzwellen auch auf den Kontinent ergossen. Die Wälle des Imperiums begannen zu bersten. Truppen blieben ohne Sold. Da riefen aufständische Legionen in Britannien einen Heerführer spanischer Abkunft zum Kaiser aus: Magnus Clemens Maximus. Dieser Mann, der auf der Steinsäule des Eliseg in Valle Crucis als der Schwiegervater des Vortigern erscheint und der ein Jahr nachdem er Flavius Gratianus hatte ermorden lassen durch den oströmischen Kaiser Theodosius das gleiche Schicksal erlitt, führte britische Truppen auf den Kontinent. Durch diese strategische Maßnahme wurde der Zustand der Instabilität in Britannien schon im letzten Viertel des 4. Jahrhunderts auf eine Weise verstärkt, die schließlich zu Beginn des kommenden Jahrhunderts, 410, wie wir bereits sahen, zur Loslösung Britanniens von Rom führte.
Ein Machtvakuum war entstanden, wie es von jeher als Zeugungsele-

ment von »Helden« seine Wirksamkeit erwies. Geoffreys Klage über das Fehlen eines starken Mannes und militärischen Führers paßt hierher. Aber auch die Bezeichnung der Bretonen als »Blutsbrüder«, wie er sie nennt, findet in den Maßnahmen Kaiser Magnus Clemens Maximus ihre historische Bestätigung. Durch dessen militärische Operationen auf dem Festland wurde die Bretagne mit britischen Truppen besiedelt. Einer der ältesten walisischen Quellen zufolge gestattete der Kaiser seinen Veteranen aus Britannien, sich in diesem Gebiet Galliens niederzulassen. Sie waren es, die dem Land, das damals Armorica – Land am Meer – hieß, seinen jetzigen Namen gaben. Freilich mochten auch vorher bereits Briten auf der Flucht vor den Sachsen hier Zuflucht und eine neue Heimat gefunden haben.

Von einer zweiten Besiedelungswelle der Bretagne im 5. Jahrhundert berichtet eine spätere Heiligenlegende, in der nun auch der Name des Artus auftaucht. Es ist die Legende über den bretonischen Heiligen Goueznou – lateinisch St. Goeznovius –, die ein Autor, der sich nur William nennt, 1019, also noch vor Geoffreys »Historia«, niederschrieb. Er kommt dabei auf die von König Vortigern nach Britannien gerufenen Sachsen zu sprechen und fährt fort:

»Da sie Heiden und von teuflischem Charakter waren und von Natur aus danach lechzten, menschliches Blut zu vergießen, brachten sie großes Unheil über die Britannier. Ihrem Stolz wurde jedoch alsbald durch den großen Arthur, den König der Britannier, für eine Weile Einhalt geboten. Sie wurden fast völlig von der Insel vertrieben und zur Unterwerfung gezwungen. Aber als dieser selbe Arthur nach vielen Siegen, die er in Britannien und Gallien glorreich errang, zuletzt von menschlichem Wirken abberufen wurde, war der Weg für die Sachsen frei, sich erneut auf die Insel zu begeben, und die Britannier wurden hart unterdrückt...Damals wurden viele heilige Männer zu Märtyrern; andere verließen, an der Heiligen Schrift festhaltend, das größere Britannien, das jetzt das Vaterland der Sachsen ist, und segelten hinüber in das kleinere Britannien.«

Die frühe Verklammerung der Bretagne mit Britannien ist in ihrer Bedeutung für die Literatur späterer Jahrhunderte kaum zu überschätzen. Keltische Mythen und Religionsvorstellungen gelangten auf diese Weise auf den Kontinent. Dort wurden sie zur Zeit der höfischen Dichtung, von Frankreich ausgehend, wieder aufgegriffen und zum Nährboden für einige der größten Schöpfungen der Weltliteratur. Was wäre sie ohne das Zauber- und Feenreich der Artuswelt, ohne die Ritter von der Tafelrunde, ohne Tristan und Isolde oder den Gralshelden Parzival?

Aber auch schon früher, nach der Eroberung Englands durch Wilhelm den Eroberer, 1066, als mit dem französisch sprechenden normannischen Adel auch Bretonen auf die Insel ihrer Vorfahren kamen, werden diese späten »Rückwanderer« die ihnen noch vertraute Kunde von Artus, an der die Angelsachsen verständlicherweise nicht interessiert waren, mit in ihr Ursprungsland zurückgebracht haben. Dort lebte sie bis zu diesem Zeitpunkt im »literarischen Untergrund«, unvergessen vor allem in Wales und in Cornwall.

Mühelos, als gäbe es kein Meer, wechseln die Artushelden seitdem von England nach Frankreich, von Cornwall und Wales in die Bretagne, deren von Geheimnis umwitterte Vorzeit den besten Humus für die wunderbaren Geschichten über König Artus abgab. Seiner historischen Gestalt werden wir uns nun Schritt für Schritt etwas nähern.

Nicht nur Soldaten und Flüchtlinge, auch manche Angehörige der gebildeten und wohlhabenden Schichten Britanniens mochten in dem Land am Meer mit seinen dichten Wäldern und den rätselhaften Steinsetzungen, deren britische Entsprechungen uns noch in Stonehenge und Avebury begegnen werden, den Widerhall einer magisch wirkenden Natur empfunden haben, die derjenigen der britischen Insel glich. Da war es dann nicht allzu schwer, aus Gründen größerer Sicherheit das Meeresland auf dem Kontinent freiwillig zur Wahlheimat zu machen. Im größeren Britannien gab es ja auch fortwährend neue Bedrohungen. So war, schon gegen Ende des 4. Jahrhunderts, Niall, der Hochkönig von Irland, plündernd über die Städte im Westen Britanniens hergefallen, und alle anderen gierigen Beutemacher gewannen an Boden, bis endlich, in den Jahren 398/399, der römische General und Staatsmann Stilicho, selbst ein Vandale von Herkunft, Britannien wieder einmal für kurze Zeit von den Barbaren befreite. Als Britannien dann aber auf eigene Füße gestellt war, seit 410 also, wurden die ständigen Heimsuchungen und Schrecken nicht geringer. Im Gegenteil. Wir besitzen aus dem Jahr 446 ein authentisches Dokument: die Bittschrift einer Gruppe führender Briten an den römischen General und Konsul Aëtius. Ihm, der fünf Jahre später Attila auf den Katalaunischen Feldern besiegte und der als Heermeister für den glanzlosen Valentin III., der ihn dann 454 eigenhändig erdolchte, mit allen Mitteln um die Erhaltung des Westreichs gekämpft hatte, schrieben die verzweifelten Briten:

»An Aëtius, den dreimaligen Konsul: das Stöhnen der Briten...Die Barbaren drängen uns ans Meer zurück, das Meer drängt uns zu den Barbaren zurück; eine der beiden Todesarten, das Ertrinken oder das Erschlagenwerden, wird uns ereilen.«

Doch Aëtius konnte nicht helfen. Die Briten blieben den Barbaren ausgeliefert. Die Raubzüge der Sachsen mehrten sich. Plündernde Kriegerscharen, von den Pikten unterstützt, durchziehen das Land bis zum

Meer im Westen. Sie hinterlassen eine Blutspur. Der englische Historiker Geoffrey Ashe zitiert in seinem Buch »König Arthur« die Stimme eines verängstigten Briten aus den Jahren um 440. Wenn wir sie hören, verstehen wir, welche Heilserwartungen später an einen Helden wie Artus gestellt werden konnten:
»Ein Feuer, das von der Hand der Gottlosen aus dem Osten angehäuft und genährt wurde«, heißt es da, »dehnte sich von Meer zu Meer. Es verwüstete Stadt und Land ringsumher, und wenn es einmal brannte, verlöschte es nicht, bevor es nicht die ganze Oberfläche der Insel verbrannt hatte und mit seiner wilden roten Zunge den Ozean im Westen leckte...Alle größeren Städte wurden vernichtet; vernichtet wurden auch alle Einwohner – Kirchenführer, Priester sowie das Volk –, als die Schwerter ringsum aufblitzten und die Flammen prasselten. Es war ein trauriger Anblick. Inmitten der Plätze die Grundsteine der hohen Mauern und Türme, die von ihrem stolzen Sockel gerissen worden waren und aussahen, als seien sie in eine schreckliche Weinpresse geraten...Einige der unglücklichen Überlebenden wurden in den Bergen gefangen und allesamt hingemetzelt. Andere, die vom Hunger zermürbt waren, lieferten sich dem Feind aus; es war ihnen beschieden, für immer Sklaven zu sein, wenn sie nicht unmittelbar getötet wurden.«

Trotzdem zogen sich die Sachsen allmählich wieder in ihre im Osten und Südosten der Insel gelegenen Enklaven zurück und die Pikten in ihr schottisches Hochland. Es muß überhaupt nach all den geschilderten Greueln erneut ein Zustand der Stabilität und Sicherheit in Britannien erreicht worden sein. Nur so ist eine derart erstaunliche Umkehr der Machtverhältnisse zwischen Rom und dem romanisierten Teil der Insel denkbar, wie sie von dem Geschichtsschreiber Jordanes in seiner 551 verfaßten »Geschichte der Goten« berichtet wird. Wir kommen damit endlich auch dem historischen Artus näher.
Von Jordanes erfahren wir, daß sich im Jahre 468 der Kaiser von Rom an die Briten um Beistand gegen die Westgoten wandte! Es war dies Kaiser Anthemius, der von 467 bis 472 regierte, in einer Zeit, in der die römischen Imperatoren einander in schneller Folge ablösten. Anthemius, ein adeliger Grieche von offensichtlich edlem Charakter, war erst ein Jahr vor seiner Botschaft an die Briten von Leo I., der in Konstantinopel residierte, zum weströmischen Mitkaiser ernannt worden. Als er sein Hilfeersuchen an die Briten richtete, hatte Leo I. gerade ein Expeditionsheer gegen die Vandalen nach Nordafrika entsandt. An allen Ecken und Enden des Weltreichs brannte es. Anthemius stand Eurich, dem gefährlichen König der Westgoten gegenüber, dem Mörder des eigenen Bruders und Vorgänger Theoderichs II., dessen Pläne er mit der bruta-

len Energie des Gewaltmenschen weiterverfolgte. Nun ist er gerade dabei, das von Kaiser Honorius den Westgoten genau fünfzig Jahre vorher zugewiesene Siedlungsgebiet auszuweiten, um ein von Rom unabhängiges Staatsgebilde zu errichten. Es umfaßte schließlich das gesamte gallische Gebiet zwischen Loire, Pyrenäen und Rhône sowie die südliche Provence und große Teile Spaniens. Die Unterwerfung ganz Galliens gelang ihm nicht, der Widerstand der Burgunden und der Franken hinderten ihn daran. Diese Situation hat Jordanes vor Augen, wenn er berichtet:

»Nun bemerkte Eurich, der König der Westgoten, den häufigen Wechsel der römischen Kaiser und strebte danach, Gallien für sich zu haben. Kaiser Anthemius vernahm dies und bat die Briten um Hilfe. Ihr König Riotimus kam auf dem Seewege mit zwölftausend Mann in den Staat der Biturigen und wurde nach der Landung seiner Schiffe empfangen.«

Nun ist der Name gefallen: Riotimus.

Mit ihm – in anderen Quellen erscheint er als Riothamus –, kann nach den geradezu sherlockholmeshaften Recherchen des englischen Forschers Geoffrey Ashe nur Artus gemeint sein. Ashe kam zu seiner Entdeckung, indem er außer den bisher bevorzugten walisischen Überlieferungen auch solche aus Gallien, dem heutigen Frankreich, in seine Überlegungen mit einbezog. Sie zeigen, daß am Ende des römischen Weltreichs tatsächlich ein Mann namens Riothamus, den man den König der Briten nannte, ein Heer von England hinüber nach Gallien führte und dort, zusammen mit einem der letzten römischen Kaiser, die Barbaren zurückzudrängen versuchte. Das hatte die Artusforschung bisher übersehen. Sie las aus dem Bericht des Jordanes heraus, daß Anthemius sich an die Bretonen wandte, an jene Briten also, von denen sich damals bereits ein Teil in Gallien angesiedelt hatte. So sahen sie in Riotimus deren Anführer. Da Jordanes aber schreibt, sie seien »auf dem Seewege« gekommen, konnten sie nur von England herübergesegelt sein. Diesen Hinweis nicht ernst zu nehmen, weil vielleicht die Erwähnung von »zwölftausend Mann« eine Übertreibung war, wollte Ashe sich nicht gestatten. Und er fand auch noch weitere Beweise für die Existenz dieses Königs aus Britannien.

Der wichtigste ist der Brief eines Zeitgenossen des Riothamus. Dieser Mann heißt Sidonius Apollinaris. Er war Kirchenschriftsteller und Dichter, im Jahre 468 Präfekt in Rom, dann Bischof von Clermont. Er wandte sich an den von Anthemius herbeigerufenen Britenkönig in

Gallien, den er in lateinischer Schreibweise mit Riothamus anredet. In einem Empfehlungsschreiben für einen gallischen Grundbesitzer, der sich über die Abwerbung seiner Sklaven durch die Briten beklagt hatte, schmeichelt er dem König: »Ich bin ein unmittelbarer Zeuge der Gewissenhaftigkeit, die so schwer auf Euch lastet und die immer von einer derartigen Zartheit war, daß Ihr für Fehler anderer errötet.« Dann gibt er seiner Hoffnung Ausdruck, sein Schützling möge »inmitten einer Menge bewaffneter und ungezügelter Männer, die sowohl durch ihre Kühnheit als durch ihre Anzahl« ausgezeichnet wären, »auf gerechte und unparteiliche Weise Gehör« finden. Ob dies geschah, ist nicht überliefert. Daß es sich bei Riothamus aber um Artus handelt, dafür spricht eine Reihe von Indizien. Heldentaten der Artuslegende aus Dichtungen, alten Chroniken oder Heiligenlegenden lassen sich nach Abzug bramarbasierender Fabelelemente und der Korrektur von Datierungsfehlern schlüssig mit der historischen Figur des Riothamus in Einklang bringen. Auch in der Legende des St. Goeznovius wird Artus' Krieg in Gallien in die auf Riothamus zutreffenden Jahre um 460 datiert. Und dann läßt ja auch Geoffrey of Monmouth, wenngleich mit fehlerhafter Zeitangabe und in Umkehrung der historischen Situation, Artus als Kämpfer auf dem gallischen Kriegsschauplatz auftreten. Er stellte seinen Briten allerdings einen Helden vor, der sich am Ende wie ein Größenwahnsinniger mit Welteroberungsplänen gebärdet, der nicht an der Seite des römischen Kaisers, sondern gegen ihn kämpft, weil er selbst sich zum Herren von ganz Europa aufschwingen will. Geoffreys Kaiser ist auch nicht der historische Anthemius, sondern die frei erfundene oder aus anderem Zusammenhang herausgelöste Figur eines Lucius. Den Leichnam dieses »Kaisers« läßt der Geoffreysche Artus nach seinem Sieg dann als »Tribut« nach Rom schicken: zynische Antwort auf eine von den Römern erhobene Zahlungsaufforderung an die Briten.

Geoffreys »Geschichte der Könige Britanniens« ist dennoch eine große literarische Leistung und für die europäische Literatur des Mittelalters eine unerschöpfliche Quelle. Sie hat nur eine starke patriotische Tendenz: Der Einfluß Roms sollte in den Augen der Briten geringer erscheinen, als er tatsächlich war. Als fiktionalem Schriftsteller mit propagandistischer Zielsetzung ging es Geoffrey vor allem darum, die Briten der Spätantike zu verherrlichen. Sie waren ja die Vorfahren der zeitgenössischen Waliser und Bretonen, von denen er selbst wahrscheinlich abstammte. Sein Werk sollte Grund zum Stolz auf die eigene Vergangenheit liefern, verbunden mit der Hoffnung auf eine glanzvolle Zukunft, die er den Zauberer Merlin im Zeichen des einmal wiedererstehenden Artus vorhersagen läßt. Ein britischer Held, der eine Welt-

macht in die Knie zwingt, macht sich da besser als ein König, der gemeinsam mit den Römern die Goten aus Gallien zu vertreiben versucht.
Möglicherweise waren es nicht nur die Westgoten, gegen die Riothamus den Römern zu Hilfe kam. Zur gleichen Zeit wurden durch römische Truppen auch Sachsen vernichtet, die bei Angers eingedrungen waren. Auf die Gleichung »Riothamus – Artus« war fast zwei Jahrhunderte vor Geoffrey Ashe schon einmal ein Historiker gekommen: der gelehrte Sharon Turner. Er wandte sich im ersten Band seiner 1799 erschienenen »Geschichte der Angelsachsen« gegen die vorherrschende Meinung, die Briten seien nach Mitte des 5. Jahrhunderts durch die Einfälle der Jüten, Angeln und Sachsen unter deren sagenhaften Anführern Hengist und Horsa endgültig vernichtet worden. Dies, folgerte er, konnte nicht der Fall gewesen sein, weil »die Briten genau zu dieser Zeit so kriegerisch waren, daß zwölftausend von ihnen auf Ersuchen des Kaisers nach Gallien gingen, um die dortige Bevölkerung gegen die Westgoten zu unterstützen.« Er hatte den Bericht des Jordanes bereits in seiner ganzen Tragweite erfaßt. In einer Anmerkung fügt Turner dann auch noch hinzu, er meine damit »die Expedition von Riothamus« und folgerte: »Entweder war dieser Riothamus Arthur, oder Geoffrey oder die bretonischen Barden bezogen von dieser Expedition die Idee für Arthurs Schlachten in Gallien.« Turner verfolgte diesen Gedanken dann aber nicht weiter. Im Gedächtnis blieb die von Geoffrey of Monmouth überlieferte Heldengestalt.
Geoffrey selbst hatte den Namen des Artus einer viel älteren Geschichte der Britannier entnommen. Er griff auf die »Historia Brittonum« zurück, deren Entstehung bis ins Ende des 9. Jahrhunderts zurückreicht. Dieses für die Geschichtsforschung bedeutsame Werk ist in mehreren Abschriften erhalten. In Folio 187 A und unter der Bezeichnung »Harley 3859« befindet sich eine der wichtigsten in der Handschriftensammlung des Britischen Museums. Diese Quelle wird von den Historikern immer wieder befragt. Doch auch in ihr findet sich Faktisches und Fiktives in bunter Mischung. Über den Verfasser ist nichts bekannt. Man nimmt heute an, ein Mönch namens Nennius aus dem ehemaligen Kloster Bangor sei es gewesen. Bangor, die heutige Universitätsstadt von Nordwales, ein Schulzentrum mit theologischen Colleges, wäre ein sehr passender Ort. Er liegt an der Menai Strait gegenüber der Insel Anglesey, die seit altersher als Pflegestätte keltisch-druidischer Kultur gilt. Die »Historia Brittonum« könnte hier geschrieben worden sein. Sie ist jedenfalls die früheste Quelle, die Artus nennt. Ihr Kern scheint die lateinische Zusammenfassung eines Heldengedichts gewesen zu sein, das in schlachtenstrotzenden Gesängen

Artus huldigt. Nachdem vom Eindringen der Sachsen in Britannien berichtet wurde, heißt es in der »Historia Brittonum«: »In jenen Tagen kämpfte dann Arthur zusammen mit den Königen der Britannier gegen die Bewohner von Kent, doch er selbst war der Feldherr.« Er war der »dux bellorum«, wie es in der lateinischen Fassung heißt. Dann folgt die Aufzeichnung der zwölf Schlachten, in denen Artus sich als Held bewies:

»Die erste Schlacht fand an der Mündung des Flusses statt, der Glein heißt. Die zweite, dritte, vierte und fünfte an einem anderen Fluß, der Dubglas heißt und im Distrikt Linnuis liegt. Die sechste Schlacht an dem Fluß, der Bassas heißt. Die siebte Schlacht war im Kaledonischen Wald, das heißt in Cat Coit Celidon. Die achte Schlacht war in Fort Guinnion, wo Arthur das Bildnis der heiligen Maria, der ewigen Jungfrau, auf seinen Schultern trug und die Heiden an jenem Tag in die Flucht schlug; und ein großes Blutbad kam auf sie hernieder durch unseren Herren Jesus Christus und durch die Heilige Jungfrau Maria, seine Mutter. Die neunte Schlacht wütete in der Stadt der Legion, die

Artus (zu Pferd) sammelt seine Truppen vor einer Schlacht. Mittelalterliche Miniatur.

Krönung von Artus. Mittelalterliche Miniatur

Turnierszene. Die Damen schauten vom Söller der Burg aus zu. Mittelalterliche Miniatur

Excalibur – das Artusschwert lebt bis heute weiter in einem französischen Kriegerdenkmal (Text S. 69) ►

König Artus in der Kathedrale von Otranto. Mosaik des 12. Jahrhunderts (Text S. 21)

Die Hochzeit von Artus und Ginevra. Miniatur von Guillaume Vrelant, um 1468

zehnte Schlacht führte er an den Ufern des Flusses, der Tribruit heißt. Die elfte Schlacht fand auf dem Hügel statt, der Agned heißt. Die zwölfte Schlacht war auf dem Mount Badon, wo an einem einzigen Tag neunhundertundsechzig Männer bei einem einzigen Angriff von Arthur fielen, und kein anderer bezwang sie als er allein. Und aus allen Schlachten ging er als Sieger hervor.«

Die trotz moderner Ortsnamenforschung und linguistisch ausgefeilter Methoden kaum noch verifizierbaren geographischen Zuweisungen und Datierungen der Schlachten sind seit langem Gegenstand gelehrter Diskussionen. Am ehesten scheint noch die neunte Schlacht, die »in urbe Legionis« stattgefunden haben soll, lokalisierbar zu sein. Diese »Stadt der Legion« wird in manchen Manuskripten mit dem Zusatz »welche in britischer Zunge ›Cair Lion‹ heißt« versehen, was auf das Städtchen Caerleon-upon-Usk mit seiner Römersiedlung bei Newport in Südwales verweist. Mit der zwölften Schlacht am Mount Badon, die auch als historisch belegbar gilt, könnte das Dorf Badbury in der Nähe von Liddington Castle, einer uralten Hügelfestung in Wiltshire, gemeint sein. Vielleicht war der Schauplatz aber auch ein Hügel nahe der Stadt Bath in der heutigen Grafschaft Avon, mit der schon Geoffrey of Monmouth Badon gleichsetzt. Sonst ist nur noch die siebte Schlacht, die »in silva Celidonis, id est Cat Coit Celidon« mit dem Wald von Kaledonien, der in Schottland lag, zu identifizieren. Daß Nennius hier neben der lateinischen Version auch noch die walisische Übersetzung »Cat Coit Celidon« einfügt, ist nicht unwesentlich. Er erhärtet die Annahme einer alten walisischen Quelle für die Aufzeichnung von Artus' kriegerischen Aktivitäten in seiner Schrift.

Man hat sich natürlich gefragt, ob es einem einzigen Heerführer überhaupt möglich gewesen sein konnte, so viele Schlachten an so weit auseinander gelegenen Orten im Norden und Süden der Insel zu führen. Als »dux bellorum« war Artus, der sich zu dieser Zeit vielleicht noch gar nicht in königlichem Rang befand, jedenfalls zu ständiger Einsatzbereitschaft und größter Mobilität verpflichtet. Alles spricht dafür, daß Artus als eine Art Feuerwehr der Briten und ihrer Könige, deren es im 5. Jahrhundert mehrere gab, eine berittene Streitmacht nach römischem Vorbild aufgebaut hatte, die ihm die Überwindung größerer Distanzen in verhältnismäßig kurzer Zeit ermöglichte. Als Kämpfer zu Pferd war er zudem den zu Fuß fechtenden Truppen der Eindringlinge überlegen. Auch in späteren Jahrhunderten war der Einsatz von Kavallerie noch entscheidend. So errang zum Beispiel Wilhelm der Eroberer 1066 seinen Sieg über das sächsische Heer bei Hastings deshalb, weil er berittene Truppen in die Schlacht führen konnte – die Normannen waren mitsamt ihren Pferden über den Kanal gesegelt –, während König

Harald von England, dessen berittene Einheiten zur Zeit der normannischen Invasion im Norden der Insel gebunden waren, nur Fußtruppen zur Verfügung standen.
Der siegreich von Schlacht zu Schlacht stürmende Artus der »Historia Brittonum« war kein schwer geharnischter Ritter mit Brünne, Helmglocke, Visier und Panzerschutz, als welcher er und seine Helden in den so eindrucksvollen Miniaturen des Hochmittelalters dargestellt werden. Frühwalisischen Dichtungen und archäologischen Funden aus spätrömischer Zeit zufolge kämpfte er eher im kurzärmeligen, knielangen Untergewand und einer darüber geworfenen Tunika römischen Zuschnitts mit Schild, Schwert und Speer. So war er auf dem Rücken seines Pferdes von weit größerer Beweglichkeit als die gepanzerten Ritter des Mittelalters. Einem Römer gleichend dürfen wir uns den Helden der »Historia Brittonum« vorstellen. Wie aber steht es mit dem Wahrheitsgehalt dieser Quelle?
Wenngleich Nennius unumwunden einräumt, alles, was er an Material für seine Geschichtsdarstellung fand, unbekümmert auf einen Haufen geworfen zu haben, ist doch ein Kern des Faktischen darin enthalten. Bei aller Lückenhaftigkeit und der entwaffnenden Ehrlichkeit, mit der er über seine Arbeitsweise berichtet, die jedem modernen Historiker die Haare zu Berge stehen läßt, ist eines mit Sicherheit aus seinem Werk, aber auch aus anderen Überlieferungen herauszulesen: In einer Zeit, die vor dem Jahr 468 gelegen haben mußte, stellte ein patriotischer Heerführer namens Arthur im Kampf gegen die Pikten und Sachsen für eine Weile die alte, römisch orientierte Lebensweise wieder her. Diese Epoche des Friedens – Geoffrey of Monmouth und Dichter, die seiner Darstellung folgten, beziffern sie auf zwölf Jahre – mußte außerordentlich beeindruckend gewesen sein. Um ihren Stifter, der sie durch schwerste Abwehrkämpfe gegen die Barbaren für seine Zeitgenossen errungen hatte, bildete sich deshalb eine heroische Tradition heraus, die von den Barden der Waliser und anderer britischer Völkerstämme als Artuslegende weitergegeben wurde.
Ein farbiges Bild dieser Friedenszeit zeichnet der erste namentlich bekannte Dichter der französischen Literatur, der Anglonormanne Robert Wace. In seinem Brutusroman »Le roman de Brut« – der altfranzösischen Adaption von Geoffreys Werk – führte er um 1155 den Artusstoff in die Literatur Frankreichs ein. Er schilder zunächst Artus' Kriegszüge und fährt dann in der für sein Jahrhundert typischen Vorstellungsweise fort:
»Nach seiner Heimkehr regierte Artus zwölf Jahre in Frieden, ohne daß jemand gewagt hätte, gegen ihn Krieg zu führen, und ohne daß er seinerseits einen Kriegszug unternommen hätte. Aus sich selbst heraus,

ohne andere Unterweisung, nahm er eine so edle und gesittete Haltung an und gab sich so adlig, zuchtvoll und höfisch, daß man von keinem anderen Hof mehr sprach als von seinem, nicht einmal von dem des Kaisers zu Rom.«

Es wird berichtet, Wace habe seinen Roman der Königin von England, Eleonore von Aquitanien, gewidmet. Wenn ein solches Widmungsexemplar auch nie gefunden wurde, bleibt es doch sehr wahrscheinlich, daß Eleonore die Anregerin zu dem Werk gewesen ist.

Den historischen Artus aber sollten wir nicht zu sehr idealisieren. Da wir über Riothamus nicht mehr wissen, als daß er wirklich existierte und nach 468 mit einem Britenheer nach Gallien segelte, wissen wir auch über den mit ihm identischen Artus nichts. Wo kam er her? Was war er für ein Charakter? War er wirklich von so gesitteter Haltung, so zuchtvoll und höfisch, wie Wace ihn sieben Jahrhunderte später bedichtete? War er ein Herrscher von so großer Gewissenhaftigkeit und Zartheit des Gemüts, als welcher er von Sidonius Apollinaris angesprochen wurde?

Sidonius jedenfalls war wegen seiner Lobesreden und Schmeicheleien berühmt. Für zwei seiner Hymnen auf spätrömische Kaiser wurde er sogar im Jahr 458 durch eine Bildsäule auf dem Trajans-Forum in Rom belohnt. Einer der von ihm Gepriesenen ist Anthemius gewesen. »O Cäsar, größte Hoffnung unserer Zeit«, nannte Sidonius ihn vor den Senatoren, denen er den neuen Kaiser als einen Mann vorstellte, »nach dem Roms kühner Geist sich und auch Eure Liebe sehnte, dem unser Reich sich anvertraut gleich einem Schiff, das ohne Kapitän, besiegt von Stürmen, seinen zerbrochenen Aufbau übergibt, damit es ein verdienter Steuermann gewandter führe...«

Die ganze Unsicherheit der Zeit liegt in diesen Worten, aber auch noch der Kaiserkult in den späten Tagen des Untergangs.

Um so bedeutender hebt sich auf diesem Hintergrund die Figur des Riothamus ab. Der Kaiser von Rom ersucht ihn um Hilfe! Wer aber war dieser Riothamus? Wir wissen nichts von ihm. War er ein Usurpator? Hatte er sich als ein »Condottiere« des 5. Jahrhunderts hochgebracht? Kam er zur Königswürde durch Einheirat in ein Herrschergeschlecht? War er selbst von königlicher Abstammung? Wer war dieser Riothamus? Der uns von Geoffrey und den Dichtern des Mittelalters überlieferte Stammbaum, umrankt von Liebesleidenschaft und einem Zeugungsakt, der, wie wir noch sehen werden, nur durch Merlins Zauber möglich war, kann keine Antwort sein. Er ist nur Ausdruck eines bereits abgeschlossenen Mythisierungsprozesses, in dem die Herkunft des Helden wie die eines Gottes, von Geheimnis umgeben bleiben muß.

Und doch ist es gerade die Dichtung, welche die tiefsten Einblicke gewährt. Sie legt Sehnsüchte und Hoffnungen eines Zeitalters bloß, das auch noch demjenigen des Artus in jener Schicht des Menschlichen entspricht, in der die Jahrhunderte bedeutungslos werden, weil sie das Archetypische in sich birgt. In dieser Tiefenschicht ist auch Erinnerung an einstiges Schicksal lebendig. Aus ihr nährt sich der Nimbus des Helden, dem spätere Zeiten übermenschliche Kräfte und eine Aura des Religiösen verleihen. Wäre nur der unbesiegbare Krieger überliefert worden, Artus hätte nicht den Glanz, der bis in unser Jahrhundert hinein strahlt. Zuviel an gefährlichem Anbetungsbedürfnis physischer Macht im Zeichen des Schwertes wäre in ihr angehäuft, zu wenig an Lebensganzheit, zu der auch die lichte Seite des Daseins gehört. Doch Artus ist eben nicht nur der Schwertheld, sondern auch der »meienbaere man«, von dem zu Beginn des 13. Jahrhunderts Hartmann von Aue sagt:

»Er hat zu seinen Zeiten
In solchem Maß vollendet schön gelebt,
Daß er darob die Ehrenkrone trug.«

Bei einem Helden, der so sehr von der Phantasie der Jahrhunderte angereichert und zur Legende wurde, fällt es schwer, erneut die Frage nach seiner Historizität zu stellen. Schon einem kritischen Geist des 12. Jahrhunderts erschien Artus als ein Mann, »über den noch heute wahnwitzige Windbeuteleien der Briten in Umlauf« sind. Das schreibt William von Malmesbury in den »Gesta regum Anglorum«.

William, der als der bedeutendste Historiker seiner Epoche gilt, wurde bei den Benediktinern in Malmesbury ausgebildet. Das reizvolle Landstädtchen liegt auf einem Hügel über dem Avon in der Grafschaft Wiltshire. Fünfhundert Jahre später erblickte dort der Philosoph und Skeptiker Thomas Hobbes das Licht der Welt. Das noch erhaltene Fragment der Kirche zeugt von der einstigen Größe und Bedeutung der Abtei. Auf einem Kirchenfenster sehen wir William in blauer Kutte, mit einer gelehrten Schrift und einer Schreibfeder in Händen.

William war durchaus bereit, Artus als geschichtliche Persönlichkeit zu würdigen. Er wehrte sich nur, ihn »in den Träumen trügerischer Fabeln« erkennen zu wollen. Doch diese Mahnung hatte offenbar wenig bewirkt. Sonst würden wohl kaum noch ein Jahrhundert später die im Kapitelsaal eingenickten Mönche allein beim Zwischenruf von Artus' Namen in Rede oder Gebet erwartungsvoll hochgefahren sein, wie der Zisterziensermönch, Erzähler und Geschichtsschreiber Cäsarius von Heisterbach glaubhaft berichtet.

Eine Gegenposition hätte William von Malmesbury wohl auch zu

Robert Wace beziehen müssen, wären sie Zeitgenossen gewesen. Allein dessen an Geoffrey of Monmouth angelehnte Schilderung der Beratung, die Artus mit seinen Vasallen über die römische Tributforderung abhielt, müßte ihm übertrieben und unglaubwürdig erschienen sein.
Wace legt dem fiktiven schottischen Vasallenkönig Agusiel die an Artus gerichteten Sätze in den Mund: »Auf, gehen wir, Rom zu erobern! Nehmen wir den Römern ihr Land weg! Haben wir Rom erobert, seine Krieger getötet und die Stadt genommen, ziehen wir nach Lothringen und erobern es, Lothringen und Deutschland, damit diesseits der Berge kein Land übrigbleibe, das nicht dein ist! Niemand kann diesen Völkern gegen uns beistehen; wir werden alles erobern, ob es recht ist oder nicht.«
Wace ging es wohl kaum darum, einer Herrschaftsideologie im Dienste eines brutalen Welteroberers das Wort zu reden, wenngleich sein Held, wie schon bei Geoffrey, den Schritt vom kriegerischen Erfolg in die Hybris zu gehen scheint. Er bediente sich der auftrumpfenden Worte in erster Linie als Stilmittel, um die Mächtigkeit seines Helden zu demonstrieren. In der mittelalterlichen Literatur ist das eine durchaus übliche Methode. Großsprecherische Schlachtenschilderungen oder Übertreibungen von Zahlen, wenn es um Truppenstärken oder ausgelaufene Schiffe geht, sind Beispiele dafür. Vor allem aber: Wace selbst schränkt seinen sprachlichen Kraftakt bereits ein, ehe er ihn ausführt. In einem Abschnitt, in dem er die von Artus herbeigeführten Friedensjahre erwähnt, schreibt er:
»Aus Liebe zu seinem freigebigen Wesen und aus furchtsamer Verehrung seiner Tapferkeit wurden in dieser Friedenszeit wundersame Dinge als wahr verbreitet und die Abenteuer erdichtet, die man von Artus so oft erzählt hat, daß sie bis ans Fabelhafte übersteigert sind – ich weiß nicht, ob ihr davon gehört habt. Das alles ist nicht ganz gelogen und nicht ganz die Wahrheit, nicht alles Unsinn, aber auch nicht alles mit Sicherheit verbürgt. Die Erzähler haben so viel erzählt und die Fabulisten so viel gefabelt, um ihre Geschichten damit auszuschmücken, daß sich jetzt alles wie eine erfundene Fabel ausnimmt.«
Wenn so schon Autoren des Mittelalters urteilen, wie wollen wir uns dann ein Bild vom wirklichen Artus machen? Was bleibt, wenn wir von den Übersteigerungen der Fabulisten und ihren »Windbeuteleien« absehen?
Wir müssen uns damit bescheiden, persönliche Merkmale und individuelle Züge nicht aufspüren zu können. Schon das Mittelalter war sich dessen bewußt. Dafür hat es Artus mystifiziert und aus dem Britenkönig einen mythischen Heros gemacht. Heute aber liegen eineinhalb Jahrtausende zwischen ihm und uns.

Eine Frage aber steht noch aus, die beantwortet werden kann: Warum überliefert die Heldensage nicht den Namen des Riothamus, wenn er wirklich die Person ist, die wir suchen, sondern nur den des Artus? Nur eine Erklärung klingt hier plausibel: Riothamus war, wie Geoffrey Ashe, und von ihm unabhängig gleichfalls der französiche Historiker Léon Fleuriot, herausfand, kein Eigenname, sondern ein Titel. Von der ursprünglichen britischen Sprachform Rigotamos abgeleitet, ergibt sich die Bedeutung »oberster König«, »Königlicher« oder »Hochkönig«. Unter den Regionalkönigen, die es im Britannien der Spätantike gab, wird der Riothamus so etwas wie »primus inter pares« gewesen sein. Gildas, der früheste britische Geschichtsschreiber, wahrscheinlich ein um das Jahr 500 geborener Mönch, der auch für die Authentizität des Ambrosius Aurelius bürgt, bezeichnet so einen Herrscher als »superbus tyrannos«, wobei »tyrannos« noch frei vom späteren Bedeutungswandel zum Unterjocher ist. Demnach ist Riothamus also ein Ehrentitel. Es liegt auf der Hand, daß nicht dieser überliefert wurde, sondern eben der Eigenname des Hochkönigs: Arthur.

Der Name Arthur oder Artus sagt uns aber auch etwas über die Herkunft des Helden. Er muß im Südwesten Britanniens beheimatet gewesen sein. Nur in diesem hochzivilisierten Gebiet des Römerreiches gaben die romanisierten Briten ihren Kindern auch noch im 5. Jahrhundert, nach dem Abzug der Römer, römische Namen. Arthur ist ein solcher Name, abgeleitet von Artorius. Aber auch alte Überlieferungen lokalisieren den Britenhelden in Cornwall und Somerset. Sogar Zeugnisse aus Wales verweisen auf diese geographische Region. Das wäre kaum der Fall, spräche nicht alles dagegen, einen Helden wie Artus im eigenen Land anzusiedeln. Wer ist nicht stolz auf eine Heldentradition? Und noch etwas ist von Bedeutung: Im südlichsten und südwestlichsten Teil der Insel hat die Idee der »Romanitas« bei den romanisierten Briten am nachhaltigsten Wurzel geschlagen. Auch Artus wird davon erfüllt gewesen sein, sonst hätte sich Kaiser Anthemius kaum mit Aussicht auf Erfolg an ihn gewandt.

Trotz der Identität mit Riothamus bleibt die historische Figur des Artus mit mehr Rätseln als festen Zügen behaftet. Etwas mehr an Profil können wir ihr nur geben, wenn wir sie selber als ein von den Kräften der Geschichte mitgeprägtes Wesen zu verstehen versuchen. Als Brennspiegel so vielseitiger historischer und literarischer Ausstrahlung kann auch Artus selbst von der auf ihn einwirkenden Tradition nicht unbeeinflußt geblieben sein. Werfen wir deshalb noch einmal einen Blick auf das Jahrhundert vor ihm zurück.

Dieses 4. Jahrhundert war von ebenso großer politischer wie kultureller Bedeutung. Blütezeiten und Brandschatzungen, häufiger Machtwechsel und das Nebeneinander von frühem Christentum und keltisch-druidischem Götterhimmel haben es geprägt. Bei all dem Schlachtenlärm und den Grausamkeiten, die schon dieses vorarthurianische Jahrhundert erfüllten, scheinen seine ersten Jahrzehnte eine Zeit der Ruhe und des Wohlstands gewesen zu sein. Der Gedanke der »Romanitas« konnte dabei besonders wirksam werden. Wenigstens ein Nachklang jener »Pax Romana« war den Briten dieser Epoche vergönnt, die seit Kaiser Augustus als der den unterworfenen Völkern von Rom geschenkte Friede propagiert wurde. Lange Zeit galt Rom als Garant des Friedens und der wirtschaftlichen Blüte Britanniens. Es war Schutzmacht gegen die rastlosen, beutegierigen Sachsen, aber auch gegen Emporkömmlinge wie Carausius. Dieser flandrische Ruderknecht hatte sich vor der Wende zum 4. Jahrhundert zum unabhängigen Herrscher der Briten aufgeschwungen. Erst durch Constantius, der damals noch Heerführer war – er wurde 293 zur Cäsarenwürde erhoben –, konnte er besiegt werden. In der Handelsstadt Londinium, dem heutigen London, wurde Constantius nach seinem Sieg als »Redditor Lucius Aeterna«, als »Wiederbringer des immmerwährenden Lichtes« gefeiert.

Solcher Glanz ist bedeutsam. Zur Zeit des Artus wird man sich an ihn erinnern. Die stolze, cäsarisch harte Herrscherrolle Roms, verbunden jedoch mit der »Pax Romana«, wird in den Worten Vergils lebendig, die er den Geist des Anchises an seinen Sohn Aeneas richten läßt:

> *»Du, Römer, sei der Herr den Völkern allen,*
> *dein ist die Herrscherkunst: so übe sie*
> *und zwing die Welt, den Frieden zu ertragen,*
> *den Trotz'gen furchtbar, mild den Überwund'nen.«*

Die Erinnerung an die »Äneis«, das Heldenepos des vorchristlichen römischen Dichters, führt auf den verschlungenen Pfaden geistiger Überlieferung wiederum zu Artus nach Britannien. Nicht nur, daß in der mythischen Gestalt des Aeneas das Muster eines Helden vorgegeben ist, der sein geplagtes Volk nach dem Plan der Vorsehung aus Chaos und Untergang rettet, indem er seine Welt-Wiedergeburt erwirkt: Mit Aeneas beginnt auch Geoffrey of Monmouth seine Geschichte. Bei ihm wird der sagenhafte Aeneas, der nach dem Untergang Trojas mit seinem Volk nach Italien auswandert, zum Großvater des Brutus, der dann seinerseits von Italien aus mit einer Gruppe von Trojanern Britannien erobert. »In dieser Zeit«, berichtet Geoffrey in seinem phantasiereichen Geschichtswerk, »hatte die britische Insel den Namen Albion. Mit

Ausnahme einiger Riesen war sie unbewohnt. Wegen der hinreißenden Lage ihrer verschiedenen Regionen, ihrer Wälder und ihrer großen Zahl von Flüssen, die von Fischen wimmelten, war sie jedoch von größter Anziehungskraft. So überkam Brutus und seinen Gefährten der große Wunsch, hier zu leben.«

Nachdem die Riesen getötet waren – sie spielen in alten Geschichten, so auch im Artus-Stoffkreis stets eine Rolle –, gründete Brutus an der Stelle des heutigen London Neu-Troja. Aus dem alten Albion aber wurde, dem Namen des Brutus huldigend, Britannien.

Mythos und Wirklichkeit sind bei unserem Thema unlösbar ineinander verschlungen.

Kehren wir auf den festen Boden der Geschichte zurück.

Als Constantius, der »Redditor«, Anfang des 4. Jahrhunderts noch einmal nach England übersetzt, diesmal bereits als Kaiser, um gegen die Pikten zu kämpfen, begleitet ihn sein Erstgeborener. Er selbst stirbt plötzlich in York. Da rufen die Legionäre am 25. Juli 306 seinen Sohn zum Cäsar aus. Der neue Kaiser, dessen Proklamation auf so zufällige Weise in Britannien, in York, stattfindet, ist kein Geringerer als Konstantin der Große. Durch das von ihm erlassene Mailänder Edikt von 313 wurde auch in der römischen Inselprovinz dem Christentum der Weg bereitet. Bekanntlich hatte Konstantin 312 an der Milvischen Brücke seine Vision: Am Himmel erschien ihm das Christenkreuz mit der Lichtschrift »In hoc signo vincis« – in diesem Zeichen wirst du siegen –, und er besiegte daraufhin seinen römischen Gegenkaiser Maxentius. Mystisch-religiöse Verbrämungen sind stets ein probates Mittel zur Durchsetzung politischer Ziele. Um sie ist es Konstantin vorwiegend gegangen. In welchem Umfang sich seine Religionspolitik bereits damals auf Britannien auswirkte, ist schwer festzustellen. Er selbst ließ sich erst in seiner Todesstunde taufen.

Artus, ein Jahrhundert nach ihm, wird jedenfalls längst Christ gewesen sein, im Einklang mit der römischen Staatsreligion. Mittelalterliche Miniaturen zeigen ihn, wie er, mit Krone und Szepter in einem Bottich sitzend, das Taufsakrament empfängt. Erwachsenentaufen waren in dieser Zeit gebräuchlich.

Wir dürfen aber auch das Fortwirken heidnischer Glaubensvorstellungen nicht unterschätzen. Noch das ganze Jahrhundert vor Artus zeichnete sich durch eine Mischform von Religionen aus. Neben dem Kult der göttlichen Kaiserverehrung mitsamt seinem olympischen Götterhimmel, den auch Konstantin nicht sogleich abräumen ließ, existierte eine Reihe orientalischer Kulte wie der des altiranischen Lichtgottes Mithras, der auch in Britannien gegen die Mächte der Finsternis ankämpfte. Vor allem aber lebten vorrömische keltische Götter und Fruchtbarkeitsgöttinnen auf der Insel weiter. Mitte des 4. Jahrhunderts wurden sie sogar wieder in verstärktem Maße verehrt. Diese Welle des Druidentums scheint dann gegen Ende des Jahrhunderts wieder abgeebbt zu sein. Gildas, dessen Werk »De exido et conquestu Britanniae« (»Vom Untergang und der Eroberung Britanniens«) als Quelle für jene frühe Zeit wichtig ist, wenngleich es Datierungen vernachlässigt und stellenweise mehr einer Moralpredigt als einer realistischen Geschichtsschreibung gleichkommt, erwähnt dies ausführlich. Er schreibt, daß »die teuflichen Monstrositäten« der heidnischen Kultidole in diesen Tagen nur noch gelegentlich zu sehen wären. Ein eifernder Zug des christlichen Glaubensmannes kommt hier zum Ausdruck, in dem zugleich Angst vor dem noch immer möglichen Wiederaufleben der jüngst überwundenen Religion mitschwingt. Im keltischen Kern der Artussage ist diese Religion auch noch spürbar. Da seit der »Historia Brittonum« alle Berichterstatter entweder Mönche oder der christlichen Glaubenslehre unbedingt verpflichtete Geschichtsschreiber und Dichter waren, wurde dieser Kern mit christlicher Symbolik überdeckt. Klopft man die Überlieferungen auf ihre ältesten Elemente hin ab, kommen oft genug keltisch-druidische Denkweisen zum Vorschein. Auch Märchen und Sagen gewinnen dann historischen Hintergrund. So meldet sich etwa aus dem für Artus und seine Ritter von der Tafelrunde so wichtigen Zauberer Merlin die Stimme der Erinnerung an altkeltische Zeiten, in denen der König den Druiden hören mußte, ehe er entschied.

Was ist damit über den historischen Artus gesagt? So viel jedenfalls, daß er, der viel früher lebte als die um ihn gewobene Sage, ein Herrscher war, der von solcher Tradition nicht unbeeinflußt geblieben sein konnte. Die Begegnung von Druidenkult und Christentum mußte ein hohes Spannungsfeld geistiger Energie erzeugt haben, dem er und sein Jahrhundert noch ausgesetzt waren. Als Held eines christlichen Zeitalters aber wird Artus mit den gleichen Attributen wie Konstantin der Große ausgestattet: denen der religiösen Überhöhung seiner Taten im Zeichen des Christentums. Deshalb erscheint er in der »Historia Brittonum« als Kämpfer, der unter dem Bildnis der Madonna ein Blutbad unter den Feinden anrichtet, so in der achten Schlacht von »Fort Guinion«, oder er trägt, wie die »Annales Cambriae«, die Annalen von Wales, erzählen, in der zwölften Schlacht, jener von Badon, »das Kreuz Jesu Christi drei Tage und drei Nächte lang auf seinen Schultern«.
Mit dem Kreuz (das Nennius in seiner Schlachtenaufzählung nicht erwähnt) und dem Marienbild können bei einem kämpfenden Heerführer

nur die auf seinen Schild gemalten christlichen Embleme gemeint sein, die er auf diese Weise geschultert trug.
Stets verleiht der Nimbus des Religiösen dem Schlachtengemetzel seine Legitimation. Noch sechs Jahrhunderte später, 1066, stürzt sich auch der keineswegs fromme Normanne Wilhelm der Eroberer unter päpstlichem Banner und mit einer Reliquienkette um den Hals in die Schlacht von Hastings, um die Engländer zu vernichten.
Immer sind es zwei Eigenschaften, eine spirituelle und eine physische, die den kriegerischen Heros ausmachen: seine gott- oder göttergesegnete Mission und seine Schwertmächtigkeit. Bei Artus finden sie sich bereits in der »Historia Brittonum« voll ausgeprägt und eng ineinander verwoben. Er steht unter dem Schutz des Kreuzes und der Madonna, und er erschlägt allein neunhundertsechzig Männer. Diese archaisch-kriegerische Seite überwiegt in den frühesten Überlieferungen. Sie wurde aber auch zu sehr betont. Es steht ihr nämlich eine Zugehörigkeit zur keltischen Jenseitswelt mit ihren mütterlichen Feen- und Liebesreichen gegenüber. Dies ist dann allerdings nicht mehr der geschichtliche Artus, den wir als Riothamus kennen. Doch auch ihm wurden aus der historischen Situation seiner Zeit heraus messianische Züge verliehen, die der Rolle eines »Restitutors« entsprechen, des Wiederherstellers eines verlorenen Reiches, dem die Erinnerung Glanz und Vollkommenheit verleiht.

Ein solcher »Restitutor« ist nach langer Leidenszeit der Völker durch die einander bekämpfenden Rivalen auf dem Herrschaftsthron auch Konstantin der Große gewesen. Was Artus auf regionalem Gebiet leistete, vollbrachte jener, nicht zuletzt durch geschickte Verbindung seiner Machtpolitik mit Glaubenselementen der Mystik, im großen Rahmen des römischen Weltreichs. Er stellte die Einheit des Imperium Romanum noch einmal wieder her. »Ein Gott – ein Herrscher« – diese Formel ließ Bischof Eusebius von Caesarea, sein Biograph, für ihn gelten. Hier führt eine Brücke hinüber sowohl zum historischen wie zum legendären Artus, der in späterer Zeit wie Konstantin zu einem Kriegermessias wird. Woher aber rührte sein Charisma? In der Epoche des zerbröckelnden Reiches, in dessen Niedergang Britannien mit hineingerissen war, mochte er es der in ihm lebendig gebliebenen »Romanitas« mit verdankt haben. Diese Idee, bis hin zur mythischen Vorstellung eines »Goldenen Zeitalters«, konnte als Element nostalgischer Erinnerung ihm und seinem Zeitalter Kräfte verliehen haben, die um so wirksamer waren, je grausamer sich die Gegenwart durch die plündernden, mordenden, brandschatzenden und vergewaltigenden Barbarenhorden davon unterschied. Sie hat in Artus vielleicht mehr freigesetzt als ein mögliches christliches Engagement, von dem die frühen Quellen nichts berichten. Wenn Artus auch Christ war und die höfische Dichtung ihn zum Herrn der Tafelrunde mit ihren christlichen Rittern und Gralssuchern machte, so finden wir ihn doch nirgends als religiös motivierten Kämpfer gegen die Heiden. Eher war er der Kirche ein Dorn im Auge. Klerikal beeinflußte Legenden beweisen das. In ihnen tritt Artus nicht nur als Sünder, sondern vielmehr als Räuber auf, sogar als einer, der nach den Schätzen liturgischen Kirchengutes giert. Vom Zauber der Vorzeit umweht und den Menschen des Mittelalters als Unsterblicher und gottgleicher Held im Gedächtnis, nach dem in ganz England, in Wales, Schottland und Irland, Bergrücken und Dolmen benannt sind, mußte er als Konkurrent im eigenen Heiligenhimmel empfunden werden.

Mit wie viel Lichtern wir die Figur des Artus auch auszuleuchten versuchen, übrig bleibt doch immer nur die karge Skizze jenes historischen Riothamus, der auf Bitten Kaiser Anthemius' nach dem Jahr 468 mit einem Britenheer »in den Staat der Biturigen« kam. Damit ist Berry gemeint, die mittelfranzösische Landschaft südlich der Loire und ehemalige Provinz mit der Hauptstadt Bourges, die einst von den keltischen Biturigern bewohnt war.

Riothamus besetzte mit seinen Truppen Bourges. Doch hinter seinem Rücken lauerte bereits der Verrat. Der kaiserliche Präfekt Arvandus, schon für seine Zeitgenossen ein zwielichtiger Charakter, der die Regierungsgeschäfte des römischen Kaisers in Gallien führte, schrieb an den Westgotenkönig Eurich einen Brief. Darin forderte er ihn auf, sich doch nicht mit Anthemius, den er spöttisch den »griechischen Kaiser« nannte, zu einigen, sondern die Briten zusammenzuschlagen, deren Standort er ihm verriet. Der Brief wurde zwar abgefangen und Arvandus in Rom ein Hochverratsprozeß gemacht, der nach Aufhebung des Todesurteils mit Verbannung und hoher Geldbuße endete. Aber der »Vorschlag war an die Öffentlichkeit gelangt«, wie Geoffrey Ashe schreibt, dem wir bei der Aufzählung dieser Ereignisse folgen, »und Eurich begriff, wie unterhöhlt das Reich in Gallien war. Nachdem die Briten die Loire überquert und ihre ungeschützte Frontstellung bezogen hatten, stieß er vor. Dies war wahrscheinlich zu Beginn des Jahres 470.«

Und mit diesem Jahr endet unser Wissen über Artus-Riothamus. Da dem Britenkönig römische Unterstützung durch den Verrat des Arvandus nicht zuteil wurde und auch ein Truppenkontingent ausblieb, das vermutlich Syagrius, ein selbsternannter König der Römer in Nordgallien, nicht rechtzeitig genug in Marsch setzen konnte, war das Schicksal der Briten besiegelt. Jordanes berichtet: »Eurich, der König der Westgoten, trat mit einer unabschätzbaren Armee gegen sie an, und nach einem langen Kampf schlug er Riotimus, den König der Briten, bevor die Römer durchstoßen konnten...Als Riotimus einen großen Teil seiner Armee verloren hatte, floh er mit all den Männern, die er sammeln konnte, und ging zu den Burgundern, einem Nachbarstamm, der damals mit den Römern verbunden war.«

Von hier ab verliert sich die Spur des historischen Artus im Dunkel.

Im »kleinen Britannien« aber, in der Bretagne, lebte die Erinnerung an die Kämpfe des Artus in Gallien fort. Mitten im Waldgebiet von Huelgoat, das mit seinen flüsternden Bächen, stillen Teichen und schattigen Felsenmeeren zu den eindrucksvollsten Landschaften der inneren Bretagne gehört, wird noch heute die Gesteinsaufschichtung einer ovalen Umfassungsmauer als »Camp d'Arthus« bezeichnet, als Artus' Feldlager. Wenn es sich bei diesem Wall aus Granitblöcken und Erdreich, der wie ein Mahnmal der Vergänglichkeit fast ganz im Waldesdunkel versunken ist, auch um ein gallo-römisches Lager aus der Zeit Julius Cäsars um 50 vor Christus handelt, zeigt seine Zuschreibung doch, daß das Auftreten von Artus in Gallien nicht vergessen wurde. Zudem spielen zeitliche Widersprüche, selbst wenn sie sich über ein halbes Jahrtausend erstrecken, keine Rolle, wo es um die Verehrung eines zum Archetypus gewordenen Helden handelt.
Unweit vom »Camp d'Arthus« findet der Wanderer dann auch noch auf leichter Erhöhung des farn- und moosüberzogenen Bodens eine Felsenhöhle, die als »Artusgrotte« ausgewiesen wird.
Welche Botschaften aus welchen Zeiten dürfen wir solchen Orten entnehmen? War die Artusgrotte im Zauber ihres Dämmerlichts einmal Teil eines druidischen Heiligtums?
Der vor den Westgoten fliehende Artus-Rhiotamus: Ist er in Burgund verschollen, oder erreichte er mit dem Restteil seiner ihm verbliebenen Armee noch die britische Insel?
In Sage und Dichtung lebt Artus auf der Jenseitsinsel Avalon fort. Merkwürdig, daß es einen Ort dieses Namens wirklich gibt: Avallon in Burgund. Wie eine Befestigung liegt dieses Städtchen im Departement Yonne auf einer Granitausladung über der Cousine-Schlucht, und es ist durchaus denkbar, daß Artus auf seiner Flucht von Bourges-de-Dèols – das ist auf der Châteauroux gegenüberliegenden Seite des Indre, wo wahrscheinlich die entscheidende Schlacht gegen die Westgoten geschlagen wurde – nach Burgund, auf dem Weg über Autun, dort gewesen ist.
Wer von Autun aus die schmale, romantische Nebenstraße durch den

Parc National Morvan mit seinen Wäldern und Schluchten nach Avallon fährt, kann sich diese Gegend noch heute als Zufluchtsstätte mit zahlreichen Schlupfwinkeln für die von Eurich verfolgten Briten vorstellen.Gregor von Tours, dem Bischof und Historiker des 6. Jahrhunderts, dessen »Geschichte der Franken« die wichtigste Quelle für das frühe Merowingerreich ist, berichtet: »Die Briten wurden von den Goten von Bourges vertrieben, nachdem viele von ihnen in Bourges-de-Dèols getötet wurden.« Autun wiederum wird von Geoffrey of Monmouth in der schon erwähnten Umkehrung der historischen Tatsachen als erste Station des Artus nach seinem Sieg über den Riesen Rithon auf dem Mont-Saint-Michel genannt, wo er den römischen Kaiser als Gegner erwartet. So wird Geschichte zur Legende, verbinden sich Mythos und Wirklichkeit.

Und nochmals Avallon: Von dieser Stadt in Burgund, deren gallischer Name so viel wie »Ort der Äpfel« oder »Apfelgarten« bedeutet, was auf der mystischen Jenseitsinsel Avalon, walisisch »Ynys Avallach«, an den Granatapfel der Aphrodite denken läßt, leitet Geoffrey seine »Isola Avallonis« ab, die er in Britannien ansiedelt. Dort, in Camlan, ließ er seinen Helden die letzte Schlacht gegen Mordred, den eigenen Sohn oder Neffen, schlagen, um lapidar zu enden: »Artus selbst aber, unser berühmter König, wurde tödlich verwundet und auf die Insel Avalon gebracht, damit seine Wunden dort behandelt würden.«

Als Wace einige Jahrzehnte später seinen »Roman de Brut« vollendet, verleiht er Artus bereits eine stärkere Aura des Geheimnisvollen. Er beschließt seinen Roman mit den Sätzen:

»Artus selbst wurde tödlich verwundet, wenn die Erzählung nicht lügt; nach Avalon ließ er sich tragen, um seine Wunden zu heilen. Dort ist er noch; die Briten warten auf ihn, wie sie sagen und meinen; von dort soll er wiederkommen, denn er kann noch weiterleben. Meister Wace, der dieses Buch verfaßte, wollte über sein Ende nicht mehr berichten, als es der Zauberer Merlin tat; Merlin sagte von Artus – und er hatte recht –, daß er an dessen Tod zweifle.«

Der unsterbliche Held war geboren. Er aber, und nicht der historische Artus ist es, dem wir die köstlichsten Früchte einer mittelalterlichen Dichtung verdanken, die zeitlos geblieben ist.

Die Geburt des Helden

Es gehört zum Nimbus heroischer Figuren, daß ihre Herkunft im Dunkel bleibt. Auch an Kräfte des Übernatürlichen koppelt man sie gern. Es ist der Magier Merlin, der Artus' Kommen nicht nur voraussagt, sondern auch den Akt seiner Zeugung durch einen Verwandlungszauber ermöglicht. Die grandiose Szenerie einer meerumspülten Felsenburg über windgeschorenem Rasen, aus dem da und dort aus tiefen Kelchen das Violett des Fingerhuts leuchtet, während sich in der Tiefe die silbernen Wellenkämme tosend überschlagen, wird zum Schauplatz der Geburt des Helden. Wie Runenzeichen der Natur ragen die Mauern der Burg aus gezacktem Schiefer in einen Himmel, der sich ständig wandelt, vom durchsichtigen Blau zum dramatischen Wolkentheater, vom Regengrau zum Rotgold der versinkenden Sonnenkugel in der Unendlichkeit des Horizonts. Ein Ort, der alle Kraft und Schönheit des Ursprünglichen in sich birgt, wie sie dem archaischen Charakter des Helden entspricht. Der allgegenwärtige Wellenschlag des Atlantik, sein Gebrüll, sein Stöhnen sind wie die Stimmen des Mythos, der hier seine immerwährende Wirklichkeit demonstriert.

Hier schlägt das Herz von Cornwall: Wir sind in Tintagel.

Daphne du Maurier schrieb einmal: »Artus ist für Cornwall, was Theseus für Griechenland ist. Sein Mythos ist überall.« Dieser Mythos ist der Inhalt unserer Geschichte, der Geschichte, die in diesem Buch erzählt werden soll. Sie ist bedeutsamer als das, was die Historie an Fakten preisgegeben hat. Die Umwandlung von Wirklichkeit in Mythos und Legende ist selbst ein historischer Prozeß, der eine neue, überhöhte Wirklichkeit erschafft. Und seien wir ehrlich: Wären wir nicht ärmer, wenn uns anstelle von Vergils »Aeneis«, Homers »Odyssee« oder Dantes »Göttliche Komödie« eine Reihe weiterer Fakten der »wirklichen« Geschichte erreicht hätte?
Artus ist zu einem poetischen Weltereignis geworden. Seine Empfäng-

nis und Geburt werden seit Geoffreys »Historia« in die naturmagische Kulisse von Tintagel verlegt.

Über vierhundert Meter weit schiebt sich der aus Vulkan- und Schiefergestein aufgetürmte Felskopf mit der fast dreihundert Meter hoch gelegenen Ruine an der Nordküste Cornwalls ins Meer. Wie eine Insel ist der Burgberg darin ausgesetzt. Nur ein schmaler, ständig weiter zerbröckelnder Isthmus unter steil abfallenden Klippen verbindet ihn mit dem Vorgebirge des Festlands. Hierher, so heißt es, hatte Gorlois, der Herzog von Cornwall, seine Gattin Igraine, »die schönste Frau in ganz Britannien«, vor Utherpendragon in Sicherheit gebracht.

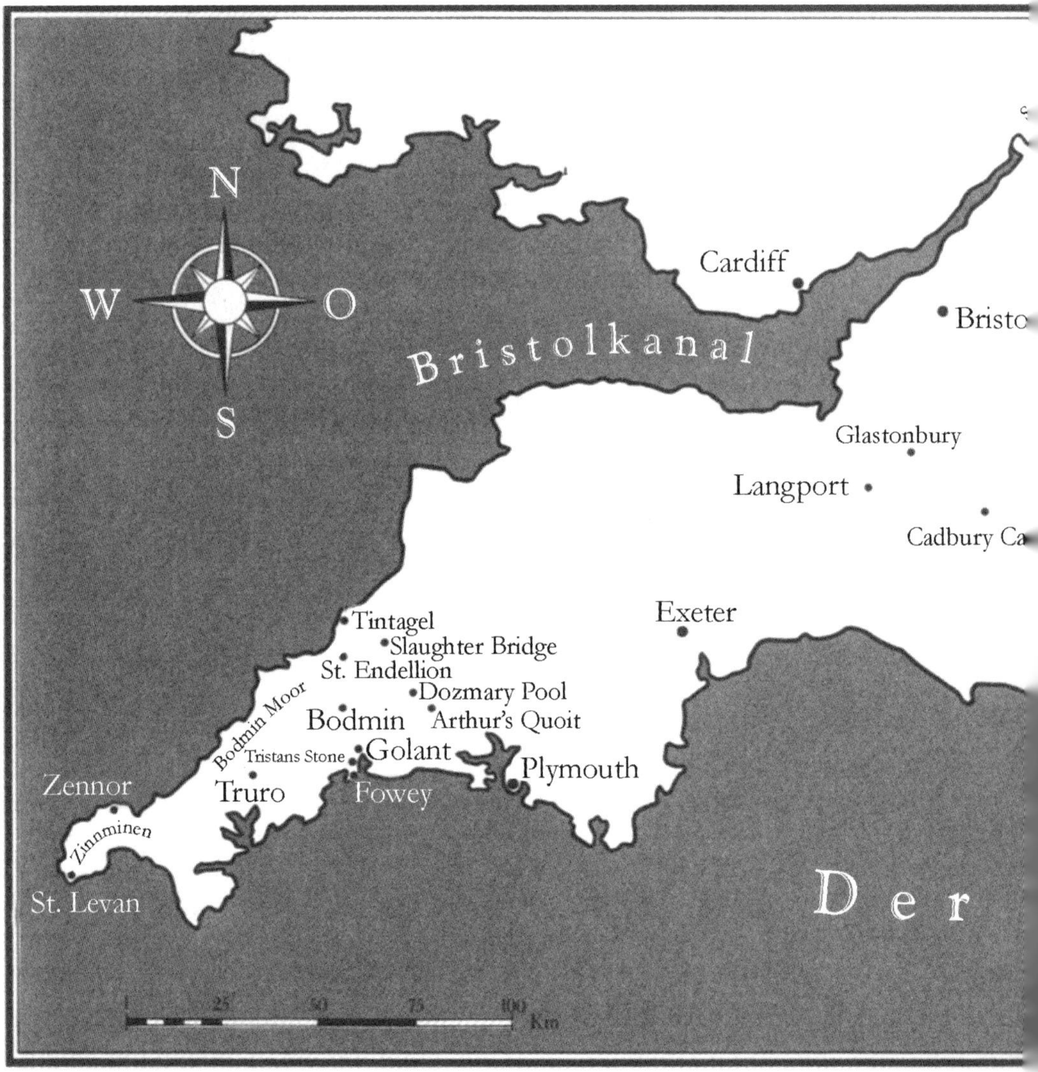

Die Geschichte, und damit auch die des Artus, begann so: Der König feierte zu Ostern mit den Noblen des Reiches in London seinen Sieg über die Sachsen. Jedermann folgte seiner Einladung, und von überall her strömten Utherpendragons Vasallen zum Fest. Unter ihnen auch Gorlois mit seiner Gemahlin. Als Utherpendragon nun unter all den anderen Frauen Igraine erblickte, hatte er nur noch Augen für sie. Zu ihr und niemand anderem beorderte er seine persönlichen Diener, damit sie ihr die besten Speisen reichten und die goldenen Pokale mit den erlesensten Weinen. Malory, der mit dieser Geschichte seine Erzählungen über Artus eröffnet, bringt es kurz und bündig auf den Punkt, wenn

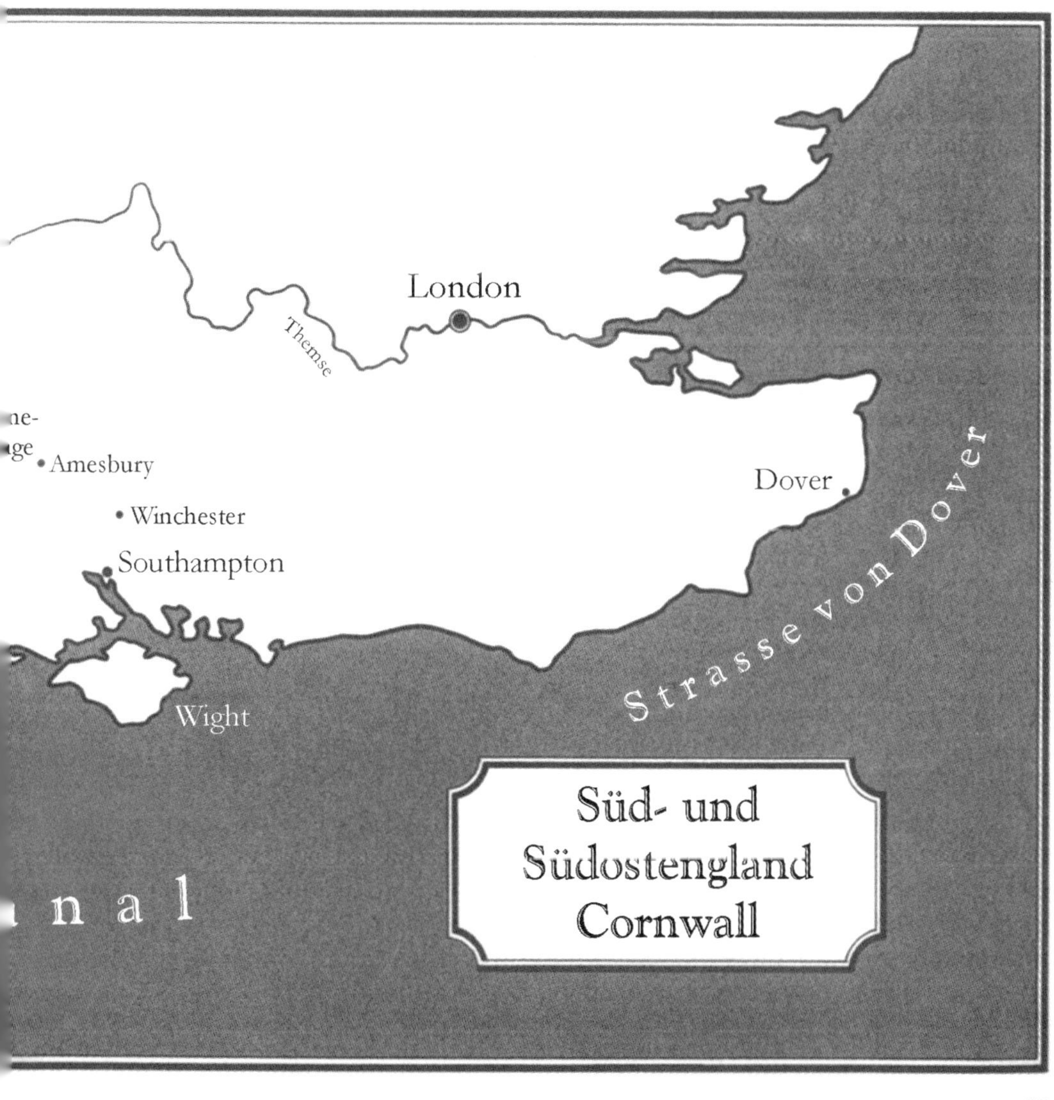

er schreibt: »Dem König gefiel die Dame sehr, und er wollte das Lager mit ihr teilen.«
Da Igraine aber »eine sehr gute Frau« war und »dem König nicht zu Willen sein« wollte, wandte sie sich an ihren Gemahl, damit er mit ihr auf Burg Tintagel fliehe. So verließen beide das Gelage Utherpendragons, sehr zum Verdruß des Königs, der sich durch das unhöfliche Hinwegstehlen der beiden zudem in seiner Ehre gekränkt fühlte. Als Gorlois seiner Aufforderung zur Rückkehr nicht Folge leistete, überzog er ihn mit Krieg. Der Herzog hatte sich mit seinen Truppen, um Igraine nicht zu gefährden, auf Burg Dimilioc, das heutige »Castle Dameliock«, etwa neun Kilometer südwestlich von Tintagel, verschanzt. Schon nach einer Woche war Utherpendragon vor Begierde nach Igraine fast verzehrt. »Ich bin bis zur Verzweiflung in Igraine verliebt«, gestand er einem seiner Soldaten, dem ihm befreundeten Ulfin. »Wenn ich sie nicht bekommen kann, werde ich, davon bin ich überzeugt, völlig zusammenbrechen. Sag mir, wie ich mein Verlangen stillen kann, sonst tötet mich die Leidenschaft, die mich überfiel.«
Ulfin antwortete: »Wer könnte uns da schon einen nützlichen Rat geben, wo doch keine Macht der Erde uns befähigen kann, zu Igraine in die Festung von Tintagel zu gelangen? Die Burg liegt hoch über dem Meer, das es von allen Seiten umgibt, und kein Zugang zu ihr ist möglich, außer dem über eine schmale Landzunge aus Fels. Drei Bewaffnete reichen aus, sie zu verteidigen, selbst wenn du mit dem ganzen Königreich von Britannien davor stündest. Nur wenn der Weissager Merlin sich der Sache annimmt, könntest du mit seiner Hilfe erreichen, was du wünschst.«
So wurde Merlin herbeigerufen. Er fand auch sogleich eine Lösung des Problems. »Noch in dieser Nacht werdet Ihr in der Burg Tintagel bei Igraine liegen«, verkündete er dem König. Mittels einer Zauberdroge gab er Utherpendragon die Gestalt von Igraines Gemahl Gorlois, Ulfin und sich selbst die von Gefolgsleuten des Herzogs. In solcher Verwandlung gelangten die drei ungehindert in die Burg. Utherpendragon war am Ziel seiner Wünsche. Er verbrachte die Nacht mit Igraine und befriedigte sein Verlangen »by making love with her«.
Während dies auf Tintagel geschah, war jedoch, ohne Wissen der beiden, Igraines Gemahl Gorlois bereits mehr als drei Stunden tot. Er hatte mit seinen Truppen einen Ausfall aus Burg Dimilioc gewagt und war dabei von Utherpendragons Soldaten getötet worden. »Als der Lady übereinstimmend mitgeteilt wurde«, berichtet Thomas Malory, »daß der Herzog, ihr Gemahl, tot gewesen sei, bevor König Uther zu ihr kam, wunderte sie sich, wer wohl in der Gestalt ihres Herrn bei ihr gelegen hatte; so trauerte sie in der Stille und sprach zu niemandem ein Wort.«

Utherpendragon, der in den frühen Morgenstunden Tintagel wieder verlassen hatte, beklagte nun den Herzog von Cornwall, war andererseits über diese Wendung des Schicksals aber auch froh. Er heiratete Igraine, und die Vermählung fand »an einem Morgen mit großer Lust und Freude« statt. »Da kam die Zeit«, so weiter Malory, »da die Königin Igraine ein Kind zur Welt bringen sollte. Und es geschah nach einem halben Jahr, daß König Uther, als er bei der Königin lag, sie, bei der Treue, die sie ihm schulde, fragte, wessen Kind sie in ihrem Leibe trage. Da schämte sie sich sehr zu antworten. Habt keine Bange, sprach der König, aber sagt mir die Wahrheit, und ich werde Euch, so wahr ich bei Euch bin, noch mehr lieben. Herr, sprach sie, ich werde Euch die Wahrheit sagen; und sie erzählte ihm getreulich, was sich in jener Nacht zugetragen hatte, als ihr Gemahl, der Herzog von Tintagel, erschlagen worden war. Ihr sprecht die Wahrheit, sagte der König, ich selbst war es, der in der Gestalt des Herzogs zu Euch kam; deshalb grämt Euch nicht, denn ich bin der Vater des Kindes. Und nun berichtete er, wie alles auf Merlins Rat geschah. Da war die Königin von Herzen froh, als sie erfuhr, wer der Vater des Kindes war.«

Das Kind aber brachte Merlin, der ihm den Namen Artus gab, gleich nach der Geburt zu Sir Ector, einem Gefolgsmann des Königs, der rund um London große Besitzungen hatte. Bei ihm wuchs Artus auf, und Sir Ectors Frau »stillte das Kind selbst an ihrer Brust«. So wurde Artus zum Milchbruder von Kay, dem Sohn der Eheleute, den er später zu seinem Seneschall machte.

Es fällt auf, mit welcher Unbefangenheit eine doch höchst unmoralische Geschichte von Artus' Herkunft geschildert wird. Doch wir befinden uns im Reich des Märchenhaften und des Außerordentlichen, wo sonst übliche Wertmaßstäbe ihre Gültigkeit verlieren. Das mit Merlins Hilfe gelenkte Schicksal nimmt nun weiter seinen Lauf.

Als Kay an einem Neujahrstag mit seinem Vater zum Tjosten reitet – er war der Ältere und bereits zum Ritter geschlagen worden –, vermißt er auf dem Weg zum Turnierplatz sein Schwert. Er bittet den erst fünfzehnjährigen Artus, es für ihn zu holen. Artus reitet zurück, findet Sir Ectors Haus aber verschlossen. Da entscheidet er sich, jenes Schwert zu nehmen, das er auf dem Kirchplatz von London in einem Stein hatte stecken sehen. Schon seit Weihnachten befand es sich dort. Mittlerweile war nämlich Utherpendragon gestorben und das herrenlose Reich in großer Gefahr. Der Erzbischof von Canterbury hatte deshalb auf Anraten Merlins alle Großen des Reiches und alle Ritter nach London berufen, wo sich nach Merlins Voraussage »durch ein Wunder zeigen würde, wer der rechtmäßige König des Reiches sein sollte«.

Als die ganze Ritterschaft nun aber nach Morgengebet und erster Messe aus der Kirche kam, befand sich auf dem Platz davor auf einmal ein mächtiger Stein, gleich einem Marmorblock, der in einen stählernen Amboß auslief, in den tief ein blankes Schwert hineingestoßen war. Um das Schwert herum stand in Goldbuchstaben geschrieben: »Wer dieses Schwert aus dem Stein und Amboß herauszieht, ist der rechtmäßige König von ganz Britannien.« Doch keinem gelang es, das Schwert auch nur einen Millimeter zu bewegen.
Zu ihm also ritt Artus nun zurück, und mühelos zog er es aus dem Stein und brachte es Kay, damit dieser beim Tjosten eine Waffe habe. Sir Ector aber erkannte, daß seinem Sohn Kay das Schwert nicht zukam. Sie ritten zurück zum Kirchplatz und Artus steckte die stählerne Waffe wieder tief in den Zauberstein.
Als sich am Dreikönigstag erneut alle Vornehmen des Reiches versammelten, um die Probe mit dem Schwert zu machen, gelang es wiederum nur Artus, es aus dem Stein zu ziehen. »Darüber gerieten viele Barone in Zorn und meinten, es sei eine große Schande für sie alle und das Reich, von einem Knaben beherrscht zu werden, der nicht von hoher Geburt sei.«
Weitere Proben wurden auf Lichtmeß und Ostern verschoben, stets aber vermochte nur Artus das Schwert aus dem Stein zu ziehen. Da wurde als letzter Entscheidungstermin Pfingsten ausersehen. Doch auch an diesem Festtag zog nur Artus allein das Schwert aus dem Stein. »Daraufhin knieten sie alle zugleich nieder«, ist bei Malory zu lesen, »arm und reich, und baten Artus um Gnade, weil sie ihn so lange hatten warten lassen. Und Artus verzieh ihnen und nahm das Schwert in beide Hände und legte es auf dem Altar nieder, an dem der Bischof stand, und so wurde er von dem ranghöchsten Manne, der da war, zum Ritter geschlagen. Gleich darauf fand die Krönung statt, und Artus gelobte seinen Lords und den Gemeinen, ein guter König zu sein und von nun an, bis ans Ende seines Lebens wahre Gerechtigkeit zu üben.«

Noch aber besitzt Artus nicht sein Zauberschwert Excalibur. Damit hat es folgende Bewandtnis: Eines Tages wird Artus von Merlin an einen See geführt. Ein Arm ragt aus dem Wasser, umhüllt von weißem Brokat, und die Hand hält Excalibur in die Höhe. »Seht, sagte Merlin, dort ist das Schwert, von dem ich sprach. Und da bemerkten sie ein Fräulein, das auf dem See fuhr. Was für ein Fräulein ist das? fragte Artus. Das ist die Dame vom See, antwortete Merlin...Wenn dieses Fräulein jetzt zu Euch kommt, dann redet recht freundlich mit ihr, damit sie Euch das Schwert gibt.«
Die Dame vom See nimmt unter den sich stets verwandelnden und

doch immer gleichen Gestalten aus dem Zauber- und Feenreich eine Schlüsselrolle ein. Von ihr erhält Artus dann das Wunderschwert auch ausgehändigt. »Was gefällt Euch besser«, fragt Merlin daraufhin Artus, »das Schwert oder die Scheide? Mir gefällt das Schwert besser, entgegnete Artus. Ihr seid sehr töricht, sagte Merlin, die Scheide ist zehn Schwerter wert; denn solange Ihr die Scheide an Euch tragt, werdet Ihr kein Blut verlieren, und wenn Ihr noch so schwer verwundet seid.«
Hat Merlin damit nur den Vorzug des Friedens gemeint? Wenn aber die Scheide vor Blutverlust bewahrt, muß aus ihr allein die beschützende Wirkung kommen. Der Held kann sich eine Verwundung ja nur im Kampf zuziehen, bei dem er das Schwert in Händen hält. Schließt Merlins Frage und Belehrung etwa einen symbolischen Hinweis auf die Notwendigkeit der Lebensganzheit mit ein, in der dem Element des Weiblichen eine dominierende und heilkräftige Rolle zukommt? Um die Symbolik von Schwert und Scheide zu erkennen, bedarf es keiner Bemühung der Psychoanalyse. Merlin stellt dem männlichen Schwertsymbol des Kampfes und der Gewalt aber das Weibliche nicht nur ausgleichend gegenüber. Er verleiht diesem sogar den höheren Wert. Dem Bild von der Lanze und dem Gralskelch liegt die gleiche Symbolik zugrunde. Schwert und Gral sind die beiden Pole, um die das Leben des Artushelden kreist. Im Laufe der Zeit nimmt die Anziehungskraft des Grals ständig zu, um endlich die ganze Artusrunde zu bestimmen. Auch Lanzelots Sohn Galahad, einer der wenigen zum Grale Auserwählten, zieht wie Artus ein Schwert aus dem Stein. Wir werden ihm noch begegnen.
Die beiden Schwerter, Excalibur und das Schwert aus dem Stein, sind Waffen aus gleicher magischer Substanz. Beide erinnern an älteste Riten der Menschheit, zu denen der Schwertzauber gehört. Das Schwert steht für Sonnenkraft und zeugendes Feuer. Es ist aber auch frühe Waffe des Eroberungs- wie des Selbsterhaltungstriebes, magisches Opferinstrument in verhängnisvoller Verklärung von Gewalt und Tod.
Mit solchen elementaren Vorstellungen verbunden, jedoch ohne Merlins kluge Frage, lebt bis heute das Artusschwert noch fort. Noch nach dem Zweiten Weltkrieg wurde in Frankreich an der Straße zwischen Soisson und Arras ein Steinblock aufgerichtet, aus dem ein überdimensionales Schwert mit bronzezeitlich stilisiertem Knauf in den Himmel ragt. Eine Gedenktafel darunter erinnert an die Gefallenen der 7. französischen Infanteriedivision, die 1940 in dieser Region gekämpft haben. Wer nachts an dieser Stelle vorüberkommt, wenn über der schlanken, schwarzen Schwertsilhouette die Mondsichel steht, oder an einem Abend, an dem die letzten Sonnenstrahlen sich durch Wolkenfelder kämpfen und die Ebene um das Mahnmal in ein Licht- und

Schattenmuster tauchen, dem mag bei diesem Anblick die Kürze der Jahrhunderte greifbar werden, aber auch der Gedanke daran, was »Excalibur« in ihnen immer wieder angerichtet hat. Davon unbeschwert werden in Las Vegas sicher die Bauherren gewesen sein, die dort erst unlängst das derzeit größte Hotel Amerikas auf den Namen »Excalibur« tauften.

Wir aber kehren noch einmal in die Meer- und Felsenwelt von Tintagel zurück. Nicht nur, daß Artus hier mit Hilfe magischer Verwandlungskünste gezeugt wurde. Am Fuße der Burg, unweit der Stelle, wo das Meer den schmalen Isthmus zwischen den beiden Felsköpfen beleckt, hat in einer Bucht auch Merlin eine Heimstatt. Seine Höhle, »Merlin's Cave«, ist bei ziehenden Wolken im steten Wechsel von Hell und Dunkel, aber auch im langsameren Rhythmus der Gezeiten von einer Dichte der Atmosphäre, aus der heraus, vermischt mit dem Rauschen des Meeres, die Stimme des Zauberers noch immer vernehmbar zu sein scheint: »Gleich einem übermenschlichen Wesen weiß ich die Taten versunkener Völker und sage Künftiges voraus. Ich kenne das Verborgene aller Dinge, den Flug der Vögel, die schweifende Bahn der Sterne und die Züge der Fische.«
Wer »Merlin's Cave« betritt, dem sei Vorsicht angeraten! Nur bei Ebbe empfängt der Magier Besuch. Die Höhle ist nämlich ein Tunnel, der durch den Berg hindurch auf den freien Atlantik führt. Beim Anschwellen der Flut zwängen sich die Wasser mit augenblicklicher Wucht durch die gegenseitige tiefer gelegene Öffnung, um die ganze Behausung des Propheten zu überschwemmen. Als Lord Tennyson 1848 auf seiner Artus-Fährtensuche nach Tintagel gekommen war, empfingen ihn »schwarze Klippen, Höhlen, Sturm und Wind«. Vielleicht war es »Merlin's Cave«, die ihm die Idee von der Geburt des Artus in einer der Welt des Mythos noch näher stehenden Weise als bei Malory oder Geoffrey eingab. Er machte Artus zum Findelkind, das ein Mönch aus den Wellen des Atlantik rettet. Dabei mag ihm die biblische Parallele zu Moses vorgeschwebt haben, der in einem Papyruskörbchen auf dem Nil ausgesetzt und von einer Pharaonentochter gefunden worden war. Wichtiger aber mochte dem Zeitgenossen viktorianischer Prüderie gewesen sein, mit dieser Version die peinliche Geschichte von Artus' Zeugung durch die amoralische Umarmung Igraines mit Utherpendragon aussparen zu können.

Algernon Charles Swinburne, Tennysons literarischer Rivale, war da nicht so zimperlich. Erzürnt über dessen Artusdichtungen und als Gegner der religiösen und moralischen Konventionen der Viktorianer, machte er Tintagel in seiner Romanze »Tristan of Lyonesse« (1882) zum Hof von König Marke und Schauplatz der Liebe zwischen Tristan und Isolde, die er in ihrer ganzen sexuellen Leidenschaft, Schönheit und Tragik zelebrierte.

Auch der gesittetere Malory bringt König Marke mit Burg Tintagel, der faszinierenden Stätte von Artus' Geburt, in Verbindung. Bei ihm wird Marke auf Tintagel durch »ein großes, furchterregendes Heer bewaffneter Männer aus Soussons« so sehr bedrängt, daß ihm nichts anderes übrig bleibt, als sich an seinen Neffen Tristan, den Verführer seiner Frau, »gegen den er tödlichen Haß hegte«, um Hilfe zu wenden. Dieser schart daraufhin in edler Vasallentreue »zehn bewährte Ritter vom Hofe des König Artus« um sich, mit denen er zur Burg des Onkels eilt, um ihm gegen die Feinde beizustehen. Und nun wird es dramatisch vor Tintagels Mauern. Als Tristan in die Nähe der Tore kommt, deren schwere Fallgitter schon vier Ritter aus Soussons erschlagen hatten, stürzt sich sogleich einer der Belagerer auf ihn. Doch »Sir Tristan versetzt ihm einen solchen Streich, daß er gleich tot zu Boden fiel; in der gleichen Art verfuhr er mit drei anderen Rittern. Und jeder seiner Ritter erschlug einen Krieger, und so gelangte Tristan in die Burg Tintagel. Als König Marke erfuhr, daß Tristan gekommen war, freute er sich sehr und bereitete ihm und all seinen Gefolgsleuten einen herzlichen Empfang.«
Wie viele alte Geschichten werden lebendig, wenn wir die Ruinen von Tintagel durchstreifen!
Bis heute zieht diese in den Atlantik hineinragende Burg mit ihren kargen, schiefergrauen Mauerresten die Menschen an. Mit viel Phantasie, mächtig, dramatisch und voller Atmosphäre hat William Turner sie im vorigen Jahrhundert gemalt. Auch Charles Dickens und William Thackeray waren von Tintagel fasziniert. Kann die Burg – schon im 15. Jahrhundert eine Ruine und seit dem 14. Jahrhundert unbewohnt – mit dem Zeitalter Artus' aber überhaupt in Zusammenhang gebracht werden? Zunächst einmal nicht. Ihr ältester Teil ist nämlich erst 1141 von Herzog Reginald von Cornwall errichtet worden. Dieser erste Bauherr war, wie Geoffreys Gönner Robert von Gloucester, ein außerehelicher Sohn Heinrichs I. Ihm folgte im 13. Jahrhundert Herzog Richard von Cornwall, ein jüngerer Bruder König Heinrichs III. von Winchester, der die Burg weiter ausbauen ließ. Was heute von ihr noch zu sehen ist, geht fast ausschließlich auf diesen zweiten Bauabschnitt zurück. Da in Richards Familie die Artusbegeisterung zu Hause war, könnte sie der Anlaß zum Ausbau von Tintagel als Prestigeobjekt gewesen sein. So, wie die Ruine sich heute präsentiert, ist sie jedenfalls an die acht Jahr-

hunderte jünger als die Datierung des historischen Artus zur Zeit seines Verschwindens aus der Geschichte. Woher aber dann die hier festgemachte Artustradition? Woher der kornische Volksglaube, Artus würde als Rabe in dieser Gegend auftauchen oder in Gestalt jener rotfüßigen Dohlen, wie sie Tintagel umkreisen? Riesen, so heißt es, hätten die Burg einst in grünblauem Streifenmuster erbaut, und alljährlich würde sie sich einmal in die unsichtbare Welt des Irrealen verflüchtigen. Das alles deutet auf älteren Ursprung hin. Selbst wenn Geoffrey of Monmouth allein es gewesen sein sollte, der Tintagel die fortwirkende Aura des Irrealen verlieh, woher stammte dann die Quelle seiner Phantasie? Als seine »Historia« erschien, 1136, war der Bau von Tintagel noch gar nicht begonnen und die Felseninsel im Atlantik bis auf die Ruine einer alten Kapelle des St. Juliot kahl. Sollte Geoffreys Werk uns in einer zweiten Auflage erreicht haben, in welche er, um den Herzögen von Cornwall zu schmeicheln, nach Baubeginn Tintagel seinem Text hinzufügte? Wahrscheinlicher ist, daß er bereits auf eine authentische Tradition zurückgreifen konnte, die zwar nicht an Personen gebunden war, wohl aber mit einer Besiedelung des Burgberges zu tun haben konnte, die mit der zeitlichen Periode seiner Geschichte in Einklang zu bringen war. Archäologische Funde weisen darauf hin.

Als Ralegh Radford in den Jahren 1930 bis 1934 Tintagel erstmals systematisch untersuchte, stieß er auf die Überreste von Steingebäuden von gänzlich anderer Qualität als die der mittelalterlichen Burg. Er förderte im Umkreis dieser Gebäudereste eine große Menge Tonscherben hochwertiger Gefäße zutage, die nur aus dem Gebiet des Mittelmeers stammen konnten, aus Griechenland, der Türkei, Bulgarien oder dem heutigen Libyen. Sie sind seither als »Tintagel-Pottery« (Tintagel-Keramik) bekannt. Amphoren für Oliven, Öl und Wein waren darunter sowie feine byzantinische Gläser für Parfum oder Gewürze. Die meisten dieser Luxusgegenstände stammten aus dem späten 5. und dem 6. Jahrhundert. Radford identifizierte seinen Ausgrabungskomplex als Klosteranlage an geographisch exponierter Stelle mit symbolischem Gehalt. Er schrieb: »Frühe Texte sprechen oft von ›dem klösterlichen Wall‹, ein Ausdruck, der jenen Bereich andeutet, welcher die von der Gemeinschaft bewohnte Siedlung umschloß. Das scheint eine natürliche Schranke, ein Erd- oder Torfwall oder eine Hecke gewesen zu sein. Aber dies hatte auch seine spirituelle Bedeutung, nämlich die Trennung der Gottesstätte von der Welt außerhalb.«

Neuere Studien führen im Vergleich mit anderweitigen Ergebnissen der Archäologie, die immer mehr zum Hilfsmittel der Artusforschung wird, zu der Annahme, daß die Keramik zur luxuriös ausgestatteten Befestigung eines Herrschers dieses Zeitraums gehört haben konnte.

Neben dem Kloster müsse sich noch eine Ansiedlung von Menschen mit besonders hohem Lebensstandard befunden haben, da inzwischen auch noch die Grundmauern von mehr als fünfzig weiteren kleineren Gebäuden zum Vorschein kamen.
So anachronistisch war Geoffrey also nicht, als er Tintagel zum Geburtsort von Artus machte. Und wenn Merlin dabei eine so entscheidende Rolle spielt, dann mag auch das mit einer frühen druidischen Kultstätte zusammenhängen, die auf dem Gelände von Tintagel denkbar ist. Direkt über »Merlin's Cave« nämlich befindet sich die Ruine von St. Juliot, einer ins 10. Jahrhundert zurückreichenden Kapelle. Wie so häufig könnte sie auf dem Boden eines keltischen Heiligtums stehen.
St. Juliot war der Bruder der Einsiedlerin St. Endellion. Sie aber war der Legende nach die Patentochter von König Artus gewesen. Ihr Vater, König Brychan von Brecon in Wales, erzog seine vierundzwanzig Kinder – manche Überlieferungen sprechen gar von achtundvierzig – in so großer Gottesfurcht, daß sie alle, wie es heißt, zu Heiligen wurden. Als nun St. Endellions unfreundlicher Nachbar, Lord of Tretinney, eines Tages die Kuh der Einsiedlerin, deren Milch ihre einzige Nahrung war, erschlug, nur weil sie kurz auf seinen Grund herübergewechselt war, geriet Artus derart in Zorn, daß er den Mann erschlug. Die heilige Endellion jedoch erweckte ihn wieder zum Leben. Heiligenlegenden haben es offenbar an sich, Artus mit Argwohn zu betrachten oder ihn, wie hier, wenigstens als jähzornigen Gewaltmenschen zu charakterisieren.
Die Granitkirche von St. Endellion liegt mit ihrem alten Friedhof und einer eigenwilligen gewundenen hohen Kiefer an der Nordseite, nicht weit von Tintagel entfernt. Über die gewellte Küstenlinie schweift der Blick ungehindert zum charakteristischen Felsvorsprung mit der legendären Burgruine. So bleibt Tintagel auch im kleinen St. Endellion wieder mit der zeitenthobenen Artuswelt verbunden.
Es konnte gar nicht ausbleiben, daß auch die Anthroposophen die Felsenburg über dem Meer für sich entdeckten. So berichtet Guenther Wachsmuth über einen Besuch Tintagels:

»Jene einzigartig verdichtete Atmosphäre werden wir nie vergessen, die an diesem Tage so intensiv spürbar war, als Rudolf Steiner mit uns den seltsamen Vorsprung an der einsamen Küste von Cornwall bestieg, wo die letzten Mauern der Artusburg über das brandende Meer ragen. Das kraftvolle, immerwährende Ringen der Sonnenlichtkräfte mit den aus dem Ozean aufsteigenden Wolken und Nebeln, wie es in solcher Wucht und Leidenschaft der Elemente nur an der Meeresküste möglich ist, umhüllte Felsen und Burg mit einer Atmosphäre des ewigen elementaren Kampfes. Und Rudolf Steiner sprach nun dort, auf dem Felsen stehend, über die Erlebnisse der Artusritter, die in dem äußeren Ringen der Lichtgewalten mit den Elementen der Erde ein Spiegelbild ihrer inneren Kämpfe erlebten, wo im Geistig-Seelischen Licht und Finsternis um die Vorherrschaft ringen und die Ich-Kraft, das lichte Bewußtsein des Menschen, die Meisterschaft über die Wolken und Nebel der Leidenschaften im ewigen Kampf zu erringen strebt. Er sprach von der Lehre Merlins, die dort gepflegt wurde, vom geistigen Sonnendienst des Artuskreises und dem Wissen von der kosmischen Tat Christi.«

Dieser Aspekt des Kosmischen, hier blumig eingebunden in die Steinersche Christologie, ist eine wesentliche Variante des ins Metaphysische erhöhten Artushelden und seiner Tafelrunde. In einem seiner Vorträge steigerte Rudolf Steiner Tintagel dann gar zum geistigen Zentrum Europas und Artus mit der Zwölfzahl seiner Tafelrunderitter, welche die Apostel Christi assoziiert, zum lichtbringenden Heros, der das Böse besiegt: »Von diesem Ort«, so Steiner, »ging sozusagen die Zivilisation Europas aus. Da nahmen der King Arthur und seine Zwölf die Kräfte auf, die sie sich von der Sonne holten, um ihre mächtigen Züge durch das übrige Europa zu machen und dafür zu kämpfen, daß die alten, wilden, dämonischen Gewalten, die zum großen Teil damals noch in der europäischen Bevölkerung waren, aus den Menschen herauskamen. Für die äußere Zivilisation kämpften diese zwölf Genossen des King Arthur, der sie dirigierte.«

Man muß sich nicht solch schwärmerischer Esoterik verschrieben haben, um in Tintagel eine Atmosphäre zu finden, die die Sinne für jenen historischen Prozeß sensibilisiert, der Wirklichkeit in Sage, Gegenwart in Utopie, Erinnerung in Poesie und sterbliche Menschen in Heroen verwandelt.

So stark ist diese Stätte mit der Artusüberlieferung verbunden, daß allein die von ihr ausgehende Wirkung auf noch zu lösende Rätsel schließen läßt. Vielleicht geben weitere Grabungen weitere Geheimnisse preis. Schon heute aber ist Tintagel ein Ort, der für das Wesen der Geschichte empfänglich macht und damit auch für die in ihr wirksam gewordene zeitlose Komponente der Artuswelt. Im Grunde geht es uns an solchen Stätten oft ähnlich. Das Faszinosum von Ruinen beruht ja auch auf der Verschmelzung der Zeiten: Vergangenheit, in der sie noch nicht existierten, weil die jetzigen Torsi Teile von Lebensräumen waren, die voll von Alltagslärm gewesen sind, hat sich zu jener stillen Formenwelt der Gegenwart verwandelt, deren Schwermut sich als Schönheit präsentiert, als eine Schönheit scheinbarer Zeitlosigkeit.

Derartige Reflexionen werden einer harten Probe unterzogen, wenn wir das von der Burg aus unsichtbare Dorf Tintagel betreten. Hier herrscht der Kommerz. Tintagel-Dorf lebt vom Artuskult. Tausende strömen jährlich zu diesem Jahrmarkt der Ritterromantik. Nicht nur Bett und Frühstück – »King Arthur's Bed and Breakfast« – sind dort im Zeichen des Sagenkönigs zu genießen. Man kann Artus und Ginevra, das königliche Paar, auch in Form von Blumentöpfen erwerben. Ein »King Arthur's Carpark«, »King Arthur's Café« und »King Arthur's Bookshop« warten ebenso auf Touristen wie ein »Merlin«-Antiquitätenladen oder »Camelot«-Mietwohnungen. Dicht drängen sich Läden mit Excalibur-Plastikschwertern, Wappenwimpeln und Artus-Keramikfiguren mit den Rittern von der Tafelrunde in allen Größen und Preislagen.
Um 1930 gründete Frederick Thomas Glasscock, bekannt als der »Eierpudding-Millionär«, in Tintagel »The Fellowship of the Order of the Round Table«. Dieser »self-made-man, der sich wie ein kleiner Gott benahm«, wie einer seiner »Ritter« sich erinnerte, ließ in Tintagel als Hauptquartier seines Ordens die aus über fünfzig kornischen Gesteinsarten bestehende »King Arthur's Hall of Chivalry« errichten. Von Schiefer und Granit bis zu Serpentin, Porphyr oder Turmalin schimmern die Wände der symbolbefrachteten Halle, deren dreiundsiebzig Fenster in Glasmalereien die Tugenden der Artusritter veranschaulichen. Gemälde von William Hatherell im nostalgisch historisierenden Stil der Präraffaeliten führen den Besucher auf der Grundlage von Malorys »Morte d'Arthur« durch das Leben des Heldenkönigs. Wir sehen Artus, den Säugling, der an einem der Burgtore von Tintagel Merlin übergeben wird, Artus, wie er Excalibur empfängt, Artus in seiner letzten Schlacht und auf dem Weg nach Avalon. Auch eine Reproduktion des »Runden Tisches« und ein Artusthron fehlen nicht in diesem Kabinett spleeniger Heldenverehrung. Einst schlug Glasscock in der Rolle des Sagenkönigs im Halbdunkel der Halle die ihm würdig erscheinenden Mitglieder seines Ordens mit »Excalibur« zu Rittern. Dabei empfingen sie ihre Ordensnamen: Sir Lanzelot, Sir Galahad oder Sir Kay... Noch heute besteht der Orden und übt diesen Brauch. In erster Linie aber dient »King Arthur's Hall of Chivalry« mit dem ihr angeschlossenen Souvenirladen dem Geschäft.

Schon um die Jahrhundertwende förderten Artusenthusiasten den Fremdenverkehr. Eine Reihe alter Häuser wurden ihm zum Opfer gebracht. Ein kleiner Herrensitz aus dem 14. Jahrhundert aber blieb erhalten: das heutige »Alte Postamt«, ein malerisches Gebäude mit tief herabgezogenem, welligem Schieferdach. Gleich gegenüber wieder ein »King-Arthur«-Pub.

Schnell verflüchtigen sich diese Dorfimpressionen vor der majestätischen Landschaft rund um Tintagel als Nichtigkeiten. Auf Wegen der Steilküste gewinnt der heroische Artus wieder Gestalt. Verwitterte Keltenkreuze in Friedhöfen über dem Meer verbinden keltische Tradition mit dem frühen Christentum: das christliche Zeichen der Erlösung vom keltischen Ring umzirkelt – vergessene Signaturen eines kosmischen Christentums.

Alter kornischer Überlieferung zufolge liegt nahe bei Tintagel, tief unter dem runden Erdwall von Bossiney Mound, König Artus' »Runder Tisch« vergraben. Alljährlich zur Mittsommernacht taucht er empor. Dann erhellen seine Strahlen für einen Augenblick das Firmament. Und wieder versinkt er in goldenem Glanz in die Erde. Am Ende der Welt aber wird er erscheinen, um zum Himmel empor zu schweben. Alle Heiligen werden dann um ihn sitzen, und Christus selber wird sie bedienen.

Noch heute wollen Menschen in Bossiney Mound zu Mittsommernächten ein seltsames Licht an einem Fenster ihrer Kapelle beobachtet haben, ein Glühen wie von einer elektrischen Energie, das ebenso unerklärlich verschwand, wie es kam. Ein Zeuge dieser Naturerscheinung sagte: »Wir wissen, daß wir etwas gesehen haben. Ich glaube immer, es hat etwas mit der Legende zu tun. Warum sonst zur Nacht? Warum so nahe am Hügel?«

So stark ist noch in unserer Zeit der Glaube an König Artus und seine dem Kosmos verbundene Welt. Irgendwo aber muß die »Round Table« einst gestanden haben. Wo könnte das gewesen sein? Wo war die Residenz von Artus, wo sein Camelot?

Von Camelot nach Avalon

Wer Camelot sucht, gerät leicht ins Labyrinth widersprüchlicher »Ortsanzeigen«, und kein Faden der Ariadne führt ihn wieder heraus, es sei denn, gleich so weit ins Niemandsland, daß er die verwirrende Fülle mit der kargen Wüste zu tauschen glaubt, wo ihn von neuem nur Fata Morganen narren. Wer jagt auch schon einer Traumstadt nach, einem Gespinst aus Wunschvorstellungen und Phantasie? Bei keiner Wegegabelung ist man sicher, ob dort nicht wieder Artus' Schwester, die Fee Morgane, wartet. Sie hat der Fata Morgana ja auch ihren Namen verliehen.

Woher überhaupt der Name Camelot? In keiner der alten Quellen der Artustradition ist er zu finden. Im sogenannten »Aneirin-Buch«, dem ältesten kymrischen Dokument – Aneirin gehört wie Taliesin zu den schon von Gildas erwähnten Hofbarden der Könige von Wales –, wird Artus' Residenz nach Celliwic in Cornwall verlegt. Damit könnte die eisenzeitliche Hügelbefestigung Killibury Castle nordöstlich von Wadebridge gemeint sein. Man fand hier im Jahr 1976 Pfostenlöcher eines spätantiken Gebäudes sowie zwei kleine Tonstücke, die der Tintagel-Pottery zugerechnet werden – sehr dürftige Beweisstücke allerdings für einen Herrschersitz. Vom Hochplateau dieser Eisenzeitfestung aber schweift der Blick weit über das Hügelland von Bodmin Moor, über Wadebridge und die Mündung des Camel. Führt uns der Flußname auf eine Spur? Camel – Camelot? An der Camel liegt auch die Kleinstadt Camelford und nur eineinhalb Kilometer weiter nördlich Slaughter Bridge, die alte Brücke über den Camel, die mit Artus' letzter legendärer Schlacht bei Camlan in Verbindung gebracht wird. Wir wissen aber nun, daß diese Tradition einem Lesefehler entsprang, der im 16. Jahrhundert dem aus Cornwall stammenden Topographen R. Carew, wohl infolge Wunschdenkens, unterlief. Keine zweihundert Meter flußaufwärts liegt nämlich ein etwa drei Meter langer Granitmonolith, ein spätantiker Grabstein mit der kaum noch entzifferbaren Aufschrift: LATINI HIC IACET FILIUS MAGARI – Hier liegt Latinus, der

Sohn des Magarus, begraben. Aus den letzten fünf undeutlichen Buchstaben glaubte der Landvermesser das Wort ATYR herauslesen zu können. Ohne den übrigen Teil der Inschrift zu beachten, deutete er es als eine verderbte Form von ARTHUR. Schnell gewinnen Irrtümer ein fruchtbares Eigenleben, wenn sie den Erwartungen vieler entsprechen. So wurden dann auch Überreste von Waffen und Rüstungen, die beim Pflügen der Felder nahe der Brücke zutage kamen, als Beweisstücke für Camlan bewertet. Sie sind aber einer viel späteren Zeit zuzurechnen, in der eine andere Schlacht an dieser Stelle stattgefunden hatte.

Ausschnittkarte siehe Seite 150

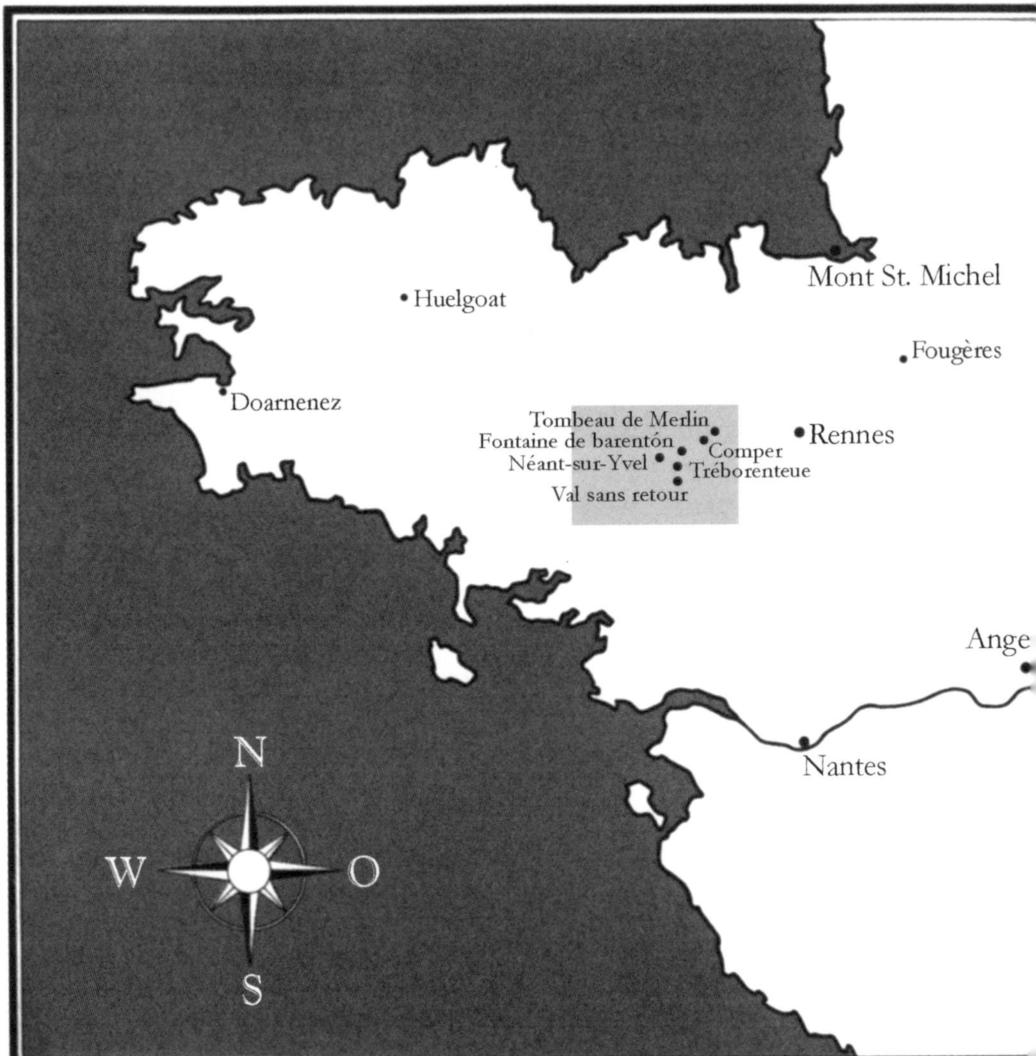

Trotzdem gehört Slaughter Bridge, die sich in flachem Bogen auf drei urtümlichen Pfeilern aus grob behauenen Granitblöcken über das Flüßchen spannt, noch heute zum Besichtigungspensum, das jeder Artuspilger absolviert. Bei der Brücke mit dem unheimlichen Namen, der an ein Hinschlachten im Kriegsgemetzel erinnert, glaubt man ja auch wirklich noch immer Artus und Mordred zu sehen mitsamt den vielen toten Kriegern, deren Körper den blutig roten Camelfluß verstopften, wie noch Schriftsteller der Neuzeit es getreu ihrer mittelalterlichen Romanvorlagen schildern. Die Illusion von Heldentum und Tragik in

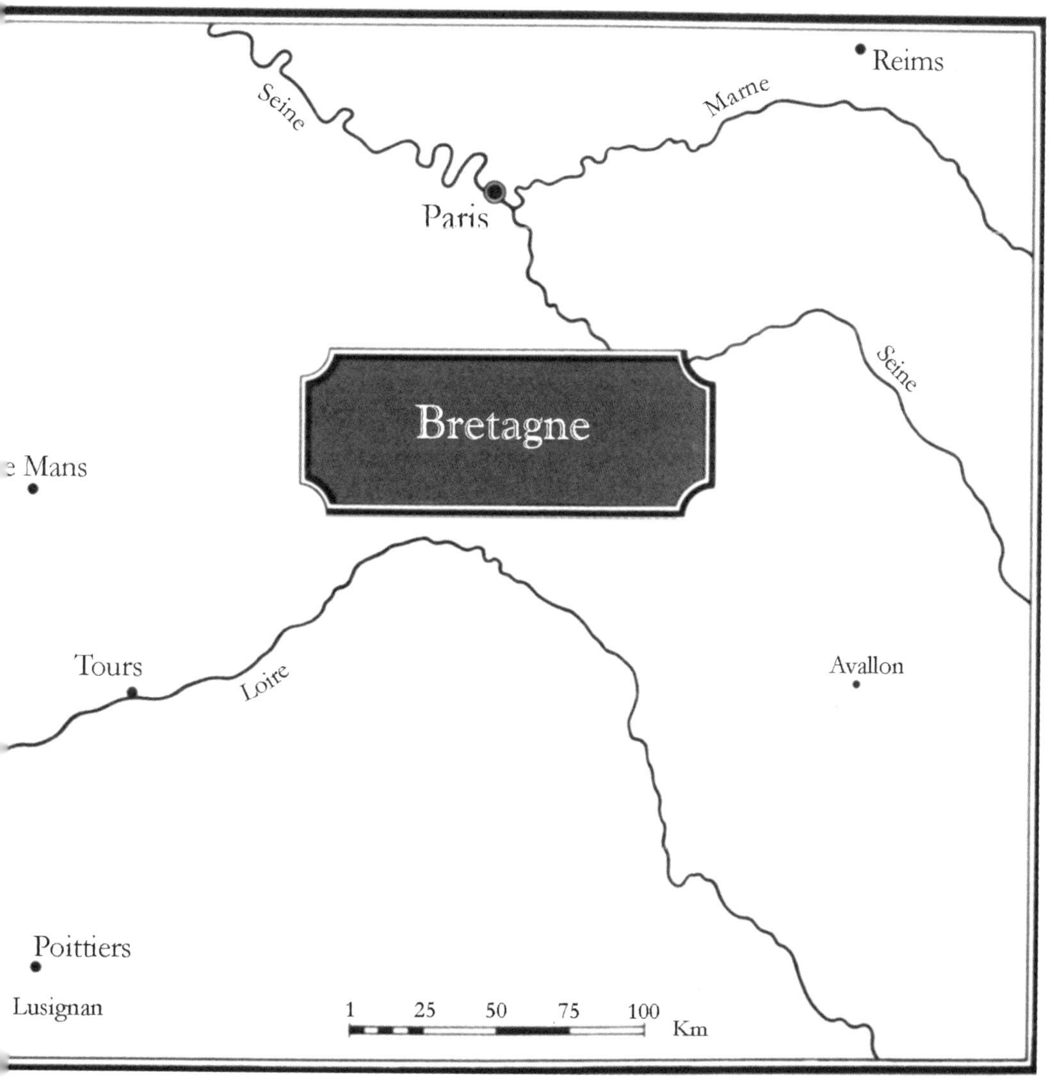

zeitentrückter Ferne ist ebensowenig zu erschüttern wie Slaughter Bridge unter dem Gewicht der Lastwagen, die sich durch ihre schmalen Seitenmauern zwängen, um mit quietschenden Bremsen in die nachfolgende enge Kurve zu gehen. Wer über die Brücke westwärts weiterfährt, gelangt bald nach Tintagel.

Wie aber kommt er nach Camelot?

Es ist merkwürdig, daß auch Geoffrey of Monmouth diesen Namen nicht erwähnt. Er macht die römische Legionärsstadt Caerleon-upon-Usk bei Newport im südlichen Wales zu einem der Hauptsitze von Artus, neben London und Winchester. In Caerleon, das von den Römern 74 oder 75 n. Chr. flußabwärts der damals bereits bestehenden Befestigung Isca, die dem Uskfluß seinen Namen gab, als Ausgangsbasis zur Eroberung von Südwales errichtet wurde, fand möglicherweise nicht nur Artus' »neunte Schlacht« statt; hier soll auch, wieder einmal, die »Runde Tafel« gestanden haben.

Thomas Churchyard, ein Topograph und Poet zur Zeit Elisabeths I., schrieb die Verse:

»In Arthurs tyme, a table round,
Was there whereat he sate:
As yet a plot of goodly ground,
Sets foorth that rare estate...

There are such vautes and hollow caves,
Such walles and condits deepe:
Made all like pypes of earthen pots,
Wherein a child my creep.

Such streates and pavements sondrie waies,
To every market towne...«

Die Ruine des einst an die sechstausend Zuschauer fassenden Amphitheaters von Caerleon wirkt mit ihren Zugängen, die den Mauerring in sieben gleichmäßige Segmente teilen, tatsächlich wie ein riesiger runder Tisch.

Giraldus Cambrensis, der 1188 nach Caerleon kam, um Truppen für den dritten Kreuzzug anzuwerben, war von den Überresten der römischen Legionärssiedlung, die einst als »Stadt der Paläste und goldenen Dächer« bezeichnet wurde und zu seiner Zeit sicher noch imposantere Ruinen als heute aufwies, stark beeindruckt. Der Kritiker Geoffreys, als welchen wir ihn kennen, stand nicht nach, Caerleon in einer seiner Schriften als Hof des Artus zu bezeichnen, an dem der Britenkönig Botschafter aus Rom empfing. Auch Robert Wace läßt in seinem Brutusroman König Artus hier residieren. Artus, so heißt es bei ihm, »ließ alle seine Edelleute durch öffentliche Ankündigung nach Caerleon laden...« Dann führt er aus: »Caerleon liegt am Usk, einem Nebenfluß des Severn; die aus anderen Ländern kamen, konnten diesen Fluß hinauffahren. Auf der einen Seite der Stadt lag das Flußufer, auf der anderen ein dichter Wald; es gab dort Fische in Massen und sehr viel Wildbret. Die Weiden waren herrlich und das Ackerland fruchtbar.« Ein wohlhabender Klerus »und Kanoniker von großem Wissen« wohnten dort, »die sich auch auf die Astronomie verstanden; sie beobachteten die Sterne und sagten dem König Artus oft voraus, wie die Unternehmungen ausgehen würden, die er plante...Damals war es um Caerleon gut bestellt...Es gab keinen Adeligen von Spanien bis zum Rhein nach Deutschland hin, der daheimgeblieben wäre, wenn er die Einladung vernommen hatte...«

Caerleon ist es bei Wace auch, wohin er seine schuldbeladene Ginevra fliehen läßt, um sich dort ins Kloster einzuschließen.

Ist also Caerleon das gesuchte Camelot?

Bei aller Bedeutung dieser Stadt zur Römerzeit, aber auch noch im Mittelalter und später, als Kaufmannsschiffe von den Uskkais aus nach Irland segelten, nach Lissabon oder zu Atlantikhäfen wie La Rochelle, dem Eleonore von Aquitanien 1199 das Stadtrecht verlieh: keine Spur findet sich hier, die auf den Sitz eines frühen Britenkönigs schließen ließe.

Der Name Camelot taucht überhaupt zum ersten Mal nicht in England auf, sondern bei dem Franzosen Chrétien de Troyes. In seinem gereimten »Lancelot«-Roman schildert er zwischen 1165 und 1190 Artus als einen Monarchen seines eigenen Zeitalters, ein im Mittelalter nicht ungewöhnlicher Anachronismus. Ein Fürst braucht aber auch eine Burg und eine Hofhaltung, deren Sitz mangels Überlieferung erfunden werden mußte. So erschuf Chrétien »Camelot«, das seither in zahlreichen mittelalterlichen Miniaturen, aber auch noch in Zeichnungen und Gemälden des historisierenden 19. Jahrhunderts in immer neuen Variationen mit Türme- und Zugbrückenromantik dargestellt wurde.

Wie der französische Dichter zu diesem Namen kam, wissen wir nicht. »Vielleicht ist dieses Wort«, so der englische Historiker und Archäologe Leslie Alcock, »aus dem britisch-römischen *Chamulodunum* (= der römerzeitliche Name des heutigen Colchester) zusammengezogen. In der Form *Camalodunum Britanniae oppidum* (= Camalodunum, eine Landschaft in Britannien) findet es sich beiläufig in der ›Naturgeschichte‹ (*Historia naturalis*) Plinius' des Älteren, einem Werk, das im 12. Jahrhundert ganz sicher in Westeuropa viel gelesen wurde.«

Wo immer Chrétien den Namen gefunden haben mochte, Camelot war geboren und wurde von anderen französischen Dichtern übernommen.

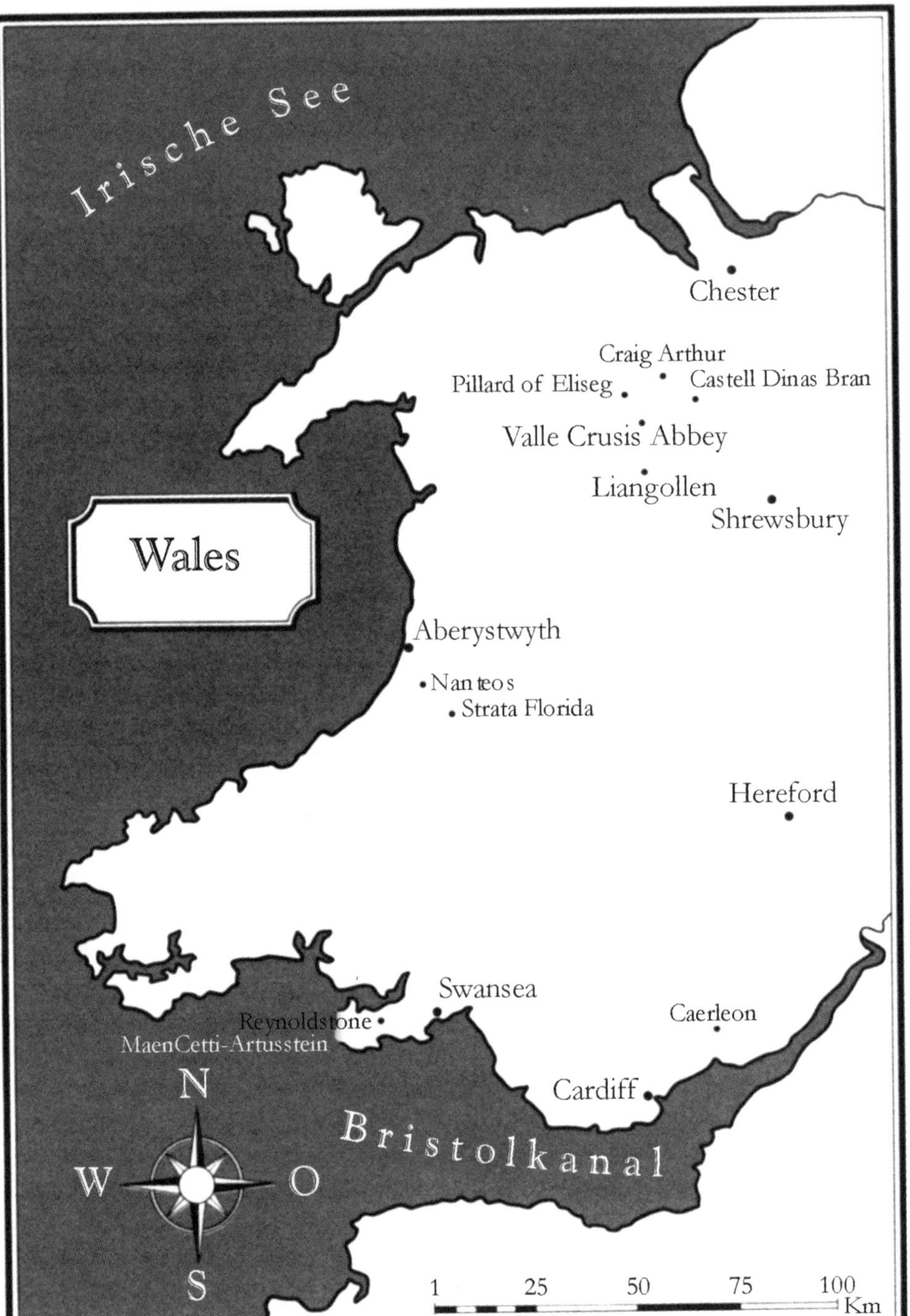
Irische See
Chester
Craig Arthur
Pillard of Eliseg
Castell Dinas Bran
Valle Crusis Abbey
Liangollen
Shrewsbury
Wales
Aberystwyth
Nanteos
Strata Florida
Hereford
Swansea
Reynoldstone
MaenCetti-Artusstein
Caerleon
Cardiff
N
W
O
S
Bristolkanal
1
25
50
75
100
Km

Erst im 14. Jahrhundert gelangte der Name durch den Roman »Sir Gawain und der grüne Ritter« eines anonymen englischen Dichters nach England. Diese im alliterativen Versmaß der angelsächsischen Dichtung geschriebene Geschichte, in der Gawain einem unheimlichen grünen Ritter mit der Axt den Kopf abschlägt, den dieser daraufhin aber wieder aufhebt, um von dem erstaunten Artusritter die Einlösung seines Versprechens zu fordern, sich ihm nach Ablauf eines Jahres noch einmal zu stellen, beginnt mit Artus' Hofhaltung in Camelot.
Von Anfang an aber handhabte man die Schreibweise des Traumschlosses sehr großzügig: Camalot, Camahalot oder Caamalot sind nur einige der Varianten von Camelot, das sich noch im 19. Jahrhundert sogar Veränderungen bis hin zu »Kardweil« oder »Avalett« gefallen lassen mußte. So lesen wir bei Karl Immermann in einem Gedicht von 1832:

»Auf jenem Pfingstfest zu Kardweil
Gab's ein Turnei der Tafelrunde.
Da saßen in den Bügeln steil
Die ersten Helden zu jeglicher Stunde...«

Und Felix Dahn reimte Jahrzehnte später:

»Hoch rauscht die Pracht der Feste durchs Schloß zu Avalett,
Es folgen Tanz und Lieder, Turnier sich und Bankett.«

Camelot, oder wie immer es geschrieben wurde, wo konnte es angesiedelt werden? Gab es überhaupt eine reale Entsprechung? Thomas Malory setzte Camelot, wie wir bereits wissen, mit Winchester gleich. Aber schon William Caxton äußerte 1485 im Vorwort zu seinem Druckwerk indirekt Zweifel an Malorys Ortszuschreibung. Er läßt Winchester unerwähnt, führt dafür aber die »Stadt Camelot« als Zeugnis für Artus' geschichtliche Existenz an und verlegt sie, als gäbe es sie wirklich, nach Wales.
Und wieder begann die Suche nach Camelot. Da kam in der ersten Hälfte des 16. Jahrhunderts der Altertumsforscher und Bibliothekar Heinrichs VIII., John Leland, auf einer Reise nach Somerset in das Dorf South Cadbury. Wer es heute sucht, findet es knapp zwanzig Kilometer nordöstlich der Kleinstadt Yeovil unweit der Landstraße, die über Queen Camel nach Sparkford führt. Ein dem heiligen Thomas Becket geweihtes Kirchlein aus dem 13. Jahrhundert begrüßt rechts an dem von der Landstraße abzweigenden Sträßchen den Ankommenden mit gedrungenem Turm, Zier- und Spitztürmchen. Vom stimmungsvollen Friedhof aus ragt über dem Zweistufendach der Kirche eine baumbestandene Hügelkuppe heraus, die als markanter Punkt in der Landschaft steht. Das ist Cadbury Castle. Und in diesem Vorzeithügel in

Somerset glaubte John Leland das gesuchte Camelot gefunden zu haben! In seinem unvollendet gebliebenen Werk »Geschichte und Altertümer dieser Nation«, das auch von der modernen Forschung noch beachtet wird, schrieb er 1542: »Ganz im südlichen Ende von South Cadbury steht Camallate, einst eine berühmte Stadt oder Festung ... Die Leute können nichts darüber erzählen, außer daß sich laut Hörensagen Arthur häufig in Camalat aufhielt.«

Die Legende weiß vom schlafenden Artus im Inneren des Hügels zu berichten, der eine Höhle in sich birgt, die von eisernen oder goldenen Toren verschlossen ist. An bestimmten Tagen öffnen sie sich. Zur Mittsommernacht, vielleicht auch nur alle sieben Jahre oder zu Weihnachten, reiten Artus und seine Ritter als Geisterschar von der Anhöhe den alten Torweg hinunter. Die Überreste dieses Weges sind am Fuß des mehr als 150 Meter über dem Meeresspiegel liegenden stufenförmigen Kegels zu sehen. Der Weg heißt noch heute »Arthurs Pfad«. Wer empfindsam genug ist, kann dort sogar an gewöhnlichen Winterabenden den Hufschlag galoppierender Reiter vernehmen.

Ob Leland zu seiner Gleichsetzung von Cadbury Castle mit Camelot durch derlei Volksüberlieferungen kam, von denen er hörte, oder ob er die bis in prähistorische Zeit zurückreichende Hügelbefestigung als Artus' Residenz zu erkennen glaubte, weil ganz in der Nähe die Ortschaften Queen Camel und West Camel liegen, was wiederum eine Verbindung zu Camelot nahelegt, wissen wir nicht. Daß unweit von Cadbury Castle auch noch der Fluß Cam (wie schon in Camelford und Slaughter Bridge die Camel) fließt, mag zu dieser Fixierung beigetragen haben. Wenn Cadbury Castle der Herrschersitz von Artus gewesen ist und die Endschlacht von Camlan irgendwo in der Nähe stattfand, konnte der todwunde König in einer Barke auf der Cam zu jener »Isola Avallonis« gebracht worden sein, die Geoffrey of Monmouth nach Britannien verlegt, wo sie dann mit dem nur 17 Kilometer entfernten Glastonbury in Verbindung gebracht wird. Die Spur des historischen Artus, den wir mit Geoffrey Ashe als den in Gallien verschollenen Riothamus erkannten, würde sich demnach in Cadbury Castle wieder auffinden lassen. Dazu paßt eine lokale Überlieferung, der zufolge in einem Feld zwischen dem Camfluß und Cadbury Castle viele Gräber gefunden wurden, die auf eine weit zurückliegende Schlacht schließen lassen. Es wäre dies dann »der Streit von Camlann, in welchem Arthur und Medraut (=Mordred) fielen«, von dem im 10. Jahrhundert die »Annales Cambriae«, noch früher aber Gildas oder Nennius, berichten.

Alle diese Überlegungen müßten, wie so vieles auf dem Weg nach Camelot, ins Reich der Phantasie verwiesen werden, hätten nicht Ausgrabungen auf Cadbury Castle seit den fünfziger Jahren unseres Jahr-

hunderts bedeutsame Ergebnisse gezeitigt. Als erste sammelten die aus der Gegend stammende Archäologin Mary Harfield und J. Stevens Cox Tonscherben und Feuersteine auf dem Vorzeithügel, die durch das Pflügen der Bauern an die Oberfläche gelangt waren. Eine Untersuchung des Materials durch Ralegh Radford ergab, daß sich darunter Bruchstücke der gleichen importierten Töpferware befanden, wie er sie bereits in Tintagel zutage gefördert hatte. Der angesehene Archäologe bezeichnete diese Funde daraufhin als »eine interessante Bestätigung der traditionellen Identifikation von Cadbury Castle mit dem Camelot der Artus-Legenden.«
Ausgedehntere Grabungen aber fanden erst nach der im Juni 1965 erfolgten Gründung des »Camelot-Forschungskommitees« statt, dem neben Radford und Ashe eine Reihe namhafter Archäologen und viele wissenschaftliche Institutionen, darunter die Universität von Bristol und der Ausschuß für keltische Studien der Universität von Wales, angehörten. Unter Leitung von Leslie Alcock wurde 1966 bis 1970 ein Teil der Hügeloberfläche ausgegraben. Schon dabei zeigte sich – um eine Gesamtgrabung vorzunehmen, war das Areal zu groß –, daß Cadbury Castle, in bezug auf Camelot, gleichsam als ein »Britisches Troja« bezeichnet werden konnte, mit mehreren Schichten von Wohnstätten über lange Zeiträume hinweg bis zurück zu einer Besiedelung in der Jungsteinzeit im dritten Jahrtausend v. Chr. Aus der späteren Eisenzeit fanden die Archäologen schwer verbrannte Töpferware. Man darf annehmen, daß sie mit der Eroberung Südbritanniens durch Vespasian nach Mitte des ersten Jahrhunderts n. Chr. zusammenhängen, als die Römer eine Reihe von Hügelbefestigungen keltischer Siedler stürmten. Nach der römischen Eroberung scheint der Hügel für einige Zeit leer geblieben zu sein. Dann aber, aus dem dritten und vierten Jahrhundert, mehrten sich die Funde wieder. Nach weiteren Töpferwaren und zwei Münzen kam ein vergoldeter Bronzebuchstabe »A« zum Vorschein, von dem die Gelehrten nach vielen Debatten annahmen, daß es sich dabei um den Rest einer Votivinschrift aus einem römisch-keltischen Tempel handeln konnte, der hier möglicherweise während der Zeit des Wiederauflebens vorchristlicher Kulte im dritten und vierten Jahrhundert gestanden hatte. Die archäologische Analyse ergab, daß Cadbury Castle im 5. Jahrhundert erneut zu einer Befestigung, und zwar in großem Maßstab, ausgebaut worden sein mußte. Auf dem Hochplateau kamen die Fundamente einer mittelgroßen, aus Holzbalken errichteten Halle zum Vorschein, die von den Ausgräbern »Arthurs Palast« getauft wurde. Reste eines Torhauses gehörten dazu und Teile einer gepflasterten Straße, die durch Doppeltore eines fast quadratischen Turmes ins Innere der Anlage führte. Unter dem obersten Erdwall aber lag eine

mörtellose Steinmauer von fünf Metern Dicke mit eingefügten Blöcken römischen Mauerwerks, die in einer Gesamtlänge von fast einem Kilometer die Hügelkuppe als Verteidigungswall umschloß. »Der Torturm wies Elemente römischer Bauweise auf«, erläuterte Geoffrey Ashe, »und der Wall bestand aus römischem Material. Dieses war jedoch in eine keltische Bauform gegliedert, die wie so vieles Nachrömische in Britannien von einem Wiederaufleben des Vorrömischen zeugte. Die *Romanitas* lebte in der Vorstellung des Bauplaners fort, aber er arbeitete mit Männern, deren Baupraxis andere, und zwar nationalere, Einflüsse verriet.«

Eine vielleicht etwas kühne Interpretation anhand archäologischer Funde, die als Fragmente ja bereits der Phantasie und der logischen Kombinationsfähigkeit ihrer Entdecker bedurften, um aus ihnen jene ganzheitliche Gestalt entstehen zu lassen, von der aus auf das ursprüngliche Bauwerk geschlossen werden kann. Die Gelehrten sind sich aber weitgehend darin einig, daß Cadbury Castle das Camelot von Artus gewesen sein könnte. Zwar gibt es ähnliche Fortifikationsanlagen des 5. Jahrhunderts auf Vorzeithügeln in ganz Britannien, insbesondere den riesigen Basaltblock von Dumbarton-Alclud in Schottland mit einer Artus-Merlin-Tradition. Keiner aber ist von so großen Abmessungen wie Cadbury Castle, und keiner läßt auf einen Britenherrscher von so besonderer Macht und Wohlhabenheit schließen wie dieser Hügel in Somerset. Niemand in Britannien, weder Kelten noch Sachsen, errichtete eine Bastion solchen Typs in Stein- und Holzbauweise wie jener Herrscher, dem man Cadbury Castle zuschreiben muß. Mittlerweile bürgert sich auch in der geographischen Literatur über Somerset und in halboffiziellen Ortsangaben die Bezeichnung »Cadbury-Camelot« ein. Die Ausgrabungen der sechziger Jahre inspirierten eine Reihe von Schriftstellern zu neuen Artusromanen, von denen Marion Zimmer Bradleys »Die Nebel von Avalon« zum Weltbestseller wurde. Auch John Steinbeck war an den Cadbury-Ausgrabungen interessiert. Kurz vor seinem Tod plante er noch einen Besuch dorthin.

Heute ist der Hügel wieder grasüberwachsen. Man hat ihn leider, wohl aus Kostengründen, nach den Forschungsarbeiten wieder zugeschüttet. Hin und wieder umrundet ein Spaziergänger den obersten Erdwall, wenn nicht gerade eine Gruppe von Artusenthusiasten darauf ausschwärmt. Kühe weiden auf dem luftigen Plateau, bis sie abends den schmalen Pfad nach South Cadbury in ihre Ställe zum Melken hinuntertrotten.

Cadbury Castle, das nur zum Teil offengelegt wurde, birgt sicher noch Geheimnisse. Wer heute auf einer der kräftigen Grasnarben sitzt und über die weite Landschaft hinausschaut, die eine unerschöpfliche Palette verschiedenartigster Grünschattierungen zur Verfügung hat, mag sich mit einem gewissen Schauder an einen ganz besonderen Fund erinnern, den die Archäologen vor etwas mehr als zwei Jahrzehnten hier ans Licht brachten: Unter einem vorrömischen Bauwerk das Skelett eines jungen Mannes, der mit dem Kopf voran in eine Grube gerammt war. Die angezogenen Knie berührten das Kinn. Offensichtlich ein Menschenopfer.

Wie war das doch in jener ersten Artusschilderung Geoffreys, in der Mythos und Wirklichkeit sich auf so seltsame Weise mischen? Gab es da nicht auch die Geschichte über König Vortigerns Fluchtburg? Vortigern, der vor den Sachsen, die er selbst ins Land geholt hatte, geflohen war, ließ eine mächtige Festung errichten. Doch täglich stürzten die Mauern, die gerade hochgezogen worden waren, wieder ein. Da sagten ihm seine Magier, er müsse nach einem vaterlosen Mann Ausschau halten. Sein Opfertod würde dem Bau Stabilität verleihen. Er fand den Gesuchten in Merlin.

»›Warum wurden meine Mutter und ich zu dir gebracht‹, fragte Merlin den König. ›Meine Zauberer gaben mir den Rat‹, antwortete Vortigern, ›ich sollte nach einem vaterlosen Mann suchen, damit mein Bau mit seinem Blut bespritzt werden könne, wodurch er den nötigen Halt bekäme.‹ ›Sag deinen Zauberern, sie sollen vor mir erscheinen‹, antwortete Merlin, ›und ich will beweisen, daß sie gelogen haben.‹«

Der verblüffte König verfuhr nach Merlins Wunsch, der die Zauberer anfuhr: »Nur weil ihr nicht wußtet, was die Fundamente des Turmes, die die Männer zu bauen begannen, unhaltbar macht, habt ihr empfohlen, mein Blut über den Mörtel zu sprühen. Sagt mir doch, was unter dem Fundament verborgen ist. Da gibt es sicher etwas, wodurch das Festwerden verhindert wird.«

Auf Merlins Rat hin ließ Vortigern nun den Teich vor der Baustelle trockenlegen, und siehe da, zwei Drachen, ein weißer und ein roter, kamen dabei zum Vorschein, die sogleich heftig übereinander herfielen. Merlin deutete den Kampf der Ungeheuer als den der Bretonen gegen die Angelsachsen und weissagte den Sieg der Briten, für die der rote Drache stand. So rettete er sein Leben und Vortigern seinen Bau.

Wohin wir auch kommen auf der Suche nach Artus, immer gesellt sich die Legende bei. Immer birgt diese aber auch einen Kern alter, historischer Erinnerung.

Auf der Höhe von Cadbury Castle eröffnet sich ein Weitblick bis Glastonbury Tor, dem Wahrzeichen des Westcountry-Städtchens Glastonbury, einem Zentrum der Artuswelt, erfüllt von Geschichten aus frühester Zeit.

Die geschäftige Kleinstadt mit ihren 7000 Einwohnern und dem Charakter eines ländlichen Marktfleckens lebt noch immer vom Glanz vergangener Jahrhunderte. Es ist dies weniger der Glanz »großer« Zeiten mit ihrer politischen Tradition herrscherlicher Eroberungen und Erfolge als die Aura eines Ortes, der schon vor Jahrtausenden als geheiligt galt und in dem Spirituelles und Rätselhaftes weiterwirken. Artuspilger aus aller Welt, aber auch fromme Katholiken, machen hier Station; denn zwei Strömungen treffen an diesem Ort zusammen: die des keltischen Britanniens in der Gestalt des Artus, der von der Feenkönigin Morgane und ihren Frauen der Legende nach hierher entrückt worden ist, und die des frühen Christentums, für das Joseph von Arimathia in Anspruch genommen wird, der angeblich den Abendmahlskelch mit Christi Blut nach Glastonbury brachte und dort die älteste Kirche der Welt errichtete.

Ynis-Witrin lautete der alte, keltische Name von Glastonbury – »Insel aus Glas«. Das deutet nicht nur auf früheste Glasherstellung hin, sondern auch auf eine gläsern durchsichtige, geistige Welt. Da mag es nicht einmal so abwegig erscheinen, wenn Glastonbury schließlich zu einem Mekka der englischen New-Age-Bewegung wurde, mit all ihren skurrilen Begleiterscheinungen. In einer Zeit der Identitätskrise, in der Artus zum nostalgischen Kultbild und alles vermeintlich Druidische zu einer Ersatzreligion und Talmikultur werden, mit Artuscomics oder Camelot-Filmen made in USA, verkommt auch die »Glasinsel« Glastonbury mehr und mehr zum Durchgangsdomizil spintisierender Gralssucher mit antizivilisatorischer Tendenz. In den Buchhandlungen und Magic-Shops treibt eine fragwürdige Esoterik ihre seltsamen Blüten. Neben solider Literatur steigt die Flut gut verkäuflicher Bücher über Schwertmagie, Merlinzauber und Avalonbeschwörung, und ein Gebräu aus profanierter Psychoanalyse und Astrologie in Verbindung mit der Artuswelt findet seine Konsumenten. Doch das, was Glastonbury an besonderer kulturgeschichtlicher Substanz aufzuweisen hat, bleibt im Grunde von derlei Erscheinungen unberührt. Wieso aber konnte gerade dieser Ort mit der »Isola Avallonis«, der keltischen Jenseitsinsel, identifiziert werden?

Wenn wir »Avalon« einmal etymologisch und ohne mythischen Hintergrund sehen, dann läßt sich sofort an den Reichtum von Äpfeln denken, mit dem Somerset gesegnet ist. Es wird dort auch ein besonders süffiger Apfelwein vergoren, ein »cider«, den der Michelin von Westengland zwar zu trinken empfiehlt, jedoch mit dem Hinweis: »Nehmen Sie sich aber Zeit, auf die Landschaft zu sehen, um den Überblick über die vielen Kurven zu behalten.«

Der Apfel ist seit Urzeiten aber auch Attribut der Liebes- und Fruchtbarkeitsgöttin. Goldene Äpfel wachsen im Garten der Hesperiden, in dem die Töchter des Atlas sie als Früchte des irdischen Paradieses hüten. Etwas von der Aura des Aphrodisischen, der Freude und des Heilkräftigen hatte die Apfelfrucht auch für die Kelten. Erst das Christentum hat den Apfel in der Hand der Eva in Mißkredit gebracht. Die Apfel-»Insel« aber ist aus der Topographie von Glastonbury zu erklären. Der Ort liegt auf und zwischen einer Gruppe von Hügeln, deren höchster der Tor ist. »Tor« heißt keltisch »Hügel«. Das ganze Land ringsum, von den Mendip- und den Quantock-Hügeln begrenzt, ist bis hin zum Bristol-Channel flach und niedrig. Noch während der letzten vorchristlichen Jahrhunderte und in der frühen christlichen Ära gab es um das heutige Glastonbury herum viele Sümpfe und Wasser, so daß der Eindruck einer Insel entstand. Zwei westlich von Glastonbury, bei Godney und Meare, aufgefundene keltische Seesiedlungen, die der La-Tène-Zeit angehören, waren auf Holzpfählen errichtet. Man fand dort Artefakte, die auf einen hohen Stand des Handwerks und weitreichende Handelsbeziehungen der Bewohner schließen lassen. Als in späterer Zeit das Land trockengelegt wurde und sich das Meer zurückzog, blieb die Erinnerung an den insularen Charakter von Glastonbury erhalten und verband sich mit Ynis-Witrin, der gläsernen Insel, zur Vorstellung einer übernatürlichen Welt. Noch Tennyson hat sie in seinen »Idyllen des Königs« bedichtet.

In diese Atmosphäre paßt dann auch die von Wundergläubigen bis heute aufrecht erhaltene, weder verifizierbare noch widerlegbare Behauptung, Joseph von Arimathia hätte im Jahre 37 oder auch 63 Glastonbury besucht. Thomas Malory schreibt:

»Bei einer seiner Reisen nach Cornwall hat Joseph Ynis-Witrin, das manche auch die Insel Avalon nennen, kennengelernt, und dorthin verbrachte er später das Gefäß, worin er das Blut des Gekreuzigten aufgefangen hatte, den Kelch des Abendmahls, den Heiligen Gral.« Diese Legende wird uns in einem späteren Kapitel über die Gralssuche noch beschäftigen.

Nach Cornwall aber könnte Joseph von Arimathia in der Tat als wohlhabender Kaufmann gekommen sein. Falls er mit dem dort blühenden Zinnhandel zu tun hatte, hätte sein Weg ihn, wie fromme Legenden es wollen, durchaus auch nach Somerset führen können. Über die kornischen Zinnberge berichtete Diodorus Siculus im 1. Jahrhundert v. Chr. Aber schon lange vor dem aus Sizilien stammenden griechischen Historiker betrieben Phönizier und andere semitische Kaufleute den Zinnhandel mit Cornwall. Aus den kornischen Minen wurde das kostbare Metall in die Mittelmeerländer verschifft. Mediterrane, phönikische, babylonische und ägyptische Kultureinflüsse gelangten durch

diese Handelsbeziehungen in das keltische Britannien. Noch lange Zeit hießen die ältesten Schmelzöfen von Cornwall »Judenhäuser«, und die »Zinnjuden« galten als zauberkräftige Wohltäter des Volkes.
Den christlichen Gralskelch aber, so heißt es, habe Joseph von Arimathia als Mann des Evangeliums unterhalb von Glastonbury Tor versteckt. Dort sprudelt seitdem das heilkräftige Wasser von Chalice-Well, der Kelch-Quelle. Der Ursprung dieses immer fließenden Wassers ist unbekannt. Er wird irgendwo tief unter den Mendip Hills, einige Meilen nördlich von Glastonbury, vermutet. Der 1958 gegründete »Chalice Well Trust« legte um die alte Quellfassung einen stimmungsvollen Garten mit einem löwenkopfgeschmückten Trinkbrunnen an, der durch eine unterirdische Leitung von der Urquelle gespeist wird. Das Wasser fließt dann in einer Kaskade weiter durch ein stilles Blumenland, das den Namen »König Artus' Hof« erhielt. Danach passiert es ein Gelände, auf dem einst das »Bad der Pilger« war, dem viele Heilungen nachgesagt werden, um unterirdisch den Bereich von Chalice Well zu verlassen. Die Besucher, die sich in dieser Oase der Beschaulichkeit einfinden, verhalten sich still wie in einer Kirche und pflegen die Meditation. Viele sind darunter – man sieht es an den Titeln der mitgebrachten Lektüre –, die weniger an die Josephslegende als an die Magie dieser alten druidischen Kultstätte glauben, um die es sich bei der zisternenförmigen Urfassung der Quelle mit ihren roh behauenen Steinquadern wohl auch handelt. Die Frage, ob Chalice Well einst ein keltisches Brunnenheiligtum war, an dem jene »Muttergöttin des tiefen Wassers« verehrt wurde, mit der wiederum auch die Zauberin Morgane in verwandtschaftlicher Beziehung steht, ist jedenfalls nicht abwegig. Ausgrabungen von 1961 rund um die Quelle erbrachten den Nachweis einer Besiedelung dieser Stätte schon in antiker Zeit. Unmittelbar am Fuß von Glastonbury Tor gelegen, von dessen Flanke es heute nur ein schmales Fahrsträßchen trennt, bleibt Chalice Well eingebunden in den Zauber dieses Keltenhügels, dessen Gipfel die Ruine eines mittelalterlichen Kirchturms krönt.
Glastonbury Tor: Geheimnis umgibt den spiralförmig aufsteigenden grünen Erdkegel, dessen Konturen sich scharf vor seiner Umgebung abzeichnen. Meilenweit sichtbar, gilt er seit jeher als magischer Ort. Nicht nur Esoteriker unter den Archäologen nehmen an, daß es sich hier um eine Kultstätte handelte und die um den Hügel führende Spirallinie, auf deren Terrassenpfaden hunderte von Schafen weiden, so etwas wie Überreste eines zeremoniellen Weges sind, den Menschen des 5. und 4. vorchristlichen Jahrhunderts geschaffen haben. Handelt es sich um Spuren eines alten Labyrinths? Das ist heute nicht mehr nachprüfbar, wird aber von einigen Forschern für möglich erachtet.

Das Labyrinth leitet seinen Namen von der »Labris« her, der Doppelaxt, mit der Theseus das Stierungeheuer in dem unterirdischen Irrgarten von Knossos tötete, und diese Waffe ist auch ein Attribut der Großen Mutter. In der Antike waren Labyrinthe Symbole von Tod und Wiedergeburt, die den ewigen Kreislauf des Lebens veranschaulichten. Auch die Gralssuche könnte vor ihrer Christianisierung mit der rituellen Durchschreitung eines Labyrinths begonnen haben. König Artus als mythischer Held der Wiederkehr hätte schon deshalb ein Wohnrecht in Glastonbury. Die Spirale um den rätselhaften Erdhügel erinnert aber auch an die Erdschlange, das Zeichen der Urmutter, deren chthonische Energien sie ebenso symbolisiert wie die Kraft des Phallus, den sie beherrscht und mit dem zusammen sie die Lebenseinheit jenseits der Geschlechtertrennung zum Ausdruck bringt. In solcher Gestalt erscheint sie als die kretisch-minoische Erdgöttin Rhea schon mehr als eineinhalb Jahrtausende vor unserer Zeitrechnung: nacktbusig, Haupt, Leib und Arme von Schlangen umwunden oder Schlangen wie Szepter hoch in beiden Händen haltend.
Auch die Kelten verehrten die Große Mutter, und der Tor von Glastonbury ist mit größter Wahrscheinlichkeit ein Zentrum ihres Kultes gewesen. Vielleicht unterhielten Druiden auf dem Gipfel des Erdkegels eine Beobachtungsstätte zum Studium des Laufes der Gestirne. Die Kelten glaubten, vom Tor führe eine Pforte zur Unterwelt, zur Jenseits- und »Anderswelt«. Noch im 6. Jahrhundert versuchte St. Collen, ein walisischer Wandermönch, der sich als Einsiedler an dem alten Keltenhügel niedergelassen hatte, wie seine Vita berichtet, ins Innere des numinosen Berges einzudringen, um mit Weihwasser den darin residierenden Unterweltskönig Gwyn ap Nudd auszutreiben. Er findet den Eingang, ein prunkvoller Palast eröffnet sich ihm mit allen Verlockungen und Freuden der Welt. St. Collen aber widersteht dem heidnischen Zauber und der prächtig gedeckten Tafel und setzt sein geweihtes Wasser als Waffe dagegen ein. Da wird es schlagartig finster, der Palast verschwindet, und der Heilige findet sich wieder draußen auf dem Tor. Eine der zahlreichen Geschichten, in denen de Kampf des Christentums gegen die heidnischen Kulte anschaulich vor Augen gestellt wird. So wie sich unter der Artusliteratur des christlichen Mittelalters viel frühere Schichten keltischer Mythologie verbergen, stehen fast alle frühchristlichen Kirchen oder Kapellen auf dem Boden ehemaliger heidnischer Kultstätten. Die Turmruine auf dem Gipfel des Tor, die an Nebeltagen gespenstisch im wabernden Grau über der Ebene schwebt, gehört zu einer St. Michaels-Kirche des 14. Jahrhunderts. Doch sie hatte eine Vorgängerin aus wesentlich früherer Zeit. Diese wurde durch ein Erdbeben zerstört. Hatte die alte Erdmutter sich gerächt, weil man

sie mit einem christlichen Heiligtum bekrönte, überdies mit einem, das dem Drachentöter geweiht war? Der Drache, Inkarnation des Bösen, ist mit der Schlange verwandt, und sie galt den Christen nicht mehr als heilig, wie den Menschen der Antike, die sie zum heilkräftigen Tier des Äskulap machten, sondern nur noch als die Verführerin zum Bösen, zu der auch die Große Mutter geworden war.
Glastonbury Tor und die ganze »Insel aus Glas«: ein kosmisches Zentrum, in dem Traum und Wirklichkeit, keltische Vorzeit und frühes Christentum ineinanderfließen. Ein idealer Nährboden für Legendenbildung. Ynis-Witrin, wo Druiden einst eine Welt uralter Gottheiten im übernatürlich wirkenden Schauspiel der untergehenden und aufgehenden Sonne gesehen haben mochten, wenn sie vom Tor aus nach Westen oder Osten blickten, war auch einer der Orte, an denen sich die wunderwirkende Schale der Finsternis und des Lichtes, des Todes und der Wiedergeburt, der keltische »Cauldron«, befunden haben soll, ja das amphibisch geheimnisvolle Land selber konnte diese Schale sein. Wo sich aber westliches Druidentum und christliche Heilslehre auf solche Weise durchdringen, ist es nur folgerichtig, auch Artus in dieses Geflecht von Legenden miteinzubinden. Das geschah – noch ehe Geoffrey of Monmouth ihn auf die Insel Avalon entführte, die bei ihm aber nicht ausdrücklich in Glastonbury, sondern irgendwo in Britannien liegt – durch den Mönch Caradoc of Llancarfan. Dieser erzählte um 1130 in seiner »Vita Gildae«, einer hagiographischen Lebensbeschreibung Gildas', die kurz vor Geoffreys »Historia« erschien, folgende Geschichte: Artus, »der Tyrann«, gerät mit König Melwas von »Sommerland«, das ist Somerset, aneinander, weil dieser Ginevra entführt und auf Glastonbury Tor festgesetzt hat. Um sie zu befreien, zieht Artus seine Krieger aus ganz Devon und Cornwall zusammen, wird aber durch Wasser und Sümpfe rund um die »Glasinsel« am Vordringen mit seinen Truppen gehindert. Schließlich vermitteln Gildas und der Abt von Glastonbury. Ginevra kommt frei, und die beiden Könige schließen Frieden.
Artus erscheint in dieser Heiligenvita nicht als der übergeordnete Herrscher, dessen Stärke niemand widerstehen kann. Das wird verständlich, wenn wir tiefer in die Struktur dieser Geschichte einzudringen versuchen, um ihren mythischen Kern herauszuschälen. Dann zeigt sich nämlich: Artus hat es bei Melwas mit einer überirdischen Macht, mit einer Gestalt aus der Anderswelt zu tun. Dafür spricht schon Glastonbury Tor als Ginevras Gefängnis und dessen schwere Zugänglichkeit. Das gilt auch für andere Entführungen von Artus' Gemahlin, wie die schon erwähnte durch den Riesen Caradoc in den »Schmerzensturm«. Behalten wir im Gedächtnis: Ginevra ist die keltische Ghwen-

hyfar, die »Große Göttin«. Im weitesten Sinne kann sie deshalb auch als eine Verwandte der Demeter, der dreifaltigen Göttin des griechischen Mythos, gesehen werden, deren einer Aspekt Persephone ist, die jungfräuliche Frühlingsgöttin, die Hades in die Unterwelt entführte. Es ist das gleiche mythische Muster, nach dem Ginevra von Melwas geraubt wird.

In einer Heiligenlegende, wie Caradoc sie aufzeichnete, sind solch frühe Herkünfte natürlich verpönt und längst vergessen. Der mythische Boden ist darum mit einer fast undurchdringlichen Schicht klerikaler Umformung überdeckt. Aufschlußreich aber bleibt in Caradocs Legende, daß als Ort der Versöhnung zwischen Artus und Melwas die »Kirche der heiligen Maria« bezeichnet wird, die tatsächlich in Glastonbury bestand. Es ist die erste Marienkirche Englands mit einer so frühen Bauzeit, daß keine vertrauenswürdigen Datierungsberichte mehr vorliegen. William of Malmesbury gibt eine ausführliche Beschreibung von diesem Marienheiligtum, das als »vetusa ecclesia«, als »sehr alte Kirche« bezeugt ist. Es war ein mit Holz und Bleiteilen verstärkter Flechtwerkbau, von dem damals allgemein geglaubt wurde, er sei, wie William mitteilt, bereits im 1. Jahrhundert von direkten Jüngern Jesu errichtet worden. Die Verwendung von Blei als Verstärkungsmaterial verweist auf die antiken Bleibergwerke von Somerset in den Mendip Hills. Noch heute sind die aus Mendip-Blei bestehenden Wasserleitungen der römischen Bäder in Bath zu sehen, jenem Ort, der mit Artus' zwölfter Schlacht gemeint sein könnte. Wahrscheinlich bestand bereits in vorrömischer Zeit ein Handelsweg zwischen den Zinnhütten von Cornwall und den Bleiminen der Mendips. Mit den Jüngern Jesu, so wird gesagt, sei auch Joseph von Arimathia nach Glastonbury gekommen. Darüber freilich verliert William in seinem Bericht kein Wort. Die später gegründete Abtei aber veredelte ihre frühe Geschichte durch Einschiebung eines Gebräus unechter Quellen in Williams Bericht und machte Joseph zum Anführer der mit ihm nach Britannien gekommenen Jünger. Diese Version stimmt zum Teil mit einem Grals- und Josephs-Roman von Robert de Boron um das Jahr 1200 überein, der uns in einem der letzten Kapitel dieses Buches noch begegnen wird. Die Legende jedenfalls konnte, alten Mythenmustern folgend, ihre poetische Kraft entfalten: Als Joseph in Glastonbury seinen Wanderstab in die Erde stieß, begann er an der Stelle zu sprießen, an der er die »vetusa ecclesia« bauen ließ. Seitdem blüht der Weißdorn von Glastonbury zweimal im Jahr: im Frühling und zu Weihnachten. Noch heute wird der englischen Königin zu jeder Weihnacht eine Blüte davon nach London geschickt.

Nachdem die Abtei am 25. Mai 1184 einer Feuersbrunst zum Opfer gefallen war, hat man die ihr eingegliederte Marienkultstätte als erstes wieder aufgebaut. Inmitten des imposanten Ruinenfeldes der heutigen Glastonbury Abbey mit den hochaufragenden Mauerresten der Klosterkirche, die eine Länge von 170 Metern aufwies, beeindrucken die Fragmente dieser Kirche besonders. Schon das romanische Nordportal mit Figurenornamenten und Zickzackmuster unter Rundbogenüberschneidungen, die sich in dem harmonisch proportionierten Fassaden und Innenwänden wiederholen, wäre es wert, die einst weltberühmte Abtei zu besuchen. »Lady Chapel«, durch deren leere Fenster seit Jahrhunderten Himmel und Wolken schauen, ist der ehrwürdigste Teil der ganzen Klosteranlage, die wahrscheinlich um das Jahr 700 gegründet wurde. Heilige aus Irland, Wales und dem Kontinent, darunter auch St. Patrick, sollen hier gelehrt und ihre letzte Ruhestätte gefunden haben. Diese Tradition, insbesondere aber Marienverehrung und Josephslegende, wurden zum Magnet für ganze Ströme von Pilgerscharen. Schon im Jahr 944 begann St. Dunstan als Abt von Glastonbury sein Reformwerk des Benediktinerordens. Etwa eineinhalb Jahrzehnte später führte er die zisterziensische Ordensregel ein. Bald war die Abtei die reichste und mächtigste im Land, kaum weniger bedeutend als Westminster, mit dem sie wetteiferte. Der sich über drei Jahrhunderte hinziehende Wiederaufbau von Glastonbury Abbey nach der Brandkatastrophe geschah mit aller Großzügigkeit. Doch kaum war er vollendet, als Heinrich VIII., der sich 1534 zum Oberhaupt der anglikanischen Kirche erklärt hatte, die Abtei neben einer Reihe anderer Klöster zerstören und ihren letzten Abt, Richard Whiting, auf Glastonbury Tor hinrichten ließ. Das geschah anno 1539.
Wahrhaft ein geschichtsträchtiger Boden, fruchtbar auch für den Artuskult. Wenn Artus in Glastonbury sein Avalon fand, so ist das in doppeltem Sinne bedeutsam. Als Jenseitsinsel erinnert es an die Beziehungen des Helden zur druidisch-keltischen Welt, als Stätte des frühen Christentums wiederum gibt es den ehrwürdigen Rahmen für den letzten Aufenthalt des christlichen Königs ab.
Nicht nur heidnische »Anderswelt« ist Glastonbury. Es ist tatsächlich auch die erste christliche Gemeinde in Britannien. Lange vor der Gründung des Klosters hatten sich hier, im Umkreis des antiken Friedhofs, dort, wo das Marienkirchlein errichtet worden war, bereits christliche Einsiedlermönche niedergelassen. Solche Menschen, die ihr Leben Gott, der inneren Einkehr und Meditation geweiht hatten, aber auch der Missionierung der heidnischen Keltenstämme, wurden in der Phantasie der Dichter immer wieder auch mit der faszinierenden Welt des Artushelden verschmolzen, sei es in Form von Heiligenlegenden, in

denen sie auch als seine Kritiker auftreten, sei es in den klassischen Artusromanen, wo sie den Rittern der Tafelrunde als weise Einsiedler Rat erteilen und Wege zur Läuterung weisen, wie Lanzelot oder Parzival.

Wie aber steht es nun mit dem Avalon von König Artus? Ist Artus nach seiner letzten Schlacht wirklich nach Glastonbury, an diesen geradezu prädestinierten Ort, verbracht worden? Lange Zeit herrschte über die letzte Ruhestätte des Britenhelden bei aller Legendenbildung ehrfurchtsvolles Schweigen. Bis eines Tages ein Barde aus Wales oder aus der Bretagne Heinrich II. das Geheimnis verriet: Artus ist leibhaftig zwischen zwei Pyramiden oder Gedenksäulen in der Abtei von Glastonbury bestattet! So wenigstens lautete die Botschaft. Der König ließ daraufhin die dortigen Mönche anweisen, in der Nähe der »Lady Chapel« nach dem Grab von Artus zu suchen.

Das geschah einige Jahre nach dem großen Brand, als der Wiederaufbau gerade in vollem Gange war. Zielstrebig förderte Heinrich II. die Artussuche. Er tat es nicht uneigennützig. Als Gemahl Eleonores von Aquitanien herrschte er außer über England zwar noch über ein riesiges kontinentales Reich, konnte aber nicht, wie der König von Frankreich, dessen Herrschaftsbereich wesentlich kleiner war, auf das glanzvolle Erbe eines Karl des Großen und eine im französischen Sagenkreis fortlebende Tradition verweisen. Deshalb versuchte er, wie auch noch seine Nachfolger, aus den keltischen Überlieferungen Material zu glorifizierender Selbstdarstellung zu ziehen. Wenn Artus hier bestattet war, durften sich die englischen Könige wenigstens spirituell auf sein Erbe berufen. Sie konnten dann auf eine Hochblüte englischer Kultur verweisen, wie die höfischen Dichter sie in so überschwenglicher Weise beschworen. Außerdem war ein für alle sichtbar als tot und begraben zu präsentierender Sagenkönig für Heinrich II. auch in der aktuellen politischen Situation hilfreich. Er konnte die Hoffnung der gerade gegen ihn aufbegehrenden Waliser auf Artus' Wiederkehr dadurch erheblich schmälern.

Und in der Tat: Die Mönche wurden fündig, allerdings erst nach Heinrichs Tod, der 1189 starb. Sie förderten auf Anweisung ihres Abtes im alten Friedhof nahe der »Lady Chapel« aus einer Tiefe von zwei Metern eine Steinplatte zutage, unter der sich ein Bleikreuz mit der Inschrift befand: HIC IACET SEPULTUS INCLITUS REX ARTURIUS IN INSULA AVALONIA – Hier liegt der berühmte König Artus auf der Insel Avalon begraben.

Nach weiteren Grabungen stießen die Mönche, knapp drei Meter tiefer, auf einen kanuartig ausgehöhlten Baumstamm, in dem das Skelett eines sehr großen Mannes lag, dessen Schädel eine offensichtlich tödliche Verletzung aufwies. Neben ihm befanden sich kleinere Knochen und eine blonde Haarlocke, die Ginevra zugeschrieben wurde. Als die Mönche sie berührten, zerfiel sie zu Staub.

War es ein Betrug der frommen Männer, die Geld zum Wiederaufbau ihres Klosters benötigten, wozu ihnen die sensationelle Entdeckung des Artusgrabes, die sie 1191 bekannt gaben, gerade recht kam? Warum hatten sie dann aber einige Jahre später, als die Josephslegende zu sprießen begann, nicht auch noch dessen Grab »gefunden«? Das hätte gewiß einen noch größeren Pilgerstrom eingebracht und wäre zudem glaubwürdiger darzustellen gewesen. Bei aller Bedenkenlosigkeit der Mönche in der Interpolation von Quellen zu ihren Gunsten: Nie hat die Abtei den Versuch gemacht, den mit ihr so eng verbundenen Heiligen in solcher Form für sich in Anspruch zu nehmen. Es gibt jedoch mehrere Gewährsmänner, die den Fund bestätigten. Am vertrauenswürdigsten ist der uns schon bekannte Giraldus Cambrensis, der eigens nach Glastonbury gekommen war, um die Gebeine der Ausgrabungen in Augenschein zu nehmen. Aus seiner Feder stammen zwei ausführliche Berichte über die Exhumierung.

Das seit dem 17. Jahrhundert verloren gegangene Bleikreuz aus dem Artusgrab in Glastonbury. Nach der Zeichnung von William Camden, London 1607.

King Arthur

Die »Round Table« in der City-Hall von Winchester (Text S. 28)

Vorhergehende Seite:
König Artus aus der »Round Table« in der City-Hall von Winchester (Text S. 28)

Nahe der Klosterruine von Valle Crucis in Nordwales steht »Elisegs Pilar«, eine Gedenksäule früher walisischer Könige (Text S. 35)

Dinas Bran. Hier hatte einst »Bran der Gesegnete« seinen Sitz (Text S. 37)

Avallon in Burgund

Die Taufe von König Artus. Amiens, »Table ronde« – Zyklus, 1286 (Text S. 56)

Daß die Mönche 1191 tatsächlich an der behaupteten Stelle gegraben hatten, bewies in unseren Tagen wiederum eine Grabung durch Ralegh Radford. Der Archäologe stellte 1963 mehrere Erdlagen aus späteren Zeiten fest, was bewies, daß die Mönche des 12. Jahrhunderts wirklich zu einer sehr alten Bestattungsschicht vorgedrungen waren, als sie dort ein Grab ausgehoben hatten, dessen Spuren noch zu erkennen waren.

Ist es aber das Grab von Artus gewesen? Das Bleikreuz bestätigte es. Dieses Kreuz ist allerdings seit dem 17. Jahrhundert verschollen. Um 1542 hat John Leland es noch gesehen. Seine Wiedergabe der Inschrift stimmt mit der überein, die schon Giraldus nannte, allerdings hatte dieser den Namen Ginevras mitvermeldet. Er könnte, in späterer Zeit unleserlich geworden, auf der Rückseite des Kreuzes gestanden haben. Über die Form des Kreuzes und den Schrifttyp gibt es einen letzten Hinweis aus dem Anfang des 17. Jahrhunderts. Der Antiquar William Camden fertigte eine Zeichnung davon an, die er 1607 in seinem Buch »Britannia« veröffentlichte. Diese Zeichnung ist erhalten. Vorausgesetzt, Camden hat ein genaues Abbild des Artuskreuzes gefertigt, ergeben sich aber auch daraus wieder strittige Stilfragen. Sind lateinische Wortwahl und Schrifttypen chronologisch stimmig einzuordnen? Ein vielschichtiges Problem, das bis heute noch nicht zufriedenstellend gelöst ist. Sicher ist dagegen, daß die Artus und Ginevra zugeschriebenen Gebeine 1278 in Anwesenheit von Eduard I. und seiner Gemahlin in einen Marmorsarg umgebettet und in die Abteikirche verbracht wurden. Seit der Zerstörung des Klosters ist auch dieses Grabmal verschollen. Lediglich eine schlichte, ins Gras des Ruinenfeldes eingelassene Steinfassung mit einem Hinweisschild kennzeichnen den Standort in der Mitte des ehemaligen Chores. König Artus' Avalon, allen Zaubers entkleidet – ein trauriger Anblick.
Vor wenigen Jahren machte eine Zeitungsmeldung auf die britische Historikerin Norma Goodrich aufmerksam, die das Grab von Artus im Norden Englands ausgemacht haben will. Zehn Kilometer östlich von Gretna Green, in einer Gegend, die früher zu Schottland gehörte, erregte das Dorf Arthuret ihre Aufmerksamkeit. Nicht weit davon befindet sich mit Camboglana eine weiterer »Cam«-Ort, der einmal mehr die Assoziation mit Camlan ermöglichte. Arthuret wiederum bedeutet »Arthurs Kopf«. Da das Dorf genau nördlich des gegen die Invasoren aus dem Norden errichteten Hadrianswalls liegt, glaubt die Forscherin hierin eine Bestätigung für Artus' Grablegung an dieser Stelle zu sehen: Der Kopf eines Helden wird der Sage nach stets mit dem Gesicht zum Feind hin bestattet.

Glastonbury-Avalon ist durch solche Vermutungen wohl noch lange nicht zu erschüttern. Zu selbstbewußt ist hier die spirituelle Tradition, um neueren Mutmaßungen zu weichen.
Noch in unserem Jahrhundert inspirierte der Ausgrabungsbericht von Glastonbury die Träume der Dichter. Der englische Poeta laureatus John Masefield (1878-1967) läßt Anfang der dreißiger Jahre Henry Plantagenet, Heinrich II., ungeachtet der Tatsache, daß dieser bei der Graböffnung bereits tot war, mit der schönen Rosamunde, seiner skandalumwitterten Geliebten, der Exhumierung von 1191 beiwohnen. Hand in Hand schauen die Liebenden in Masefields Versen auf das von keinerlei Verfall gezeichnete königliche Paar. Sie sehen Ginevras goldene Haare wie züngelnde Flammen um Artus geschlungen, bis aus Rosamundes Gürtel die Blüte einer Purpurrose auf die Toten herabfällt, unter der die Körper der beiden vergehen.
Von wissenschaftlichem Interesse ist dagegen wiederum die Beschreibung des in Glastonbury ausgegrabenen, bootsähnlichen (Artus?-)Sarges. Der Archäologe Christopher Hawkes bemerkt in seinem Werk über die vorgeschichtlichen Grundlagen Europas zu dieser schon seit Beginn der Bronzezeit in Schleswig-Holstein üblichen Erdbestattungsart: »Wahrscheinlich stellte der Sarg ursprünglich einen Einbaum vor, und hier sehen wir die ersten Anfänge der Vorstellung von einer Reise übers Meer in die andere Welt, möglicherweise letztlich durch Ägypten beeinflußt, und zwar durch die über die Bernsteinroute laufenden Verbindungen des Ostseeraumes mit dem Süden. Dieser Ritus der Boot- oder Sargbestattung tritt gleichzeitig in Britannien auf, um die Mitte des zweiten Jahrtausends...«
Avalon, »die andere Welt«, glaubt man seit Ende der zwanziger Jahre sogar in die natürlichen Umrisse von Glastonbury, in seine Hügel, Gräben, Flüsse und Wege als ein Spiegelbild der Gestirne eingezeichnet zu finden. Die englische Bildhauerin Katherine Maltwood behauptete in ihrem Buch »The Glastonbury Temple of the Stars« (»Der Sternentempel von Glastonbury«), eine Gruppe riesiger Figuren entdeckt zu haben, die über der Landschaft südlich von Glastonbury ausgelegt seien, jedes dieser Erdmuster das Abbild eines der zwölf Tierkreiszeichen und symbolisch mit der Grals- und Artuslegende verbunden. In diesem »Zodiak« von Glastonbury wird jeder markante geographische Punkt innerhalb der Artustradition – Tor, Chalice Well, Artus' Grab – einem Netz kosmologisch-astrologischer Bezüge einverleibt und von den Protagonisten des New Age auf neudruidische Weise interpretiert. Artus entspricht dabei dem Tierkreiszeichen des Schützen und dessen geographischem Abbild innerhalb des rund 16 Kilometer im Durchmesser großen, scheibenförmigen »Zodiak«-Areals, Lanzelot dem Löwen,

Merlin dem Steinbock und Ginevra der Jungfrau. Natürlich werden neben anderen Artushelden auch Parzival und Tristan, Sir Ector oder Joseph von Arimathia diesem assoziationsreichen System im Zeichen des Wassermanns mit der Traumlogik der Imagination und des Wunschdenkens eingeordnet. Man mag sich an den Romantiker Novalis erinnern – dabei hatte gerade die Romantik die Artuswelt wiederentdeckt –, der in seinen Aphorismen notierte: »Systemglaube ist schlimmer als Aberglaube.« Dessenungeachtet wird die Erforschung des Glastonbury-Tierkreises neuerdings weiter betrieben. Nach dem Tod von Katherine Maltwood, der »Lady of the Zodiac«, hat sich die Kunstpädagogin Mary Caine der rätselhaften Erdmuster angenommen, von denen sie, nun auch durch Luftaufnahmen, eine Reihe ähnlicher in anderen Gebieten Englands gefunden haben will. Auf Glastonbury bezogen, wird jedenfalls behauptet, der dort entdeckte »Zodiak« sei die ursprüngliche Runde Tafel von Avalon, »the original Round Table of Avalon«, um die herum Artus und seine Ritter noch immer als Sternbilder sitzen.

Wer sich auf die Welt von König Artus einläßt, gerät nur allzu leicht in die Labyrinthe der Phantasie, und im Handumdrehen hat er durch Ratio und Wissenschaft gesichertes Terrain verlassen, um sich im Reich des Märchens wiederzufinden. So bleibt auch Avalon, bei allen Anstrengungen, es dingfest zu machen, eine Insel der Träume. Uralte Sehnsucht hat sie geschaffen, aber auch Todesangst. Darum ist Avalon ein Reich der Feen, des Überflusses und der Mütterlichkeit, ein Jenseitsland des wiedergewonnenen Paradieses, in dem die Angst kein Heimatrecht mehr hat. Bekannt unter vielen Namen, mag jeder sich den seinen wählen. Börries von Münchhausen fand für sein »Avalun« die Verse:

»Mir liegt ein Land im Sinn. Ich weiß es nicht,
wann ich es sah in meinen Heimwehträumen,
doch meine Sehnsucht, wenn sie Kränze flicht,
pflückt Blüten sich von seinen Apfelbäumen.

Und meine Sehnsucht wandelt göttlich leicht
die grünen Gartenhänge auf und nieder,
mit Schmeichelhänden sie ein Windhauch streicht
und flüstert ihr ins Ohr verwehte Lieder.

Im fernen Grund spielt eine Mädchenschar,
die hellen Kleider rot von Abendstrahlen,
und wie sie laufen, blitzen wunderbar
die schmalen Sohlen ihrer Goldsandalen.

Wie Silberregen ihr Gelächter fällt
in dieser Hügel feierliches Schweigen
und schüttelt in der weißen Blütenwelt
viel tausend Sternchen von den wirren Zweigen.

Und sinnend schreit' ich. Alle Wünsche ruhn.
Ich fühl's, ich bin zu Haus an diesen Bächen.
Traumheimat meiner Seele, Avalun! – –
Mir ist, als hört' ich meine Mutter sprechen.«

Die Fee Morgane und ihre Frauen holen König Artus auf einer Barke heim nach Avalon. Nun ist er, der vielleicht einmal der »Restitutor« eines britischen England war, zur Legende geworden. Viele Maler haben seinen Heimgang auf die Jenseitsinsel dargestellt. Am bekanntesten ist das Gemälde des Schotten James Archer von 1861. Es zeigt den todwunden König, umsorgt von den Frauen, während die Barke zur Überfahrt naht und ein weißer Engel in durchsichtig zarter Gewandung mit dem Gralskelch auf ihn wartet. In vielen Gegenden von England gibt es Leute, heißt es bei Thomas Malory, »die meinen, König Artus sei nicht tot, sondern er lebe an einem anderen Ort, und viele Leute versichern, auf seinem Grabstein stünde geschrieben: »HIC IACET ARTHURUS, REX QUONDAM REXQUE FUTURUS« – »Hier ruht Artus, der einstige und der zukünftige König«.

Tafelrunde und Zauberreich

»Einst ließ Merlin die »Runde Tafel« herstellen als Gleichnis für die runde Gestalt der Welt; und die Runde Tafel bezeichnete die Welt mit Recht, denn Christen und Heiden kommen zu dieser Tafel. Wenn sie zu Mitgliedern der Tafelrunde erwählt werden, halten sie sich für begnadeter und berühmter, als wenn sie die halbe Welt erobert hätten.«

Sir Thomas Malory

Ein runder Tisch als Gleichnis der Welt

Artus ist nicht tot. Er kehrte zwar nicht, wie die Briten zur Zeit des Plantagenet es erhofft hatten, als wirklicher König in Fleisch und Blut wieder, der ihrem Land den alten Glanz und Namen neu verlieh. Das mochte ein Don Quichote geglaubt haben, den Cervantes seine »edlen Herren« fragen läßt, ob sie denn »die Annalen und Historien von England nicht gelesen« hätten, nach denen Artus »nicht gestorben ist, sondern eines Tages wieder regieren und sein Reich und seine Krone wiedererlangen wird.« Nein, in so grob körperlicher Gestalt ist, der in aller Welt Berühmte nicht unsterblich geworden. Er hat dafür aber als ein König von viel feinerer Substanz, als ein Regent aus jenem Stoff, aus dem die Träume sind, die Zeiten überlebt. Inbegriff einer gesellschaftlichen Utopie, eines Friedensreiches der Fülle und des Glücks ist er zum Hoffnungsträger zeitloser Sehnsucht geworden, der, als lebte er leiblich weiter, im Reich der Dichtung regiert. So hat ihn noch 1851 Heinrich Heine gesehen:

»Arthur ist nicht gestorben, es barg
Nicht seinen Leichnam der steinerne Sarg.
Ich selber sah ihn vor wenigen Tagen
Lebendigen Leibes im Walde jagen.«

Artus ist ein König der Poeten geworden. Die Jagd im geheimnisvollen Dunkel des Waldes aber ist nichts anderes als die abenteuerliche Fahrt ins Morgenland des vollkommenen Märchens.

»Nach welchen Wundern wollen wir uns jetzt auf die Suche machen?« Diese Frage stellen die Artusritter immer und immer wieder, wenn sie im magischen Kreis der Tafelrunde zusammensitzen. Darum ist die »Round Table« auch von gleicher Substanz wie ihr König und an keinen Raum als an den der Unendlichkeit gebunden. Und darum erscheint sie auch zur Mittsommernacht am Himmel über Bossiney Mound, hat sie Dimensionen wie das römische Amphitheater in Caerleon oder der »Zodiak« von Glastonbury-Avalon.

Erstmals erwähnt wurde die Tafelrunde um 1155 im »Roman de Brut« von Robert Wace. Vor ihm war sie unbekannt. An die zwölf Friedensjahre anknüpfend, die Artus den Briten erkämpfte, schildert Wace die Hofhaltung des Königs: »Für die adligen Ritter, die er an seinem Hof hatte und von denen jeder meinte, er sei besser als die anderen – jeder hielt sich für den vortrefflichsten, und keiner hätte sagen können, wer der geringste unter ihnen war –, schuf Artus die Tafelrunde, von der die Briten viele Geschichten erzählen.«

Die Zahl der Plätze erwähnt er nicht. In späteren Darstellungen schwankten sie zwischen der Symbolzahl Zwölf und Eintausendsechshundert. So viele sind es bei dem angelsächsischen Dichter Layamon, einem Priester von Arley Kings in Worchester, der um 1200 den »Roman de Brut« von Wace aus dem Altfranzösischen ins Englische seiner Zeit übersetzte. Er bearbeitete und erweiterte ihn aber auch. In alliterierenden Langzeilen geschrieben, gilt sein »Brut« als die bedeutendste epische Dichtung der englischen Literatur zwischen dem »Beowulf«, dem ältesten, vollständig erhaltenen altgermanischen Heldenepos, und dem Werk von Geoffrey Chaucer, einem Zeitgenossen und Bekannten von Petrarca und Boccaccio, der die »Canterbury Tales« verfaßt hatte, aber auch von König Artus' ferner Zeit berichtete, in der die Elfenkönigin sich mit ihren Gespielen »auf grünem Gras im Tanze drehte«.

Layamon hatte eine Vorliebe für die alten Briten. Er wandte sich an jenen Teil des englischen Lesepublikums, der damals nostalgisch an der Zeit vor der Eroberung Englands interessiert war. Mit seinem »Brut«, der im Prolog auch Eleonore als die Gattin Heinrichs II. erwähnt, erschien die Artusgeschichte zum ersten Mal in Englisch. Wir dürfen nicht vergessen: Geoffrey of Monmouth hatte lateinisch geschrieben.

In seiner Adaption des Waceschen Werkes läßt Layamon einen kornischen Zimmermann nach blutigem Gefecht des Artus für diesen einen runden Tisch anfertigen, an dem Artus mit mehr als eintausendsechshundert Mitstreitern Platz finden konnte. Trotzdem war diese »Round Table«, in mehrere Sektoren zerlegt, noch leicht zu transportieren, wie es heißt! Layamons Vorliebe für Artus' heroischen Charakter und Feldherrngenie erlaubte es offensichtlich nicht, von einem Tisch gewöhnlichen Ausmaßes zu sprechen. Seine Dimensionen mußten, wie Artus' Heldentaten, gigantisch sein. Wace und Layamon berufen sich bei der Einführung der »Round Table« in ihre Romane auf die Berichte bretonischer Geschichtenerzähler. Das klingt glaubhaft. Nach altem keltischen Brauch saßen die Krieger im Kreis um ihren König oder um den Tapfersten unter ihnen herum.

Die »Round Table« aber bleibt nicht lange dieser prosaischen Aufgabe zugeordnet. Schon bei Robert de Boron, der seinen Roman über Joseph von Arimathia mit einem Buch über Merlin fortsetzte, wird sie spiritualisiert. Sie wird zur Abendmahlstafel Christi, dann zum Gralstisch Josephs und schließlich zur »Round Table« von Utherpendragon. Alle drei Tische werden vom Zauberer Merlin angefertigt oder nach der sakralen Vorlage nachgebaut. Ursprünglich hat die »Runde Tafel« zwölf Sitze, entsprechend den zwölf Aposteln, und ein Sitz, der des Judas, bleibt frei. Dies ist der »gefährliche Sitz«, den nur der Artusritter einnehmen darf, der die Suche nach dem heiligen Gral erfolgreich beendet. Artus kam durch Ginevra in den Besitz der »Runden Tafel«. Ihr Vater hatte sie von Utherpendragon erhalten, dem sie von Merlin, nun aber schon mit einhundertfünfzig Sitzen, darunter noch immer der »gefährliche«, angefertigt worden war. Von Anfang an ist der Artus der Dichtung aufs engste mit der Welt des Übernatürlichen und dem Zauberreich verbunden. Wieder ist es also Merlin, der an entscheidender Stelle seines Lebens in Erscheinung tritt. Sogar als Brautwerber tritt er auf. Obwohl er das Schicksal voraussieht, dem Artus an der Seite Ginevras entgegengeht, erfüllt er den Wunsch des Königs nach dieser Frau. Vorbestimmtes Geschick kann auch der große Zauberer nicht ändern.

Geben wir wieder einmal Malory das Wort. Er erzählt die Geschichte von Artus' Brautwerbung, von seiner Hochzeit und vom Geschenk der Tafelrunde: »Meine Barone lassen mir keine Ruhe, ich muß mir durchaus ein Weib nehmen, aber ich will dies nur mit deinem Rat und deiner Hilfe tun«, sagt Artus zu Merlin, nachdem er »durch Wundertaten und göttliche Gnade zum König erwählt worden war« und alle Gegner besiegt hatte. »Es ist gut, meinte Merlin, daß Ihr ein Weib nehmen wollt, denn ein Mann von Eurem Edelmut und Adel sollte nicht ohne Weib sein. Gibt es eine, die Ihr mehr liebt als irgend eine andere? Ja, sagte König Artus, ich liebe Ginevra, die Tochter des Königs Lodegrance aus dem Lande Cameliard, der in seinem Hause die Runde Tafel hat, die er, wie du mir erzählt hast, von meinem Vater Uther bekam; und dieses Fräulein ist von allen, die ich kenne, die schönste und würdigste Dame. Herr, erwiderte Merlin, was ihre Gestalt und Schönheit angeht, so ist sie eine der Schönsten, die leben; doch wenn Ihr sie nicht so sehr liebtet, wie Ihr es tut, könnte ich für Euch ein schönes und gutes Fräulein finden, das Euch gefiele und behagte, wenn Euer Herz nicht gefangen wäre; und wo das Herz eines Mannes gefangen ist, dort will er nicht weichen. Das ist wahr, sagte König Artus. Aber Merlin gab dem König heimlich zu verstehen, es wäre nicht gut für ihn, wenn er Ginevra heirate, denn Lanzelot liebte sie und sie ihn wieder, und so erzählte er von den Geschicken des heiligen Grals.«

Merlin ist also auch der Initiator der Gralssuche, die den künftigen Rittern der Tafelrunde zum höchsten Ziel werden wird.

Auf Artus' Bitte reitet Merlin nach Cameliard, um seine Werbung vorzubringen: »Das ist, sagte König Lodegrance, die beste Botschaft, die ich je vernommen habe, daß ein so würdiger, tapferer und edler König meine Tochter zur Frau begehrt. Und was meine Länder angeht, so würde ich sie ihm geben, wenn ich wüßte, daß er sie haben will, doch er braucht sie nicht; ich werde ihm aber ein Geschenk machen, das ihm mehr Freude bereiten soll, denn ich werde ihm die Runde Tafel geben, die ich von Utherpendragon bekam und an der, wenn sie voll besetzt ist, einhundertfünfzig Ritter Platz haben. Einhundert Ritter habe ich selbst, aber fünfzig fehlen mir, denn es sind in letzter Zeit so viele erschlagen worden. Und damit übergab König Lodegrance seine Tochter Ginevra an Merlin und dazu die Runde Tafel mit den hundert Rittern, und sie fuhren mit festlichem Gepränge munter dahin, teils zu Wasser, teils zu Lande«, bis sie zu König Artus kamen. Der freute sich sehr, als er von ihrer Ankunft hörte und sagte: »Diese schöne Frau ist mir sehr willkommen, denn ich liebe sie schon lange; und diese Ritter mit der Runden Tafel bedeuten mir mehr als große Reichtümer. Und eilends ließ er Anordnungen treffen für die Heirat und die Krönung in der prächtigsten Art, die man sich vorstellen kann.«
Merlin aber ging daran, im ganzen Land die fünfzig berühmtesten und kühnsten Ritter ausfindig zu machen, damit die Tafelrunde vollzählig werde. Von nun an ist sie Zentrum des Artushofes, und gleich, wieviel Sitze sie in den jeweiligen Berichten aufweist, stets ist sie von einer Aura des Wunderbaren umgeben, ja sie wird sogar zum Gleichnis des Kosmos. In den französischen Artustexten des 13. Jahrhunderts reimt »Table ronde« sich zeichenhaft auf »monde«: die Runde Tafel des Königs Artus mit der Welt. Und der anonyme Autor des Romans »Queste del Saint Graal« weiß sogar ausdrücklich zu berichten, Merlin habe mit der Form des Tisches das runde Universum symbolisieren wollen. Noch war das kopernikanische Weltbild in zeitlicher Ferne und die Welt für die Menschen des Mittelalters eine runde Scheibe.
Als König der Tafelrunde wird Artus zum Brennpunkt der Geschicke der Welt. Zwei Aufgaben erfüllt er mit seinen Rittern: immer und überall gegen das Böse zu Felde zu ziehen und der verrotteten Welt im Streben nach dem höchsten Gut, dem heiligen Gral, neue Zeichen der Hoffnung zu setzen. Nachdem Robert de Boron die in ihrem Kern viel ältere Gralslegende mit Joseph von Arimathia verband und dadurch verchristlichte, konnte Artus genealogisch nun auch mit Christus in Zusammenhang gebracht werden oder wie Lanzelot seinen Stammbaum aus dem Hause David ableiten, jenes idealen Königs der messianischen Erwartung. Die mittelalterliche Ikonographie assoziiert die Christus-Artus-Verwandtschaft ebenfalls. Fast immer erinnern Tafelrundenbil-

der mit Artus und seinen Rittern in den alten Miniaturen an Jesus und seine Jünger beim letzten Abendmahl. Trotzdem geht die heroische Komponente dabei nicht unter. Die Zwölfzahl der Artusritter, wenn es sich um diese Sitzzahl der »Table ronde« handelt, knüpft auch an die »Chansons de Roland«, das um 1100 entstandene Rolandslied an, den wichtigsten Text der französischen Heldendichtung. Darin tritt Karl der Große im Kreise seiner zwölf Pairs auf. Das sind die besten seiner Ritter, darunter Hruolandus, Graf der Bretagne, der 778 mit der französischen Nachhut des fränkischen Heeres nach heroischem Kampf auf dem Rückzug fiel und den die Legende zum Neffen und ersten Helden des Kaisers erhob.

Immer sind es die gleichen Muster, nach denen die Heldenlieder gemacht sind: Die Taten eines Tapferen in historisch entscheidender Situation werden ins zeitlos Vorbildliche erhoben und der Schwertheld selbst, umgeben mit dem Nimbus des Sakralen, wird Sinnträger in der Misere der Welt. Mit der Runden Tafel aber kam ein neues Element in die höfische Dichtung des Mittelalters, dessen Ausstrahlung bis heute erhalten blieb, weil es Archetypisches berührt. Als »Table ronde« reimt sich die Runde Tafel nicht nur auf »monde«, sie ist als Kreisfigur in sich selbst bereits das vollendete Ganzheitssymbol. Gleich einem Mandala, einem hegenden »Zauberkreis«, konzentriert sie die Artusritter auf die ihnen zugedachten Aufgaben, inspiriert sie die Helden unter Vorsitz ihres Königs und seiner Gemahlin zu immer neuen Abenteuern. Kaum eines ist ohne Mitwirkung eines Zaubers zu bestehen, eines hilfreichen oder eines bösen, der überwunden werden muß. Fast immer dreht es sich dabei um Frauen, um Feen, Königinnen oder hohe Damen, die aus der Gewalt eines Unholds zu befreien sind und deren Liebe zu gewinnen ist. Jede »Aventüre« wird so zu einem Weg, dessen schwer erreichbares Ziel »Selbstfindung« in der Harmonie der Lebenspole heißt. Riesen, Drachen, verzauberte Burgen oder Traumgesichte begegnen den Rittern der Tafelrunde auf ihren kühnen Fahrten, und in allen Ungeheuern, aber auch in allen guten Feen tritt ihnen ein Stück ihrer selbst entgegen; denn alle wundersamen Erscheinungen sind letztlich nichts als das zurückgeworfene Echo ihrer eigenen Seele, so wie alle Zauberseen Spiegel sind, in denen der Mutige sich selbst begegnet, seinen eigenen Abgrunden und seinen fernen Möglichkeiten.
Der »gefährliche Sitz« an der »Runden Tafel« aber erinnert nicht nur an Judas, den Verräter. Allein demjenigen vorbehalten, der den Gral zu erlangen vermag, weist er auch auf die Bedrohtheit gerade der Besten hin, die sich ihrer kämpferischer Heldentaten wegen schon für vollendet glauben, während sie den Weg zu sich selber noch nicht zu Ende ge-

gangen sind. Eindrucksvoll wird das in einem frühen Parzivaltext vorgeführt. Der Held heißt hier noch Perceval und glaubt, sich durch einen Turniersieg über die Artusritter bereits so sehr ausgezeichnet zu haben, daß ihm der »gefährliche Sitz« gebührt. Kaum aber hat er ihn, Artus' Verbot mißachtend, eingenommen, als ein mächtiges Erdbeben die Tafelrunde und mit ihr ganz Britannien erschüttert. Diese Szene ist beispielhaft für das magische Weltbild einer Dichtung, die das Ineinandergreifen von Innen- und Außenwelt, Mikro- und Makrokosmos drastisch vor Augen führt. Sie zeigt, wie in diesem ganzheitlichen Raum auch verborgene Eigenschaften im Innersten des Menschen sich materialisieren und als stabilisierende oder destabilisierende Elemente im Weltganzen wirksam werden können. Die zerstörerischen Kräfte liegen hier in der Selbstüberschätzung und Überheblichkeit Percevals, die er in sich noch nicht bezwungen hat.
Die »Runde Tafel«: ein Mandala, das die Ganzheit der Welt widerspiegelt und zur Selbsterkenntnis führt. Wie die Gestirne leuchten die Namen der Artusritter an den Segmenten dieses Zaubertisches auf: hier soll Sir Kay sitzen, hier Sir Bedivere, hier Lanzelot, hier Iwein, hier Tristan... und alle die vielen anderen. Welterfahren sind die Ritter der Ta-

Artus besiegt den Riesen auf dem Mont Saint Michel. Initiale aus dem 12. Jahrhundert.

felrunde. Als Urbilder der Tapferkeit und Gerechtigkeit, des Edelmutes und der hohen Minne verkörpern sie einen Kosmos menschlicher Sehnsucht, der Orient und Okzident verbindet. So kommt etwa Iwein auf seinen Abenteuern bis ins Morgenland, wo Lunette ihn zur großen Königin Laudine führt, deren Liebe er erwirbt, oder Gachmuret wird zum Geliebten der edlen Mohrenkönigin Belacane, aus deren Verbindung Feirefiz, der weiß- und schwarzgefleckte Halbbruder Parzivals, hervorgeht.

Bei Thomas Malory wird Parzival von seiner Tante, einer Klausnerin, über die »Round Table« aufgeklärt. Sie sagt ihm: »Einst ließ Merlin die Runde Tafel herstellen als Gleichnis für die runde Gestalt der Welt; und die Runde Tafel bezeichnet die Welt mit Recht, denn Christen wie Heiden kommen zu dieser Tafel. Wenn sie zu Mitgliedern der Tafelrunde erwählt werden, halten sie sich für begnadeter und berühmter, als wenn sie die halbe Welt erobert hätten. Ihr habt gesehen, daß sie Väter und Mütter und ihre ganze Sippe und Frauen und Kinder aufgeben, um zur Gefolgschaft der Tafelrunde zu gehören. Ihr stellt es an Euch selber fest, denn seit Ihr von Eurer Mutter gegangen seid, wolltet Ihr nie wieder zu ihr zurückkehren, so gute Gefährten habt Ihr in der Tafelrunde gefunden.«

Ein geradezu biblischer Ton wird hier angeschlagen, der Artus und seiner Tafelrunde religiöse Weihe verleiht. Man denkt an die Worte des Evangeliums: »Wer Vater oder Mutter mehr liebt denn mich, der ist mein nicht wert; und wer Sohn oder Tochter mehr liebt denn mich, der ist mein nicht wert.« (Matthäus 10, 37.)

So kann denn auch Erinnerung an Artus' Tafelrunde durch ein christliches Sakralbild wachgerufen werden: die Darstellung des letzten Abendmahls auf einem der Glasfenster in der Kirche von St. Neot in Cornwall. Die Abendmahlstafel ist hier nicht wie in den klassischen Bildern von Leonardo da Vinci oder anderen Malern als großer Rechteckstisch, sondern in Rundform wiedergegeben. Eine filmische Überblendung dieser Glasmalerei – es handelt sich um eine Erneuerung des zerstörten Originals aus dem frühen 16. Jahrhundert durch John Hedgeland von 1830 – mit einem mittelalterlichen Tafelrundebild ergäbe eine verblüffende Kongruenz. Dies scheint nicht reiner Zufall zu sein. Die stimmungsvolle Granitkirche aus dem 15. Jahrhundert mit ihren verwitterten Grabsteinen und leuchtenden Rhododendronsträuchern über dem nur wenige Häuser zählenden Dorf von St. Neot liegt im Bodmin Moor. In dieser einsamen, mythenbildenden Hochmoorlandschaft hat sich die Artustradition besonders lange erhalten. Alte Geschichten sind hier angesiedelt, in denen Artus schon sehr früh als Messiaskönig erscheint, als Held, der nicht gestorben ist und wiederkehren wird.

Hermann de Tournai, wahrscheinlich ein Mönch, berichtete 1146 über die Reise von neun Kanonikern aus Laon, die 1113 nach Bodmin gekommen waren, um Geld zum Wiederaufbau ihrer abgebrannten Kathedrale zu sammeln. Sie führten die wundertätige Madonna von Laon mit sich, und man machte sie darauf aufmerksam, daß sie sich im Lande König Artus' befänden. Sein Sitz und sein Ofen, »Arthur's Seat« und »Arthur's Oven« – zwei heute unbekannte Landschaftsformationen – könne sie davon überzeugen. Als dann aber die skeptischen Domherren einem Krüppel, der seinen verdorrten Arm von der Laoner Madonna heilen lassen wollte, nicht glaubten, daß Artus noch lebe, erhob sich ein Aufstand gegen die Kirchenmänner. Bewaffnete Einheimische drangen in die Kirche ein, und nur mit Mühe konnte angesichts des heilkräftigen Madonnenschreins ein Blutvergießen verhindert werden. Fast ein Vierteljahrhundert vor Geoffreys »Historia« war also hier bereits eine Artusüberlieferung lebendig, die dem Helden gottähnliche Züge verlieh.
Nicht weit von Bodmin, in der Nähe von St. Cleer, befindet sich »Arthur's Quoit«, ein Megalithgrab, dessen Deckstein, der »Quoit«, wie eine geneigte Tischplatte schräg auf sieben wuchtigen Felsblöcken ruht. »Quoit« ist die Bezeichnung eines alten Spiels mit Wurfringen. Wenn Artus mit derlei tonnenschweren Steinen spielerisch um sich wirft, hat er die menschliche Sphäre verlassen und ist zum Riesen im Reich des Mythos geworden. Als Riesen, dem die Deckplatten prähistorischer Grabkammern wie Kiesel in den Händen sind, begegnen wir Artus an mehreren Orten, nicht nur in Cornwall. Auf der Gower-Halbinsel in Wales zum Beispiel hat er den fünfundzwanzig Tonnen schweren Deckstein des »Maen-Cetti«-Dolmen bei Reynoldston einfach meilenweit aus seinem Schuh, wo er ihm lästig war, auf die neun Stützblöcke geschleudert, als er sich auf dem Weg nach Camlan befand. »In mondhellen Nächten«, berichten Paul und Sylvia Botheroyd, »wollen die Ortsansässigen König Artus' Geist in glänzender Rüstung gesehen haben, wie er sich aus der Steinkammer langsamen Schrittes zum Meer hinunterbewegt.«
In Bodmin Moor aber, das geographisch noch im Ausstrahlungsgebiet der Camel, von Camelford und Slaughter Bridge liegt, siedelt die Überlieferung auch Artus' letzte irdische Stunden nach der Schlacht von Camlan an. Da kauert der sterbende König am Dozmary Pool, dem düsteren Hochmoorteich, dessen windbewegte Oberfläche 275 Meter über dem Meeresspiegel von der Melancholie sanftgeschwungener graugrüner Hügellinien umfangen ist, um Sir Bedivere den letzten Befehl zu erteilen. Er hatte von Mordred, dem eigenen Sohn und Verräter, bevor dieser unter Excaliburs Streichen fiel, den tödlichen Stoß erhal-

ten. »Meine Zeit eilt schnell davon«, sagte er. »Darum nimm du mein gutes Schwert Excalibur und geh damit zum Strand. Ich gebiete dir, wirf mein Schwert ins Wasser und komm zurück und berichte mir, was du gesehen hast. Hoher Herr, sagte Bedivere, ich will Eurem Gebot folgen und Euch schnell Nachricht bringen.« Das Schwert schien ihm aber zu kostbar, um es fortzuwerfen. Darum versteckte er es und berichtete Artus, er habe seine Anordnung befolgt, aber nichts als Wellen und Wind gesehen. Artus glaubte ihm nicht und schickte ihn nochmals fort. Wieder wird er hintergangen. »Ach du treuloser Verräter, sagte König Artus, nun hast du mich zweimal betrogen. Wer hätte das von dir gedacht, der du mir so lieb und teuer warst? Man nennt dich einen edlen Ritter, und du betrügst mich wegen eines kostbaren Schwertes. Geh jetzt noch einmal, doch beeile dich, denn dein langes Zaudern bringt mein Leben in große Gefahr. Mir ist schon kalt.« Diesmal gehorchte Bedivere. Er »nahm das Schwert rasch aus dem Versteck und trat ans Wasser. Dort band er den Gurt um den Griff und warf das Schwert so weit er konnte ins Meer. Sogleich reckte sich eine Hand aus dem Wasser, griff danach und schüttelte und schwang es dreimal. Dann verschwand die Hand mit dem Schwert im Wasser, Sir Bedivere kehrte zum König zurück und berichtete ihm, was er gesehen hatte. Ach, sagte der König, hilf mir von hier fort, ich fürchte, ich habe schon zu viel Zeit verloren. Da nahm Bedivere den König auf den Rücken und trug ihn ans Wasser. Als sie am Strand ankamen, wartete dicht am Ufer eine kleine Barke mit vielen schönen Frauen darin.«

König Artus' Überfahrt nach Avalon beginnt.

Wenn Malory die Szene auch ans Meer verlegt und andere Orte, wie Glastonbury, sie für sich in Anspruch nehmen, Dozmary Pool als Stätte der Heimholung von Artus' Zauberschwert hat sich am stärksten eingebürgert. In den Wunderreichen der Artuswelt sind Räume nicht nur vertauschbar. Sie können auch gleichzeitig gegenwärtig sein. Darum darf der Sagenkönig die Jenseitsbarke auch in Glastonbury-Avalon besteigen und Excalibur zur selben Stunde in Dozmary Pool den Wellen übergeben lassen. Darin liegt kein Widerspruch. Wer Excalibur zurücknahm, war die Dame vom See, die Zauberfee, die es ihm einst verlieh. Ihr Reich ist überall zugleich. Und da sie auch mit Avalon in Verbindung steht, ist die Rückgabe von Excalibur an sie ein Zeichen von Artus' Rollentausch vom Schwertträger zum unsterblichen Helden, der das Schneidestahls nicht mehr bedarf, weil seine Aufgabe als Herr der Tafelrunde von nun an eine geistige, eine poetische ist.

Sicher waren es nicht nur poetische Motive, die Eduard I. – oder auch Eduard III. – bewogen, die große »Round Table« von Winchester anfertigen zu lassen. Er bediente sich des Artusglanzes zur Legitimation sei-

ner Machtpolitik. Die konservative Geschichtsschreibung pries ihn als den Größten unter den Plantagenets, weil er ebenso willensstark wie skrupellos als erster nationaler König die Position seines Herrscherhauses gegen Hochadel und Geistlichkeit zu festigen verstand. Dazu gehörten auch die Eroberung von Wales (1277–84), die Unterwerfung Schottlands (1298) und die Vertreibung der Juden (1290). Wir kennen Eduard I. bereits aus Glastonbury, wo er durch seine und seiner Gemahlin Gegenwart in der Abteikirche der Umbettung der Gebeine von Artus und Ginevra (oder derjenigen, die man dafür hielt) den Rang einer Staatsaktion verlieh. Dem Papst gegenüber begründete er seinen Anspruch auf Schottland 1301 mit dem Hinweis auf König Artus. Da Schottland einst von Artus regiert wurde, schrieb er, indem er Geoffrey of Monmouth zitierte, an Bonifatius VIII., habe auch er ein Anrecht auf dieses Land, für dessen Unabhängigkeit der Papst erfolglos eingetreten war. König Artus' Tafelrunde konnte da nur symbolisches Schmuckstück usurpierter Heldengenealogie sein, ein bedeutsames Möbel am Hofe des Königs für aristokratische Rollenspiele in Nachahmung der Artushelden. Solche Spiele, zu denen auch Turniere mit einer möglichst stattlichen Zahl prächtig gerüsteter Ritter und kostbar gekleideter Damen als Zuschauerinnen gehörten, waren im 13. Jahrhundert im Rahmen höfischer Festlichkeiten schon vor Eduard I. – und nicht nur in England – Mode geworden. Eine »tabula rotunda« oder »rotunda tabula«, wie die Tafelrundespiele und -turniere auch genannt wurden, versetzte Veranstalter und Teilnehmer in die idealisierte Welt von König Artus' Ritterherrlichkeit. Die Tafelrunde wurde dabei sogar zum Synonym für das Kampfspiel selbst, das Turnier oder den Buhurt, vorwiegend aber für den Tjost, das Einzelanrennen und Einzelstechen Mann gegen Mann, das man auch als »mesa rotunda« bezeichnete.
Einen der ersten Belege für diesen Artuskult finden wir auf Zypern, der klassischen Venusinsel, die uns später noch einmal begegnen wird. Dort hat man 1223 anläßlich der Schwertleite der Söhne von Jean d'Ibelin festlich »buhurdiert und die Abenteuer der Bretagne und der Tafelrunde – ›les aventures de Bretaigne et de la Table ronde‹ – nachgeahmt«. Aus verschiedenen Teilen Europas sind solche Spiele überliefert. Ulrich von Lichtenstein, ein aus vornehmer steirischer Familie stammender Dichter, zog 1240 als König Artus verkleidet durch die Steiermark, um dort Tafelrundeturniere zu veranstalten. Das letzte auf dieser Fahrt fand in Katzelsdorf vor einem großen Zelt statt: »Es war der tavelrunde gezelt.« Der Verfasser vieler sinnenfroher Minnelieder erzählt davon in seinem »Frauendienst« (1255), einem der ersten autobiographischen Romane der deutschen Literatur. Auch die Motive, die einen Ritter bewogen, an Turnieren teilzunehmen, werden in diesem

Werk genannt. Die einen, schreibt Ulrich von Lichtenstein, turnierten »durch hôhen muot«, hochgesinnt, die anderen nur »umb das guot«, des Gewinnes wegen. Es konnte ja auch ein Ärmerer nach erfolgreichem Tjost mit einem betuchten Ritter dessen wertvolles Streitroß als Siegestrophäe mit nach Hause nehmen. Manche wollten im Turnier lernen, manche Ruhm gewinnen. Viele Ritter aber stellten sich einzig und allein den Frauen zuliebe zum Zweikampf: »Dâ tyostirt manges ritter lîp durch anders niht wan durch diu wîp.« Auch dafür dient der Hof von König Artus als Vorbild. Als dessen Ritter beim großen Pfingstfest in Caerleon turnierten, berichtet Geoffrey of Monmouth, »schauten die Frauen von der Höhe der Mauern herab zu«. Wir kennen das bereits. Einmal aber habe Artus sogar einen eigenen Palas in Nähe des Turnierplatzes errichten lassen, nur damit Ginevra mit ihren Damen die Kämpfe beobachten konnte. So jedenfalls stellt es Der Pleier, ein Epigone der klassischen höfischen Artusepik, um 1270 in seiner Verserzählung »Tandareis und Flordibel« dar. Schon Wolfram von Eschenbach betont im »Parzival« die unmittelbare Nähe des Turnierfeldes zum Palast der Frauen, damit diese beim Klingklang der Schwerter »wol sâhen der helde arbeit«. Es ist das Turnier von Kanvoleis, das hier geschildert wird, in dem Gachmuret, der künftige Vater Parzivals, sich auszeichnet. Auch in seinem prächtigen Auftritt spiegelt sich der Glanz der Tafelrunde wider. »Der Helden Arbeit«, ihr angestrengtes Kämpfen, wird in die Sphäre des Schönen und Außerordentlichen gehoben, als männliches Gegenbild zur zarten Anmut der festlich geschmückten Frauen auf dem Palas. Lustvoll schildert Wolfram die Rüstung Gachmurets, von der es auf der ganzen Erde nicht ihresgleichen gab – »ûf erde niht sô guotes was«. Allein schon der Diamanthelm! Lesen wir Wolframs lebendige Beschreibung:

»Ja, das war ein Helm! Ein Anker wurde auf ihm befestigt, den große Edelsteine zierten – eine gewichtige Last! Auch sonst wurde Gachmuret prächtig gekleidet. Wie sein Schild verziert war? Ein kostbarer Schildbuckel aus arabischem Gold war aufgehämmert, so schwer, daß Gachmuret sein Gewicht wohl fühlte. Er war so glänzend poliert, daß man sich darin spiegeln konnte. Darunter war ein Anker aus Zobelpelz angebracht. Seine übrige Kleidung besäße ich gern selbst, denn alles war überaus wertvoll.« Nicht weniger großartig der Waffenrock: »Ich kann ihn nur so beschreiben: er glänzte wie ein züngelndes Feuer in der Nacht...Er war aus dem Gold gewirkt, das Greifen mit ihren Klauen von einem Fels des Kaukasus reißen und es, wie heute noch, verbergen. Kostbareres Gold gibt es nirgends. Araber reisen dorthin, entreißen es mit List den Greifen und bringen es nach Arabien, wo man den grünen Achmadi und die kostbaren Seidenstoffe webt.« Natürlich war auch

das prächtige Roß »bis zu den Hufen vortrefflich gerüstet«. Als es bereit stand, erhoben die Knappen den Kampfruf, »Gachmuret schwang sich in den Sattel, und im Handumdrehen hatte der Held bei seinen Angriffen eine erkleckliche Anzahl starker Lanzen verbraucht.«
Nicht weniger glanzvoll reiten dann auch die Artusritter, denen Gachmurtes Söhne Parzival und Feirefiz sich zugesellen werden, von Turnier zu Turnier, von Abenteuer zu Abenteuer.
Der Anker in Gachmurets Wappen aber war eher ein Emblem der Sehnsucht nach einer Heimstätte, die er im Hiesigen vergeblich suchte. Selbst die berauschende Liebe zur schönen Belacane und die zu seiner Gemahlin Herzeloyde, bei der er das Glück fand und seine Trauer verschwand – »da er vröude vant und al sin truren gar verswant« –, vermochten dieses metaphysische Verlangen nicht zu stillen. Schon früh hatte er so manches gefährliche Abenteuer um der Frauen willen bestanden. Nachdem er im Dienste des Baruc von Bagdad gefallen war, ritzte man in seinen Diamanthelm die Worte mit ein: »er leit durch wîp vil schärpen pîn« – der Frauen wegen nahm er viel harte Pein auf sich.
Innerhalb des gesamten Artuskreises spielt das Element des Weiblichen eine entscheidende Rolle. Frauen und ihre Domäne, die Minne, sind schicksalbestimmend für die Tafelrunde. Sie sind auch der Mittelpunkt aller »tabula-rotunda«-Spiele.
In der »Krone«, einem umfangreichen Artusroman, den der österreichische Dichter Heinrich von dem Türlin zwischen 1210 und 1240 schrieb, heißt es, die Ritter »würden verhouwen Durch willen ir vrouwen«. Sie hatten also Schläge einzustecken ihrer Damen wegen, wenn sie es so weit gebracht hatten, »daz sî ir ritter hiezen«, sie also im Dienste einer Frau standen, deren Ritter sie sich heißen durften. Im Zusammenhang mit der Runden Tafel als Gleichnis der Welt und des Kosmos, von der dann ja auch die Gralssuche ausgehen wird, spiegelt sich in dieser zentralen Frauenrolle die Erinnerung an mythische Zeiten, in denen der Heros um die Hand der sakralen Königin, um die Gunst der Liebes- und Fruchtbarkeitsgöttin kämpfen mußte, die ihm nur dann gewährt wurde, wenn er den Vorgängerkönig besiegte.

Bis in die Täler Südtirols waren die Geschichten von König Artus' Tafelrunde gedrungen, und nicht nur Dichter und Spielleute erzählten sie in vielfältigen Variationen über lange Zeitabschnitte hin. Auch die Maler erhielten Auftrag, sie in Bildern festzuhalten. So begegnen wir auf schroffem Felsen hoch über der Sarntal-Schlucht im Sommerhaus von Burg Runkelstein unvermittelt König Artus im Kreise seiner Ritter. Die Helden sitzen am Runden Tisch, den um 1400 ein nicht mehr mit Sicherheit zu identifizierender Maler unter einen Laubbaum auf eine

Wiese stellte. Musikanten spielen zum Mahle auf, und über Artus flattert sein Wappenwimpel mit den drei Kronen. Das Fresko ist Teil eines Zyklus', der die Abenteuer des Ritters Garel zeigt, bei denen es wieder um Liebesdienst, aber auch um Frauenraub und Frauenrettung aus der Gewalt gefährlicher Riesen geht. Auch Parzival, Gawein, Iwein, Tristan und Isolde fehlen nicht auf Burg Runkelstein. Sie sind den Helden des Altertums und des Alten Testamentes zugeordnet. Badestube und Rittersaal, Galerie und Saal der Liebespaare warten mit einer lebendigen Bilderfolge spätmittelalterlichen Lebens auf, vom Turnierkampf bis zum Fischfang am Weiher, zur Jagd, zum Reigentanz oder zum anmutig stilisierten Ballspiel der Damen und ihrer Ritter. Der Auftraggeber der Fresken war Nikolaus Vintler, ein Burgherr aus altem Bozener Geschlecht. Der Burgbau geht aber bis in die erste Hälfte des 13. Jahrhunderts und auf andere Auftraggeber zurück. Runkelstein hatte ein wechselvolles Schicksal und viele Besitzer, darunter auch den Artusverehrer Kaiser Maximilian, der Burg und Wandmalereien zwischen 1508 und 1511 restaurieren ließ.

Werfen wir noch einen Blick auf das Artusfresko. Auch vor diesem Tafelrundebild könnten sich, trotz der Plazierung des Tisches im Freien und der musikantisch heiteren Umgebung, Assoziationen zur Abendmahlsszene einstellen. Im Unterschied zur Strenge älterer Darstellungen aber betonen die größere Lebendigkeit der Figuren und die besonders auffällige Präsentation einer Geflügelplatte im Zentrum des Tisches, von der sich gerade ein hungriger Ritter bedient, doch mehr den profanen Charakter dieses Mahles und seinen Überfluß. Das wieder läßt eher an sehr frühe Vorstellungen eines Speisungswunders denken, wie sie in älteren Tafelrundedarstellungen desselben Topos erinnert werden. In die früheste Artuswelt aber dürfen wir uns versetzt fühlen, wenn wir die Liebespaare von Runkelstein zusammen mit den Riesen und Riesinnen sehen. Mit ihnen stehen wir auf mythischem Boden. Freilich vermitteln diese Fresken nur noch den Eindruck von Märchenbildern, gemessen an der archaischen Substanz, wie sie uns in den Texten der keltischen Artusliteratur entgegentritt. Wir benutzen sie aber als Brücke der Phantasie, auf der wir von Südtirol nach Wales gelangen, ins Ursprungsland ältester Artusüberlieferung. Artus selbst tritt darin als übernatürlicher Heros und Riesenbezwinger auf. Es ist dies die Geschichte von »Culhwh und Olwen«, die als wichtigster Text des »Mabinogion« gilt. Wenn diese Sammlung auch erst im 14. Jahrhundert zustande kam, darf nach sprachlichen Kriterien für die betreffende Erzählung doch eine Quelle des frühen 11. Jahrhunderts angenommen werden, während der Inhalt auf noch weiter zurückreichende Zeitschichten verweist.

Und das ist ein Teil der Geschichte: Auf Culhwh lastet ein Fluch. Er wird nie eine Frau haben, es sei denn, er vermag Olwen zu gewinnen, die Tochter des irischen Riesen Ysbaddaden, was aussichtslos erscheint. Culhwh verliebt sich aber mit der ganzen Kraft seiner Leidenschaft in Olwen. Der Riese, der die Tochter nicht hergeben will, stellt Culhwh an die vierzig nicht zu bewältigende Aufgaben. Nur wenn er sie löst, gibt Ysbaddaden Olwen frei. Da wendet Culhwh sich an Artus, dem er sich als dessen Vetter zu erkennen gibt. Artus sagt seine Hilfe zu und entsendet sieben seiner besten Männer, darunter Cei – das ist der Seneschall Kay der späteren höfischen Dichtung – und Bedwyr, den späteren Kellermeister Bedivere, den wir bereits als Begleiter des todwunden Königs kennenlernten.
Die schwerste Aufgabe besteht in der sehr alten Erzählung darin, Twrch Trwyth zu erjagen, einen in einen Eber verwandelten König von furchtbarer Kraft. Er trägt zwischen seinen Ohren Rasiermesser, Schere und Kamm. Nur mit diesen Werkzeugen kann die rituelle Rasur des Riesen Ysbaddadan erfolgen, die zur Vorbereitung des Hochzeitsfestes nötig ist. Artus, der als ein in allen Ländern berühmter Führer des hohen britischen Adels geschildert wird, dem magische Kräfte zur Verfügung stehen und dessen wohlbestellter Hof, an dem der Wein aus goldenen Hörnern getrunken wird, von niemandem betreten werden darf, es sei denn, er weist sich als Sohn eines wahren Königs oder Mann von übermächtiger Stärke aus, übernimmt es selbst, Twrch Trwyth zu stellen. Der Eber jagt den Eber! Als »Eber von Cornwall« nämlich ist Artus in den »Prophezeiungen des Merlin«, die Geoffrey seiner »Historia« einfügte, bezeichnet worden. Auf die Sachsen bezogen heißt es da: »Der Eber von Cornwall wird gegen diese Invasoren Abhilfe schaffen, denn er wird ihre Nacken unter seine Füße stampfen.« Und im Anschluß an die Merlin-Prophezeiung wird abermals, auf die Feinde Utherpendragons gemünzt, gesagt: »Der Eber von Cornwall wird sie auffressen.«
Damit sind wir tief im Dickicht der keltischen Mythologie. Der Eber, desgleichen domestizierte Schweine oder Schweineherden, spielen darin eine wichtige Rolle. Sie sind nicht nur Jagdobjekte, sondern auch Gestaltenwandler – Kulttiere aus früher Zeit. Votivgaben in Form von Ebern wurden an Plätzen keltischer Heiligtümer gefunden, und Keltenfürsten von Ost-Yorkshire legte man zu ihrer Jenseitsreise Bratenstücke vom Schwein ins Grab. Von den Räubern, die den heiligen Patrick entführten, heißt es, sie hätten ihren Göttern Fleisch von erbeuteten Schweinen geopfert, weshalb der Missionar lieber hungerte, als mit ihnen zu speisen.
Auch Rasiermesser, Schere und Kamm des Twrch Trwyth für das rituelle Bartscheren des Riesen weisen weit zurück in magisch-mythische

Ursprünge der Menschheitsgeschichte, in denen Haar und Bart als Träger der Lebens- und Sexualkraft galten. Der Bibel sind solche Vorstellungen ebenfalls vertraut. Darum bleibt zum Beispiel der rebellierende Absalom, König Davids dritter Sohn, auf der Flucht vor den Knechten seines Vaters, als er mit seinem Maultier »unter eine große Eiche mit dichten Zweigen kam«, mit seinem »Haupthaar an der Eiche hangen, und er schwebte zwischen Himmel und Erde«, bevor man ihn erschlug. An seiner besten Kraft also, seinem »Haupthaar«, das »zweihundert Lot nach dem königlichen Gewicht« wog, hatte die Vorsehung ihn gepackt. (2. Samuel, 14, 26; 18, 9). Haar oder Bart kann auch Siegestrophäe sein. Im »Roman de Brut« sagte Wace über den Riesen Rithon, der selbst Artus Angst einzuflößen vermochte, dieser habe so viele Könige besiegt, »daß er sich aus den Bärten, die er ihnen ausgerissen hatte, einen Pelzmantel anfertigen konnte«. Voller Hochmut »hatte er König Artus sagen lassen, er solle seinen Bart ausreißen und freiwillig an ihn senden; und weil er stärker und mehr wert sei als die übrigen Könige, werde er seinen Bart in Ehren halten und zum Besatz seines Mantels verwenden«. Doch Artus erschlug Rithon – »Niemals vorher habe ich von einem größeren Riesen gehört«, bekannte er – auf dem Mont-Saint-Michel. Einen »mit Königsbärten verzierten Mantel« besitzt bei Malory auch König Rience von Nordwales und Irland, und für Lanzelot ist der »Haarschopf« eines heiligen Mannes »ein starker Schutz«.

Zurück aber zu unserer Geschichte. In ihr besiegt Artus nach feurigen Kämpfen und schweren Verlusten unter seinen Männern den gefürchteten Twrch Trwyth. Er jagt und verfolgt den Eberkönig von Irland über die See nach Wales, von Wales in die Bretagne und von dort nach Cornwall. An der Severnmündung entreißt er ihm Rasiermesser und Schere, worauf, wieder in Cornwall, seine Männer den Kamm erjagen. Twrch Trwyth flieht ins Meer, und nie wieder wurde er gesehen.
Weit ist Artus in dieser Geschichte von der höfischen Dichtung und ihrer feudalen Thematik entfernt. Er wurzelt tief im Mythos und steht als Heros bereits auch in der Anderswelt. Mehr noch: Er trägt selbst göttliche Züge, sonst hätte er mit seinen Kriegern nicht den keltischen Gott Mabon aus seiner wasserumbrandeten Festung befreien können, wohin dieser in einer Version der »Culhwh-und-Olwen«-Erzählung als drei Tage altes Kind verschleppt worden war. Mabon gilt als der »keltische Apoll«, dem in Nordbritannien sogar die Römer Altäre errichteten. Funde von Altarsteinen mit dem Namen Mabons weisen darauf hin. Mabon ist der Sohn der Modron, einer örtlichen Muttergöttin.
In dieser mythischen Überlieferungsschicht stoßen wir auf eine Vorstellungswelt, in der sich die Umrisse eines Kultes der Großen Mutter ab-

zeichnen, der dann in jahrhundertelangen Verwandlungen seinen Niederschlag im poetischen Reich der Ritter von der Tafelrunde mit ihrem Frauendienst und der Vielzahl ihrer Feen fand. Auch Olwen, um die Artus für Culhwh kämpft, gehört in diesen Bereich. In der keltischen Mythologie ist sie nicht nur die Tochter eines Riesen, wie Ginevra-Gwenhyfar erscheint sie dort auch als eine der zahlreichen Inkarnationen der »Weißen Göttin«. Der Mythenforscher Robert von Ranke-Graves nennt sie »die lachende Aphrodite der walisischen Legende«. In dem von druidischer Natursymbolik durchdrungenen kymrischen Gedicht »Cad Goddeu« (»Die Schlacht der Bäume«) tritt sie unter dem Namen Blodeuwedd auf. Diese mit noch vielen Rätseln versehene Dichtung aus dem »Mabinogion« steht in dem »Book of Taliesin«, dem Buch des Barden und Sehers Taliesin aus dem 6. oder 7. Jahrhundert, dessen Historizität jedoch umstritten ist. Er wird zuweilen wie der ihm wesensverwandte Myrddin mit Merlin identifiziert und soll Artus nach Avalon begleitet haben. In »Culhwh und Olwen« ist er der Hofbarde König Artus'. Die Ortschaft Tretaliesin (Tre-Taliesin heißt Stätte des Taliesin) auf dem Südufer der Doveymündung, 15 Kilometer von Aberystwyth entfernt, erinnert an ihn. Eine ferne, uns fremd gewordene Welt beschwören jene Verse aus der »Schlacht der Bäume«, in denen Blodeuwedd-Olwen, die von dem berühmten Magier Gwydion erschaffen worden war, sich selber als eine Blumen- und Blütenkönigin offenbart:

»Nicht von Vater, noch von Mutter
War mein Blut, war mein Körper.
Ich war verzaubert von Gwydion,
Dem ersten Magier der Briten,
Als er mich aus neun Blüten schuf,
Neun Knospen verschiedener Art:
Aus der Primel der Berge,
Besenginster, Mädesüß und Kornrade,
Miteinander verflochten,
Aus der Bohne, die in ihrem Schatten
Ein Heer von weißen Ginstern birgt
Aus der Erde, von irdischer Art,
Aus Blüten von Nessel,
Eiche, Stechapfel und der scheuen Kastanie –
Neun Kräfte von neun Blumen,
Neun Kräfte in mir vereint,
Neun Knospen von Pflanze und Baum.
Lang und weiß sind meine Finger
Wie die neunte Welle der See.«

Jede der Pflanzen hatte ihren eigenen Wirkungskreis, der von der Heilkraft eines homöopathischen Mittels bis zur Bannmächtigkeit von bösen Geistern oder der Erweckung seherischer Kräfte reicht. Die Primel aber war die Blume der Elfen und Feen, als welche sie noch bei Shakespeare und Milton zu finden ist.

Neunfach vereint Olwen alle diese Pflanzenelixiere in sich. Die »Neun« – eine der heiligen Zahlen der Nordländer und Kelten. Nach Auffassung der Jungschen Psychologie scheinen Zahlen überhaupt Bindeglieder »zwischen der Sphäre der Psyche und der Materie« zu sein. Schon bei den Pythagoräern ist die Zahl als Urgrund des Kosmos von einer sakralen Aura umgeben, ist sie »Herrscherin der Formen und Ideen, Ursache von Göttern und Dämonen«. Auch bei der Schilderung der Schlacht von Camlan ist Zahlensymbolik mit im Spiel. Artus hatte bei dieser Endschlacht »sechstausendsechshundertundsechsundsechzig Mann aufgestellt«, mit denen er unter Mordreds Scharen »ein entsetzliches Gemetzel« verursachte.

Die neunfach gesegnete Olwen und »die neunte Welle der See«: übertragen auf den Wellenschlag der Zeit sind es neun Monate, neun den wechselnden Mondphasen verbundene Zeiträume, in denen das menschliche Leben reift.

Bleiben wir noch kurz bei dieser Zahl.

In der »Vita Merlini«, der Lebensgeschichte Merlins, die Geoffrey of Monmouth um 1150 nach dem Erfolg seiner »Historia« schrieb, taucht die Neun in Verbindung mit der »Insula pomorum«, der Apfelinsel Avalon, »die auch die Insel der Seligen genannt wird«, auf: »Dort regieren neun Schwestern nach angenehmen Gesetzen diejenigen, die aus unserem Land zu ihnen kommen.« Bezeichnenderweise ist die erste unter ihnen Morgane. Sie »übertrifft ihre Schwestern in der Schönheit« und »kennt die nützlichen Eigenschaften der Kräuter, so daß sie kranke Leiber heilen kann«. Neun Himmelssphären sind es auch, die in Dantes »Göttlicher Komödie« die Erde umkreisen und durch die Beatrice, die göttliche Kraft der Liebe, den Dichter geleitet. In der griechischen Mythologie vereinigt Zeus, der Göttervater, sich neun Nächte lang mit Mnemosyne, der Göttin des Gedächtnisses, mit der er die neun Musen zeugt, während das Glücksrad der Fortuna, der römischen Schwester der griechischen Schicksalsgöttin Tyche, neun Sitze hat.

In der Mythologie der Germanen sind es wiederum neun Nächte, die der höchste Gott Odin bei seinem Selbstopfer am Weltenbaum hängt. Mit Odin aber sind wir zu einem der zahlreichen Beispiele gelangt, die angeführt werden könnten für die Verwandtschaft zu germanischen, keltischen und christlichen Religionsvorstellungen, eine Verwandtschaft, die im Archetypischen wurzelt, und aus der heraus auch der ins Mythische gehobene König Artus verständlich wird.

Ist es nicht merkwürdig – der britische Historiker Nikolai Tolstoy geht ausführlicher darauf ein –, daß auch der Keltengott Lug am Baum des Lebens hängt so wie Odin, und daß beider Opfertod dem von Jesus gleicht, dessen Kreuz als christlicher Lebensbaum bezeichnet werden darf? Solche Parallelen gibt es mehrere. Begnügen wir uns mit einer letzten: Odin und Lug, der walisische Lleu, werden von einem Speer in der Seite durchbohrt wie Jesus, dem die Seite mit einem Speer geöffnet wird. Auf der Suche nach dem Gral werden wir dem Speer noch einmal begegnen. Bei einer derart frappierenden Übereinstimmung der Grundgehalte dreier verschiedener Religionen, der germanisch-heidnischen, der keltisch-druidischen und der christlichen, ist es jedenfalls nicht verwunderlich, wenn eine zum Mythos gewordene Heldenfigur wie Artus ebenfalls mit den verschiedensten Eigenschaften ausgestattet wird und diese in sich vereint. So kommt Artus als Helfer Culhwhs im Kampf nicht nur mit der Anderswelt, dem Reich der Riesen, denen er selbst als Dolmen-Quoit-Spieler zuzurechnen ist oder mit dem Kulttier Twrch Trwyth, dessen Eberstärke er in sich selbst trägt, in Verbindung. In den labyrinthischen Gängen des Mythos unterhält er auf geheime Weise auch mit Lug eine Beziehung. Der Keltengott, der die Mächte des Bösen überwindet, die Kontinuität in der Nachfolge der Könige auf Erden garantiert und den Vorsitz in der Göttergemeinschaft der Anderswelt führt, ist nämlich auch mit Mabon verwandt und in einer anderen kymrischen Erzählung sogar der Gatte von Olwen.
An eine Vielgesichtigkeit dieser Art, die dem ständig im Wandel begriffenen griechischen Meergott Proteus gleicht, müssen wir uns gewöhnen, wenn wir König Artus' verzaubertes Reich erkunden wollen. Nicht nur auf der britischen Insel wurde Lug verehrt. »In den ursprünglich keltischen Gebieten stößt man allenthalben auf ihn«, schreibt Nikolai Tolstoy, »in Ortsnamen, Inschriften und Legenden. Lyon in Frankreich war seine Stadt – ihr römischer Name Lugudunum bedeutet ›Festung des Lug‹. Der Name der französischen Stadt Laon weist eine ähnliche Herkunft auf, ebenso Leiden in Holland und – weit im Osten – das schlesische Liegnitz. In Britannien findet man ihn im Norden; Carlisle hieß früher Luguvalium, ›stark in Lug‹. Zahlreiche Inschriften in Spanien bezeugen die Macht dieses Kultes noch im westlichsten Keltenreich.« Bedeutsam für die Artuswelt aber ist, daß der Mythos von Lug auch zu Merlin führt. Merlin teilt mit Lug nicht nur die jungfräuliche Geburt. Er ist sogar so etwas wie ein Vollstrecker seiner Pläne, die er nicht nur kennt und voraussagt, sondern auch mit ver-

wirklichen hilft. Merlin, der Magier, der sich beliebig unsichtbar machen oder materialisieren kann, ist ein mit Lug durch die Reihe wesensverwandter Merkmale verbundener geheimnisumwitterter Ratgeber. Damit schließt sich der Kreis zu Artus, dessen Existenz und Schicksal der große Zauberer auf so entscheidende Weise mitbestimmt hat und dessen Tafelrunde Merlin schuf.

Wenn wir davon ausgehen, daß die »Runde Tafel« auch Mandala-Funktion hatte und Gleichnis und Spiegelbild der Welt gewesen war, das Zentrum, von dem aus die höchsten Bestrebungen der Artusritter ausgingen, dann dürfen wir in ihr auch noch mehr sehen: einen spirituellen Weltmittelpunkt, der dem Omphalos der Griechen in Delphi gleicht, dem »Nabel der Welt«, wie er sich in vielen Kulturkreisen fast aller Kontinente findet.

Es sieht so aus, als hätten die Kelten der britischen Insel einst das gewaltige prähistorische Steinmonument von Stonehenge in der Ebene von Salisbury als ihren Omphalos verehrt. Als magischer Kreis symbolisiert es die Ganzheit der Welt. Im zeitlosen Raum des Wunderbaren und des Märchens wäre die Tafelrunde dann das literarische Pendant. Dieser rätselhafte Megalithkreis aber, in dem der Sage nach auch Artus' Vater bestattet ist, wurde wiederum – von Merlin errichtet!

Merlin, der grosse Zauberer

Eine schillernde Erscheinung ist er, dieser Erzzauberer. Er wird mit dem Barden und Seher Myrddin in Verbindung gebracht, einem druidischen Priester möglicherweise, dessen walisischer Name sich von »Moridunum« – »Meeresfestung« – herleitet. Sollte damit auf die ganze britische Insel angespielt werden, auf »Dies Kleinod, in die Silbersee gefaßt«, wie Britannien in Shakespeares »König Richard der Dritte« genannt wird, auf der Myrddin-Merlin wirkte und deren Glanz auf ihn übertragen wurde? Inseln waren den Kelten heilig, gleich der Insel Avalon, und Britannien befand sich, wie Gildas Mitte des 6. Jahrhunderts bemerkt, »in dem göttlichen Gleichgewicht, das die ganze Erde im Lot hält«. Das Silbersee-Eiland galt damals als ein besonders gesegnetes Land. »Zeitgenössische Dokumente legen nahe«, schreibt Nikolai Tolstoy, »daß man zu Merlins Zeiten von der Insel Britannien glaubte, sie liege genau auf der *axis mundi*, die den Nagel des Himmels (Polarstern) mit der Erde und der Unterwelt verband.«
Wer aber war dieser Merlin? Ist er wiederum nur ein Produkt der fruchtbaren Einbildungsgabe Geoffreys of Monmouth, den Robert de Boron dann in seinem »Merlin« zum Initiator der Tafelrunde, ständigen Artusbegleiter und Wegweiser zum numinosen Gral weiterentwickelte? Konnte die Kunstfigur eines mittelalterlichen Historiopoeten aber in den Werken späterer Dichter jahrhundertelang weiterleben, so ist zu fragen, wenn ihr Erfinder nicht wenigstens Merkmale in sie hineingelegt hätte, deren archetypische Muster auf Überlieferungen viel früherer Zeitschichten hinweisen? Mittlerweile haben sich unter anderem Rabelais, Ariost, Cervantes, Goethe (der sich selber einmal einen Merlin nannte), Wieland, Heine, Dorothea und Friedrich Schlegel, Uhland, Immermann, Lenau, Tennyson, Cocteau und Tankred Dorst mit dem alten Zauberer beschäftigt, wenn er auch nicht bei allen Autoren eine Hauptrolle spielt. Schon bald aber gewann die literarische Gestalt des Magiers ein starkes Eigenleben. Auf dem Konzil von Trient (1545–1563) wurden die »Prophezeiungen von Merlin« ernst genug ge-

nommen, um von den Kirchenvätern auf den Index gesetzt zu werden. Erweitert und mehrfach übersetzt, waren sie als »Verbi Merlini« (1251) in Italien zur Zeit der Ghibellinenkämpfe in den Rang der Sibyllinischen Weissagungen aufgestiegen, aus denen die Kontrahenten im blutigen Parteienhader auf ihr kriegerisch-politisches Schicksal schlossen. Auf Sizilien empfahl Friedrich II. von Hohenstaufen, den die Zeitgenossen seiner außerordentlichen Persönlichkeit und Bildung wegen »stupor mundi«, »das Staunen der Welt«, nannten, seinen Rittern die »Prophezeiungen von Merlin« zur Lektüre. »Zum besseren Verständnis der Laien« ließ er den Text sogar aus dem Bretonischen ins Französische übersetzen. Schon Friedrichs Vater, Heinrich VI., der Sohn Barbarossas, hegte eine Vorliebe für Merlin. Er beauftragte den berühmten Zisterzienserabt und Geschichtsphilosophen Joachim von Fiore mit einer Auslegung von Merlins Prophezeiungen. Das geht aus Joachims Antwort an den Kaiser hervor, der ihn offensichtlich persönlich kannte: »Deine Hoheit befiehlt, den britischen Propheten Merlin und die Babylonische Sibylle zu interpretieren.«
Merlin-Myrddin-Meeresfestung: Nicht nur auf die Insel als geheiligte Stätte bezogen, auch mit dem Meer allein verbunden, weist der Name des Zauberers in numinose Bereiche. Alles Lebendige kommt aus dem Meer, und stets hat man im Wasser das Gleichnis der Seele gesehen. Nicht zufällig bewegt sich auch das Schicksal von Artus in einem vom Meer, von Seen und Quellen bestimmten Bereich. Immer schon wurde das Wasser als sichtbares Abbild der Seele in ihrem Fließen, ihrem Sich-Verwandeln und ihrer dunklen Tiefe empfunden, wo in unheimlicher Gleichzeitigkeit des Schönen mit dem Schrecklichen alles zu allem werden kann. Es ist ein Element des »alten Weisen«, dessen Stammbaum bis zu den Schamanen und Medizinmännern »primitiver« Gesellschaften zurückreicht. Als Lehrmeister und Erleuchteter wurde er, der aus dem Chaos des Lebens die sinnzeugenden Kräfte wirksam zu machen verstand, zum Zauberer.
Ein anderer, stärker in die Augen fallender Teil von Merlins Wesen gehört dem Dunkel des Waldes an. Freund aller Bäume, Pflanzen und Tiere des Waldes, kennt er alle seine Geheimnisse. Wie ein Kobold tritt er zuweilen auf, wie ein Wilder im Dickicht grün wuchernder Vegetation. Als »Herr der Tiere« bevorzugt er den Hirsch, und auf ihm reitend repräsentiert er Cernunnos, den gallisch-keltischen Gott der Unterwelt, der Pflanzen und des Reichtums. Dieser Gott muß sehr berühmt gewesen sein. Wir fänden ihn sonst nicht auch noch in einer kleinen Basilika an der elsässischen Weinstraße, im Dompeter bei Avolsheim. Dort ziert sein maskenhaftes Gesicht unter einem großen Hirschgeweih zwischen zwei archaischen Figuren, die als Adam und Eva gedeu-

tet werden, ein romanisches Kapitell an der rechten Seite des Eingangsportals.
Merlin reitet nicht bloß auf dem Hirsch. Als Cernunnos kann er sich auch ganz in ihn verwandeln. In solcher Gestalt zeigt ihn eine Miniatur von 1286 aus dem »Table-ronde«-Zyklus von Amiens, wo er vor dem sitzenden König Artus steht, der sich mit ihm unterhält. Im Geweih des königlichen Tieres offenbart sich das ewige »Stirb und Werde«. Das regelmäßige Abwerfen und Nachwachsen der Stangen im kosmischen Jahresrhythmus sowie das Sich-Verzweigen der Sprossen aus dem »Rosenstock« des Geweihs, das sich im Laufe der Zeit zur »Krone« steigert, muß einst als sichtbarer Ausdruck der Wiederkehr allen Lebens gegolten haben. Bis zum keltischen Gundestrup-Kessel führt uns Merlin in Hirschgestalt. Auch in diesem berühmten Kultgefäß findet sich unter den rätselhaften Reliefbildern, die es zieren, ein Geweihträger im Lotossitz und priesterlicher Würde, vielleicht in Trance, neben einem Hirsch.
Nikolai Tolstoy, der auf der Suche nach dem Magier eine tausendjährige Tradition durchforstete, bemüht sich um den Nachweis, daß Merlin, vielleicht im Amte eines obersten Druiden, als jener Myrddin gelebt hat, dessen meerumrauschter Name in dem seinen fortlebt. Angesichts der verwirrend vielen Bezugspunkte, religionsgeschichtlichen Querverbindungen und etymologischen Bindegliedern, die sich dabei ergeben, gesteht er: »Der Laie fragt sich vielleicht, ob nicht die ganze abwechslungsreiche Vorführung eine zu Täuschungszwecken erdachte Übung in der Kunst des Zauberns ist: Man vermenge ein farbenfrohes Destillat aus mythologischen und historischen Elementen, rühre das Ganze gut durch und lasse es auf kleiner Flamme köcheln; und während sich die Rauchschwaden über der brodelnden Oberfläche verziehen, taucht – sieh einer an – niemand anderer als Merlin persönlich in Fleisch und Blut herauf!«

Der Witz des Autors illustriert treffend die Schwierigkeit, mit der es die Forschung zu tun hat, wenn sie aus so früher Zeit einen Zauberer dingfest machen will. Es geht uns mit dem historischen Artus ja kaum anders. Begnügen wir uns bei Merlin – der übrigens auch ein Trickser war und die eben ironisierte Methode durchaus rechtfertigen würde – mit jener poetischen Überlieferung, die ihn mit Artus verbindet. Einige Daten zu seiner Herkunft und Person aber müssen wir trotzdem noch sammeln, wobei wir ihn als Person schon wieder nicht zu fassen kriegen. Person kommt ja von »persona«, was im ursprünglichen Wortsinn »Maske« bedeutet. Wenn Merlin nun auch sehr viele Masken trägt, so ist sein Wesen aber doch gerade in jenem besonders tief unter der Maske Verborgenen zu finden, dort, wo die Psyche noch in ungeteilter Mächtigkeit jenseits von Gut und Böse als demiurgisch wirkender Dämon lebt. Deshalb ist Merlins Rolle auch die des Psychopompos, des Seelenführers. Als Ratgeber im Dienste einer weißen Magie – wenn auch die schwarze zuweilen noch durchscheint – betritt er in der Artusdichtung des Mittelalters die literarische Bühne. Noch immer wechselt er schnell die Farbe, zieht sich viele Kleider an, einmal helle, einmal düstere, wie das Schicksal, wie die Natur im Laufe ihrer Jahreszeiten und Wetterlagen. In seiner Möglichkeit zu ständigem Gestalten- und Zeitenwechsel, in denen sich keltischer Wiedergeburtsglaube abzeichnet, erinnert er auch an Taliesin, dem die Verse zugeschrieben werden:

»Ich bin ein blauer Lachs gewesen,
Ich bin ein Hund, ein Hirsch, ein Rehbock auf
dem Berg gewesen,
Ein Baumstrunk, ein Spaten, eine Axt in der Hand,
Ein Hengst, ein Stier, ein Bock...
Ich war bei meinem Herrn im Himmel,
Als Luzifer in die Tiefe der Hölle fiel;
Ich kenne der Sterne Namen von Nord und Süd...«

In der »Schlacht der Bäume«, dem »Cad Goddeu« aus dem »Book of Taliesin« heißt es:

»Ich hatte viele Gestalten, bevor ich erlöst wurde:
Ich war ein schmales, verzaubertes Schwert...
Ich war Regentropfen in der Luft, ich war der Sterne Strahl;
Ich war das Wort aus Buchstaben, ich war ursprünglich ein
Buch;
Ich war Laternen voll Licht, ein Jahr und ein halbes lang;
Ich war eine Brücke, die sich über sechzig Flußmündungen
spannte;
Ich war ein Pfad, ich war ein Adler, ich war ein Boot auf
Meeren...«

Wenn Taliesin auch einer der ersten christlichen Barden der frühen walisischen Dichtung gewesen ist, so liegt in seinem kryptischen Selbstzeugnis doch noch der ganze Zauber einer druidischen Naturmagie, die ebensogut die Befindlichkeit Myrddin-Merlins umschreiben könnte. Das Rätsel seines dämonischen Wesens aber, das auch Luzifers Stempel trägt, enthüllt sich in den Umständen von Merlins Zeugung, wie Robert de Boron sie erzählt.
Seiner Geschichte zufolge, die von den Menschen des Mittelalters be-

gierig aufgegriffen, variiert und über lange Zeiträume hinweg weitergegeben wurde, waren die Teufel in der Hölle darüber wütend, daß Adam und Eva zusammen mit allen nachkommenden Sündern durch Christus erlöst worden waren. Sie versammeln sich und kommen zu dem Beschluß, den Untergang der Menschheit durch die Erschaffung eines Propheten zu bewerkstelligen, der, halb Mensch, halb Teufel, mit Christus in Konkurrenz treten kann.
Das alte Motiv der Legende vom Antichrist taucht hier wieder auf, das seine Wurzel in der Apokalypse und einer älteren jüdischen Tradition hat, die vom Kampf Gottes mit dem Satan und einem vom Teufel gelenkten Dämon zu berichten weiß, der als Antimessias auftritt und nach späterer Auffassung der Wiederkehr Christi und dem Weltgericht vorausgeht. Im Laufe der Jahrhunderte wurden viele geschichtliche Persönlichkeiten, auch Kaiser und Päpste, von ihren Gegnern mit dieser Rolle belegt, darunter auch der Staufer Friedrich II., den seine Feinde als den Antichrist bezeichneten.

In unserer Geschichte aber geht die Rechnung der Teufel nicht auf. Ihre Wahl fällt auf einen wohlhabenden Mann, in späterer Ausschmückung kann das auch ein König sein, dessen Tochter als künftige Mutter des geplanten Satansbratens ausersehen wird. Die Hölle schickt nun einen Buhlteufel in die Schlafkammer des Mädchens, entweder einer Nonne oder einer Prinzessin, die natürlich noch Jungfrau ist. Ohne daß die Schlafende das gewahr wird, wohnt ihr der Incubus bei.
Schließlich beichtet sie aber den ihr offensichtlich doch bewußt gewordenen peinlichen Vorfall einem Priester, der den Teufel überlistet, indem er das Kreuzeszeichen über das noch ungeborene Wesen schlägt. Als frühreifes Kind von ungewöhnlicher Begabung und Redegewandtheit kommt Merlin zur Welt. Von dem Priester erfährt er, daß sein Teufelsvater ihm das gesamte Wissen um die Vergangenheit vererbt habe, während Gott ihm die Fähigkeit verlieh, die Zukunft zu schauen. Die Tugendhaftigkeit seiner Mutter aber habe ihn vor dem Bösen seines Vaters gerettet.
Eine französische Chronik des 13. Jahrhunderts hat die Szene von Merlins Zeugung in einem Miniaturbild festgehalten. Es zeigt eine bretonische Königstochter, die vor aufgezogenen Vorhängen schlafend in ihrem Prunkbett liegt, während der Teufel in Gestalt eines Incubus mit bärtigem Gesicht und riesigen Hörnern unter einem weiten Mantel auf ihr liegt. Ein eingängiges Bild für die Vereinigung von Licht und Dunkel im abgründigen Wesen des Zauberers.
Doch seine Mutter hat ihn vor den Fängen des Beelzebub bewahrt, so daß Merlin schließlich als weißer Magier ins Leben treten kann. Seine

dubiose Herkunft, die dennoch zu guter Bestimmung führt, hat Cervantes in die von Heinrich Heine übersetzten Verse gebracht.

»*Ich bin Merlin, von welchem die Geschichten*
Behaupten, Satan wäre mein Erzeuger;
Dies ist ein Märchen zwar, doch findet's Glauben!
Ich bin der König aller Zaubereien,
Bin das Archiv von Zoroasters Wissen
Und Kämpfe gegen die Jahrhunderte,
Die sich bemüh'n, die Taten zu verhüllen,
Vollbracht von fahrenden, erhab'nen Rittern,
Zu denen stets ich große Liebe hege.

Und ob auch das Gemüt der andern Zaub'rer
Und in der schwarzen Kunst Erfahrenen
Hart sei und grausam, rauh und unerbittlich,
Ist doch das meine weich und sanft und zärtlich
Und liebt es, gute Taten auszuführen...«

Nicht alle Dichter kamen dem vielgesichtigen Zauberer mit Respekt entgegen. Da ihm im Laufe der Zeit ein ganzes Gebräu abstruser Prophezeiungen zugeschrieben wurde, gaben einige ihn auch der Lächerlichkeit preis. In Shakespeares »König Heinrich IV.« ärgert sich der Heißsporn Percy über den prahlerischen walisischen Heerführer, wenn dieser erzählt

»*Vom Träumer Merlin, was der prophezeit,*
Vom Drachen und vom Fische ohne Flossen,
Berupftem Greif und Raben in der Mause,
Von ruh'ndem Löwen und der Katz' im Sprung,
Und solchen Haufen kunterbuntes Zeug,
Daß mich's zum Heiden macht.«

Der wahre Merlin aber in seinen guten Aspekten konnte zum Ratgeber von Aurelius Ambrosius und Utherpendragon, vor allem aber von Artus und seinen Paladinen werden. Wie oft weist er ihnen nicht den Weg aus allen erdenklichen Wirrnissen! Artus sagt er sogar einmal das ihnen beiden bestimmte Ende voraus. Dabei spielt Morgan le Fay, Morgane, die Feenkönigin, Artus' Schwester, eine Schlüsselrolle. Ohne die Blutsverwandtschaft zu erkennen, hatte Artus nämlich seinen späteren Todfeind Mordred mit ihr gezeugt. Dieses Inzestmotiv – es ist nicht das einzige in der Artusliteratur – weist auf sehr frühe Schichten der Überlieferung hin. Trotz Artus' Unwissenheit wird sein Morgane-Abenteuer von Merlin verurteilt, wenn auch auf eine Weise, die das Schicksalhafte erkennen läßt. »Ihr habt vor kurzem etwas getan, das Gott er-

Burgruine von Tintagel in Cornwall

Das Thomas-Becket-Kirchlein in South Cadbury, Somerset, vor dem Hügel von Cadbury Castle (Text S. 83)

Zinnminen in Cornwall (Text S. 89) ►

Die Slaughter Bridge wird mit Artus' letzter Schlacht in Verbindung gebracht (Text S. 77)

Alte Brunnenfassung der Chalice-Well (Text S. 90)

Joseph von Arimathia, Fenster der Kirche St. Johannes des Täufers in Glastonbury (Text S. 93)

zürnt hat«, sagte Merlin, der dem König »in der Gestalt eines alten Mannes von achtzig Jahren« erschienen war, »denn Ihr habt bei Eurer Schwester gelegen und mit ihr ein Kind gezeugt, das Euch und alle Ritter Eures Reiches vernichten wird; denn es ist Gottes Wille, daß Euer Leib für Eure schändlichen Taten bestraft wird; doch ich selbst habe allen Grund zur Trauer, denn ich werde einen schmachvollen Tod sterben und lebend in der Erde vergraben werden, doch Ihr sollt einen ehrenvollen Tod sterben.«
Vor dieser Prophezeiung war Merlin bereits in Gestalt eines vierzehnjährigen Knaben vor Artus aufgetaucht, um ihn über seine Herkunft aufzuklären. Doch der König wollte dem Kind nicht glauben.
Alles verbindet der Zauberer mit allem, den Anfang mit dem Ende, den Heldenkönig mit dem Feenreich, die Geschichte mit der Gegenwart. Noch vor Artus' Geburt errichtet Merlin im Dienste von Aurelius den Steinkreis von Stonehenge. Dazu paßt, daß er zur gleichen Zeit für Utherpendragon die »Runde Tafel« anfertigt, die als Spiegelbild der Welt und des Kosmos in Erscheinung tritt.
Die Geschichte über die Errichtung von Stonehenge beginnt wieder mit Geoffreys of Monmouth »Historia«. Darin wird berichtet, wie Aurelius Ambrosius für die durch Hengist und seine Truppen meuchlings hingemetzelten Briten ein Ehrenmal von zeitloser Dauer errichten lassen wollte. Die Krieger waren zusammen mit Vortigern einem verräterischen Komplott der Sachsen bei vorgetäuschten Friedensverhandlungen zum Opfer gefallen. Da die Arbeit an dem Denkmal nicht zufriedenstellend verlief, wandte Aurelius sich an Merlin. »Wenn Du das Grab dieser Männer von unverwüstlicher Dauer haben möchtest«, sagte dieser, »dann schicke nach dem Chorea Gigantum, dem Ring der Riesen, der sich auf dem Mount Killaraus in Irland befindet. Dort ist ein Steinbau errichtet, den niemand in unserer Zeit aufbauen könnte, es sei denn, er verbände großes Geschick mit ebensolcher Kunstfertigkeit. Enorme Steine sind das, und kein Lebender ist stark genug, sie zu bewegen. Wenn sie hier in der gleichen Weise wie dort aufgestellt werden, dann stehen sie für immer.«
Da brach Aurelius in Lachen aus. »Wie können so schwere Steine von einem so weit entfernten Land wegbewegt werden?« fragte er. »Das ist, als hätte Britannien nicht selber genügend Steine, groß genug für dieses Vorhaben.« – »Lacht nicht so töricht, Euer Majestät«, antwortete Merlin. »Was ich vorschlage, ist nicht so lächerlich. Diese Steine sind mit bestimmten religiösen Riten verbunden und bergen verschiedenerlei Heilkräfte. Vor vielen Jahren haben Riesen sie von den entferntesten Grenzen Afrikas nach Irland transportiert, als sie sich dort niederließen. Sie taten es, um bei Bedarf Bäder zu Füßen der Steine vorzube-

reiten. Über die Steine gossen sie dann Wasser, das an ihnen herunter in die Wannen lief, in denen ihre Kranken geheilt wurden. Schließlich mischten sie ins Wasser auch ein Gebräu von Kräutern, auf welche Weise sie ihre Wunden kurierten. Es gibt da nicht einen Stein, dem nicht eine bestimmte Heilwirkung innewohnte.«

Von diesen Ausführungen überzeugt, erfahren wir weiter von Geoffrey, schickte Aurelius unter Führung seines Bruders Utherpendragon ein Heer von eintausendfünfhundert Kriegern nach Irland, um mit Hilfe Merlins die Steine vom Mount Killaraus abzutragen. Nachdem der irische König besiegt und zur Flucht gezwungen worden war, machten sich die Männer ans Werk. Aber keiner vermochte die Steine auch nur einen Zoll zu bewegen. Allein Merlins Kunst gelang es, die Monolithen zu heben, auf die Schiffe zu verfrachten und nach Britannien zu transportieren, wo sie in der Ebene von Salisbury noch heute stehen.

Wenn Geoffrey seinen Merlin von Riesen sprechen läßt, kann das bei der Phantasie des Autors mit der Vorstellung erklärt werden, daß offensichtlich nur aus weiter Ferne gekommene Männer mit Riesenkräften in der Lage waren, einen so kolossalen Steinbau wie Stonehenge zu errichten. Warum aber bringt Merlin die riesige Anlage von Westen her übers Meer? Das ist merkwürdig; denn zum Bau dieses Vorzeittempels, wofür die Archäologen einen Zeitraum von mindestens vier Perioden zwischen etwa 2800–1550 v.Chr. annehmen, wurden tatsächlich Felsblöcke aus weiter Entfernung herantransportiert. Aufgrund von Gesteinsanalysen sind sich die Fachleute heute weitgehend einig, daß fast alle Blausteine (so genannt wegen ihrer Farbe) aus den rund 225 Kilometer entfernten Prescelly-Mountains in Südwest-Wales stammen, während die grünlichen Riesensandsteinblöcke, die bis zu 50 Tonnen schweren Sarsensteine, aus denen die Trilithen bestehen, aus den rund 30 Kilometer entfernten Marlborough Downs geholt wurden. Man nimmt an, daß der Transport, so weit immer möglich, auf dem Wasserweg und dann zu Land mit Schlitten bewerkstelligt wurde. Für die Blausteine bot sich der Bristol Channel, für die Sarsen der Avon an, der mit Stonehenge durch eine Kultstraße verbunden ist.

Wenn Merlin mit Utherpendragon und seinen Männern den »Ring der Riesen« bis von Irland übers Meer herüberholt, liegt darin offensichtlich auch ein Hinweis auf die Schwierigkeit eines Transportes, mit dem die Errichtung oder der Ausbau von Stonehenge tatsächlich verbunden war. Hatte Geoffrey of Monmouth demnach Zugang zu einer dreitausend Jahre alten Überlieferung? Einige Forscher nehmen das an. Sie gehen sogar so weit, das Camelot von Artus nach Stonehenge zu verlegen und einen »Ur-Arthur« der Bronzezeit zu konstruieren.

Lassen wir solche Spekulationen auf sich beruhen. Interessanter ist die

Frage nach dem Zweck von Stonehenge. Mit Sicherheit dürfen wir annehmen, daß Stonehenge kein von den Druiden erbauter Tempel war, auch wenn Neudruiden alljährlich ihre mondbeschienenen Gottesdienste dort abhalten. Der grandiose Steinbau wurde über zweitausend Jahre vor der Einwanderung der Kelten nach Britannien errichtet, und wie wir schon von Cäsar wissen, übten die Druiden ihren Kult nicht in Tempeln, sondern vorwiegend auf Waldlichtungen aus. Trotzdem könnten die magischen Säulenkreise, deren Zauber sich auch heute noch mitteilt, wenn wir bei Sonnenaufgang und außerhalb der Reisezeiten mit ihrem Massentourismus vor ihnen stehen, als ein Weltnabel empfunden worden sein, in dem Erd- und Himmelsstrahlungen sich bündelten. Ein prähistorischer Tempel, und zwar der berühmteste in Europa, war Stonehenge gewiß. Wem aber diente er? Der in Deutungsfragen wie alle Archäologen zurückhaltende Richard Atkinson stellt fest: »Wir können über den Zweck von Stonehenge lediglich sagen, daß es über eine ausgedehnte Zeitspanne hinweg als Kultstätte diente – und vielleicht auch als Sternwarte benutzt wurde. Stonehenge weist so viele ungewöhnliche Merkmale auf, daß es ohne Zweifel eine Stätte von ganz außergewöhnlicher Bedeutung war – wie Westminster Abbey oder St. Paul's Cathedral in der heutigen Zeit.«
Speziell für Stonehenge entwickelte der in Amerika lebende englische Astronom Gerald Hawkins in den sechziger Jahren seine »Astro-Archäologie«. Sie führte ihn zu Schlußfolgerungen, die Hubert Lampo in den Satz zusammenfaßt: »Die Struktur von Stonehenge, einschließlich eines Kreises mit Kalk gefüllter und dadurch unauslöschlicher Gruben, die sogenannten Aubrey-holes, enthält alle erforderlichen Daten, um alle denkbaren Erscheinungen, die mit Sonne und Mond zu beobachten sind, für die Vergangenheit und Zukunft berechnen zu können.«
Von John Aubrey, der im 17. Jahrhundert die 56 zugeschütteten Gruben entdeckte, die hinter dem kreisrunden Erdaufwurf in regelmäßigem Abstand in den Boden eingelassen und heute mit Betonplatten kenntlich gemacht sind, stammt der erste ausführliche Bericht über Stonehenge. Er brachte aber auch die Idee vom Druidentempel in Umlauf.
Stonehenge als Observatorium hingegen führt uns wieder zu Merlin. Er wäre ja auch nicht der Erzzauberer, brächte er uns nicht immer wieder auf seine Spur. Der Prophet und Magier ist nämlich selbst ein Sternenkundiger. In der »Vita Merlini« wird berichtet, wie er seine Schwester Ganieda, die Gemahlin des Cumbrerkönigs Rhydderch, bittet, ihm in der Wildnis der kaledonischen Wälder eine Sternwarte zu bauen:
»Laß mir neben anderen Gebäuden ein entlegenes Haus errichten mit siebzig Türen und ebenso vielen Fenstern, durch die ich den glutatmenden Phöbus und die Venus betrachten kann und die anderen Ster-

ne, wenn sie über den nächtlichen Himmel ziehen. Sie werden mich belehren über die künftigen Geschicke von Volk und Herrschaft.«

Ein seltsames, offensichtlich polygonales oder rundes Gebäude, das zur Vielzahl seiner Fenster auch noch ebenso viele Türen hat! Nur Stonehenge in seinem äußeren Trilithenkreis kann dazu das Vorbild gewesen sein. Ein Trilith mit seinen zwei aufrecht stehenden Säulen und dem Deckstein darüber gleicht wirklich einer Tür. Genau so hat das auch um 1130 bereits Henry Huntingdon empfunden, den Nikolai Tolstoy in diesem Zusammenhang zitiert und der damals schrieb, daß »Steine von erstaunlicher Größe in der Art von Türöffnungen aufgestellt sind, so daß eine Tür neben der anderen zu stehen scheint«. Demnach hätte Merlin, nachdem er im Auftrag von Aurelius Ambrosius Stonehenge nur drei Kilometer von dessen Siedlung Amesbury errichten ließ, sich sein eigenes Observatorium nach ähnlichem Muster in die Einsamkeit des Nordens bauen lassen.
Mit der Naturfühligkeit eines Druiden vertiefte der Zauberer sich schon früher in die Gebilde des Firmaments, und er berichtet darüber: »Nacht war es, und klar leuchteten die Hörner des Mondes, und alle Gestirne erstrahlten an der Himmelswölbung. Die Luft war reiner als sonst, denn ein bitterer Nordwind hatte die Wolken verjagt, den Himmel blank gefegt und mit seinem trockenen Atem die Nebel aufgesogen.«
Die klare Nacht mit den Hörnern des Mondes: Einem sensiblen Psychologen und Mythenkenner könnte das wie fernster Nachhall eines Mutterkultes klingen, und auf unsichtbarer Brücke von der Nordsee zur Ägäis würde er dann nach Kreta gelangen, wo die Erd- und Fruchtbarkeitsgöttin die Labrys in Händen hält, die heilige Doppelaxt, die nach den Phasen des Mondes gebildet ist, die sich in den Sichelhörnern des ihr geweihten Stieres wiederholen. Einen solchen Ausflug ins Reich der Weiblichkeitsmythen legt Merlin tatsächlich nahe. Schon die Beziehung zu seiner Schwester spricht dafür. Auch ihr wird die Gabe der Weissagung verliehen, und als Gemahlin eines Königs nimmt sie sich, nur von Merlin durchschaut, listenreich die Freiheit außerehelicher Liebeswahl. In der Sprache des Mythos ist Ganieda eine Fee gleich Morgane, eine Schwester auch der bretonischen Viviane, der wir im Wald von Brocéliande noch begegnen werden, wo sich das Schicksal des Zauberers erfüllt. Sie ist ein Teil von Merlin selbst, ein Teil auch von Guendoloena, der Frau des Zauberers, die wiederum Züge von Blodeuwedd-Olwen wie von Ginevra-Gwenhyfar trägt und von der es heißt: »Ihre Schönheit übertraf diejenige der Göttinnen und der Blütenblätter des Ligusters und der blühenden Rosen und der duftenden Lilien des

Feldes. Die Glorie des Frühlings schien in ihr allein, und sie hatte den Glanz der Sterne in ihren Augen.«

Die Figuren der Artuswelt und ihres Zauberreichs sind poetische Bilder einer gleichen Matrix aus mythischer Zeit. Nur so gesehen, wie im Hohlspiegel eines magischen Theaters, in dem sich hinter den vielen Gesichtern ständiger Verwandlung doch nur ein einziges verbirgt, werden wir sie verstehen. Das Urbild aber, von den Umdeutungen der höfischen Epik entblößt, erinnert oftmals an Entdeckungen, wie sie die Archäologen 1953 in Stonehenge machten. Sie fanden dort auf einigen Sarsensteinen bisher nicht festgestellte Gravuren von Bronzeflachbeilen und auf der Innenseite eines Trilithen in den Stein gemeißelte Zeichen, die als stark vereinfachte Abbildungen einer Fruchtbarkeitsgöttin, ähnlich denen in den Megalithgräbern der Bretagne, gedeutet werden konnten.

Vieles spricht dafür, daß Stonehenge von Menschen errichtet wurde, die während der Übergangsperiode von der Jäger- zur Ackerbaukultur noch eine Muttergöttin verehrten, die im Zeichen des Mondes regierte und die Gezeiten des Meeres ebenso wie das Zu- und Abnehmen des Lebens, das Stirb und Werde der Natur und den ewigen Kreislauf von Tod und Wiedergeburt beherrschte. So könnte Stonehenge ein Mondtempel, ein Heiligtum für die Weiße Göttin gewesen sein.

Aber nicht nur die Phasen des Mondes waren an den gigantischen Megalithsäulen zu messen. Auch die Sonne schickte ihre Strahlen zu gewissen Zeiten vom Helstein aus ins Zentrum des magischen Kreises. Es ist denkbar, daß in späterer Zeit aus dem Mond- ein Sonnentempel geworden und die alte Mond- und Fruchtbarkeitsgöttin durch einen Lichtgott ersetzt worden war. Jedenfalls könnten in Stonehenge zu Ehren eines Lichtgottes Feiern stattgefunden haben, von denen der Grieche Hecateus von Milet um 500 v. Chr. etwas wußte. Seine Informanten waren wahrscheinlich Zinn- oder Bernsteinhändler, die Stonehenge kannten. Die Schriften des Hecateus sind mittlerweile größtenteils verloren. Noch im Jahr 50 v. Chr. aber konnte der griechische Geschichtsschreiber Diodorus Siculus daraus für seine vierzigbändige Weltgeschichte zitieren. Er überlieferte uns einen Text, der nicht nur über ein blühendes Britannien des 6. vorchristlichen Jahrhunderts informiert, sondern auch über ein Apolloheiligtum, von dem man annimmt, daß damit nur Stonehenge gemeint sein kann. Bei Diodorus Siculus lesen wir: »Dem keltischen Gallien gegenüber liegt eine Insel im Meer, die nicht kleiner ist als Sizilien, sich nach Norden erstreckt und von den Hyperboreern bewohnt wird, die so heißen, weil sie über dem Nordwind wohnen. Auf dieser Insel herrschen angenehme Temperaturen, der Boden ist reich, große Fruchtbarkeit läßt alles üppig gedeihen, so daß zwei Ernten im Jahr möglich sind. Nach der Überlieferung wurde hier Latona geboren, und deshalb verehren die Bewohner Apollo als höchste Gottheit. Man kann in der Tat sagen, daß alle seine Anhänger Priester sind, denn er wird alle Tage in Lobgesängen gepriesen und in vielerlei anderer Gestalt verherrlicht.«

Latona ist die griechische Leto, die Mutter von Apollon und seiner Zwillingsschwester Artemis, des »glutatmenden Phöbus« und der Venus, die Merlin von seiner siebzigtürigen Sternwarte aus betrachten wollte.

Diodorus fährt fort und kommt nun auf den Tempel zu sprechen: »Auf dieser Insel erhebt sich auf einer herrlichen Lichtung im Walde, die ebenfalls Apollo geweiht ist, ein eigentümlicher Tempel von vollkommen runder Form, der mit Weihegaben geschmückt ist. In der Nähe befindet sich eine Stadt, der gleichen Gottheit geweiht, in der die meisten Einwohner Harfe spielen. Ohne Unterlaß schlagen sie im Tempel die Saiten und bringen der Gottheit, deren Taten verherrlicht werden, Hymnen dar... Es heißt, daß Apollo alle neunzehn Jahre dieses Land besucht, was genau der Zeitraum ist, in dem die Sterne ihren Umlauf vollführen, der bei den Griechen deshalb ›das große Jahr‹ genannt wird. Während ihrer Anwesenheit auf der Insel spielt auch die Gottheit auf der Harfe und tanzt jede Nacht, von der Frühlings-Tag- und Nachtgleiche bis zum Aufsteigen der Plejaden, besonders angetan von der ihr entgegengebrachten Verehrung.«

Gerald Hawkins, der diesen Text nicht kannte, war überrascht, als er bei seinen astronomischen Berechnungen in Stonehenge auf eine regelmäßig wiederkehrende Zahl von 18,61 Jahren stieß. Es war dies nämlich die ihm durchaus geläufige Zahl, die der Kalenderreform des griechischen Mathematikers und Astronomen Meton aus dem 5. Jahrhundert v. Chr. zugrunde liegt, dem »Metonschen Zyklus«, der die mittlere Dauer des Monats auf 29,532 Tage in einer Entsprechung von 235 Mondmonaten zu neunzehn Sonnenjahren festlegt. Diese Übereinstimmung mit dem von Hecateus überlieferten Neunzehnjahres-Zyklus des Besuches von Apollo läßt kaum Zweifel daran aufkommen, daß mit dem Tempel »von vollkommen runder Form« nur Stonehenge gemeint sein konnte.

Trotzdem werden wir das Rätsel dieses Vorzeitmonuments nie lösen. Es ist beinahe so wie mit dem vollkommenen Kunstwerk, das unendlicher Auslegung fähig ist. Die Flut ständig neuer Interpretationsangebote bestätigt das.

Wie aber steht es mit der Verehrung des Lichtgottes Apollon durch die Hyperboreer auf der Insel »über dem Nordwind« im 6. Jahrhundert v.Chr.? Hat der griechische Autor einfach den ihm bekannten Gott an-

stelle eines unbekannten keltischen eingesetzt? Es muß auf der Insel jedoch eine Apollotradition gegeben haben, wenn die Überlieferung dort seine Mutter Latona geboren sein läßt. Wir stellen diese Frage nur, weil sie uns bald auch dem Artuskreis wieder näher bringen wird.
Apollos Herkunft zu ergründen ist kaum weniger schwierig, als das Rätsel von Stonehenge zu lösen. Gesichert ist bis heute nur, daß dieser »griechischste aller Götter« nicht aus Griechenland stammt. Eine Herkunft aus dem Norden glaubten einige Forscher aus der Tatsache ableiten zu können, daß die Hyperboreer in Mythos und Kulturüberlieferung des Apollon eine gewisse Rolle spielen: Der Gott weilt bei diesem Nordvolk, wenn er nicht in Delphi ist, und Leto wird mit Artemis von zwei Jungfrauen der Hyperboreer nach Delos begleitet. Es fragt sich nur, ob dieser »jenseits des Nordwindes« wohnende Volksstamm, der in historischer Zeit, wie Herodot berichtet, tatsächlich Weihegaben nach Delos zu senden pflegte, bis von der britischen Insel oder vielleicht auch nur aus dem Norden Griechenlands gekommen war. Wenn wir an den sehr alten Kulturaustausch der ägäischen Welt mit der britischen Insel allein durch den Zinnhandel denken, könnte die entlegene hyperboreische Region wirklich in Britannien gelegen haben, wo Hecateus sie in seinem uns durch Diodorus von Sizilien überlieferten Text auch ansiedelt.

Für den Keltenforscher Jean Markale ist Apollo eine »hyperboreische Gottheit, vermutlich skytischen Ursprungs, deren Kult sich ungefähr zur Zeit der dorischen Einwanderung in Griechenland ausbreitete«. Er verweist dabei auf eine indogermanische Sprachwurzel, die Apollo mit dem Wort Apfel, englisch apple, bretonisch und walisisch aval, verbindet, womit wir wieder bei der »Insula pomorum«, der Apfel- und Jenseitsinsel aus der »Vita Merlini« sind, auf Avalon, wo Morgane die Wunden von Artus heilt. Zu den Wesenszügen Apollos gehören neben seinen Beziehungen zum Hirtenleben und Vegetationskult und seinen Eigenschaften als strahlender Lichtgott, als Gott der Musik und Anführer der Musen auch die des großen Heilers. So ließe er sich als Heilgott, der schon vor dem Äskulapkult in Epidauros wirksam war, mit dem Mythos von Avalon und als Sonnengott mit Stonehenge in Einklang bringen, falls es dort wirklich einen Sonnenkult gegeben haben sollte. Der Übergang von einer Urmutterverehrung im Zeichen des Mondes zu einer männlichen Sonnengottheit könnte sich dabei ganz organisch vollzogen haben; denn Apollon bleibt dem weiblichen Element noch stark genug als Zwillingsbruder der Artemis verbunden, die in einem ihrer Aspekte »die vorolympische Weiße Göttin mit uralter Herkunft« (Göttner-Abendroth) ist. Auch der keltische Gott Mabon,

den wir aus »Culhwh und Olwen« kennen, wo er von Artus befreit wird, war als Sohn der Modron der Großen Göttin aufs engste verbunden.
In solcher Verankerung sind auch die Helden der Tafelrunde noch zu sehen, deren Situation trotz des höfischen Gewandes an matriarchale Strukturen erinnert. Sie haben kaum eine Vaterbindung, dafür aber eine um so stärkere an den Neffen oder Onkel, der stets der Bruder der Mutter ist, und natürlich an die Mutter selbst. Parzival, der den Vater überhaupt nicht kennt, oder Tristan, dessen Schicksal mit Marke, dem Onkel, verbunden ist, sind Beispiele dafür. Immer empfangen die Helden ihren Glanz von der Frau. Auch den Göttern wird dieser von der Muttergöttin verliehen, wie dem Mabon. Warum aber wird er als der »keltische Apoll« bezeichnet? Wir brauchen nur näher nach seinem geheimnisvollen Gefängnis zu fragen, das Artus und seine Gefährten »auf einem Fisch reitend« erreichen, um Antwort zu erhalten. Es liegt nämlich unterhalb einer wasserumtosten Stadt mit dem Namen »Kaer Lloywd«, was »Haus des Lichtes« bedeutet. In der Sprache des Mythos heißt das: Die junge Sonne – der keltische Apollon also – wird von der Nacht gefangen gehalten. Artus selbst aber ist in dieser Geschichte durch seine Befreierrolle zum Anverwandten des Lichtgottes geworden. Als solcher tritt er auch in einem der schwer zu enträtselnden Texte des »Cad Goddeu« auf, wenn wir der Interpretation von Ranke-Graves folgen und das »Ich« der letzten Zeile auf den orphischen Apollon beziehen, von dem Gwion-Taliesin offensichtlich spricht. Die Verse lauten:

»Es ist lange her, daß ich Hirte war.
Ich wanderte über die Erde
Bevor ich Gelehrter wurde.
Ich bin gewandert, ich ging im Kreise,
Ich schlief auf hundert Inseln,
Ich weilte in einhundert Städten.
Gelehrte Druiden,
Kündet Ihr von Arthur?
Oder bin ich es, den sie feiern?«

Auch Merlin könnte so gesprochen haben. Als Artus' Ratgeber wacht er über den Helden, wie dies griechische Göttinnen und Götter bei ihren Schützlingen tun. So finden wir Ariadne als Helferin des Theseus bei seinem gefährlichen Weg durch das Labyrinth des Minotaurus, der weise Kentaur Cheiron steht dem Achilles bei und Athene dem Perseus. Alles Schutzfiguren, deren jede einen Teilaspekt der menschli-

chen Psyche symbolisiert, der das Ich des Helden für seine Aufgabe stärkt. Wenn Merlin aber Artus in Hirschgestalt als Cernunnos entgegentritt, dann ist er dem griechischen Heroen- und Götterhimmel an Alter überlegen. Er trägt dann noch das archaische Erbe einer Lebenstotalität in sich, wie jene Große Mutter sie verkörperte, mit der sich der Gott im jahreszeitlichen Wechsel vermählte und deren Kult auch am Anfang von Stonehenge gestanden haben wird.
Daß neben Artus und den Rittern seiner Tafelrunde auch Merlin bis heute lebendig blieb, hängt nicht zuletzt mit dieser Verwurzelung in den Tiefen des Mythos zusammen. Als archetypische Bilder erkennen wir die Artushelden als ein Stück von uns selbst wieder. Was Merlin betrifft, so haben übereifrige Adepten ihn mit noch größeren und ebenso rätselhaften Schöpfungen der Vorzeit wie Stonehenge in Verbindung gebracht. Nur etwa 30 Kilometer nördlich davon liegt der weniger bekannte Steinkreis von Avebury, die ausgedehnteste bronzezeitliche Kultstätte der Welt. Eine Allee von Menhiren ist dort aufgebaut, deren jeder einzelne ein ausgeprägtes Eigenleben zu führen scheint. Graubraunen Riesen stehen wir da gegenüber, unter denen zuweilen das Weiß grasender Schafe leuchtet, während Licht und Schatten durch darüberhinziehende Wolken auf ihren steinernen Gesichtern spielen.

Auch bei diesem Steinsetzungsgebiet auf hügeliger Rasenfläche von 11,3 Hektar Größe, das nach den Worten John Aubreys »Stonehenge um so viel übertrifft wie eine Kathedrale eine Pfarrkirche«, soll Merlin seine Hände mit im Spiel gehabt haben. Wir brauchen das natürlich nicht zu glauben. Ein Besuch dieses Vorzeitareals aber ist kaum weniger als Stonehenge geeignet, uns in die Phantasie jener Menschen früher Epochen einzufühlen, die aus Artus einen Heros von übernatürlicher Dimension in Begleitung eines großen Magiers gemacht haben. Nicht alle Jahrhunderte jedoch bezeugten Ehrfurcht vor dieser Kultstätte, die nachweislich zwischen 2600 und 1600 v. Chr. genutzt wurde. Glaubenseifrige Christen des 14. Jahrhunderts brachten viele der heidnischen Steine mit Hilfe von Feuer und Wasser zum Einsturz, und im aufgeklärten 17. und 18. Jahrhundert wurde die Anlage zum Steinbruch für den Bau des Dorfes Avebury in ihrer Mitte. Noch immer aber ist der erhalten gebliebene Megalithkreis von ungeheurer Wirkung, und kaum zwei Kilometer von ihm entfernt begegnen wir einem weiteren Superlativ: dem größten von Menschenhand errichteten Hügel der Welt, dem rätselhaften Silbury Hill. Niemand weiß, was der 40 Meter hohe Erdkegel, der eine zwei Hektar große Grünfläche bedeckt, für die Menschen, die ihn vor etwa viereinhalb Jahrtausenden aufschichteten, bedeutete. War er eine gigantische Sonnenuhr? Ein Kalendarium

für Priester, lange vor den Römern und Druiden, ähnlich Stonehenge? Oder diente er als Grablege mächtiger Fürsten? Dafür gibt es keine Hinweise. Bestattungen wurden offenbar dort nicht vorgenommen. Der Legende nach soll Sil, der sagenhafte Sonnenkönig, hier begraben liegen. Niemand hat ihn gefunden. Mehrere Forscher neigen dazu, Silbury Hill jenen Stätten des Neolithikums zuzurechnen, an denen auf allen Kontinenten unserer Erde einst die Große Mutter verehrt wurde.
Eingedenk solcher Hintergründe ist auch die klassische Artusdichtung mit schärferen Augen zu lesen. Sie öffnet sich davor in einer tieferen Perspektive der Zeit.
Wie sehr noch die höfische Dichtung, bewußt oder unbewußt, aus den Quellen des Mythos schöpft, zeigt das Epos »Erec und Enide« von Chrétien de Troyes. Wir ziehen im folgenden sein Werk der Nachdichtung des Hartmann von Aue vor, weil der Franzose ein bunteres Bild der Welt zu zeichnen verstand als der eintönigere Deutsche.

Erec, von dem wir bereits wissen, wie großzügig Artus ihn beschenkte, als er ihn krönte – reicher als Alexander der Große oder der Kaiser von Rom es hätten tun können –, besteht sein wichtigstes Abenteuer im Kampf gegen den roten Ritter Mabonagrin, in dem sich niemand anderer als Mabon, der Sohn der Modron, verbirgt. Und dies ist die Geschichte jenes annähernd siebentausend Verse umfassenden Epos, das den Konflikt zwischen Liebe und Rittertum, aber auch den Sieg des Patriarchats über die frühe Welt mutterrechtlicher Bindungen zum Inhalt hat:
Erec »verliegt« sich bei seiner schönen Frau und versäumt darüber seine Ritterpflichten: den Dienst an anderen, die Suche nach Abenteuern und die Mehrung des eigenen Ruhms. Verständlich, ist Enide doch schon allein, wenn sie auf ihren seidenen Kissen aus Thessalien sitzt, von hinreißender Anmut. »Wie der klare Edelstein den grauen Kiesel überstrahlt und die Rose den Mohn, so war Enide schöner als jede andere Dame und jedes Fräulein, das sich auf der ganzen Welt finden ließ, hätte man sie auch gänzlich durchstreift, so edel und ehrbar betrug sie sich.« Erec verlor darüber jegliche Lust an Waffen und Turnierkampf. Er wollte nur noch »in Liebe zu seiner Frau leben und machte sie zu seiner Freundin und Geliebten; mit ihr allein beschäftigte er sich, sie zu umarmen und zu küssen. Sie wünschten sich nicht, jemals genug davon zu bekommen.« Erecs Waffenbrüdern aber gefiel das nicht. Hinter seinem Rücken tadelten sie seine übergroße Liebe zu Enide, war es doch oft »schon nach Mittag, wenn er sich von ihrer Seite erhob«. Enide, der solche Reden zu Ohren kamen, war darüber sehr bedrückt. Damit ihr Herr es ihr nicht übel nehme, verheimlichte sie es ihm aber

so lange, »bis sie einmal eines Morgens im Bett lagen, wo sie großes Glück miteinander genossen hatten; Mund an Mund lagen sie einander in den Armen, wie ein Paar, das sich sehr liebt«. Erec war eingeschlafen, Enide aber fand keine Ruhe. Immer mußte sie daran denken, wie alle Edelleute noch im Jahr zuvor beteuerten, »man kenne auf der ganzen Welt keinen besseren und vollkommeneren Ritter« als ihren Gatten. Nun aber war durch sie Schande auf ihn gefallen. Sie brach in Tränen aus, die »auf seine Brust fielen«, und klagte: »Die Erde muß mich verschlingen, weil der allerbeste Ritter, der kühnste und stolzeste, der treueste und höfischste, der jemals Graf oder König war, meinetwegen alle ritterliche Betätigung ganz und gar aufgegeben hat. Dadurch habe ich ihm wahrlich Schande zugefügt; um nichts auf der Welt hätte ich das gewünscht.« Erec, der nicht sehr tief schlief, hörte gerade noch, wie sie sagte: »Mein Freund, wie schade um dich!« Er bedrängte sie und entriß ihr das bislang geheim gehaltene Wissen.
Seine Reaktion ist unerwartet. Er befiehlt den sofortigen Aufbruch und zieht mit seinen Gefährten und Enide, der er jegliche Rede verbietet, von Abenteuer zu Abenteuer. Wie eine Magd begleitet ihn die Frau, deren kostbare Gewänder bald nur noch Fetzen sind. Ironischerweise wird Erec oft gerade dadurch vor einer gefährlichen Situation gerettet, daß Enide ihr Redeverbot bricht, um ihn auf ein Unheil aufmerksam zu machen. Ihre Hingebung kennt keine Grenzen. Sie ist die ideale Ehefrau, wie ein patriarchaler Held sie sich wünscht.
Eines Tages, sie waren bereits »mehr als dreißig walisische Meilen« geritten, gelangten sie »bis zum Vorwerk einer prächtigen, schönen Burg, die von einer hohen Mauer umgeben war; darunter floß rundherum ein so tiefes, reißendes und tosendes Wasser, daß es wie ein Sturm brauste«. Dessenungeachtet erreichen Erec und seine Leute die Burg, um darin Quartier zu nehmen – »ein sehr unheilvolles Quartier«. Es wartet dort nämlich das Abenteuer der »Joie-de-la-Cour«, der »Freude des Herzens«, das im Gegensatz zu seiner Bezeichnung so schwer zu bestehen ist, daß noch niemand, der es wagte, diesen Ort wieder lebendig verlassen hatte. Trotz eindringlicher Warnung durch König Evrain, den Burgherrn, besteht Erec auf dem Abenteuer. Da führt ihn der König zu einem Obstgarten außerhalb der Festung, der so bedeutend ist, daß Chrétien ihn seinen Lesern lang und breit schildert: »Aber das darf ich nicht auslassen, daß ich euch, um die Zunge anzustrengen und zu ermüden, lang und breit die wahre Geschichte dieses Obstgartens nachzeichne.« Und so beschreibt er den verzauberten Ort:
»Den Garten umgab keine Umzäunungsmauer, es sei denn eine aus Luft; aber von der Luft war er überall durch Zauberei so verschlossen, wie wenn er ganz von Eisen umgeben wäre, so daß nichts und niemand

eintreten konnte, außer an einer einzigen Stelle. Den ganzen Sommer und Winter über gab es dort Blüten und reife Früchte; die Früchte hatten jedoch die Eigenschaft, daß sie sich zwar drinnen essen, aber nicht hinaustragen ließen... Unter dem Himmel existiert kein fliegender Vogel, der dem Menschen Freude macht, indem er ihn durch Gesang ergötzt und erheitert, von dessen Art man ier nicht mehrere hätte hören können. Und die Erde trägt, so weit sie sich erstreckt, kein Gewürz und keine Arznei, die irgendeine Heilkraft besitzt und die dort nicht gepflanzt gewesen wäre; von jeder Art war eine große Fülle vorhanden.«
In diesen eleusinischen Gefilden, die ebenso an Avalon wie an Klingsors Zaubergarten erinnern, ritt Erec »geradewegs einen Pfad entlang, allein und ohne Gefolge, bis er ein Bett aus Silber erblickte, bedeckt mit einem goldumsäumten Stoff; es stand im Schatten einer Sykomore, und ein Mädchen hatte sich ganz allein daraufgesetzt; ihr Körper war wohlgestaltet und das Antlitz mit allen Reizen in vollem Maße geschmückt«, ein Wesen von vollendeter, unvergleichlicher Schönheit, wie Enide es in ihren glücklichen Tagen gewesen war. Erec will sich ihr gerade nähern, als unter den Bäumen hervor Mabonagrin, der große Ritter in roter Rüstung, auftaucht und auch schon schreit: »Krieger, Krieger, Ihr seid toll, so wahr ich gesund bin, daß Ihr auf mein Fräulein zugeht. Ich dachte, Ihr seid es nicht wert, daß Ihr Euch ihr nähern dürft. Ihr werdet noch heute Eure Torheit sehr teuer bezahlen, bei meinem Kopf. Haltet Euch zurück!«
Schon auf dem Weg zu dem schönen Fräulein hatte Erec eine Reihe von Pfählen mit aufgesteckten Köpfen jener Ritter gesehen, die das Abenteuer bisher gewagt hatten. Gerade ein Pfahl war noch frei – der für ihn bestimmte. Trotzdem schlägt er die Warnung aus und stellt sich dem roten Ritter zum Kampf: »Beide griffen einander verbissen mit den Schwertklingen und ihren Schneiden an; so sehr hämmerten sie sich auf die Zähne, die Wangen und die Nasen, Fäuste, Arme und noch viel mehr auf die Schläfen, den Nacken und den Hals, daß ihnen davon die Knochen wehtaten... Der Schweiß trübte ihnen die Sicht und das Blut, das da mit herabtropfte, so daß sie fast gar nichts sahen und ihre Schläge sehr oft ins Leere gingen, wie eben bei Leuten, die die Schwerthiebe nicht sehen können, die gegen sie geführt werden.« Lange Zeit kämpften sie so miteinander, »bis nach drei Uhr nachmittags, und der große Ritter wurde müde, so daß ihm der Atem ausging«.
An dieser Stelle weist Mabonagrin sich als Sonnenheros aus. Nicht nur seine Rüstung ist Zeichen der untergehenden Sonne. Er bezieht auch seine Kräfte durch sie. Mit steigender Sonne wächst seine Stärke, und er bleibt unbesiegbar, mit dem Sinken des himmlischen Feuerballs aber nimmt sie ab.

Das gleiche Motiv findet sich auch im »Prosa-Lanzelot«. Darin trägt Gawein Züge eines Sonnenheros. Da Lanzelot Artus mit Ginevra betrogen und auch noch einen Lieblingsbruder Gaweins, wenngleich nicht vorsätzlich, erschlagen hat, tritt dieser zum Kampf gegen den einst über alles geliebten Ritter an. In der Version von Malory, der den alten Sonnenmythos auf einen christlichen Heiligen überträgt, heißt es: »Sir Gawein aber war von einem heiligen Mann die Gabe verliehen worden, daß seine Stärke an jedem Tag vom Vormittag bis zur Mittagszeit drei Stunden lang so zunahm, daß sich seine Kraft verdreifachte, und das verhalf Sir Gawein zu hohem Ruhm. Aus diesem Grunde hatte König Artus angeordnet, daß alle Kämpfe wegen irgendwelcher Streitigkeiten, die vor König Artus ausgetragen wurden, am Vormittag um neun Uhr beginnen sollten.« So war selbst der unbezwingliche Lanzelot, als er sah, »wie Sir Gaweins Stärke auf wunderbare Weise zunahm«, gezwungen, sich zurückzuhalten und hinter seinem Schild Deckung zu suchen.

Dem roten Ritter schwanden nach drei Uhr nachmittags die Kräfte, und erst jetzt wurde er von Erec besiegt. Dieser hätte Mabonagrin nach altem Gesetz töten müssen. Doch er tut es nicht. Damit tritt er aus der Reihe der matriarchalen Helden heraus. Er verschmäht es, die Nachfolge Mabonagrins bei dem schönen Mädchen im paradiesischen Obstgarten anzutreten, das in Wirklichkeit die Feenkönigin Morgane selber ist, die große Zauberin, die wie Merlin in vielerlei Gestalt anzutreffen ist, auch in der der sakralen Großen Königin. Sie heißt ja auch Morgan le Faye, und »le Fay« ist »das Schicksal«. Im Zeitalter des Patriarchats aber ist ihre Macht gebrochen. Der Zweikampf zwischen Erec und Mabonagrin erinnert zwar noch an ihr Gesetz. Doch er hat andere Folgen. In früher Zeit wäre Mabonagrin als Heros und Geliebter der dreifachen Göttin im jährlichen Rhythmus der zunehmenden und abnehmenden Natur- und Fruchtbarkeitskräfte vom Nachfolgerkönig getötet und ersetzt worden. Nun wird er durch ihn von dem Fräulein auf dem Silberbett befreit. Sie hatte ihm einst, so erzählt Chrétien seine Geschichte, das Versprechen abgenommen, ihr zu gegebener Zeit einen Wunsch zu erfüllen, den sie jetzt aber noch nicht nannte. Am Tage seiner Ritterweihe, die in ebendem Obstgarten, der auch der Schauplatz des Zweikampfes war, von König Evrains, seinem Onkel, vorgenommen wurde, sprach sie ihn aus: Niemals dürfe er den Garten verlassen, es sei denn, ein Ritter stelle sich ein, stark genug, ihn zu besiegen. Doch das Mädchen hielt es für ausgeschlossen, erfährt Erec nach dem Kampf von Mabonagrin, »daß jemals in diesen Garten ein Ritter eindringen würde, der mich zu besiegen vermöchte; dadurch meinte sie, mich ungehindert alle Tage, die ich zu leben hätte, bei ihr gefangenzuhalten«. Obwohl Mabonagrin das Mädchen, dem er von Kindheit an in Liebe verbunden war, noch weiter liebt, strebt er aus ihrem Minnegefängnis fort. Seine Befreiung ist die »Joie-de-la-Cour«. Er wurde besiegt und doch nicht getötet. Die »Joie« gilt als vollendet, wenn Mabonagrins Überwinder in ein Horn stößt, das sich im Zaubergarten befindet. Erec tut es mit aller Kraft, worauf überall die Freude erwacht. Die Damen erfinden sogar ein eigenes Lied zur Harfe, das sie »Lai de Joie« nennen. »Nur dem Fräulein, das auf dem Bett aus Silber saß«, heißt es, »gefiel das gar nicht: Die Joie, die sie erblickte, bereitete ihr gar kein Vergnügen – aber manchen Menschen widerfährt es, zu leiden und zu gewahren, was ihnen mißfällt.«

Sie ist ja auch die eigentliche Besiegte, da Erec die Nachfolge nicht anzutreten gedenkt. Nachdem er sich lange genug »verlegen« hatte, mußte er in einer Welt patriarchalen Rittertums den Weiblichkeitszauber der Erotik als männliches Verhängnis erkennen, wohl auch aus plötzlich aufsteigender Angst vor der Macht der Frau überhaupt. Nun aber, da er sein größtes Abenteuer bestand, fühlt er sich offensichtlich vor der zerstörerischen Macht der Liebe gefeit und darf sich deshalb mit der zuvor so brüsk zurückgewiesenen Enide wieder vereinen. Beide kommen zur Krönung an König Artus' Hof. »Als sie in den Palast gelangten, ging ihnen König Artus schnell in großen Schritten entgegen, und aus Edelmut setzte er Enide zu Erec; denn er wünschte ihr sehr große Ehre zu erweisen.«

Wenn auch das matriarchale Gesetz nicht mehr gilt, die Erinnerung an die Weiße Göttin der Kelten bleibt dennoch lebendig. Ein ganzes Feenreich sorgt dafür. Deshalb fertigen auch vier Feen Erecs Krönungsgewand, mit dem er und Enide König Artus gegenübersitzen. Sie weben die letzten vier Disziplinen der Septem Artes Liberales, der Sieben freien Künste, die jeder Freie seit der Spätantike beherrschen sollte, in Erecs Mantel ein. Die Feen als weise Frauen: Die erste arbeitet an der Darstellung der Geometrie, die zweite an der der Mathematik, die dritte an der der Musik, »in der alles Ergötzen zusammenklingt, Gesang und Mehrstimmigkeit, ohne Mißklang von Harfe, Saitenspiel und Fiedel«, und die vierte »schickte sich zu einem sehr guten Werk an, da sie die beste der Künste darstellte; sie befaßte sich mit der Astronomie, die so viel Wunderbares tut und Erkenntnisse über die Sterne gewinnt sowie über den Mond und die Sonne. Nirgendwo anders sucht sie Rat über etwas, das sie zu tun hat; die Sterne beraten sie zuverlässig über alles, was sie von ihnen wünscht; und alles, was war und sein wird, muß sie mit Sicherheit ohne Lug und Trug erfahren.«

Ist da nicht auch Merlin mit in Erecs Königsmantel einverwoben? Ihm allerdings wird es weniger gut ergehen als dem von Erec besiegten

Mabonagrin, der sein Gefängnis trotz allen Liebeszaubers wieder verlassen konnte. Im Wald von Brocéliande wird er von Viviane, einer engen Verwandten der Morgane und seiner Schwester Ganieda – wenn die nicht gar Viviane selber ist – auf immer in deren Minnehöhle festgehalten.

Das Feenreich

Noch gibt es ihn, den Zauberwald. Er liegt im östlichen Binnenland der Bretagne, nur heißt er heute nicht mehr Brocéliande, sondern »Forêt de Paimpont«. Etwa 40 Kilometer von Rennes entfernt ist die Ortschaft Paimpont am Rande eines von Bäumen umsäumten Teiches mit ihrem Klosterbau und einem kleinen, freundlichen Hotel, das mit seinem Namen »Relais de Brocéliande« dem poetischen genius loci huldigt, Ausgangspunkt für die Spurensuche von Artusenthusiasten aus aller Welt. »Les fous du roi Arthur« nennt sich eine wissenschaftliche Gesellschaft bretonischer Gelehrter, die 1948 in Quimper gegründet wurde und auch schon einmal mit mehr als fünfhundert Mitgliedern – die meisten davon aus England – in das sagenumwobene Grünland gewallfahrtet sind.

Sonst aber herrscht in den verborgenen Orten, an denen Taten der Ritter von der Tafelrunde, vor allem aber Merlins Liebesabenteuer, angesiedelt sind, noch beschauliche Ruhe.

Das ganze Mittelalter hindurch war der Wald von Brocéliande wegen seiner Zauberer und seiner wunderwirkenden Quellen berühmt. Er überzog weite Gebiete der Bretagne mit seinen Laubbäumen. Davon haben etwa 7000 Hektar mit teils erheblich geschädigten Beständen überlebt. Doch immer noch zeigt dieser Wald uns sein verzaubertes Gesicht. Artushelden haben ihre Spuren in ihm hinterlassen. Chrétiens Ywein, der kühne Ritter, der sich im Gegensatz zu Erec nicht bei der geliebten Frau »verliget«, sondern fern von ihr in so vielen Abenteuern »verrittert«, daß er darüber die Liebe der berühmten Laudine verliert, war Brocéliande vertraut, Giraldus Cambrensis erwähnte den Wald, und Robert Wace brachte ihn in seinem letzten Werk, dem »Roman de Rou«, einer Geschichte der normannischen Herzöge, die er in seinem Todesjahr 1174 beendete, mit der »Bretonischen Hoffnung« in Zusammenhang. Darunter wird die Erwartung der in der Bretagne lebenden Nachfahren der Briten auf die Wiederkehr von König Artus und seines Reiches bezeichnet.

Die berühmteste Stätte im Wald von Brocéliande ist die Quelle von Barenton. Verschlungene Pfade, gesäumt von Farnen, Eichen, Föhren, Brombeerschlägen, Stechpalmen, Ginster und Wacholder führen zu einer verborgenen Lichtung, wo das legendenumwobene Rinnsal neben einem Felsen entspringt. Hier hatte Ywein sein Abenteuer mit dem Schwarzen Ritter, dem finsteren Diener der Dunkelheit, den er vertreibt und erschlägt. Die Quelle konnte Stürme entfesseln, wenn ihr Wasser auf den nahen »Perron de Merlin«, die »Treppe Merlins«, geschüttet wurde. Noch heute hat sie etwas Geheimnisvolles, wenn sich in unregelmäßigen Abständen von Sekunden oder Minuten ihre sonst unbewegliche Oberfläche durch aufquirlende Wasserbläschen belebt. Hochsteigende Gase aus dem Quellgrund bewirken das. Immer, wenn das Wasser so von unten herauf zu sprudeln beginnt, »lächelt« die Quelle, wie der Volksmund sagt. Es ist das Lächeln der Viviane, mit der Merlin sich einst an dieser Stelle traf.
Wasser und Wald – welcher Platz könnte schöner sein für ein Rendezvous des Zauberers mit der Fee?
Chrétien de Troyes schreibt über die Quelle von Barenton: »Sie siedet und wallt, obwohl sie kälter als Marmor ist.« Wer lange genug in ihren Spiegel schaut, findet vielleicht, auch wenn das Wasser nicht »siedet«, den Weg zurück zu Merlins Heimatinsel. Frühe Bardengesänge wissen dort von »Quellen der Gesundheit« zu berichten, in denen sich Feuer und Wasser vereinten, um die tödlich verwundeten Krieger zu heilen. Auf sehr alten Ursprung weist Barenton zurück.
Die Quelle hieß früher Bélenton, »und darin läßt sich *Bel-Nemeton*«, die »heilige Lichtung des Bel«, erkennen, wie Jean Markale feststellte. Bel oder Belenos aber war ein Beiname des gallischen Apoll, wie wir ihn »bei den Norikern, in Aquileia, in Norditalien, in Südgallien und an verschiedenen anderen Orten, etwa in Beaune (Côte d'Or), dem antiken *Belenate*« finden, »dessen Name zweifellos auf die Sonne hinweist«. Markale glaubt: »Es handelt sich bei Belenos vermutlich um dieselbe Göttergestalt, die wir in der Mythologie und in der Genealogie von Wales unter dem Namen ›Beli der Große‹ finden und die Geoffrey of Monmouth in seiner ›Historia Regum Britanniae‹ Belinus nennt... und sicher verbirgt er sich auch hinter Balin, dem Ritter mit den zwei Schwertern, der in den auf Robert de Boron zurückgehenden Artusromanen für die Verwundung des Fischer-Königs verantwortlich ist.« Dem leidenden Gralskönig Amfortas, werden wir noch begegnen. Schon jetzt sei daran erinnert, daß auch der Sonnenheros seine Macht von der Göttin hat, wie Mabon, der keltische Apoll, die seine von Modron.
Weit liegen solche Verwandtschaften zurück, und die Quelle von Barenton schweigt sich darüber aus. Das war schon im 12. Jahrhundert

nicht anders, als Robert Wace in den Wald von Brocéliande pilgerte, um nach den Wundern zu suchen, von denen damals die Bretonen so viel sprachen. Im »Roman de Rou« gesteht er seine Enttäuschung: »Ich sah den Wald und ich sah das Land. Ich hielt nach den Wundern Ausschau, aber ich konnte sie nicht finden.« Vielleicht wissen wir heute besser als er, daß alle Wunder nur in uns selber liegen und nirgends sonst. Das mag wohl auch der Grund dafür gewesen sein, die Geschichte von Merlin und Viviane in der Bretagne, wo sie nie ganz vergessen war, heute wieder neu auf einer Schallplatte für Kinder zu erzählen. Sie verstehen genau, was Henriette Sourgen ihnen in ihrer Adaption dieser Legende aus dem Zyklus der »Table Ronde« sagen will, wenn sie hören:
»Ich habe noch nie eine Fee gesehen und nie einen Zauberer. Aber ich kenne die Feenquelle im Wald von Brocéliande, wo Merlin, der Zauberer, und Viviane, die Fee, eines Tages verschwunden sind... Vielleicht, wenn ich einen klareren Blick gehabt und auch besser zugehört hätte, vielleicht hätte ich sie dann erkennen können, im Nebel, der über der Heide schwebt... Vielleicht hätte ich ihre Stimme von den anderen Stimmen des Waldes unterscheiden können und auch das Windessäuseln um die Quelle vernommen... Denn hier spielt die Geschichte von Merlin und Viviane. Alles ereignete sich hier im Wald von Brocéliande zu der Zeit, als Artus über die Bretagne herrschte. Vor hundert und aberhundert Jahren. Damals, zu den alten Zeiten, war der Wald so voll Geheimnis und so wunderschön, daß die Fee und der Zauberer ihn zu ihrer Heimat machten... Unter den verschlungenen Armen der Bäume, unter dem Haar der Eichen, gab es hin und wieder das Gehege von Birken, so durchsichtig und leicht wie das Silber des Nebels.«
Die Geschichte aber ist die, daß Merlin Viviane so sehr liebte, daß er sich von ihr das Zauberwort entlocken ließ, durch das sie ihn selber für immer in ihre Liebeshöhle bannen konnte, die schließlich zu seinem Grab geworden ist.
In tiefer Stille, wie die Feenquelle, liegt Merlins »Tombeau« am Rand einer Waldlichtung. Zwei aufrecht aneinandergelehnte Schieferplatten und eine Stechpalme inmitten eines mit kleinen Steinbrocken ausgelegten Kreises zeigen es an. Immer wieder finden Pilger den verborgenen Weg dorthin, um das legendäre Grab mit grünem Gezweig oder schlichten, selbst geflochtenen Blumenkränzen zu schmücken. Unstillbar ist das Verlangen der Menschen nach dem Wunderbaren, zu allen Zeiten. Manche glauben sogar, neben dem Ruf des Kuckucks, dem Aufflattern der Vögel und dem Summen der Waldbienen zuweilen auch die Stimme Merlins zu vernehmen, der voller Sehnsucht nach der Geliebten ruft – Viviane, Viviane...
Das Bild vom Zauberer, der dem Zauber der Liebe erlag – ein Urbild von

der weiblichen Macht des Eros. »Tieferes hat die mittelalterliche Sagenwelt nicht hervorgebracht«, bemerkte Hermann Hesse einmal, »als die Sage von Merlin und seiner, des Zauberers, Verzauberung durch ein Weib.« Es ist der Zauber Aphrodites, der stärker ist als Merlins Kunst. Die Göttin der Liebe, die nach der Insel Zypern, wo sie erstmals an Land gegangen ist, auch den Beinamen Kypris führt, hat Viviane mit den gleichen Gaben ausgestattet wie schon Eros, ihren Sohn, von dem im 6. Jahrhundert der griechische Dichter Ibykos schrieb:

»Wieder unter schwarzen Wimpern
Mit betörenden Augen schaut mich
Eros an und treibt mit tausend
Süßen Lockungen mich in Kypris'
Unentrinnbar festes Netz.«

Vor solcher Liebesmächtigkeit ist es gleichgültig, ob die Dichter des Mittelalters und der späteren Zeit Viviane die aktive Rolle als Verführerin Merlins zuteilen oder einen von ihr zurückgewiesenen Zauberer erfinden, der sie dennoch für sich zu gewinnen weiß, gleichgültig auch, wohin die erste Begegnung Merlins mit der Fee verlegt wird, ob an die Quelle von Barenton oder nach Camelot.
Bei Malory tritt Viviane unter dem Namen Nimue als »eine der Damen vom See« am Hofe König Artus' auf. Dort verliebt Merlin sich so heftig in sie, daß er nicht mehr von ihr lassen kann. Wenngleich er sein Schicksal kannte und König Artus einmal gestand, »daß er nicht mehr lange leben werde und trotz seiner Künste bald unter die Erde komme«, bleibt er Viviane verfallen. Als die Fee von Camelot abreist, nimmt auch Merlin Abschied von Artus, um ihr zu folgen. »Oft wollte Merlin sie mit seinen Künsten heimlich an einen anderen Ort bringen, doch sie ließ ihn schwören, nie einen Zauber auf sie zu legen, wenn er hoffe, daß sie ihm zu Willen sein würde, und das schwor er. So fuhren sie und Merlin über das Meer...« Wo immer sie hinging, stets war der Zauberer dabei. »Und immer trachtete Merlin danach, ihr die Jungfräulichkeit zu nehmen, doch sie war seiner schon überdrüssig und wäre ihn gern losgeworden, denn sie fürchtete sich vor ihm, weil er ein Teufelssohn war, aber sie konnte sich auf keine Weise von ihm befreien. Da geschah es einmal, daß Merlin ihr einen Felsen zeigte, der ein großes Wunder barg und einen Zauber auf den legte, der unter einen großen Stein ging. Mit verführerischen Worten erreichte sie, daß Merlin unter den Stein trat, um ihr das Wunder vorzuführen, und da bewirkte sie, daß er trotz aller seiner Künste, die ihm zu Gebote standen, nicht mehr unter dem großen Stein hervorkommen konnte. So ließ sie Merlin eingeschlossen zurück.«

Als Verführerin tritt Viviane in der 1859 veröffentlichten Dichtung »Merlin and Vivien« von Tennyson auf. Das Zeitalter des Viktorianismus war an dieser Konstellation nicht unbeteiligt. Tennyson sah in der Fee das Weib als Schlange, die die Moral des Mannes untergräbt. Er beginnt sein Versepos mit einem aufziehenden Sturm »in den wilden Wäldern von Brocéliande«, bei dem vor einer mächtigen Eiche »die verschlag'ne Vivien« zu Merlins Füßen liegt. Gustave Doré hat die Szene gezeichnet: Der Zauberer als weiser alter Mann mit wallendem Silberbart lehnt an einem Riesenbaum mit gespenstisch ausgreifenden Ästen und polypenartig verschlungenen Wurzelausläufen, während vor ihm, auf seine Knie gestützt und zu ihm aufblickend, Viviane hingegossen ist, jugendlich und odaliskenhaft, mit Haaren, die bis zu den Hüften fallen und einem Kleid, dessen weiche Draperie ihren verführerischen Körper ahnen läßt. Alles setzt Viviane daran, den großen Magier zu gewinnen. Sie

»Glitt auf ihn zu, rutschte auf sein Knie hinauf
und setzte
sich rittlings dann auf seinen Schoß,
Überkreuzte hinter dem Knöchel seines Fußes ihre
Schlanken Waden, schlang einen Arm um
seinen Hals,
Klammerte wie eine Schlange sich...
umarmt' ihn herzend fest.
Bei ihrer Berührung nahm des Zaub'rers Blut
fröhlichere Farben an, erwärmte sich wie ein Opal...
Sie nannte ihn Gönner und Gebieter,
Ihren Seher, ihren Barden, ihren
Silberumflorten Abendstern,
Ihren Gott, ihren Merlin, die eine, einz'ge Liebe,
Ihres ganzen Lebens...
Und währenddessen brüllte, hoch über ihren
Köpfen,
der Sturm... und in einem
Wechselspiel von Helle und von Düsternis
Bewegten ihre glänzenden Augen,
Bewegte ihr glänzender Nacken sich vor
und zurück;
Bis dann der Sturm, da seine Leidenschaft verebbt,
Klagend und aus andren Ländern rufend,
Dem verheerten Forste wieder seinen
Frieden ließ; und was nicht geschehen

hätte dürfen, war nun doch gescheh'n,
Denn Merlin, überredet und auch übermüdet,
hatte nachgegeben, ihr den ganzen
Zauberspruch gesagt, und schlief.«

Nie wieder wird Viviane ihn freigeben, und sein Liebesschlaf wird zum Todesschlaf werden. Doch wie Artus, dem er so treu diente, ist auch er unsterblich. Ein Held wird erscheinen, wenn die Zeit gekommen ist, und Merlin aus seinem Grab erwecken. Dann wird der Magier seiner goldenen Harfe drei Akkorde entlocken. Sie sind das Zeichen für die Wiederkehr von König Artus.
Heinrich Heine, der stets leidenschaftlich Liebende, erinnerte sich auf seinem Todeslager der Geschichte von dem großen Zauberer, als er schrieb: »...mein Bett mahnt mich an das tönende Grab des Zauberers Merlinus, welches sich im Walde Brozeliand in der Bretagne befindet, unter hohen Eichen, deren Wipfel wie grüne Flammen gen Himmel lodern. Ach, um diese Bäume und ihr frisches Wehen beneide ich dich, Kollege Merlinus, denn kein grünes Blatt rauscht herein in meine Matratzengruft.«

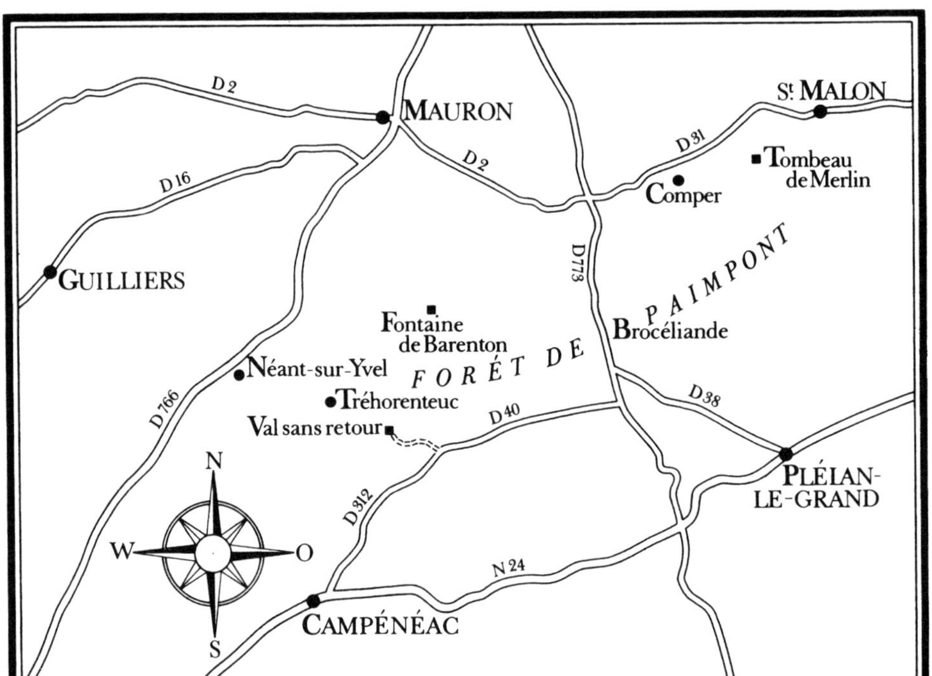

Im Waldrevier von Paimpont, nicht weit von Merlins Grab, liegt Schloß Comper. Nur das Ausfallstor, ein paar Gebäude, deren intakte Räume 1990 eine sehenswerte »Arturus-Rex«-Ausstellung beherbergten, Ringmauerreste und ein dicker Turm sind von dem mittelalterlichen Château noch erhalten, das sonst für Besucher unzugänglich ist. Im Reiseführer ist zu lesen: »Château Comper gehörte den Montford-Laval und später den Coligny und soll der Geburtsort der Fee Viviane sein.«

Comper – ein Feenschloß? Man glaubt es noch heute, steht man an seinem verträumten Seerosenteich. Die starken Zerstörungen des Bauwerks im 14. und 18. Jahrhundert sind in den Zustand romantischer Ruinenlandschaften übergegangen, die historische Erinnerung zum Märchen wandeln. Die Zeit scheint hier zu versinken, wie in einer Tropfsteinhöhle, wo das verhaltene Rinnsal unmerklich phantastische Stalagmiten formt, während das leise Getropfe in regelmäßigen Intervallen die Stille ringsum noch unterstreicht. Umständlich räkelt ein Schwan seinen schweren Körper aus dem Wasser, breitet die Schwingen und peitscht mit ihnen mehrmals die Luft. Dann gleitet er wieder lautlos am Rande der Seerosen dahin, deren Blätter wie große grüne Teller neben ihm schwimmen.

War es hier, wo Merlin König Artus mit der Lady vom See bekannt machte? Kam Artus hier in den Besitz von Excalibur? Die Lady vom See und Viviane verschmelzen zuweilen zu einer Person. Hier, im Wasserschloß von Comper, verbrachte auch Lanzelot seine Kindheit in der Obhut der Fee. Doch es war nicht das plump sichtbare Schloß, in dem er aufwuchs, sondern das Wunderreich der Fee am Grunde des Sees. Darum heißt er Lanzelot-du-Lac, Lanzelot vom See.

Eine Miniatur aus der Zeit um 1400 zeigt seine Geburt und seine Übergabe in die Hände der Fee. Sein Schicksal, und damit verbunden das aller Artusritter und ihres Königs, war bekanntlich seine Liebe zu Ginevra. Ihr hielt er die Treue, wenngleich er selbst von vielen Frauen geliebt wurde. Thomas Malory sagt über ihn: »Ich möchte behaupten, daß kein König unter Christen und Heiden einen Ritter von solchem Adel und solch höfischer Wesensart, gepaart mit Schönheit und Sanftmut, finden kann wie ihn.«

Alle diese Vorzüge verdankt Lanzelot der Lady vom See. Sie zog ihn auf und beschenkte ihn mit den reichsten Gaben der Liebe und der Liebesfähigkeit. Als Achtzehnjährigen brachte sie ihn an Artus' Hof. Unter ihren Geschenken war ein goldener Ring. Er deckte Lanzelot jeden Zauber auf und half ihm, magische Orte zu betreten und deren Wächter zu vertreiben oder unschädlich zu machen. Stets beschützt ihn die Fee. Sie liebt ihn wie den eigenen Sohn, ja mehr noch, wie den Mann und Ge-

liebten. »Ach, Königssohn, geht mir schnell aus den Augen oder mir bricht das Herz in meinem Leib!« Das sind ihre Worte im »Prosa-Lanzelot«, als die Zeit der Trennung naht. Auch Waffen und ein prächtiges Roß erhält Lanzelot von der Fee, ehe er Abschied von ihr nimmt.
Wichtiger aber und bedeutsamer für das Ritterideal der Artuswelt: Die Dame vom See gibt Lanzelot eine umfassende Ritterlehre mit auf den Weg. Ritterschaft ist etwas sehr Ernsthaftes, erfährt er, und sie wurzelt in adeliger Abstammung. Zwar waren alle Menschen von Adam und Eva her gleich. Haß und Neid aber führten dazu, daß die Schwachen und Ohnmächtigen sich unter den Schutz der Starken und Tapferen stellen mußten. Darum müssen die Beschützer, die wahrhaften Ritter, stets Gerechtigkeit, Milde und Barmherzigkeit gegenüber den Armen und Bedürftigen üben. Räuber und Mörder jedoch sind überall unbarmherzig zu verfolgen. Mehr als den Tod hat der Ritter die Schande zu fürchten. Seines Schutzes bedarf auch die Kirche. Sie erwirkt dem Ritter als Gegenleistung göttliche Gnade durch ihr Gebet. Zur Kirche gehörten nicht nur der Klerus, sondern auch alle schutzbedürftigen Witwen und Waisen. Sanftmut gegenüber den Guten und Erbarmungslosigkeit gegenüber den bösen Menschen ist ein Gebot, das ebenso befolgt werden muß wie die Bereitschaft, guten Rat anzunehmen. Der Ritter muß völlig reinen Herzens und ein Glaubensstreiter sein. Was im Alten Testament die Makkabäer und König David bewirkten, vollbringen nunmehr die Ritter aus dem Gralsgeschlecht. Sie sind das Vorbild. Für alle Leistungen, die der Ritter den Schutzbedürftigen angedeihen läßt, hat das Volk ihm gehorsam zu sein und alles Nötige für seinen adeligen Lebensstandard bereitzustellen. In der Ritterweihe werden alle die genannten Pflichten und Tugenden durch einen Eid beschworen. Wer ihn bricht, verliert seine Ehre und Gottes Schutz.
Als die Lady vom See mit ihrem Schützling in Camelot einreitet, erregt Lanzelot sogleich die Bewunderung aller. Artus übergibt ihn Ywein, dem besten seiner Lehrmeister, zur ritterlichen Ausbildung. »Fahrt wohl!« segnet die Fee ihren Zögling zum Abschied: »Der ganzen Welt sollt Ihr mehr als alle Ritter lieb und wert sein, alle Frauen sollen Euch mehr als aller Kreatur zugetan sein und Euch liebhaben. Das wird alles so geschehen, das weiß ich wohl.«
So liegt ein Liebeszauber auch auf Lanzelot, der »Krone der Ritterschaft«. Immer sind es die Frauen, ist es die Liebe in der Artusepik, um die alles kreist. Ob Viviane und Merlin, die Lady vom See und Lanzelot: Stets wird die Liebe als höchstes Gut, ihre Macht jedoch auch in der Vielgesichtigkeit der Großen Göttin beschworen, deren ambivalentes Wesen ebenso Tod und Verderben mit einzuschließen vermag.
Am Seerosenteich von Comper aber kommen nur gute Gedanken auf.

Hier herrscht die Fee als Helferin. Sie schickt Elaine den magischen Schild, damit sie ihn Lanzelot, als dieser seiner Liebe zu Ginevra wegen einmal ganz von Sinnen ist, um den Hals hängen kann, worauf der Ritter sogleich seinen Verstand wiedergewinnt. Und als die Fee die Wange des Liebeskranken mit einer Zaubersalbe berührt, verfällt dieser in einen Heilschlaf, aus dem er völlig gesundet wieder erwacht. Ein nordfranzösisches Manuskript des Lanzelot-Romans aus den Jahren 1300 bis 1320 hält diese Szenen in Miniaturmalereien fest. Das Wissen um heilkundige Frauen klingt in solchen Bildern und Geschichten nach.

»Au Pays de la Table Ronde« – Im Lande der Tafelrunde – nennt sich zu Recht der Prospekt eines Fremdenverkehrsbüros in der östlichen Bretagne. Kaum sind wir in Comper der Lady vom See oder Viviane, wie immer wir sie nennen wollen, begegnet, schon gelangen wir erneut auf Feenspur, diesmal gleich auf die der Feenkönigin Morgane selbst. Wir brauchen von Paimpont aus nur wenige Autominuten durch den Forst zu fahren, dann sind wir in Tréhorenteuc, wo ein Fußweg zum »Val sans retour«, zum »Tal ohne Wiederkehr«, abzweigt.
Der Wald von Brocéliande entfaltet hier seinen besonderen Zauber. Ein schmal gewundener Wasserlauf und das bläulich glitzernde Auge eines kleinen Teiches verlieren sich im Felsenmeer von Schieferblöcken, deren zerklüftete Gesichter von Gräsern und Kräutern umwuchert sind, überragt von Buschwerk, Sträuchern und Bäumen. Bald herrscht nur noch grüne Stille. Ab und zu ein Vogelruf, das Auffliegen einer Elster. Der Weg führt leicht bergan und erreicht schon bald den 170 Meter hohen »Rocher des Faux Amants«, den »Felsen der falschen Liebhaber«. Hier stand Morganes von Flammen umloderte Burg, in der sie in dreizehn Jahren dreihundertdreiundfünfzig untreue Ritter durch Zauberkraft gefangenhielt. Als Schutzherrin eines Minnereiches, das durch keine Falschheit beschmutzt werden darf, tritt die Feenkönigin hier auf, deren Ursprung in matriarchaler Vorzeit liegt. Als »Morigain« war sie einst ja auch keltisch-irische Muttergöttin, Schönheits- und Liebesgöttin, Göttin der Fruchtbarkeit, des Todes und der Wiedergeburt.
Nur ein Ritter, der sich keiner Untreue in der Liebe schuldig weiß, kann die Gefangenen befreien. Lanzelot reitet mit Ywein in das gefährliche Tal. Ywein bleibt das Abenteuer versagt. Nur Lanzelots Treue ist makellos. Zu sehr liebt er Ginevra. Er darf den Kampf wagen. Als erstes begegnen ihm vier Drachen, denen keine Schwertschneide etwas anhaben kann. Er tötet sie alle mit seinen starken Armen, mit dem Schild und dem Knauf des Schwertes. Dadurch wird Lanzelot, wie in anderen Sagen und Heiligenlegenden Siegfried, Sankt Georg oder die heilige Margareta, die das grausige Höhlentier ebenfalls töten, zur mythischen

Heilsfigur. Schon in den Drachen, über die Morgane gebietet, wird deren Macht und Wesen jenseits von Gut und Böse ersichtlich.
Im Drachen sind Urängste des Menschen verkörpert, doch auch die Hoffnung, das Entsetzliche zu besiegen. Artus gelang dies nur, indem er selbst dabei starb. Ihm träumte in der Nacht, in der er Mordred zeugte, ein Drache sei aus seinem Leib hervorgegangen, der sein Land und seine Leute vernichten würde, und am Gift dieses Drachens werde er selber sterben, nachdem er ihn getötet habe. Es ist die letzte Schlacht von Camlan, die der Traum ihm zeigte, sein tödlicher Zweikampf mit Mordred, dem Sohn. Der Drache als Wächtertier von Morgan le Fay symbolisiert auch deren Gefährlichkeit, die Todesseite der Göttin, in deren Gestalt sich aller Minnezauber ins Fürchterliche verwandeln kann. Sie selbst wird dann zur »schwarzen kreischenden Hexe Ceridwen«, die Artus in »Culhwh und Olwen« mit Excalibur erschlägt.
Zwei Ritter, die Morganes magische Burg bewachen, hat Lanzelot nach seinem Drachenabenteuer noch zu überwinden. Dann sieht er nach seinen Wunden. Als er Arm- und Handschiene abstreift, kommt der goldene Ring der Lady vom See zum Vorschein. Ein anderer Aspekt der Großen Göttin wird wirksam: Sobald der Ring sichtbar wird, ist der Zauber gebannt. Auch ein zwischen Drachen und Wächtern liegender See versinkt. Nun kann Lanzelot, nachdem er weitere Ritter vertrieben und einem von ihnen den Kopf abgeschlagen hat, zu Morgane gelangen. Dort entwindet er einer Jungfrau ein Schwert, mit dem sie ihn verletzt hatte, und zerschlägt es auf einem Stein. Damit ist »Val sans retour« endlich wieder geöffnet, und die gefangenen Ritter sind frei.
Auch wir verlassen das verzauberte Tal. Seine Herrin aber läßt uns so schnell noch nicht los. Zu sehr beherrscht sie die gesamte Artusdichtung, als daß wir ihren Charakter nicht noch mehr zu ergründen hätten. Unter verschiedenen Namen wird Morgan le Fay uns wiederbegegnen. Ein Wesen halb Fee, halb irdische Frau, steht sie im Dienst der Minne, zuweilen auch in deren ungeschminkt sexuellem Aspekt. So tritt sie auch Lanzelot nach seinem Sieg im »Tal ohne Wiederkehr« entgegen. Als sie dort vom Kampflärm in ihrem Zelt erwacht, verflucht sie den Eindringling zunächst, und mit ihm Ginevra, die seiner nicht wert sei. Doch sie verrät sich dabei selbst: »Herr Lanzelot«, sagt sie, »die Frau, die Ihr liebt, oder die Jungfrau, kann sich gewiß rühmen, daß sie mehr geliebt wird als jemand auf dieser Welt. Das ist schade.« Von Anfang an ist Morgane in Liebe zu Lanzelot entbrannt. Die Rächerin der treulos verlassenen Geliebten wird selber zu Verführerin. Der Kampf zweier Rivalinnen um den liebesstarken Heros zeichnet sich ab: Morgane-Morigaine gegen Ginevra-Gwenhyfare. Alles versucht Morgane, um Lanzelot für sich zu gewinnen. Dabei nimmt sie sehr mensch-

liche Züge an. Nachts schleicht sie in Lanzelots Zelt und erklärt dem überraschten Ritter: »Ich will bei Euch schlafen.« Als er sie abweist, befielt sie: »Legt Euch hin! Ich will Euch nicht anrühren, es sei denn, es wäre Euch lieb. Schafft mir dasselbe Recht, das ein Ritter einem Edelfräulein gewähren soll!« Doch nicht einmal das verfängt bei Lanzelot. Er verbleibt unter Ginevras Bann. Morgane aber versucht ihre Verführungskünste immer wieder.
Wie solche Geschichten trotz kirchlicher Gegensteuerung in der höfischen Dichtung Frankreichs geschildert werden, später aber auch noch bei Malory, der daraus schöpft, wirft ein interessantes Licht auf die »Philosophie der Liebe«, die der artusbegeisterte Adel damals kultivierte. Dabei kann von einer frauenemanzipatorischen Tendenz gesprochen werden, wenn diese auch nur Königinnen und Feen in den Artusromanen als das Recht auf freie Liebeswahl und gleichgewichtete Partnerschaft zugute kam. Unter dieser Prämisse erhält Malorys Darstellung eine besondere kulturgeschichtliche Note. Er schildert, wie »vier Königinnen von hohem Stand«, darunter auch Morgane, bei einem sommerlichen Ausritt unter einem Apfelbaum den schlafenden Lanzelot fanden. »Nun brach unter ihnen ein Streit um diesen Ritter aus«, schreibt Malory. »Jede erklärte, sie wolle ihn zu ihrem Liebsten haben. Wir wollen uns nicht streiten, sagte Morgan le Fay, König Artus' Schwester, ich werde einen Zauber auf ihn legen, daß er in den nächsten sechs Stunden nicht erwacht. Dann will ich ihn in meine Burg entführen, und wenn er fest in meiner Gewalt ist, werde ich den Zauber von ihm nehmen. Danach laßt ihn wählen, welche von uns er zur Geliebten haben will.«
Am nächsten Morgen kamen die vier Königinnen in seine kalte Kammer und sagten: »Herr Ritter, Ihr müßt wissen, daß Ihr Euch in unserer Gewalt befindet. Wir wissen sehr wohl, daß Ihr Sir Lanzelot vom See seid, der edelste Ritter, den es gibt, und wir kennen Euern Wert, und wir wissen, daß Ihr nur eine Dame liebt, die Königin Ginevra, aber die sollt Ihr nun für immer verlieren und sie Euch, und deshalb müßt Ihr jetzt eine von uns vieren wählen.«
Nachdem Morgane sich und die anderen drei Königinnen, von denen wir getrost annehmen dürfen, daß sie auch wieder nur Teile des Wesens der Feenkönigin selber waren, vorgestellt hatte, sagte sie: »Jetzt wählt, welche von uns Ihr zu Eurer Liebsten haben wollt; wenn Ihr nicht wählt, müßt Ihr in diesem Kerker sterben.«
Lanzelot bleibt natürlich standhaft, und mit Hilfe eines schönen Fräuleins gelingt ihm die Flucht aus Morganes Zauberburg Chariot. In anderen Fassungen besitzt Morgane auch ein Schloß »Freudenort«, Château »Plaisant«. Da sie auch Königin von Avalon ist, darf darunter zeit-

enthobene paradiesische Liebesfreude verstanden werden. In Malorys Erzählung weist der Apfelbaum noch darauf hin, unter dem Lanzelot schläft. Da das Wesen der Feenkönigin diesseitig und jenseitig, himmlisch und irdisch ist, wird sie zuweilen auch als gefährliche Erotomanin geschildert. So macht sie sich bedenkenlos auch an den Artusritter Tristan heran, als dieser nach soeben überstandenen Abenteuern und Kerkerhaft Unterkunft in einer ihrer Burgen fand. »Als er am nächsten Morgen weiterreiten wollte, sagte die Königin: So schnell kommt Ihr nicht wieder von hier fort, denn Ihr seid mein Gefangener. Gott schütze mich, erwiderte Sir Tristan, ich war eben erst in Gefangenschaft. Edler Ritter, sprach die Königin, Ihr müßt bei mir bleiben... Und immer mußte Sir Tristan neben der Königin sitzen und ihr Geliebter auf der anderen Seite, und immer machte sie Tristan schöne Augen, daß der andere Ritter eifersüchtig wurde und sich am liebsten mit dem Schwert auf ihn gestürzt hätte, aber er schämte sich und unterließ es.«

Morganes Appetit auf starke, schöne Männer ist offensichtlich unersättlich. So gerät auch Ritter Alisander, dessen Wunden sie zunächst pflegte, in ihre Fänge. Eine Verwandte der Feenkönigin, die sich der Liebe dieses Mannes dann selbst erfreuen durfte, denn Alisander tat bald »zu ihren Gefallen, was ihnen beiden bei Zeit und Muße gefiel«, warnte den Ritter. »Herr, sagte sie, so wisset, Ihr seid schlimmer dran als ein Gefangener, denn meine Base Morgane le Fay hält Euch nur in der Absicht hier, ihre Lust mit Euch zu haben, wenn es ihr beliebt. O Jesus, schütze mich vor ihrer Lust, sagte Alisander, denn lieber würde ich mir die Hoden abschneiden als ihr solche Lust bereiten.«

In der Darstellung Morganes als Erotomanin drückt sich womöglich das ambivalente Verhältnis eines späteren Jahrhunderts zur höfischen Dichtung aus, in der die Minne noch einen Wert an sich darstellte, ohne durch kirchliche Moralvorstellungen diskriminiert zu werden. Nun aber kann die Liebesfee zum männerverschlingenden Dämon werden, zum Fatum des Verderbens. Sogar gegen Artus, den eigenen Bruder, tritt Morgane dann als Verderberin an. Doppelzüngig und mit nie erlahmenden Listen umkreist sie ihn. Einmal schickt sie ihm einen kostbaren Mantel. Würde er ihn anziehen, wäre er sein Todeskleid, denn er ginge sofort in Flammen auf. Doch Artus wird vor dem Geschenk gewarnt. Ein andermal betätigt sie sich als Kupplerin, um ihm Ginevra abspenstig zu machen. Selbst Excalibur versteht sie im Austausch gegen ein anderes Schwert dem ihr hörigen Sir Accolon von Gallien zu beschaffen, damit dieser Artus im Zweikampf mit der Wunderwaffe töte. Sie sendet ein Fräulein mit der Botschaft zu Artus: »Morgan le Fay schickt hier aus großer Liebe Euer Schwert. Und Artus dankte ihr und

glaubte, es wäre das echte, aber das Fräulein hatte gelogen, denn Schwert und Scheide waren nachgemacht und zerbrechlich.« Während des Kampfes erkennt Artus den Betrug, überwindet aber seinen Gegner dennoch und entreißt ihm das Zauberschwert. Accolon gesteht: »Ihr müßt wissen, König Artus ist der Mann, den Morgane auf der Welt am meisten haßt, weil er der berühmteste und tapferste Held ihres ganzen Geschlechtes ist. Auch liebt sie mich über alle Maßen, und ich liebe sie wieder, und wenn es mir mit Hilfe ihrer Zauberkunst gelungen wäre, Artus zu erschlagen, hätte sie ohne Zögern ihren Gemahl, König Uriens, getötet und mich zum König und Herrscher dieses Landes erhoben, und sie wäre meine Königin gewesen, aber das ist nun vorbei, denn ich bin des Todes sicher.«
Artus aber gewährt großzügig Gnade.
Im Geständnis des Ritters ist noch deutlich das Muster des Urmythos zu erkennen: Der junge Geliebte der Großen Göttin soll den König erschlagen, um an seine Stelle zu treten. Daß hier Artus und nicht Uriens die Rolle des Vorgängers spielt, macht diese Erklärung nur auf den ersten Blick unglaubwürdig. In Wirklichkeit ist das aber sogar zwingend. Denn der tatsächliche Heros ist Artus, nicht Morganes Zufallsgemahl Uriens – ihr, der Zeitlosen, wird einmal sogar Julius Cäsar als Gatte angedichtet –, und auch im Sinne des Mythos ist Artus ihr Gatte, da er Mordred mit ihr zeugte. Das Inzestmotiv kommt verstärkend hinzu. Es unterstreicht die Einheit des göttlich-königlichen Paares wie schon im alten Ägypten. Als Gemahl der Ginevra nimmt Artus ebenfalls die Stellung eines Heros neben der Göttin ein. Er ist ja der »meienbaere man« und Ginevra eine Abspaltung der dunklen Morgane nach der lichten Seite hin, für die ihr langes Goldhaar symbolisch ist. Morganes Porträt als das der Rivalin Ginevras und der haßerfüllten Schwester dem berühmten und tapferen Bruder gegenüber sind spätere Rationalisierungen unverständlich gewordener mythischer Traditionen. Als die große Morigaine birgt Morgane beide Seiten des Lebens in sich. Das Schreckliche und das Schöne, das Todbringende und das Heilende sind ihr zu eigen. Wie könnte sie sonst Artus' Vernichtung im Sinne haben und ihn gleichzeitig nach Avalon geleiten, um dort seine Wunden zu heilen, damit er, ein Nachfolgekönig im Wartezustand gleichsam, als »Rex futurus« unsterblich werde.
Wir haben die Bildersprache des Mythos längst verlernt. In den oft nur scheinbar widersprüchlichen Erzählungen und Sagen der Artusliteratur aber begegnen wir ihr wie Teilen eines Alphabets, das in dem Maße wieder verständlicher wird, als wir uns den eigenen Ursprüngen nähern. Den Dichtern des Mittelalters war die alte Bildersprache noch vertrauter, wenngleich auch ihnen zum lückenlosen Verständnis be-

reits verschiedene Buchstaben abhanden gekommen waren. Mancherlei tradiertes Wissen wagten sie wohl nicht mehr auszusprechen, weil es dem rigoros sich durchsetzenden Alleinanspruch der Kirche auf Wahrheit widersprach. So schreibt zum Beispiel Hartmann von Aue in seinem »Erec« über Morgane, daß man alle ihre Wundertaten »niht gesagen« könne, sie also überhaupt nicht aufzuzählen vermöchte. Er müsse seinen Bericht über sie darum auf eine spätere Zeit verschieben, »ir mer verdagen«, wie er sagt. Ihre Künste aber weiß er dennoch hoch genug zu veranschlagen: Geflügel und Wild in Wald und Feld sind in ihrer Gewalt, schreibt er, aber auch, was ihn »das meiste dunket«, die üblen Teufelsgeister. Überzeugt ist er auch von der großen Heilkunst der Fee. Kein noch so eifriges Suchen, meint er, könne diese ihre Kunst aus den Büchern der ärztlichen Wissenschaft herausfinden. »Kein Kraut trug die Erde, dessen Wirkung sie nicht ebenso klar sah wie ich meine eigene Hand.«

Solche Schilderungen erinnern an die »weisen Frauen« des Mittelalters. Bald wird man sie, auf denen noch immer ein Abglanz von Morganes Schönheit und Macht lag, als Hexen verbrennen. Man tötete sie auch aus Angst vor ihrer unfaßbaren Majestät. Handgreifliche politische Gründe bewirkten zudem ihre Vernichtung. Die »weisen Frauen« waren nicht nur in Liebesdingen kundig. Durch ihre Pflanzen- und Kräuterkenntnis verfügten sie auch über wirksame Mittel zur Geburtenkontrolle. Im Zeitalter des Feudalismus mit seinem Riesenbedarf an Leibeigenen für die großen Ländereien des Adels und des gehobenen Klerus gefährdeten solche Praktiken das gesellschaftliche System. So wurden sie zum Teufelswerk erklärt. Darüber berichtet die höfische Dichtung natürlich nichts.

Morganes Künste gleichen aber auch denen Merlins, der in der Artusdichtung sogar als ihr Lehrmeister bezeichnet wird. Er »lehrte die Wissenschaft Morgane, der Schwester des Königs Artus, und mehreren anderen Frauen«, schreibt der französische Chronist Jean d'Outremeuse. Im magischen Artusreich ist das kein Widerspruch zur Eigenmächtigkeit der Fee. Sie kann in diesem Wunderspiegel der menschlichen Seele ihren hohen Rang ebensogut mit dem der Schülerin vertauschen, wie es den Rittern der Tafelrunde, auf magischer Zeitenskala, nicht schwer fällt, mit Helden der biblischen Geschichte und des griechischen Altertums Umgang zu pflegen. Ritter und Feen in Artus' Reich sind Passagiere in der Wunderbarke einer Dichtung, deren Kurs auf jene Omphalos-Insel im Meer von Raum und Zeit gerichtet ist, auf der alle Strahlungen und Erscheinungen des Lebens sich treffen und vereinen.

In einer französischen Lanzelotfassung heißt es, alle Frauen, die an Merlins Wissen teilhatten, seien in früher Zeit als Feen bezeichnet worden. Sie übten »Feenkunst«. Noch im 16. Jahrhundert schrieb Ludovico Ariosto im 20. Gesang seines »Rasenden Roland«:

»Der Vorzeit Frauen bewiesen Wunderproben
Im Waffendienst, im heil'gen Musenamt;
Und manches Werk, als groß und schön erhoben,
Hat alle Welt mit ihrem Ruhm durchflammt...«

Allein »Unkunde oder Schelsucht der Autoren«, meinte der italienische Dichter und Theatermann, hätten Schuld daran, daß das verdiente Lob der Frauen verlorengegangen sei.

In einem Land aber war das nicht der Fall. Dort blieb das Wissen um die einstige »Feenkunst« erhalten: in der Bretagne. Sie ist das Land einer unsterblichen Feenmagie. Dafür spricht schon die Schutzpatronin der Bretagne, die heilige Anna. Sie, die Mutter Marias, erinnert die Bretonen nicht nur an die gute Herzogin Anna. Auch Ana, eine große keltische Muttergöttin, klingt in ihrem Namen nach.

Wenn die Glocken von Saint-Anne-la-Palud bei Locronan im Finistère jeden ersten Sonntag im August zum Sankt-Anna-Fest läuten, strömen die Gläubigen aus allen Teilen der Bretagne zum größten »Pardon«, wie die Wallfahrten hier heißen, zusammen. Wer während dieser Feierlichkeit die Anna-Kapelle beim mystischen Schein unzähliger Kerzen um das Gnadenbild betritt, vor dem die Frauen mit ihren hohen bretonischen Hüten knien, die noch von einstiger »feenhafter« Würde zeugen, wird hier wie von einem Höhlenzauber aus ältester Zeit berührt. Kreuzfahrer brachten den Annakult aus dem Orient mit; denn die keltische Göttin hat ihre Wurzeln in Sumer. Die Bretonen weihten der Heiligen mit dem vorgeschichtlichen Stammbaum eine Fontäne und nahmen sie bereitwillig in Armor, dem Land am Meer, bei sich auf.

Der Mythos schlägt Brücken über Jahrtausende. So führt ein christliches Fest am Meer auch wieder zurück ins Argoat, ins bretonische Waldland, wo wir Viviane mit Merlin an der Quelle von Barenton und Morgan le Fay im »Val sans retour« getroffen haben. Viviane haust aber auch noch auf einem parallel zum »Tal ohne Wiederkehr« verlaufenden Felsenkamm im Osten in einem prähistorischen Hügelgrab. »Maison Viviane« ist auf einem unscheinbaren Wegweiser ausgeschildert, der zu der verborgenen Steinsetzung führt. Sie liegt auf einem von Farn, Ginster und Wacholder gesäumten, schieferdurchsetzten Höhenzug. Bis der Wegweiser in Sicht kommt, werden an den Spürsinn der Artussucher allerdings gewisse Anforderungen gestellt. Feen treiben eben noch immer ein listenreiches Spiel.

Überall in der Bretagne bringen sie sich in Erinnerung. »La Roche-aux-Fées«, »Feenstein«, heißt eines der schönsten Denkmäler bretonischer

Megalithkultur in der Nähe des Etang de Marcillé zwischen Vitré und Châteaubriant. Der etwa viereinhalb Jahrtausende alte Dolmen aus rötlichem kambrischen Schiefer ist ein Meisterwerk der Konstruktion. Der Überlieferung nach haben Feen das Steinmonument errichtet. Eine große Vorhalle mit einem Eingang aus zwei quaderförmigen Trägersteinen und einem darüberliegenden behauenen Türsturz führt in die vierzehn Meter lange und bis zu vier Meter breite, mehrmals unterteilte Grabkammer. Zweiundvierzig mächtige, bis zu vier Tonnen schwere Steine bilden diesen Bau der Feen. Früher kamen in dunklen Neumondnächten Verlobte zum »Roche-aux-Fées«, um durch das Abzählen seiner Blöcke das Orakel der Fee zu befragen. Gelangten die beiden zum gleichen Ergebnis, wurde die Ehe glücklich. Eine kleinere Differenz des Zahlenergebnisses galt noch nicht als Heiratshindernis. Ergab sich aber ein größerer Unterschied der gezählten Steine, war es geraten, von der Verehelichung Abstand zu nehmen. Jahrhundertealte Eichen werfen ihre Schatten auf den »Feenstein«, als wollten sie Geheimnisse der Vorzeit damit verdecken.

Nicht nur in den Wäldern der Bretagne tritt Morgane mit ihren Feen auf. Auch dem Meer ist sie verbunden. Als Meerfrauen und Nixen gingen ihre Nachfolgerinnen einst in den Burgen und Schlössern ein und aus. Château Fougère, eine der mächtigsten mittelalterlichen Befestigungsanlagen ist solch ein Ort. Die viel umkämpfte Burg, Schauplatz von Erzählungen Victor Hugos und Balzacs, wurde 1166 von jenem Heinrich II., der in England die Mönche von Glastonbury zur Suche von Artus' Grab anwies, nach einem Aufstand bretonischer Adeliger vollständig geschleift, gleich darauf aber wieder aufgebaut. Im 13. Jahrhundert gelangte sie in den Besitz der Herren von Lusignan. Dieses Adelsgeschlecht aus dem Poitou leitete seinen Ursprung von der Fee Melusine her. Der schönste Turm der ganzen Festungsanlage von Fougère, den die Lusignans damals errichten ließen, trägt deshalb noch heute den Namen »Tour de Mélusine«. Eine Fee als Ahnfrau reklamierten die Lusignans nicht als einzige für sich. »Die Liste der berühmten Rittergeschlechter, die sich der Blutsverwandtschaft mit dem Feengeschlecht rühmten«, stellte Sergius Golowin fest, »könnte man endlos ausdehnen, ja sicher ganze Bände damit füllen: Bei Wolfram von Eschenbach gehen offenbar alle Ritter um die Tafelrunde des Königs Arthus und den heiligen Gral, mögen sie nun unmittelbar von Europa, Arabien oder Indien kommen, auf eine gemeinsame Herkunft von Feenahnen zurück und besitzen noch in verschiedenen Ausmaßen deren märchenhafte Eigenschaften.« Vor allem die außerordentliche Schönheit der Artushelden ist es, die immer wieder in höchsten Tönen gepriesen wird. Durch seine unwiderstehliche Schönheit, heißt es im »Prosa-Lanzelot«, wird

Vivianes Günstling sich und andere noch umbringen, während bei Wolfram Gachmuret durch »sîn art von der feien«, durch seine Feenabkunft, bestimmt war, Liebe zu fühlen oder nach Liebe zu verlangen. Gachmurets Sohn Parzival aber ist selber bereits wie der »Blick der wahren Minne, ihr Unterliegen und ihr Sieg zugleich.« Als er jung an Artus' Hof kam, sah er wie ein Engel des Himmels aus, nur daß ihm die Flügel fehlten – »Dô truoc der junge Parzival/âne vlügel engels mal« –, so daß der König ihn »minneclîche« empfing und Ginevra mit Wohlgefallen auf ihn blickte. Die leibliche Schönheit der Artus- und Gralsritter ist ein Abglanz göttlichen Lichts, das die Nachkommen des Feengeschlechts in sich tragen. Schmerzliche Sehnsucht wird es bei denen erwecken, die sich ihm nähern; denn es ist das nur wenigen sich zur Gänze offenbarende Licht des Grals, dessen Heimat in Avalon liegt, jenseits der Beschränktheit alles Irdischen. Als legte sie in die Waagschale der Lebensganzheit ein lichtes Gegengewicht, ist die Artusdichtung im Gegensatz zu den blutrünstigen Schlachtenschilderungen und der grausamen Darstellung tödlicher Zweikämpfe von einer kaum zu überbietenden Zartheit und philosophischen Tiefe in der Beschwörung der Macht der Liebe und dem ihr innewohnenden Geheimnis der Schönheit. Wem sie entgegentritt mit der ganzen Magie ihrer feenhaften Herkunft, wird sie bewundern und fürchten zugleich. Im 19. Jahrhundert, als die Welt des Mittelalters ihre Renaissance erlebte, hat wohl niemand, der diesen Zauber je empfand, ihn poetischer verbalisiert als August Graf von Platen in den ersten Zeilen seines Tristangedichts:

»Wer die Schönheit angeschaut mit Augen,
ist dem Tode schon anheimgegeben,
wird für keinen Dienst der Erde taugen,
und doch wird er vor dem Tode beben,
wer die Schönheit angeschaut mit Augen!«

Mit Avalon, der Jenseitsinsel unter dem Szepter der Morgane, ist auch Melusine verbunden. Sie besaß den Feenberg Avelon, der in einem Gebirge lag, in dem einer der zahlreichen Sagen zufolge König Artus mit seiner Tafelrunde und den Gralsrittern weiterlebt.

Morgane le Fay, Viviane, die Lady vom See oder Melusine, die Nixe: verschiedene Inkarnationen ein und desselben Zauberreichs, verwehte Klänge aus frühzeitlicher weiblicher Mächtigkeit.

Für die Lusignans, so heißt es, errichtete Melusine in einer einzigen Nacht auch die im Poitou gelegene Burg von Vouvant. Von dieser Befestigung aus dem 12. Jahrhundert am Nordrand des Waldes von Mervent steht außer spärlichen Ummauerungsresten nur noch der dreißig Meter hohe Donjon, der »Tour de Mélusine«. Auf seiner Spitze bewegt sich die Nixe in Gestalt einer großen Wetterfahne im Wind. Die Festung liegt an den verträumten Wassern der Mère, und man deutete den Flußnamen als »la Mère de Lusignan«, »Mutter der Lusignans«. Im Namen Me-Lusine findet sich die Wortverbindung wieder.

Der Berner Schultheiß Thüring von Ringoltingen verdeutschte 1456 die französische Erzählung von der schönen Melusine, in welcher ein Edelmann der Lusignans die Fee zusammen mit zwei Jungfrauen an einem »kühlen Brunnen« gewahrt und sich sogleich in sie verliebt. Instinktiv erkennt er in ihr eine »hochgeborene und adelige Gestalt«, und sie spricht zu ihm: »Wenn du meiner Lehre willst folgen und nachkommen, so soll dir Gut, Ehre, Glück und Geld nimmermehr fehlen – sondern du sollst glückhafter, mächtiger und reicher werden, wie keiner deiner Freunde.« Wer könnte solcher Verlockung schon widerstehen, noch dazu, wo es sich um eine Dame handelt, von der gesagt wird: »Sie ist also wohlgestaltet, und mit Gebärden, mit Schönheit und löblichen Sitten gezieret als ob sie eines Königs Tochter wäre. Kein schöner Weib ward nie gesehen!«

Melusine als Ahnfrau adliger Geschlechter. Holzschnitt von Johann Bäumler, 1480.

Feenzauber – Zauber der Venus: War er mit im Spiel, als Guy de Lusignan 1192 den Tempelrittern die Venusinsel Zypern abkaufte? Ein Jahr zuvor hatte sie Richard Löwenherz, der Sohn Heinrichs II. und Eleonores von Aquitanien, in dem die Zeitgenossen einen zweiten König Artus sahen, dem Byzantinischen Reich entrissen. Fast vierhundert Jahre lang blieb die Insel fortan unter mitteleuropäischer Herrschaft. Guys Bruder Amaury de Lusignan, einer von Eleonores Baronen und Vasallen, wurde 1197 sogar zum König von Zypern gekrönt und ein Jahr darauf auch noch mit dem Titel eines Königs von Jerusalem geehrt. Zwei Wunderstätten unter dem Szepter eines Königs, dessen Ahnfrau Melusine war! Von Pol zu Pol sprühen in dieser Zeit die kulturellen Energien zusammen, die der Geburtsstätte der antiken Liebesgöttin mit denen des christlichen Heilszentrums.

In der Gralssuche der Artusritter ergibt sich eine sehr ähnliche Konstellation. In Jerusalem, so schrieb im 14. Jahrhundert der Morgenlandfahrer Sir John Mandeville, »wohnten die Ritter, und das waren die Ritter vom Tempel. Und der war ein Anfang des Ordens der Ritterschaft.« In diesem Orden christlicher Ritterschaft, der seinen Ursprung aus dem Tempel Salomons herleitet, sind in der Artusliteratur aber auch älteste keltische Traditionen aufbewahrt. Merlin und die Feen gehören ebenso dazu wie deren Königin Morgane le Fay, die in mediterraner Gewandung auch als Aphrodite in Erscheinung treten kann.

Zypern gelangte Ende des 13. Jahrhunderts durch den Fall von Akkon, der eine große Auswanderungswelle aus diesem letzten syrischen Kreuzfahrerstützpunkt, vor allem nach Famagusta, auslöste, zu großem Aufschwung. Es wurde zum wichtigsten Handelsumschlagplatz im östlichen Mittelmeer, zur Drehscheibe zwischen Ost und West, zwischen dem Islam und der christlichen Welt. »Und da kommen allerlei Leute hin, die man finden mag, von Mohren, von Heiden, von Christen, von Türken, von Tataren«, schrieb Mandeville. Jenseits der mörderischen Kreuzzugspolitik der Päpste finden sich in europäischen Quellen des Mittelalters immer wieder Hinweise auf eine menschenverbindende Idee der Einheit von Kulturen und Rassen unter dem Zeichen des Wunderbaren und der Toleranz, ganz so, wie die Ritter der Tafelrunde sie pflegen.

Zypern, die Venusinsel, auf der das Märchen und alle Düfte des Morgenlandes blühten, war für die Lusignans wohl in erster Linie wegen des ertragreichen Kupferbergbaus interessant, den in der Antike schon die Griechen und Phönizier betrieben. Durch die Herren aus dem Poitou und die vielen Kaufleute, Fahrenden und Ritter, welche die Insel besuchten, gelangten aber auch orientalische Traditionen ins Abendland und zu den Dichtern des Artus-Sagenkreises. Vom Kupfer hat Zy-

pern seinen Namen. Nach den Lehren der Alchimisten und Astrologen ist es das Metall der Venus. Diese Vorstellung muß einst weit verbreitet gewesen sein. Zu den Abenteuern, die Lanzelot mit Hilfe einer Fee aus Vivianes Reich zu bestehen hatte, gehört auch eines, das mit einer kupfernen Jungfrau, dem Zauber eines kupfernen Ritters, einem kupfernen Standbild und einer kupfernen Säule zu tun hat.
Doch noch einmal zurück zu den Herren von Lusignan. Die zu ihnen gehörende Sage ist noch nicht zu Ende erzählt. Nachdem jener erste des Geschlechts Melusine am Brunnen getroffen hatte, nahm er sie zu seiner Frau. Er wurde sehr glücklich mit ihr, und sie schenkte ihm auch schöne Kinder. Doch eines Tages mißachtete er ihr Verbot, sie heimlich zu belauschen, und beobachtete sie in der Badekammer, als sie sich gerade für eine Weile in eine Nixe mit Fischschwanz verwandelte. Durch diesen Tabubruch verlor er sie. Sie mußte ihn für immer verlassen.

Der Tabubruch: Melusine wird in der Badkammer beobachtet – Flucht der Melusine.
Holzschnitte von H. Knoblochtzer, 1478.

Dieses Motiv ist sehr alt. Es findet sich in mehreren Sagen. Das Wesen der Fee ist von so geheimer Art, daß es nicht geschaut oder erfragt werden darf. Jeder Zugriff zerstört das Wunderbare genauso wie jeder Zugriff den Schmelz des Flügels eines Schmetterlings. Nicht nur für Feen gilt dieses Gesetz. Es liegt allem Umgang der menschlichen Natur mit dem Wunderbaren und dem Übersinnlichen zugrunde. Darum gebietet auch Lohengrin, der als Parzival-Sohn und Schwanenritter sowohl Munsalväsche, der Gralsburg, wie dem Reich der Melusine angehört, der geliebten Frau: »Nie sollst du mich befragen,/noch Wissens Sorge tragen,/woher ich kam der Fahrt,/noch wie mein Nam' und Art!« Richard Wagner sagte, auf seine Oper bezogen, dazu: »Das ganze Interesse des Lohengrin beruht auf einem alle Geheimnisse der Seele berührenden inneren Vorgange im Herzen Elsas; das Bestehen eines wunderbar beglückenden, die ganze Umgebung mit überzeugender Wahrhaftigkeit erfüllenden Zaubers hängt einzig von der Entfaltung, von der Frage nach seinem Woher? ab. Aus der innersten Not des weiblichen Herzens ringt sich diese Frage wie ein Schrei los, und – der Zauber ist verschwunden.«

Die Notwendigkeit der Frage liegt nicht nur in der weiblichen Psyche. Auch der Gatte der Melusine muß fragen, schauen. Darin liegt die Tragik menschlicher Existenz und Sehnsucht. Melusine aber, so weiß es die Sage, kam unerkannt des Nachts zurück ins Schloß, um ihre Kinder zu nähren. In einer mittelalterlichen Buchillustration erscheint sie als fischschwänzige Schönheit mit einem Säugling an der Brust – ein Mutterbild in Verbindung mit der Nixe, dem Wesen aus dem Meer, aus dem alles Leben kommt. »Vom Meere her« ist aber auch eine Formel mittelalterlicher Dichtung, die heißen kann: von weit her, vom Fabel- und Morgenland...

Überall in Frankreich ist die ritterliche Welt von Feen und Nixen bevölkert. Oft zeigen sich die Meerfrauen aber auch an Gotteshäusern. In der östlichen Vendée, an der romanischen Kirche von St. Pierre in Parthenay-le-Vieux, ist Melusine gleich in siebenunddreißigfacher Nebeneinanderreihung im Badezuber sitzend als Ornamentschmuck der Archivolte des linken Scheinportals zu finden. Die Reliefs sind von dem gleichen archaisch anmutenden Zauber wie die Figuren aus dem keltischen Sagenkreis, den die bretonischen Sänger und Spielleute mit herüber genommen haben in den des Königs Artus. In der höfischen Artusepik wurde das ganze Feenvolk dem christlichen Weltverständnis angepaßt. Es braucht aber kaum mehr betont zu werden, daß seine ferne Verbindung mit der Großen Göttin, auch in Gestalt der Morgane, der Herrin der Jenseitsinsel Avalon, überall noch zu spüren ist. Selbst im Rauschen des schönen Dreischalenbrunnens von Guingamp, der »Fontaine de la Pompe« auf dem malerischen Hauptplatz dieses mittelalterlich anmutenden Städtchens in der Region Côtes-du-Nord, kann, wer will, noch Klänge aus weitester Ferne der Geschichte vernehmen. In den allegorischen Figuren dieses Meisterwerks der Renaissance verbergen sich noch immer Urbilder viel früherer Zeit, wenn geflügelte Meeresrösser aus den Becken tauchen und über liebreichen Nymphen, aus deren Brüsten das Wasser spritzt, die einstige Muttergöttin als christliche Madonna thront.

Aus der Zeit des historischen Artus stammt der Fabelkönig Gradlon, der durch Dahud, seine Tochter, ebenfalls mit dem Reich der Feen verwandt ist. In Quimper, der Hauptstadt des Départements Finistère, ist er als Reiter auf dem Giebel zwischen den Türmen der gotischen Kathedrale zu sehen. Auch vor der Kirche von Argol auf der Halbinsel Crozon hält er Wache. Der christlichen Sage nach herrschte König Gradlon über die glänzende Stadt Ys am Meer, die von mächtigen Schleusen geschützt war, zu denen er die Schlüssel stets am eigenen Leibe trug. Eines Nachts aber stahl die schöne Dahud dem Vater die Schlüssel, während er schlief. Ein junger Mann – in Wirklichkeit war es der Teufel – hatte Dahud dazu verführt. Nun öffnete er die Schleusen, und die Stadt Ys und alle ihre Menschen verschlang das Meer. Der König floh mit Dahud, die zu ihm aufs Pferd gesprungen war. Da erschien der heilige Guénolé und befahl dem König, Dahud in die Fluten zu stoßen. Erst als dies nach wiederholter Aufforderung geschehen war, denn König Gradlon liebte seine Tochter über alles, zog sich das Meer wieder zurück. Die Stadt Ys aber blieb versunken. Zuweilen jedoch soll Dahud, nunmehr in die Fee Morgane verwandelt, mit ihrem Gesang die Fischer auf den Grund des Meeres locken.

Auch im Wald von Huelgoat, den wir schon kennen, treibt Dahud ihr Unwesen. Nicht weit von Artus' Lager stürzt sich dort der »Rivière d'Argent«, der »Silberfluß«, einen gefährlichen Abgrund vom Felsen hinunter, um unter einem Chaos von Granitblöcken zu verschwinden. Hier hat die Prinzessin von Ys die Körper ihrer ausgedienten Liebhaber in die Tiefe geworfen. Wo der Fluß dann unten im Tal wieder auftaucht, weitet er sich zum »Etang-aux-Fées«, dem »Feenteich«, einem zauberhaften und verzauberten Ort.
Dahud-Morgane: eine weitere Gleichung im magischen Kreis des Zauber- und Feenreichs rund um die Artuswelt. Daß neben den Feen auch Nixen als Ahnfrauen, Schwestern und Schicksalskräfte das Artusreich so üppig bevölkern, hängt mit dem Meer zusammen, das von den Rittern der Tafelrunde so oft befahren wurde. Alle Meerfahrten aber waren auch »Morgenlandfahrt« – Suche nach dem Zeitlosen, nach den Inseln des Glücks.

Im Bann der Minne

Inbegriff des Glücks der Artusritter ist die Gunst der Frauen, in deren Liebeszauber die Gewalt der uralten Großen Göttin weiterwirkt, ihr strahlendes und ihr finsteres Gesicht, Freude und Leid. Immer erweist die Minne sich als schicksalhaft für den männlichen Helden. Fast die gesamte Ritterschaft von der Tafelrunde geht mit König Artus bei der letzten Schlacht gegen Mordred zugrunde, weil Ginevras Gatte sich nicht entschließen kann, sich mit Lanzelot zu verständigen. Noch im Traum erscheint Artus der sterbende Gawein, um ihn vor dem Kampf mit Mordred ohne die Kraft seines besten Ritters zu warnen. Doch die Kränkung, die Lanzelot dem König durch seine schicksalsbestimmte Liebe zu Ginevra zufügen mußte, macht eine Verständigung unmöglich.

In keinem Epos des Mittelalters ist das Unausweichliche der Liebesleidenschaft auf so elementare Weise dargestellt worden wie in der Sage von Tristan und Isolde. Und kein Dichter hat den Stoff mit solch gedanklicher Präzision und verbaler Kunstfertigkeit zu bearbeiten verstanden wie Gottfried von Straßburg zu Beginn des 13. Jahrhunderts in seiner Fragment gebliebenen Tristandichtung. Im Prolog dieses nahezu 20 000 Verse umfassenden schönsten Liebesromans des Mittelalters schreibt der hochgebildete Dichter, von dessen Biographie wir jedoch so gut wie gar nichts wissen:

»Liebe ist ein alsô saelic dinc,
ein alsô saeleclîch gerinc,
daz nieman âne ir lêre
noch tugende hât noch êre.«

»So beglückend ist die Liebe,
und ein so heilsames Streben,
daß niemand ohne ihre Lehre
Tugend hat noch Ehre.«

Er fügt aber auch noch hinzu:

»Swem nie von liebe leit geschach,
dem geschach ouch liep von liebe nie.
liep unde leit diu wâren ie
an minnen ungescheiden.
man muoz mit disen beiden
êre unde lop erwerben
oder âne sî verderben.«

»Wem nie durch Liebe Leid geschah,
Erfuhr durch sie auch niemals Glück.
Von jeher waren Freud und Leid
in der Liebe ungeschieden.
Mit beiden zusammen muß man
Ansehen und Lob erwerben
oder ohne sie verderben.«

Die ganze unsterbliche Geschichte von Tristan und Isolde gipfelt in dieser Einheit von Liebe und Leid, bis hin zu der letzten Vereinigung der beiden großen Liebenden im Tod. Den sakralen Charakter dieser Liebe und ihr Verströmen ins Kosmisch-Unendliche hat Richard Wagner in Musik umgesetzt. Seine Oper »Tristan und Isolde« klingt aus mit dem Liebestod Isoldes, die angesichts des toten Geliebten noch einmal alle Wonnen mit ihm durchlebt, um verklärt an seiner Seite niederzusinken:

»In dem wogenden Schwall,
in dem tönenden Schall,
in des Welt-Atems
wehendem All, –
ertrinken,
versinken, –
unbewußt, –
höchste Lust!«

Verführerischer kann Liebe in der Ambivalenz ihrer Erscheinungsweisen und der autonomen Macht ihres Anspruchs nicht dargestellt werden. Wenn aber Gottfried von Straßburg, aus dessen Epos Wagner schöpfte, die »vollkommene Leidenschaft« seiner »edlen Liebenden« in den Versen beschrieb:

»ein man ein wîp, ein wîp ein man,
Tristan Isolt, Isolt Tristan«

»Ein Mann, eine Frau, eine Frau, ein Mann,
Tristan Isolde, Isolde Tristan«,

dann liegt in dieser artistischen Sprachformel mehr als das Wortspiel einer bloßen Geschlechtervereinigung. Die Verse weisen in ihrer Komprimiertheit vielmehr auf das göttliche Gesetz der Liebe überhaupt hin, dem keine Macht auf Erden widerstehen kann. Es ist die Göttin der Liebe selbst, die über dem Geschehen steht. Deshalb ist auch die berühmte Minnegrotte in Gottfrieds »Tristan« ausdrücklich der Liebesgöttin, »der gottinne Minne«, geweiht, und diese Göttin wird wiederum von Isolde, die »schöner als eine Fee« ist, repräsentiert.

»Ja, Herr, da drinnen sind
ein Mann und eine Göttin«

berichtet ein Jäger, der die Minnegrotte fand, dem eifersüchtigen König Marke:

»Sie liegen in einem Bette
und schlafen um die Wette.«

Als Marke die Zufluchtsstätte der Liebenden in Augenschein nimmt, findet er seinen Neffen und seine Frau voneinander abgewandt im Schlaf, ein blankes Schwert als Schutz ihrer Keuschheit zwischen sich. Die List verfängt – eine Miniatur aus einem deutschen Manuskript des 13. Jahrhunderts stellt diese Szene in naiver Direktheit dar –, und König Marke, der die beiden verbannt hatte und sie nun wieder bei sich aufzunehmen gedenkt, geht durch ein Wechselbad von Gefühlen, das der Dichter meisterhaft schildert:

»Sein Körper und sein Herz im Inneren
gefroren vor Schmerz
und auch vor Glück.
Daß sie so getrennt lagen,
freute und betrübte ihn.
›Freute‹ meine ich, weil er glaubte,
sie wären ohne Falsch.
›Betrübte‹ meine ich, weil er sie verdächtigt hatte.
Er sagte in seinem Herzen:
›Gnädiger Gott,
was kann das bedeuten?
Wenn irgend etwas zwischen ihnen geschehen ist,
wie ich lange geargwohnt habe,
warum liegen sie dann so?

Die Frau soll sich dem geliebten Mann doch
stets in die Arme und
an die Seite schmiegen.
Warum liegen diese beiden Liebenden so?‹
Zu sich selbst fuhr er fort:
›Ist trotzdem etwas dran?
Liegt hier Schuld vor oder nicht?‹
Damit erwachten erneut die Zweifel:
›Schuld?‹ sagte er. ›Gewiß ja.‹
›Schuld?‹ widersprach er. ›Gewiß nicht.‹«

König Marke läßt sich durch das Schwert zwischen Tristan und Isolde täuschen. Holzschnitt aus der »Historie von Tristan und Isolde«, 1484.

Tristan und Isolde aber liebten sich so sehr, wird gesagt, daß nicht einmal König Artus in der Lage gewesen wäre, durch ein Fest seiner Hofhaltung den beiden mehr Vergnügen zu bereiten, als ihre selige Zweisamkeit es ihnen verschaffte. Ihre Liebe war ihre Nahrung, so heißt es, und sie brauchten sich nur anzusehen, um die Einöde ihrer Minnegrotte zum Paradies werden zu lassen.

»Ihr treues Gefolge
waren die grüne Linde,
die Schatten, die Sonne,

der Bach, die Quelle,
Blumen, Gras, Laub und Blüten,
die das Auge erquicken.
Ihnen diente der Vogelsang,
die makellose kleine Nachtigall,
die Drossel, die Amsel
und andere Waldvögel.
Zeisig und Lerche
lagen miteinander
im Wettstreit.
Dieser Hofstaat diente beständig
ihren Ohren und Sinnen.
Ihr Fest war die Liebe,
die höchste aller Freuden.
Sie bot ihnen in ihrer Dienstbarkeit
tausendmal am Tage
König Artus' Tafelrunde
und ihr ganzes Gefolge dar.«

Gottfried von Straßburg hat mit seinem »Tristan« der viel älteren Sage eine Fassung gegeben, die als Höhepunkt dieser mittelalterlichen Liebesdichtung in ihrem dem Eros verhafteten Unbedingtheitsanspruch bezeichnet werden darf. Dabei läßt der Facettenreichtum seines Romans weder eine einheitliche Deutung noch eine klar durchschaubare Aufgliederung der Motive hinsichtlich ihrer Ursprünge zu. Gottfrieds Quelle, auf die er sich ausdrücklich beruft, ist »Thômas von Britanje«, allem Anschein nach ein in der zweiten Hälfte des 12. Jahrhunderts am englischen Hof Heinrichs II. lebender Dichter, der im Auftrag Eleonores für ein anglo-normannisches Publikum seinen altfranzösischen »Tristan« schrieb, in dem er sich selbst zweimal als Autor nannte. Sonst wissen wir von ihm, der gemeinhin als Thomas d'Angleterre (1160/65) bezeichnet wird, nicht mehr als von Gottfried auch. Seinem Werk gingen aber bereits andere Versionen voraus, darunter eine französische »Estoire«, die möglicherweise dem verlorengegangenen »Tristan« des Chrétien de Troyes gleichzusetzen ist. Auch der aus dem Braunschweigischem stammende Eilhart von Oberge schrieb um 1170 ein Tristanepos mit dem Titel »Tristrant und Isalde«. Dazu waren noch frühere, unhöfische spielmännische Bearbeitungen und sicher auch mündliche Überlieferungen im Umlauf. Dieser Stoff einer Liebe, die sich über alle Schranken gesellschaftlicher Konventionen hinwegsetzt, wurde stets mit Begierde aufgenommen. Die Sage ist sicher keltischer Herkunft und hat ihre Heimat in Britannien und Irland. Aber auch Einflüsse eines persischen Liebesepos sowie die Übernahme von Motiven aus einer Liebesgeschichte des arabischen Poeten Kais ibn Doreidsch sind zu verzeichnen. Die Quellenlage ist diffizil und kontrastreich. Doch sie zeigt, welche Faszination von dem Thema ausging. Ein »Ur-Tristan« allerdings ist nicht mehr verifizierbar. Ulrich von Türheim und Heinrich von Freiberg setzten 1240 und um 1300 das Fragment des Gottfried von Straßburg fort. Eine Reihe weiterer Bearbeitungen späterer Zeit gab es dann in England, Frankreich, Italien, Spanien und Deutschland. Sie reichen vom 18. bis ins 20. Jahrhundert. Den Erforschern der Literatur des Mittelalters gibt der Tristanstoff noch heute die meisten Rätsel auf.

Tristan und Isolde: ein Thema der Weltliteratur. Der in allen Künsten ausgebildete Held ist ein ähnlich listenreicher Mann wie der Odysseus der griechischen Sage. Er versteht es ebenso meisterhaft, die keltische Harfe zu spielen wie Florett und Schwert zu gebrauchen. Für König Marke, seinen Onkel, wirbt er um die blonde Isolde, die Königstochter aus Irland. Sie hatte bereits vorher seine Wunden, die er sich als Drachentöter zuzog, durch ihre Feenkunst geheilt. Ein versehentlich genommener Liebestrunk, für Isolde und Marke bestimmt, kettet die beiden leidenschaftlich aneinander. In älteren Fassungen wird das Paar auch ohne Zaubertrank vereint. Dieser wurde nicht zuletzt deshalb in die Geschichte eingeführt, um Ehebruch und Betrugsmanöver der Liebenden König Marke gegenüber zu rechtfertigen. Schon auf der Überfahrt von Irland nach Cornwall erreichten Tristan und Isolde »das Ziel ihres gemeinsamen Wollens«, wie es bei Gottfried heißt, was ihnen eine überaus erfreuliche Seereise bescherte, jedoch auch »ein leit: daz was Îsôte wîpheit« – die Sorge um Isoldes dabei verlorene Jungfräulichkeit. Doch die Liebe, meint der Dichter, lehrt selbst aufrichtigen Menschen zuweilen »auf Betrug bedacht zu sein«, und so wurde die schöne und noch jungfräuliche Begleiterin Isoldes, Brangäne, König Marke in der Hochzeitsnacht untergeschoben. Eine derartige Handlung, zusammen mit den späteren Listen des Paares gegenüber König Marke im Dienst einer sich über alle Moralgesetze erhebenden Liebesleidenschaft mußte im 19. Jahrhundert einen Wissenschaftler wie Karl Lachmann, den Mitbegründer der Germanistik, sittlich entrüsten. Er testierte Gottfrieds Epos bei aller Anerkennung seiner formalen Kunstfertigkeit inhaltlich »Üppigkeit und Gotteslästerung«. Lachmanns Urteil über diesen viel tiefer reichenden mittelalterlichen Liebesroman wirkte sich noch längere Zeit hemmend auf die Forschung aus.

Vor allem aber war es Joseph von Eichendorff, der Gottfrieds Dichtung 1857 in seiner »Geschichte der poetischen Literatur Deutschlands« auf eine Weise kritisiert, die auch in unserem Zusammenhang nicht uner-

wähnt bleiben soll. Eichendorff nimmt nämlich Fehlinterpretationen vorweg, die bis zum Artus-Sagenkreis reichen, von dem dann, werden seine mythisch-matriarchalen Wurzeln übersehen, nur noch eine germanophile Krieger- und Männlichkeitssaga übrigbleibt. Eichendorff urteilt:
»Der Stoff des Gedichtes ist durchaus gemein: die Verführungsgeschichte einer verheirateten Frau, die gern Lob und Ehre und Seele ihrer ehebrecherischen Liebesbrunst opfert; ein artiger, sich vor den Damen niedlich machender Fant, wie wir ihm wohl allezeit unter den eleganten Pariser Pflastertretern begegnen, der sich in seiner liebenswürdigen Flatterhaftigkeit zuletzt noch gar in eine zweite Isolde verliebt; und endlich ein schwacher Ehemann... Es ist in dem Ganzen allerdings eine indirekte tiefmoralische Lehre verborgen, aber wer mag sie in diesem betäubenden Duft der Giftblumen erkennen und herausfinden, ohne sich vielleicht tödlich zu verwunden?«
Was bleibt, ist eine »gleißende und funkelnde Kette von Abscheulichkeiten«, charakteristisch für die Gottfriedsche Schule und »die laxe weltmännische Lebensansicht des Meisters, die mit Sage und Heldentum nichts mehr anzufangen weiß...«
Man fröstelt etwas bei solchen Formulierungen. Schon stehen die Literatur- und Kulturpolitiker des Tausendjährigen Reiches mit ihrer Verurteilung alles Weltläufig-Undeutschen als »Asphaltliteratur« vor der Tür. Ganz deutlich tritt diese Tendenz 1860 in Vilmars »Geschichte der deutschen National-Literatur« zutage, wo über Gottfrieds »hartstirnige Frechheit« und »nackte Schamlosigkeit« gesagt wird, »daß manche dieser Dinge auf Rechnung der französischen Bearbeiter, und der schon damals in hoher Blüte stehenden französischen Leichtfertigkeit, Frivolität und Lüsternheit kommt; die Grundzüge dieser schamlosen Unsittlichkeit liegen bereits in den britischen Erzählungen selbst.«
Doch schon ein Jahr vor dem Verdikt dieses Literaturwissenschaftlers und ebenso unbeeindruckt von Eichendorffs Empörung hatte Richard Wagner sein Musikdrama über »Tristan und Isolde«, das 1865 uraufgeführt wurde, begonnen. Er benutzte die geschmähten Quellen und erfaßte intuitiv den darin liegenden Feenzauber der Liebe, den er in Musik verwandelte. In diesem Zauber aber, wir wissen es längst, wirkt nichts anderes als die Macht der Großen Göttin selbst.

Beim Versuch, zum Kern der Tristansage durchzustoßen, tritt wieder das frühzeitliche Muster der »Heiligen Hochzeit« in Erscheinung, die der Heros mit der Göttin, Tristan mit Isolde, feiert. Vorher tötet Tristan Morholt, eine Symbolfigur des Vorgängerkönigs. Dann tritt er seine Inselfahrt nach Irland an, in einer älteren Fassung ausgesetzt in einem

Kahn, dem Zufall von Wind und Wellen preisgegeben, begleitet nur von seiner Harfe. Das Meer trägt ihn in Isoldes Land. Die Fee heilt seine Wunden. Und noch ein zweitesmal macht er nicht weniger mysteriös die Fahrt über die See, tötet einen grauenhaften Drachen und wird wiederum von Isolde geheilt. So wird Irland zu einem anderen Avalon, Isolde zu einer anderen Morgane und Tristans Meerfahrt zur Jenseitsreise. In der Vereinigung der Liebenden aber liegt in patriarchalischer Zeit die Revolte der Frau gegen den aufgezwungenen Gatten, den ungeliebten König Marke. Die Göttin bestimmt über ihre Liebe frei. Der Liebestrank, den beide im mittelalterlichen Epos unwissend einnehmen, ist in seiner archaischen Form ebenfalls mehr als bloßer Rechtfertigungsgrund für den Bruch einer Ehe, die nach alter, matriarchalischer Ordnung nie zustande gekommen wäre. Er bereitet nach dem Gesetz der Göttin die Heilige Hochzeit mit ihrem Heros vor. Es ist, wie Heide Göttner-Abendroth es formuliert, die rituelle Überreichung eines Kelches, »einer magischen Schale, die zwischen beiden getauscht wird wie zwischen Erin und Lug«. Von Erin, der nordischen Liebes- und Fruchtbarkeitsgöttin, hat Irland seinen Namen. Die blonde Isolde aber ist zugleich eine keltische Sonnengestalt, ohne die Tristan nicht leben kann. So wird er, im umgekehrten Verhältnis zur sonst in den Mythen vorherrschenden Mondgöttin, zum Mondmann, der sein Licht durch sie empfängt. Das erinnert an den Siegfried der germanischen Sage. Sein Schicksal ist an das der Walküre geknüpft, die als Sonnenkönigin inmitten eines Flammenmeeres thront, das er durchschreiten muß.

Dies alles sind poetische Bilder für das der Liebe innewohnende Unbegreifliche, das Kosmische und Schöpferische. Der Sagenkranz rund um die Tafelrunde ist ganz davon durchdrungen. Als Ritter der Tafelrunde wurde Tristan erst spät, erst im 13. Jahrhundert, dem Artuskreis integriert. Enthusiastisch schildert Thomas Malory dann später seine Aufnahme in Camelot: »König Artus nahm Sir Tristan bei der Hand und führte ihn zu der Runden Tafel. Da kamen die Königin Ginevra und viele andere Damen, und alle riefen zugleich: Willkommen, Sir Tristan! Willkommen! riefen die Fräulein und Willkommen! die Ritter. Willkommen, sagte Artus, einem der besten Ritter und dem edelsten und ruhmreichsten Mann der Welt.«

Vorhergegangen war ein Zweikampf Tristans mit Lanzelot, ohne daß beide sich erkannt hätten. Der Tjost fand am Grabe zweier anderer Liebender statt, die mit Hilfe von Merlins Zauberkunst unter einem gemeinsamen Stein bestattet worden waren, von dem der Magier prophezeit hatte, »daß an eben dieser Stelle zwei der besten Ritter, die zu Artus' Zeiten lebten und zugleich die besten Liebenden wären, miteinander kämpfen würden«.

Ein Nachwehen uralter Einweihungsrituale in die geheimnisvollen Tempel von Liebe, Leben und Tod scheint in solchen Konstellationen noch spürbar zu sein, in denen eine spätere Zeit ihr Utopia von Rittertum und Edelmut errichtete. Als nach vierstündigem Kampf die Harnische der Kämpfenden zu Bruch gingen und die »glänzenden Schwerter über und über mit Blut bedeckt« waren, hielten sie in Bewunderung voreinander inne und Lanzelot stellte sich vor: »Edler Ritter, mein Name ist Lanzelot vom See. Wehe, sagte Sir Tristan, was habe ich getan? Ihr seid der Mann, den ich am meisten in der Welt liebe. Edeler Ritter, erwiderte Lanzelot, sagt mir Euern Namen. So hört, mein Name ist Sir Tristan von Liones. O Jesus, rief da Sir Lanzelot, was ist mir zugestoßen! Und damit kniete Lanzelot nieder und streckte Tristan sein Schwert entgegen. Und im selben Augenblick kniete Tristan nieder und hielt Lanzelot sein Schwert hin. So erkannte jeder dem anderen den Sieg zu. Und dann gingen beide zu dem Stein, setzten sich darauf nieder und nahmen den Helm ab, um sich abzukühlen, und sie küßten einander viele Male. Schließlich ritten sie nach Camelot...«
Mit Lanzelot hat Tristan in der Tat das Wichtigste seiner Existenz gemeinsam: die Rolle des Heros an der Seite einer göttlichen Frau, die aber die Gemahlin eines Königs ist, dem er durch Bande des Blutes verbunden ist wie Lanzelot Artus durch Freundschaft. Beiden begegnet die Liebe als elementare Macht, dem einen in Gestalt der Ginevra-Gwenhyfar, dem anderen in der der blonden »gottinne« Isolde. Und beider Liebe ist nur möglich im Ehebruch.
Es entbehrt nicht einer gewissen Pikanterie, daß die Niederschriften dieser zwei Dreiecksgeschichten (Artus-Ginevra-Lanzelot und Marke-Isolde-Tristan) von zwei hohen Frauen angeregt wurden, die in engster Beziehung zueinander standen: der »Tristan« des Thomas d'Angleterre von Eleonore von Aquitanien, der »Lanzelot« des Chrétien de Troyes von deren Tochter Marie de Champagne. Sicher ging es an den Höfen dieser beiden Damen recht freizügig zu. Die französisch-aquitanische Kultur, von der Eleonore so viel wie möglich nach England zu vermitteln trachtete – was die Germanisten des 19. Jahrhunderts offensichtlich störte –, war alles andere als prüde. Im Unterschied zur kirchlichen Sexualmoral konnte hier schon einmal die zwingende Kraft der Liebe wichtiger genommen werden als der die Gesellschaftsordnung stabilisierende Sittenkodex. Zudem handelte es sich ja um Bearbeitungen alter Sagenstoffe, die in einem geschlossenen höfischen Kreis vorgetragen wurden und deren Autoren ansonsten dem christlichen Weltbild verpflichtet waren. Von Chrétien wissen wir allerdings, daß er in seinen Werken auch Texte von Ovid adaptierte. Er kannte dessen unbefangene »Ars amatoria« – die berühmte »Liebeskunst« der an-

tiken Römer – ebenso wie andere Dichtungen des von ihm zum Teil übersetzten Poeten, der einmal spottete, »keusch ist nur eine Frau, die niemand versucht hat«.

Dennoch hält sich die Liebesgeschichte von Lanzelot und Ginevra bei aller Freizügigkeit in der Schilderung der ehebrecherischen Beziehung mehr an das höfische Minneideal des Artuskreises als die von Tristan und Isolde. In diesem Epos wird der Konflikt zwischen autonomer Liebe und sozialer Ordnung eindeutig zu Gunsten der Liebe ausgetragen. Noch unausweichlicher als im »Lanzelot« macht sie als eine Schicksalsmacht magischen Charakters jenseits aller Moralvorstellungen und Konventionen ihre Rechte geltend. Lanzelots Liebe zu Ginevra bleibt die letzte Erfüllung versagt. Bei Tristan wird sie in der Einswerdung mit Isolde über den Tod hinaus gefeiert. Auch leidet Lanzelot schwer unter dem Bruch der Freundschaft mit Artus, der ihm einst bis zur Eifersucht vieler anderer Ritter der Tafelrunde zugetan war.
Indem Lanzelots Liebe zur Königin den Untergang des Artusreiches mit bewirkt, zeigt sie ihr schuldhaftes Gesicht, rechtfertigt sie die gesellschaftlichen Moralvorstellungen und den christlichen Sittenkodex. In dieser Version der Geschichte sind aber, wie schon früher erwähnt, die archaischen Züge der Lanzelot-Ginevra-Konstellation bereits getilgt.

Die ganze Schärfe des Gegensatzes einer matriarchalen Liebesauffassung zur kirchlich-patriarchalen Rigorosität eines radikalen Keuschheitsgebotes zeigt sich in einer der bekanntesten Abhandlungen des Mittelalters über die Moral, in der »Summa« des Wilhelm von Peyraut aus der ersten Hälfte des 13. Jahrhunderts. Peyraut-Peraldus, der spätere Prior des Dominikanerklosters in Lyon, behandelt darin ausführlich den Ehebruch, aber auch andere unerlaubte Formen der Liebe. Dabei warnt er generell vor dem Umgang mit Frauen, reize doch ihr bloßer Anblick bereits zur Unzucht. Er schreibt: »Setzen wir den Fall, daß einer nichts Böses gedacht, gesagt oder getan und alle guten Taten, die sich denken lassen, verübt hätte und nur einmal unerlaubten Beischlaf gepflegt und so ohne Buße aus dem Leben scheidet, so wird er notwendig verdammt sein. Wenn alle Messen, die bis ans Ende der Welt gefeiert werden, von der Kirche für ihn gefeiert würden, so würden sie ihn vom ewigen Tode nicht befreien.«
Ein Lanzelot, geschweige denn ein Tristan, müßten da verzweifeln. Doch die Lanzelot-Dichtung urteilt milder. Ein Eremit erklärt darin dem Artusritter, allein schon eine einzige seiner Heldentaten, wie die Tötung eines teuflischen Menschen, dessen Bosheit die Einwohner

ganzer Länder in Armut und Kummer stürzte, reiche aus, damit »euch Unser Herr alle eure Missetaten vergeben« würde. Damit sind natürlich Lanzelots unerlaubte Beziehungen zu Ginevra gemeint. Analysiert man aber die Strukturen dieser mittelalterlichen Love-story etwas eingehender, kommt auch hierin wieder das bekannte Muster eines Göttin-Heros-Verhältnisses zum Vorschein. Von Anfang an tritt Ginevra, die Minneherrin, Lanzelot wie eine Göttin gegenüber. Sie ist die Verkörperung jenes Prinzips des »Ewig-Weiblichen«, das uns nach Goethe »hinanzieht«. Daß Ginevra dabei, ähnlich wie Morgane, gelegentlich ein nicht geringes Maß an Verschlagenheit in Liebesdingen an den Tag legt, unterstreicht im »Prosa-Lanzelot« nicht nur ihre auf einem beachtlichen psychologischen Niveau stehende erotische Verführungskunst. Es ist auch ein Stilmittel, durch das die »Göttin« vermenschlicht und dem Leser nähergebracht wird. Lanzelot ist der ihr bestimmte Heros, den schon die Lady vom See mit aller feenhaften Liebesmacht und Liebessehnsucht ausgestattet hat. Hierin übertrifft er selbst Artus, den »meienbaeren man«, den er nach altem mythischem Gesetz als Nachfolger bei der Königin ablöst. Artus hatte von der Fee auch nicht die Segnungen des Eros erhalten, sondern Excalibur, das Schwert. So bleibt Artus, bei allem Liebeszauber, der auch ihn umgibt, seinem Wesen nach doch mehr der patriarchale Kriegerkönig, dem Minne nicht so viel bedeutet wie Lanzelot. Auch der schottische Dichter Sir Walter Scott (1771–1832) beurteilt ihn so in seinem sonst recht vordergründigen Gedicht:

»Ja, Arthur der kühne Monarch,
zog lieber aus auf verwegenen Fahrten
durch Heide und Wald in Rüstung und Schild,
als daheim im Königsgemach,
in prächtiger Kleidung der Dinge zu harren.

Das Splittern der feindlichen Speere,
die an seiner Rüstung zerbrachen,
klang süßer ihm in den Ohren
als der Höflinge wisperndes Lachen.
Viel schöner erschien ihm das Klirren
Excaliburs auf Feindeshäuptern
als all die schönen Balladen,
die ihm die Barden sangen,
um ihn zu loben und zu preisen.

Viel lieber war er am Wald und am Bach
als daheim in Guineveres Brautgemach.

So zog er frohen Mutes fort, verließ die liebliche Dame,
um Abenteuer zu bestehen, voll Schrecken und voller
Gefahren.
Der leichtherzige König ahnte nicht, daß diese,
sobald er gegangen, einem anderen ihr Lächeln schenkt –
dem tapferen Lanzelot.«

Zwischen Lanzelot und Ginevra kommt es dabei zu einem Minne-Reliquienkult von ausgeprägt fetischistischem Charakter. So etwa, wenn Lanzelot Ginevra zuliebe in der entwürdigenden Rolle eines Karrenritters, wie in Chrétiens »Chevalier de la Charette«, auftritt und sich folgende Szene an einer Furt abspielt, deren Durchgang von einem Ritter versperrt wird: »Wollte selbst dein Herr, König Artus, herüber«, prahlte der Ritter, »so müßte er mir Zoll geben, wie die Königin, seine Frau, noch gestern tat, die mir einen Elfenbeinkamm schenkte, den schönsten, den meine Augen jemals sahen, mit Gold bemalt; und die großen Zähne waren ganz voll von ihrem Kopfhaar.«
»Laß mich den Kamm sehen«, begehrte Lanzelot, »ich gebe dir auch meinen Zoll.« – »Du siehst ihn nimmer, so Gott will«, entgegnete der Ritter, »er liegt jetzt noch dort auf dem Stein.« – »Dann muß ich ihn sehen«, sprach Lanzelot und galoppierte dorthin.
Der Ritter ist schneller als er. Es kommt zum Zweikampf. Lanzelot bleibt Sieger, und der Ritter ergibt sich ihm. Als Lanzelot nun aber »zum Stein gelangte und den Kamm nehmen wollte, da blieb er ganz still stehen und besaß nicht die Kraft, daß er ihn vom Stein aufheben konnte, so betäubt war er«. Eine Jungfrau, die unter seinem Schutz stand und ihn begleitete, reichte ihm das Objekt seiner Begierde. »Er zog die Haare allesamt heraus und stopfte sie an seine Brust dicht unter seine Haut...« Dem Ritter aber schenkte er die Freiheit, und »das tat er wegen der großen Freude, die er an dem Haar hatte«.
Auch Ginevra steht unter dem gleichen Liebeszauber. Als Lanzelot ihr nach einem seiner Abenteuer seine eigenen Haare schickt, die ihm nach dem Trunk in einer durch zwei Schlangen vergifteten Quelle ausgefallen waren, küßt die Königin sie und streicht sich damit wie mit einer Reliquie über die Augen.
Diese Art von Fetischismus findet sich auch in Wolframs »Parzival«. Darin wird berichtet, wie Gachmuret, der Vater des Gralshelden, bevor er in den Kampf ging, »ein hauchdünnes weißes Seidenhemd seiner Gemahlin, der Königin, das sie auf bloßem Leibe zu tragen pflegte«, über seine Rüstung zog, während Herzeloyde von ihm gleich achtzehn von Lanzenstößen und Schwerthieben zerfetzte Hemden besaß, die sie ebenfalls zu benutzen pflegte: »Sie trug diese Zeugen siegreicher Kämp-

fe auf der bloßen Haut, wenn ihr Gebieter nach ritterlichen Kämpfen, in denen er so manchen Schild durchbohrte, zurückkehrte.«
Das gleiche Motiv findet sich übrigens auch in einer der aus dem Poitou stammenden Anekdote um Eleonore von Aquitanien. Als diese noch Königin von Frankreich war, soll der ihr ergebene Ritter Saldebreuil es für sie gewagt haben, einzig mit ihrem Hemd bekleidet gegen einen voll gerüsteten Ritter anzutreten. Sehr zum Ärger Ludwigs VII. wäre die junge Königin nach dem Tjost ihres Verehrers in dessen blutigem Kleidungsstück bei Tisch erschienen und hätte Saldebreuil als Dank für seinen Minnebeweis besonders liebevoll gesundgepflegt.
Innerhalb der mittelalterlichen Sittengeschichte entfaltet das 12. Jahrhundert ein hohes Maß an sexuell stimulierter Kühnheit. In der Literatur, nicht nur bei Wolfram oder dem Lanzelotdichter, findet sich ein Reliquienkult der Minne, der zuweilen ans Pathologische und Lächerliche grenzt. Andererseits aber ist darin der gleiche psychische Mechanismus wirksam, wie er sich in der dann nicht weniger übersteigerten kirchlichen Reliquienverehrung offenbart, oder gar in der üppig wuchernden Blut- und Wundenmystik späterer berühmter Glaubensmänner. Da rinnt in den Bächen des Paradieses das heilige Blut Christi, verzückte Frauen fühlen sich ganz davon überströmt, Heilige, wie Katharina von Siena (1347–1380), glauben, aus Christi Wunden getrunken zu haben, andere werden begnadet, aus Mariens Brüsten sich zu laben.
Zu letzteren gehört der aus der Bretagne stammende Dominikaner Alain de la Roche, der über jeden der Körperteile der Gottesmutter ausführlich zu meditieren empfiehlt und als Lehrmeister seines Ordensbruders Jakob Sprenger im 15. Jahrhundert einer der geistigen Väter des berüchtigten »Hexenhammers« war. Im 14. Jahrhundert läßt sich Jan van Ruysbroeck (1293–1381), der größte niederländische Mystiker und Prior des Augustinerchorherrnstifts von Groenendal, gleich selbst ganz vom Heiland verzehren, denn dieser ist »ein gieriger Schwelger und hat den Heißhunger; er verzehrt unser Mark aus unseren Knochen. Trotzdem gönnen wir es ihm wohl, und wir werden es ihm um so mehr gönnen, je besser wir ihm schmecken... Er bereitet seine Speise und verbrennt in Minne all unsere Sünden und Gebrechen.« Der französische Mystiker Jean Berthelemy schwärmt in umgekehrter Richtung über die Einswerdung mit Gott: »Ihr werdet ihn essen, im Feuer gebraten, gut gesotten, nicht angebrannt noch verbrannt. Denn wie das Osterlamm zwischen zwei Feuern von Kohle und Holz wohl gekocht und gebraten wird, so ward der süße Jesus am Karfreitag an den Spieß des würdigen Kreuzes gesteckt zwischen den Feuern sehr angstvollen Todes und Leidens, und von sehr brennender Liebe und Minne, die er für unsere See-

len und für unser Heil trug, ward er gleichsam gebraten und langsam gesotten, uns zu retten.«
Der Minnekult der Artusritter, einschließlich seiner fetischistischen Züge, ist tendenziell nicht weniger sakral wie die Ausdrucksweise der christlichen Mystiker. Was sich bei diesen aber unter dem Druck einer leibfeindlichen Doktrin als Produkt der Verdrängung in um so skurrileren Bildern einer nur mühsam als Gottesminne kaschierten Sexualität äußert, bleibt im Feen- und Wunderland der Artuswelt, in dem jener »Traum von Heldentum und Liebe« geträumt wurde, den Johan Huizinga auch noch dem »Herbst des Mittelalters« zugestand, gleich umweglos jenem Ziel der Liebe zugeordnet, das von jeher die Frau als Göttin gewesen ist.
Wie zu einer Göttin schaut auch Lanzelot zu Ginevra auf. Als die Königin bei seinem Kampf, den er zu ihrer Befreiung gegen Meleagant führte, der sie in einer Burg gefangen hielt, ihr Antlitz enthüllte, verlor er darüber so sehr die Besinnung, »daß ihm das Schwert beinahe aus der Hand gefallen wäre. Er blieb stehen und sah sie an und hörte dabei so mit Fechten auf, daß es alle, die es bemerkten, verwunderte, was ihm widerfahren sei, sich so zu gebärden... Lange verhielt sich Lanzelot so, daß er sich nicht wehrte; und alle, die ihn sahen, glaubten, er sei besiegt, und mancher weinte, der ihn noch nie gesehen hatte.«
Selbstverständlich befreit er Ginevra schließlich doch. Sein abenteuerlicher Weg zu ihrem Gefängnis aber in der rätselhaften Stadt Gorre verweist deutlich auf deren übernatürliches Wesen; denn mit diesem Weg verbindet sich das Wagnis des Eindringens in die »Autre Monde«, die »Anderswelt«. Das geheimnisumwitterte Gorre liegt nämlich jenseits der gefürchteten »Schwertbrücke«, deren messerscharfe Schneide der Held überwinden muß. Bevor er sich auf die Brücke wagt, nähen seine Gefährten ihm die offenen Rüstungsteile unter den Beinen mit Eisendrähten zusammen und streichen seine Oberschenkel und Handflächen mit einer Schutzschicht heißen Peches ein. Trotzdem zerschneidet ihn die Schwertbrücke noch so sehr, daß ihm an Händen, Füßen und Oberschenkeln das Blut durch die Rüstung rinnt. Ein fürchterlicher Übergang zur Festung der gefangenen Königin! Und unter der Brücke tost auch noch ein schrecklich reißender Strom. Doch Lanzelots Liebe zu Ginevra läßt ihn das Abenteuer bestehen. Es kommt zum siegreichen Kampf gegen Meleagant, der die Königin freigeben muß.
Eine ähnlich gefährliche Brücke in die Anderswelt überwindet in der keltischen Mythologie auch der Heros Chuchulain, eine frühere Reinkarnation des Gottes Lug. Offensichtlich verbergen sich hinter solchen Abenteuern alte Initiationsriten, die an schamanische Praktiken erinnern. Der rumänische Religionswissenschaftler und Mythenforscher

Mircea Eliade, auf den Jean Markale in diesem Zusammenhang verweist, bemerkt dazu: »Die Schamanen müssen wie die Abgeschiedenen im Laufe ihrer Unterweltsreise ein Brücke überschreiten. Wie der Tod enthält auch die Ekstase eine ›Veränderung‹, welche der Mythos plastisch durch einen gefährlichen Übergang ausdrückt.«

Ekstatisch, stets auf der Grenze zwischen Diesseitigkeit und Jenseitsbezogenheit, ist auch die Liebe Lanzelots zu seiner vergöttlichten Minnekönigin.

Das Schwertbrücken-Abenteuer, von dem Chrétien de Troyes in seinem »Lanzelot« berichtet, war im 13. Jahrhundert so bekannt, daß es zum Thema der bildenden Künste wurde. In der Kirche von Saint-Pierre in Caen, der Hauptstadt der Unteren Normandie, finden wir unter den sprechenden Kapitellreliefs des mittelalterlichen Schiffes dieses großartigen Gotteshauses auch die Darstellung von Lanzelot, wie er mit angezogenen Beinen und weit ausgestreckten Armen tief hingekauert über das riesige Schwert der magischen Brücke kriecht, unter der die Wellen eines Flusses hochschlagen. Ein Löwe und der mächtige Meleagant erwarten ihn drüben vor einer Burg. Es ist die Festung, in der Ginevra gefangensitzt.

Die Liebesgeschichte von Lanzelot und Ginevra bewegte damals auch die romantischen Herzen der Italiener. Noch vor der großen Zeit der Medici, im letzten Viertel des 13. Jahrhunderts, als Florenz bereits eine der stolzen freien Bürgerstädte der Toskana war, die das Joch der Feudalherrschaft abgeschüttelt hatten, gründeten Kaufleute und Fabrikanten im Juni 1283 eine Gesellschaft, die sich in Nachahmung des Minneglanzes aus dem Artuskreis die »Diener Amors« nannte. Der Chronist Giovanni Villani berichtet darüber: »Diese Gesellschaft hatte keine andere Aufgabe als immerfort Spiele, Vergnügungen, Tanzfeste zu veranstalten, mit jungen Frauen, Kavalieren und Bürgersleuten, und sie zogen mit klingendem Spiel von Trompeten und anderen Instrumenten durch Stadt und Land und hielten Gastmähler miteinander, zu Mittag und zu Abend. Dieser Minnehof dauerte gegen zwei Monate; und es war der schönste und glanzvollste, den es je in Florenz oder in der Toskana gegeben hat.«

Vor diesem kulturgeschichtlichen Hintergrund ist eine der berühmtesten Liebesgeschichten zu sehen, bei der Lanzelot seine Hand im Spiel hatte. Noch im Mai 1283 war nämlich Paolo Malatesta Stadtkapitän von Florenz, jener wegen seiner Schönheit und Eleganz gefeierte Ritter, der kurz darauf in den Armen seiner Schwägerin Francesca da Rimini den Dolchstichen seines eifersüchtigen Bruders zum Opfer fiel. Dante (1265–1321), der dem Hause der Francesca freundschaftlich verbunden war, läßt das Liebespaar in seiner »Göttlichen Komödie« im fünften

Gesang des »Inferno« für das Vergehen büßen. Ein weniger strenger Richter hätte den Fehltritt vielleicht verständlich gefunden; denn Francesca war aus politischen Gründen mit dem ungeliebten und gewalttätigen Gianciotto Malatesta verheiratet worden.

»Francesca,
dein Leid erfüllt mich mit Trauer und Tränen«,

ruft Dante der im zweiten Höllenkreis Schmachtenden zu, von der er zu hören bekommt, wie es zu der unerlaubten Liebesbeziehung zu Paolo kam:

»Wir lasen eines Tages zum Zeitvertreib
von Ritter Lanzelot und wie ihn Liebe quälte.
Wir waren ganz allein und ohne Arg,
doch mußten wir vom Buche manchmal auf
uns in die Augen schauen, und erbleichten.
Was uns besiegte aber war das Blatt,
auf dem wir lasen, wie der große Liebende
die lang ersehnten, die lächelnden Lippen küßte.
Da küßte er, der nie sich von mir trenne!
am ganzen Leibe bebend mir den Mund.
Verführer war das Buch und wer's geschrieben.
An jenem Tage lasen wir nicht weiter.«

Buch und Autor – es handelt sich um Chrétien des Troyes –, die der sittenstrenge Dante als Verführer kritisiert, hatten eine starke Wirkung im Heimatland des großen Dichters des »dolce stil nuovo«, der in seinem Werk die provençalische Troubadourelyrik mit einer platonisch-mystischen Liebeskonzeption verband. Dem »Ewig-Weiblichen« konnte aber auch er sich nicht entziehen: Es ist Beatrice, die unsterbliche Geliebte, an deren Hand er bis in die höchsten Himmelssphären gelangt, von ihr wie von einer Göttin dorthin geführt. Was Dante auf diesem Gipfel der Glückseligkeit erschaut, ist nichts anderes als der Gral in seiner späten, christlichen Gestalt: Gott selbst, der Geist, das »Rad der ewigen Liebe, die da die Sonne regt und alle Sterne«.
Den Rittern von der Tafelrunde offenbart sich dieser Geist auch in Gestalt der Liebesgöttin, deren Zauber sie immer wieder umfängt. Dabei zieht sich freilich ein tragischer Bruch durch alle Geschichten der Minne: der zwischen Seele und Leib. Je mehr die Kirche Leibfeindlichkeit predigte, desto größer wurde die Kluft zwischen der göttlichen Liebe und dem als unrein betrachteten Leib, der auch kein Wohnort des Geistes mehr sein konnte. In der Liebe Lanzelots und Tristans war dann nur noch verdammenswerte Fleischeslust zu sehen, nicht mehr die

leibseelische Einheit, in der sich dem Minnenden die Göttin zeigt. Sie wurde nun zur unnahbaren Herrin, die der keusche Ritter in schmachtendem Verlangen anzubeten hat. Ganz folgerichtig verbannt Dante denn auch Tristan in den gleichen zweiten Höllenkreis der Fleischessünder wie Paolo und Francesca. Er tat das schon deshalb, weil die Geschichte von Tristan und Isolde zur populärsten Legende des Artuskreises in ganz Italien geworden war.
Wie human sind dagegen die mittelhochdeutschen Dichter Ulrich von Türheim und Heinrich von Freiburg, die in ihren Fortsetzungen des Gottfriedschen Epos den Liebenden nicht nur Verzeihung durch König Marke zuteil werden lassen. Marke ordnet auch noch die Überführung der beiden nach Cornwall und ihre Bestattung in zwei nebeneinander stehenden Marmorsärgen an. Dabei wird eine Weinrebe auf Isoldes und ein Rosenstock auf Tristans Grab gepflanzt. Rose und Weinrebe wachsen empor, um sich im Laufe der Zeit innig ineinander zu verflechten.

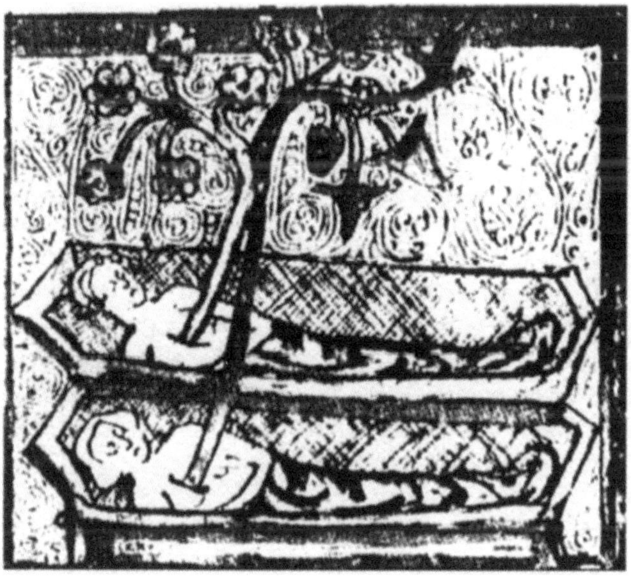

Rose und Weinstock auf den Gräbern von Tristan und Isolde. Mittelalterliche Miniatur

Mit Cornwall aber ist Tristan nicht nur auf so poetische Weise verbunden. Möglicherweise hat er dort, wie auch König Marke, sogar wirklich gelebt. Noch viel älter nämlich als alle literarischen Zeugnisse ist ein schlank aufgerichteter Stein, der »Tristan Stone«, knapp zwei Kilometer nordwestlich vom Zentrum der Hafenstadt Fowey am River Fowey, der, aus dem Bodmin Moor kommend, von dort in den English Channel fließt. Der über zwei Meter hohe Monolith steht heute direkt an der Straße, die von Fowey über Castle Dore nach Lostwithiel führt. Er war ursprünglich etwas nördlicher seines jetzigen Standortes plaziert, stammt aus der Mitte des 6. Jahrhunderts und ist der Grabstein eines Häuptlings oder königlichen Sprößlings. Zwei Balken in T-Form – ein altes Zeichen für das christliche Kreuz – schmücken ihn, und dann: eine heute kaum noch zu entziffernde, in zwei Linien vertikal aus dem Stein herausgeholte Inschrift: DRUSTANUS HIC IACIT FILIUS CUNOMORI – Hier liegt Drustanus, der Sohn des Cunomorus.

Drustanus aber ist die latinisierte Form von Tristram oder Tristan, während es sich bei Cunomorus um den romanisierten Kelten Cynvawr handelt, einen Zeitgenossen des historischen Artus und König von Dumnonien, zu dem damals auch Cornwall gehörte. Wenn es nun stimmt, was ein bretonischer Mönch namens Wrmonoc Ende des 9. Jahrhunderts in seiner Vita von Sankt Pol überliefert, dann wäre dieser Cynvawr auch damals noch überall unter seinem zweiten Namen Mark bekannt und somit König Marke gewesen. Und wenn es weiter richtig ist, daß es sich bei diesem Drustanus-Tristan auf dem alten Grabmal tatsächlich um das historische Vorbild der so weit verzweigten Sage handelt – der Name Tristan war in Cornwall nicht einmalig –, dann hätte er sich als Sohn des Cunomorus-Marke in einer ödipalen Situation befunden, die von den Dichtern in ein weniger anstößiges Onkel-Neffe-Verhältnis umgedeutet wurde. Das ist durchaus denkbar. Zudem paßte es ins altüberlieferte Muster der Onkel-Neffen-Konstellation aus matriarchaler Zeit.

Nur wenige Kilometer nordwestlich vom »Tristan-Stein« liegt unter einer Grasdecke die eisenzeitliche Hügelbefestigung von Castle Dore, nach der Überlieferung Wohnsitz von König Marke. Wir erinnern uns hier an Daphne du Maurier, die in unmittelbarer Nähe dieser prähistorischen Stätte lebte und 1962 den unvollendeten Roman von Arthur Quiller-Couch »Castle d'Or« – »Das goldene Schloß« – zu Ende schrieb, eine moderne Version von Tristan und Isolde.

Ausgrabungen des frühgeschichtlichen Castle Dore in den dreißiger Jahren zeigten, daß der Hügel, ähnlich dem von Cadbury Castle, in der Zeit des historischen Artus neu befestigt wurde. Er wies Baumerkmale auf, die mit der Marke-Überlieferung nicht in Widerspruch stehen. Der Anglonormanne Beroul, dessen »Roman de Tristan« wir noch nicht erwähnten – es ist die erste altfranzösische Versdichtung über Tristan in unhöfischer Form, noch vor dem höfischen Epos des Thomas d'Angleterre –, verlegt Markes Residenz allerdings nach »Lancien«. Damit kann, wie Paul und Sylvia Botheroyd herausfanden, der noch heute in einem stillen Tälchen südlich von Lostwithiel bestehende Weiler »Lantyn« mit seinem schon seit Wilhelm dem Eroberer im »Domesday

Book« registrierten Gutshof Lantyan Manor gemeint sein. Aber auch das ist ein Ort, der noch im weiteren Umfeld von Castle Dore liegt. Ein historischer König Marke wäre also in der gleichen geographischen Region zu suchen. Ganz nahe bei Castle Dore wiederum liegt Golant, ein Dorf, dessen hübsches Kirchlein Saint Sampson sich auf einer Anhöhe über dem River Fowey befindet. Der heilige Sampson war ein weitgereister Missionar mit Verbindungen zu Wales und Irland. Als Zeitgenosse von Artus und Marke gründete er hier ein Kloster. Er starb um das Jahr 560 als Bischof von Dol in der Bretagne. Die nicht mehr erhaltene Kosterkirche von Golant ist in dem Roman von Beroul Schauplatz der Versöhnung König Markes mit Isolde. Im Beisein hoher kirchlicher Würdenträger wird Isolde, die den Geistlichen eine edelsteinbesetzte Seidenrobe schenkt, aus der ein kostbares Meßgewand zu schneidern ist, nach ihrer Flucht mit Tristan von Marke wieder in Ehren als seine Königin aufgenommen. Was daran ist Dichtung, was Wahrheit?
Liest man diese alten Geschichten und folgt ihren Spuren, wird man immer wieder staunen, wie nah sich oft Historie und Legende kommen, wie eng zur Zeit des Mittelalters aber auch die Völker ohne die uns zur Verfügung stehenden modernen Kommunikationsmittel miteinander verbunden waren. So finden wir auch im südlichen Finistère, in der Bucht von Douarnenez, Tristan als todkranken Helden wieder. Auf einer Felsenhöhe über dem Meer hält er dort nach dem weißen Segel Ausschau, das ihm die Ankunft der sehnsuchtsvoll erwarteten Isolde signalisieren soll. Doch die zweite Isolde, die eifersüchtige Isolde Weißhand, die Tristan schließlich geehelicht hatte, ohne die erste große Liebe je zu vergessen, täuscht ihn. Sie kündigt ein schwarzes Segel an, und Tristan stirbt aus Gram. Die richtige Isolde kommt zu spät. Auch sie tötet der Schmerz. So bleiben sie im Tod vereint.
Mit dem poetischen Motiv der beiden Segel greift die mittelalterliche Dichtung auf die Bilderwelt des griechischen Mythos zurück. Auch Theseus setzt zum Zeichen der Trauer ein schwarzes Segel, als er nach Kreta in See sticht, um sich dem Minotaurus zu stellen. Sollte sein Abenteuer gelungen sein, wollte er bei seiner Heimkehr ein weißes Segel hissen. Aus Freude über seinen Sieg über das Ungeheuer aber vergißt er die Abmachung, und als Aegeus, sein Vater, das Schiff mit dem schwarzen Segel auftauchen sieht, stürzt er sich verzweifelt ins Meer. Es trägt seitdem seinen Namen: Ägäis.
Führt auch sonst kaum eine Brücke von Theseus zu Tristan, eines ist den beiden doch gemeinsam: Sie empfangen ihr Schicksal aus weiblicher Hand. Auch Theseus findet seine Rolle als Heros nur mit Hilfe Ariadnes – die er dann allerdings treulos auf Naxos verläßt, um sich als männlichkeitsbesessener Frauenräuber zu betätigen –, so wie den Grie-

chen der Antike das Schicksal überhaupt in Gestalt dreier mächtiger Göttinnen, der Moiren, begegnete. Sie entsprechen den nordischen Nornen, von denen eine den Lebensfaden spinnt, eine ihn bemißt und die dritte ihn wieder abschneidet. Unter vielerlei Feenkleidern verborgen bestimmt letztlich auch die eine, dreigestaltige Göttin das Geschick der Artusritter und ihres charismatischen Königs.
»Wer der Frauen Gunst besitzt«, so der Schweizer Minnesänger Johannes von Ringgenberg, »der sitzt auf des Glückes Rad.« In der Artusdichtung wird das Glücksrad zum Symbol der Schicksalsgöttin. Während Artus gegen Mordred vorrückt, hat er warnende Träume. Nachdem ihm sein an einer Kopfwunde verstorbener Neffe Gawein schon einmal, als spräche er von seinem Sterbelager aus, als Warner vor der letzten Schlacht erschienen war, wird ihm im Zeltlager noch ein zweiter Traum zuteil. Artus sieht sich von einer strahlend schönen Jungfrau auf einem Glücksrad hoch emporgehoben. Das Rad steht auf einem Berg, von dem aus der König seinen weltweiten Herrschaftsbereich überblickt, bis die Jungfrau ihn als Schwachen und Entmachteten wieder zur Erde hinunterstößt. Dieses Traumbild aus dem »Prosa-Lanzelot« macht deutlich, wie auch Artus der Schicksalsgöttin unterworfen ist. In einer nordfranzösischen Handschrift aus dem frühen 14. Jahrhundert stellt eine Miniatur dies dar. Sie zeigt Artus als König auf dem höchsten Punkt des Glücksrads, das Fortuna in Händen hält, während weitere Figuren sich bereits im Absturz befinden.
Das Glücksrad ist verwandt mit dem archetypischen Zeichen der Spirale. In der keltischen Sage werden bronzezeitliche Befestigungsanlagen wie der flache Rundhügel von New Grange in Irland, die gleichzeitig als Burgen und Grablegen dienten, zu »Spiralschlössern«. Von ihnen wird gesagt, Dagda, der Gatte der dreifaltigen Göttin und Ahnherr der Tuatha da Dana, des Volkes der Göttin Dana, hause darin. Die Spirale – deren Muster sich in New Grange ebenso wie in den Steinzeithöhlen der Bretagne oder auf Malta finden – ist als magische Signatur der Göttin zu verstehen. Auf einer großen Steinplatte vor dem Eingang in New Grange wurde eine Doppelspirale eingemeißelt, deren Linien, folgt man ihrer Spur mit dem Finger von außen nach innen, vom labyrinthartigen Mittelpunkt aus in umgekehrter Richtung wieder nach außen führen: der Weg vom Leben ins Zentrum des Todes und von dort wieder heraus zu neuer Geburt. In irischen Sagen gibt es Burgen, deren Tore mit Rädern geschmückt sind, und im elsässischen Dompeter, das wir bereits kennen, erscheint das Rad mehrere Male als Relief an den Türstürzen. Es mag an Taranis, den Bruder des Cernunnos erinnern, dessen Attribut das Rad ist. Beide Brüder vermählen sich im jahreszeitlichen Wechsel der Großen Göttin, die als Fortuna auch Herrin des Glücks-

rads ist. Nach Lanzelots erzwungener Trennung von Artus und Ginevra läßt Thomas Malory ihn sagen: »Fortunas Rad dreht sich. Es gibt keine Beständigkeit, das beweisen viele alte Chroniken, wie die vom edlen Hektor, von Troilus und von Alexander, dem mächtigsten Eroberer. Wenn sie auf dem Gipfel ihrer Herrlichkeit stehen, stürzen sie in die tiefste Tiefe. So ergeht es jetzt auch mir.«

Am schmerzlichsten aber ist der Abschied von der geliebten Frau oder gar der Verlust ihrer Liebe. Darum war das Schönste, was die Dame ihrem Ritter schenken konnte, »le gage d'amour sans fin«, die »Gabe der Liebe ohne Ende«. Und wer das Mysterium der Liebe verstand, der wußte, daß »amour« nichts anderes als »a-mor«, »Nicht-Tod«, also Unsterblichkeit der Liebe bedeutete.

Solche Gedanken einer absoluten Liebe, stets zum Göttlichen hin transzendiert, wurden dem Abendland erstmals durch die provençalischen Troubadoure und Minnesänger mit ihrem Liebes- und Schönheitskult zugeführt. Ihre große Mäzenin war die schon so häufig erwähnte Eleonore von Aquitanien (1122–1204), französisch Aliénor, die nacheinander nicht nur Königin zweier Länder, sondern auch Enkelin des ersten literaturgeschichtlich bekannten Troubadours, Herzog Wilhelms IX. von Aquitanien (1071–1126), gewesen ist. Unter der Schirmherrschaft dieser außergewöhnlichen Frau verkünden die Troubadoure etwas ganz Neues: das Lob der Frau. Sie tun es in kunstreicher Sprache und Musik, Jongleure der Form und des Raffinements. In der Bezeichnung »Troubadour« verbirgt sich das Wort »trouver« – »finden«. Es bezieht sich auf das Auffinden des rechten Versmaßes, des dem Text angemessenen Rhythmus und der Melodie der Lieder. Als Komponist und Dichter war der Troubadour auch ein Er-finder. Entscheidend aber ist nicht die neue Form, sondern die poetische Aussage: die Verherrlichung der Frau und die Steigerung der Minne zu einem Kult mit rituell-sakralen Zügen. Spanisch-muselmanische Elemente verbanden sich in dieser neuen Geisteshaltung mit keltischen Traditionen und deren hohem Stellenwert des Weiblichen. Eleonore, die »Königin der Troubadoure«, war nicht nur mit dem kastilischen Königshaus verwandt. Als Teilnehmerin am zweiten Kreuzzug an der Seite König Ludwigs VII., ihres ersten Gemahls, war für sie schon früh das sagenumwobene Morgenland eine Quelle der Bewunderung. Sie kannte und schätzte aber auch den bretonischen Sagenkreis, die »Matière de Bretagne«, mit ihrem zeitlosen Märchenreich um König Artus und die Tafelrunde. So wurde das ganze Zauber- und Liebesreich der Artuswelt zum Ideal der Courtoisie, zum Leitbild höfischer Vollkommenheit. Fernab einer viel rauheren Wirklichkeit erschufen die Dichter das Utopia einer aristokratischen Welt voll Edelmut, voll Schönheit und voll Harmonie.

Brennpunkt dieses poetischen Reiches unter dem Szepter der Musen war die »amour courtois«, die höfische Minne. Sie war, wie die großen Epen zeigen, trotz aller Steigerung der Dame zur unnahbaren vergötterten Herrscherin eine elementare, ungesetzliche Liebe, von der die körperliche Hingabe nicht ausgeschlossen blieb. Vom Minnenden verlangte sie der hohen Frau gegenüber absolute Ergebenheit und vollkommenes Stillschweigen über jeden ihrer Gunstbeweise. Sich etwa mit der Gewährung eines Liebesbeweises zu brüsten, galt als verwerflich. So soll Arnold von Marveil, ein Troubadour am glänzenden Hof der Adelaide von Carcassonne, die Gnade, von seiner Herrin einen Kuß empfangen zu haben, in zwei Gedichten verraten haben, worauf die hohe Dame ihn sogleich verabschiedete und an den Hof Wilhelms VIII. von Montpellier weiterreichte. »Man hat mich von ihr entfernen können«, klagte der Minnekranke, von dem es heißt, daß Liebessehnsucht ihn getötet habe, »doch nichts kann den Faden zerschneiden, der mein Herz an sie bindet.«

Derartige Liebesleidenschaft vertrug sich schlecht mit der christlichen Sexualmoral. Minnedienst konnte bis zu einer Konkurrenzsituation zwischen der vergötterten Frau und Gott selber führen. Man unterschied deshalb auch zwischen hoher und niederer Minne, zwischen »caritas« und »cupiditas«. Die eine war Gottesliebe, die andere verabscheuungswürdige Sinnenlust. »Die Liebe ist ein Feuer«, schreibt der französische Scholastiker und Mystiker Hugo von Saint Victor in der ersten Hälfte des 12. Jahrhunderts: »Es gibt eine gute Liebe, ein gutes Feuer, das ist das Feuer der *caritas*, und eine schlechte Liebe, ein schlechtes Feuer, das ist das Feuer der *cupiditas*.« Zwei Ströme sieht der in Paris lebende Augustinerchorherr aus dem Inneren des Menschen fließen, »der eine ist die Liebe zur Welt, *cupiditas*; der andere ist die Liebe zu Gott, *caritas*«. Von der einen Quelle kommt alles Böse, von der anderen alles Gute.

Aus diesem unheilvollen Dualismus einer seit dem Kirchenvater Augustinus gepredigten Leibfeindlichkeit – für die es jedoch auch in der Antike bereits Beispiele gibt – erwächst dann als Begleiterscheinung zur »amour sans fin« oder »fin' amor« ein Märtyrertum der Liebe, dem die Artusritter ebenfalls ausgeliefert sind. Lanzelot führt das eindringlich vor. Er läßt sich für Ginevra sogar geißeln, ja selbst die Schrecken der Schlangengrube erträgt er für die Angebetete. Nichterhörte Liebe kann tödlich sein. Dies war das Schicksal von Isenhart. Über diesen edlen Ritter berichtet Wolfram von Eschenbach im »Parzival«: »Die liebliche, tugendreiche Belakane hatte ihn in den Tod getrieben. Und zwar brachte ihm die Liebe zu ihr den Tod, da sie ihm die ihre versagte.«

Wir erinnern uns: Belakane war, vor Herzeloyde, Gachmurets große

Liebe, aus der Parzivals Halbbruder Feirefiz hervorging. »Der Gedanke an die dunkelhäutige Mohrin, die Königin des Landes«, heißt es, »raubte Gachmuret zuweilen fast die Besinnung. Wie eine Weidenrute wand er sich ruhelos hin und her, so daß vor Anstrengung alle seine Glieder knackten.«

Sieht man in solchem Verhalten lediglich die Exaltiertheit grotesker Minnetoren, dann übersieht man den religiös-idealistischen Charakter einer Liebesauffassung, deren Wurzeln im vorchristlichen Mythos von der Frau als Göttin zu suchen sind. In dieser Eigenschaft überwindet die Frau in der Artusdichtung denn auch den Caritas-Cupiditas-Zwiespalt durch ihren veredelnden Einfluß auf den Minnehelden. »Frau«, gesteht Lanzelot Ginevra, »ich bin so viel besser geworden durch Euch wie kein anderer Mann durch eine Frau. Nie wäre ich zu so hohen Ehren gekommen, wenn nicht durch Euch.«

Die Bezauberung durch die vergöttlichte Frau – wir stellten es schon mehrmals fest – bezieht ihre Faszination aus der paradiesischen Anderswelt. Auf sie hin ist die wahre Minne gerichtet. Die Etymologie des Wortes »Minne« weist schließlich auch auf »liebendes Gedenken« oder »sich erinnern« hin. Erinnert wird dabei ein tief in der Psyche wurzelndes Wunschbild nach Glück und Harmonie, ein Goldenes Zeitalter der Liebe irgendwo jenseits der zwiespältigen Gegenwart in einem sagenhaften Göttergarten der Hesperiden oder in Avalon. Dorthin führt die »amour sans fin«, deren Ausstrahlungskraft sich von Frankreich aus auf ganz Europa erstreckte. Der ins Metaphysische reichenden Mächtigkeit der Frau entspricht die übermächtige Liebe der Artushelden zu ihr. Es ist deshalb nicht verwunderlich, wenn etwa der wackere Ritter Alisander – wir kennen ihn bereits als Gefangenen der Morgane – sich noch bei Thomas Malory so sehr in seine schöne, junge Retterin verliebt, daß er sie, ganz wie Gachmuret Belakane oder Lanzelot Ginevra, nur noch »wie vom Zauber gebannt« anstarren konnte und er »nicht mehr wußte, ob er zu Pferd war oder zu Fuß«.

Zahlreiche Beispiele solchen Liebeszaubers wären noch anzuführen, ebenso viele aber auch über den steten Versuch, den Bruch zwischen hoher und niederer Minne zu heilen. Wenn wir davon ausgehen, daß die höfische Minne auch noch der späteren Artusdichtung, etwa bei Malory, als Vorbild dient, ist es um so erstaunlicher, mit welcher Freizügigkeit darin die amourösen Abenteuer der Artusritter geschildert werden. Da trifft zum Beispiel »Sir Palamides, Sohn und Erbe des Königs Astlabor«, mit Epinogris, dem »Sohn des Königs von Northumberland«, zusammen, und beide klagen sich ihr Liebesleid. »Ich liebe die schönste Königin und Frau der Welt, nämlich Schön Isolde, die Frau des Königs Marke von Cornwall«, berichtet Palamides. »Das ist sehr

töricht, warf Epinogris ein, denn einer der besten Ritter der Welt liebt sie, und es ist Sir Tristan von Liones. Das ist wahr, fuhr Palamides fort, und niemand weiß das besser als ich, denn ich bin diesen Monat in Sir Tristans Gesellschaft in Schön Isoldes Nähe gewesen. Aber ach, ich unseliger Mann habe nun Tristans Gesellschaft und Schön Isoldes Neigung für immer verloren, und ich werde Isolde wohl nie wiedersehen. Sir Tristan und ich sind Todfeinde geworden.« Der arme Palamides, der »auch nie Wonnen« mit Isolde hatte, ist nur deshalb so unglücklich, weil Isolde ihm einer unritterlichen Handlung wegen »härtesten Tadel« aussprach, weshalb ihm jetzt nie wieder solche Heldentaten gelingen würden, wie er sie früher »um Schön Isoldes willen« vollbrachte.
Sein Gesprächspartner sieht das anders: »Nein, nein, sagte Epinogris, Euer Leid ist rein gar nichts gegen meins; denn ich habe meine Dame mit eigenen Händen erobert und sie genossen und wieder verloren... Deshalb ist mein Leid größer als Eures, denn ich habe den Genuß gehabt, Ihr nicht.«
Daß irdische Liebe nicht nur verwerflich ist, führt auch Wolfram von Eschenbach im »Parzival« vor. Dort werden Belakane und ihr Geliebter, Gachmuret, »zu einer prächtigen Bettstatt geleitet«, wo sie sich, wenn »auch ihrer beider Haut von unterschiedlicher Farbe« war, »unbeschwert dem Genuß berauschender und lauterer Liebe« hingaben. Parzival selbst erfährt diese Liebe mit Condwiramurs, deren schöner Leib »wie eine vom Tau genetzte Rose war«. Zunächst ist es der jungfräulichen Königin von Pelrapeire zwar »nicht um jene Liebe zu tun, die aus Jungfrauen Frauen macht«. Dann aber erinnert der noch immer naive Parzival sich an den Rat seiner Mutter und an die Worte seines Lehrers Gurnemanz, »daß Mann und Frau eine Einheit wären«. Daraufhin »flochten sie Arme und Beine ineinander«, und, wendet Wolfram sich an sein Publikum, »wenn ich es schon sagen soll: Er fand das nahe Süße, und beide übten den alten, stets neuen Brauch. Dabei war ihnen wohl und nicht wehe zumute.«
Ihren vollen Zauber aber entfaltet die Liebe nur, weil sie ans Paradies erinnert und zum Göttlichen transzendiert. An Parzival erweist sie sich als eine Raum und Zeit überwindende magische Macht. Eines Tages läßt er sich, fern von Condwiramurs, auf dem Rücken seines Pferdes ziellos durch den Wald tragen. Es ist früher Morgen, und er gelangt zu einer Lichtung, auf die frischer Schnee gefallen ist. Da stößt ein Jagdfalke auf eine Wildgans nieder, die sich mit knapper Not aus seinen Fängen retten kann, dabei aber drei Blutstropfen in den Schnee verliert. Das genügt, um Parzival die Welt um sich herum völlig vergessen zu lassen. »Und der Grund dafür«, heißt es bei Wolfram, »war seine hin-

gebende Liebe: Als er nämlich die Blutstropfen auf dem weißen Schnee erblickte, dachte er bei sich: ›Wer schuf diesen blendenden Farbenkontrast? Er erinnert dich an Condwiramurs. Gott will mein Glück, denn er läßt mich hier finden, was dir gleicht. Seine Hand und seine ganze Schöpfung sei gepriesen! Vor mir liegt dein Abbild, Condwiramurs. So, wie sich der weiße Schnee vom roten Blut abhebt und das Blut den Schnee rötet, ist dein bezauberndes Antlitz, Condwiramurs.‹ Da die Tropfen in einem Dreieck gefallen waren, nahm er zwei für ihre Wangen und den dritten für ihr Kinn. Es zeigte sich also, daß er seine treue Liebe unwandelbar bewahrt hatte. Parzival versank in Gedanken, bis er alles um sich her vergaß, so sehr schlug ihn seine große Liebe in ihren Bann.«

Er bemerkt weder den in voller Rüstung auf ihn zureitenden König Segramos aus Artus' Gefolge, noch Kay, den Seneschall, der zuerst seinen Spott über ihn ausgießt. Beide halten ihn, den »roten Ritter«, für einen Eindringling in Artus' Reich, dem sie sich zum Kampf stellen wollen. Parzival aber verharrt in ekstatischer Entrücktheit. Nur dann, wenn sein Pferd sich umwendet oder so weit zur Seite gestoßen wird, daß das magische Bild im Schnee seinem Blickfeld entschwindet, kehrt er für kurze Zeit in die Wirklichkeit zurück, so lange nur, bis er jeden der nacheinander Auftretenden in kurzem Anrennen schmählich zu Boden geworfen hat. Nach den Kämpfen wendet er sich sogleich wieder den drei Blutstropfen zu. Als Dritter nähert sich Gawan, einer der glänzendsten Ritter aus König Artus' Tafelrunde. Er tritt waffenlos und friedfertig an den Verzauberten heran, der nicht einmal in der Lage ist, seinen freundlichen Gruß zu erwidern. Gawan, selbst ein Erfahrener der Liebe, denkt bei sich: »Vielleicht hat die Liebe diesen Ritter ebenso in den Bann geschlagen wie mich; vielleicht hat sie ihn unterworfen und um seinen klaren Verstand gebracht.«

Voll Mitgefühl bedeckt er die Blutstropfen im Schnee mit einem syrischen Seidentuch und führt Parzival geduldig in die Wirklichkeit zurück.

Minne – Erinnerung: Drei Blutstropfen im Schnee beschwören das Bild der geliebten Frau herauf, deren Macht so groß ist wie die der Liebesgöttin selbst. Die Entrücktheit, in die Parzival verfällt – aber auch der Zauber, mit dem Helden wie Erec oder Ywein an die feenhafte Frau gebunden sind, bei der sie sich »verliegen« –, gleicht der Zeitvergessenheit, in der die Heroenkönige an der Seite der Großen Göttin leben, bis nach Ablauf eines mythischen Jahres der Nachfolger auftritt, dem sie weichen müssen.

Condwiramurs ist Parzivals Paradieserinnerung, und sie hat Teil am

Geheimnis des heiligen Grals. Vor den drei Blutstropfen im Schnee verbinden sich Parzivals Gedanken an den Gral – »sîne gedanke umbe den grâl« – mit denen an die geliebte Frau, »doch die Last der Liebessehnsucht überwog«, heißt es. Dabei ist Condwiramurs Parzivals Gemahlin. Eine derartige, bis in den Zustand der Trance führende Minneerinnerung wird in der höfischen Dichtung sonst nur durch die nicht angetraute Geliebte hervorgerufen. So auch in der ältesten uns bekannten Gralserzählung, in Chrétiens »Perceval«, wo das poetische Bild von den drei Blutstropfen im Schnee erstmals erscheint und die geliebte Frau nicht Gattin, sondern Freundin des Helden ist. Nach den Regeln der höfischen Minne hatte die angebetete Dame als »Domina« aufzutreten, als Herrin und Gebieterin, die mit einem anderen verheiratet ist. In dieser klassischen Minnekonstellation offenbart sich der Konflikt zwischen Ehe und Liebe, der lange Zeit das Abendland beunruhigte. So lange, als Liebe ausschließlich in der Ehe, und da wiederum nur als Mittel zum Zweck, wie heute noch immer in der katholischen Morallehre, gestattet war. Als stabilisierendes Element der Gesellschaftsordnung hatte und hat Liebe dann lediglich der Sicherung von Nachkommenschaft zu dienen. Ehe ohne Liebe – Liebe ohne Ehe: Auf diese krasse Formel könnte der höfische Minnekult zurückgeführt werden. Tatsächlich schloß Ehe ja fast immer die Liebe aus; denn die Frau wurde ungefragt vom Vater einem Partner zugeführt oder auf Nachfrage zugestanden, der aus wirtschaftlichen Interessen oder Gründen der Staatsraison von ihm ausgewählt oder akzeptiert worden war.

Nicht anders geschah es am 25. Juli 1137 in Bordeaux auch der fünfzehnjährigen Aliénor d'Aquitaine, Eleonore von Aquitanien, als man sie, die Erbin ausgedehnter Ländereien, größer und ertragreicher als die der Ile-de-France, mit dem sechzehnjährigen französischen Thronfolger verheiratete, der nach dem plötzlichen Tod seines Vaters bereits einen Monat später als Ludwig VII. den Thron von Frankreich bestieg. Wenden wir uns noch einmal der schönen, intelligenten und hochgebildeten Troubadours-Enkelin zu, die auch als Königin keineswegs gedachte, sich den gesellschaftlichen Zwängen zu fügen. Durch ihren Anspruch auf freie Liebeswahl, der sich mit dem Frauenbild der in Frankreich lebendig gebliebenen keltischen Sagenwelt deckte, wurde sie zum Frauenidol des 12. Jahrhunderts, zum Vorbild auch der Dichter, die viele ihrer Züge auf Artus' Gattin Ginevra übertrugen. Ihr schillerndes Wesen, gepaart mit Energie und einer von Jugend auf geübten Geschicklichkeit im Umgang mit der Macht, trugen ebenso zu ihrer Bewunderung durch die Zeitgenossen bei wie ihre Stellung als Domina, die über Fürsten und Könige gebietet, während Ritter und Trouba-

Die Tafelrunde aus einem norditalienischen Manuskript des 15. Jahrhunderts

Glastonbury Tor, der mythenumwobene Bronzezeithügel in Somerset (Text S. 90)

Glastonbury Abbey

Artus' Quoit, Megalithgrab in Cornwall (Text S. 110)

Bedeveres gibt im Auftrag Artus' Excalibur an den See zurück (Text S. 111)

Stonehenge

Die Quelle von Barenton im Wald von Broceliande (Text S. 146)

doure zu ihren Füßen liegen. Nach ihrem Tod – sie starb am 31. März 1204 mit zweiundachtzig Jahren in ihrem Lieblingskloster Fontevraud im Poitou, wohin sie sich schon längere Zeit zuvor zurückgezogen hatte – wurde Eleonore durch die bereits seit ihrer Regierungszeit in reicher Blüte stehende Legendenbildung auch mit der Nixe Melusine in Verbindung gebracht. Das paßt nicht nur zu ihrer bezwingenden Sinnlichkeit und dem Zwielichtig-Verführerischen, das ihr offensichtlich zu eigen war und ihr neben höchster Verehrung auch den Ruf einer *femme fatale* des Mittelalters einbrachte. Es steht auch in Einklang mit dem Wasserreichtum ihrer Heimat und dem Dorf Nieuil-sur-Autise im heutigen Département de la Vendée in der Nähe der zauberhaften Kanallandschaft des »Grünen Venedigs«, wo Eleonore mit großer Wahrscheinlichkeit im Jahre 1122 geboren wurde. Melusine lebt in dieser Region noch heute fort, in deren kleiner Ortschaft Lusignan auch die uns bereits bekannten Lusignans ihren Stammsitz hatten. Die Nixe ist hier nicht zu übersehen. Als lasziv geformtes Vollrelief ziert sie ein Gebäude auf den kaum mehr kenntlichen Mauerresten der alten Burg, bunt bemalt, verweist sie als schmiedeeisernes Aushängeschild auf eine Pâtisserie in der Hauptstraße, und neben der romanischen Kirche prangt sie übergroß an der vergammelten Hauswand eines alten Hotels. Eleonore, die aus der Wasserfee geborene Königin späterer poitevinischer Sage, war schon zu ihrer Lebenszeit zur Legende geworden. Ihre glänzenden Hofhaltungen in Frankreich und England wurden beispielgebend für den höfischen Minnekult in ganz Europa. Betrachtet man die abendländische Kulturgeschichte des 12. Jahrhunderts, das zugleich das Jahrhundert eines stark aufblühenden Marienkultes war, dann glaubt man darin einen Hauch der Sehnsucht nach einer weiblichen, mütterlich-menschlicheren Welt zu spüren, nach einer Gesellschaft wahrer Ritterlichkeit anstelle rüden Raubrittertums und ungeschminkter Land- und Machtgier. Diesem Verlangen kam Eleonore, die im Laufe ihres Lebens auch noch zehn Kinder zur Welt brachte, entgegen. Sie wurde zur Inkarnation einer Utopie von Freiheit in einer weiblich mitbestimmten Welt mit weniger Gewalt. Da mochte der Zisterziensermönch Helinand von Froidmont sie im Rückblick auf ihre Scheidung von Ludwig VII. und die Wiedervermählung mit Heinrich Plantagenet ruhig mit der wenig schmeichelhaften Charakterisierung bedenken: »Sie hat sich nicht wie eine Königin, sondern wie eine Hure benommen.« Als Förderin der Troubadourdichtung, die für ganz Westeuropa von größter kultureller Bedeutung war, erwarb sie sich hohe Verdienste. Vor allem die von ihr gegründeten »Minnehöfe« waren es, an denen Ritter, Adelige, Troubadoure, Epiker und Lyriker mit einer überlegenen Weiblichkeitskultur in Kontakt kamen. Auf souveräne

Weise wurden dort ethische Fragen der Zeit im Spannungsfeld von Eros und Moral behandelt. Diese Musen- und Minnehöfe waren so etwas wie Schiedsgerichte in Sachen Liebe, denen die Königin vorstand.
In Eleonores Fußstapfen traten dann auch ihre Töchter, die Gräfinnen Alice von Blois und Marie von Champagne, die Förderin Chrétiens de Troyes. Auch sie trugen dazu bei, eine höfische Literatur im Zeichen neuer Frauenwürde zu kreieren. In gefälligen Frage- und Antwortspielen behandelten adelige Damen an den Minnehöfen ernste Probleme der Geschlechterbeziehungen. Dabei stellten sie in »Liebesurteilen« eine Art Sittenkodex auf, der einem neuen Denken verpflichtet war, eben jenem der Hochschätzung der Frau. Nicht nur der Gattin des Herrschers sollte, wie schon bisher, Hochachtung entgegengebracht werden, sondern der Frau in ihrer Weiblichkeit überhaupt. Ihr gesittender Einfluß auf die rauhere Welt des Mannes wird überall in der Artusdichtung betont. Zahlreiche Klagen der Frauen über die ungleiche Geschlechtsmoral zeugen in dieser Epoche von einem gesellschaftlichen Wandel, in dem nun auch die Frau – es ist natürlich immer nur die adelige Dame – ihre Stimme erhebt. Oberstes Gebot aber blieb nach wie vor: Rücksicht auf den guten Ruf. So läßt auch Andreas Capellanus – wahrscheinlich ein Kaplan am Hofe König Philipps II. August – in seinem lateinischen Traktat »De amore«, einem vielschichtig interpretierbaren Buch »Über die Liebe«, das zwischen 1180 und 1190 entstand, die Dame eines Minnehofes sagen: »Alle Menschen sollen die Art von Liebe wählen, die man täglich ohne Vorwurf praktizieren kann. Deshalb muß ich als Mann, der sich meiner Umarmung erfreuen soll, einen aussuchen, der mir Ehemann und Geliebter zugleich sein kann.« Dieser Wunsch als Ziel der höfischen Liebe findet sich dann auch im zweiten Roman von Chrétien, in »Cligés«. Darin wird der tragischen Geschichte von Tristan und Isolde mit ihrer Sanktionierung des Ehebruchs eine Alternative gegenübergestellt: die Gattin als »amie et dame« zugleich. Auch Artus wird in dieser Dichtung als mächtigster König seit Erschaffung der Welt vorgeführt und weit mehr als im früheren »Erec« profiliert.
Ob Eleonore und ihre Damen dem aufgestellten Ideal entsprachen, darf bezweifelt werden. Den Bruch zwischen erlaubter und unerlaubter, hoher und niederer Minne vermochten weder Dichter noch Minnehöfe zu heilen, wenngleich ihr verfeinernder Einfluß auf die erotische Kultur der Zeit kaum zu überschätzen ist.
So sehr die höfische Minne die erzieherische Rolle der Frau betonte, sei es im Wunschbild einer Einheit von »amie et dame« oder in Form der unnahbar angebeteten Herrin – die Lieder der Troubadoure sind voll der Klage über ihr nicht erfülltes Sehnen –, so sehr stellte sich doch auch

weiterhin das Problem einer doppelten Moral. Das zeigt sich besonders deutlich in der schon oft zitierten Lanzelotdichtung. Obwohl Ginevra Lanzelot gegenüber ausdrücklich ihre Verstoßung durch Artus als Sühne für die Sünde des Ehebruchs bezeichnet, sagt sie ihm: »Nichtsdestoweniger gibt es keine so edle Dame in der Welt, die nicht verpflichtet wäre, die Gefährdung ihres Rufes zu riskieren, um einem so edlen Ritter, wie ihr es seid, die Erfüllung seiner Wünsche zu verschaffen; aber unser Herrgott achtet nicht auf das Höfische dieser Welt, denn wer gut ist in den Augen der Welt, ist schlecht in den Augen Gottes.«
Hier spricht Ginevra als menschliche Königin, die an den Sittenkodex ihrer Zeit gebunden ist, den ganzen Zwiespalt zwischen christlicher Moral und einem darüber hinausreichenden Liebesanspruch aus, der seine Herkunft in der mythischen Göttin hat, deren Archetypus sie in Wirklichkeit selber ist.
Ein Thema an den Minnehöfen wird auch die Liebe zu der fernen Frau gewesen sein, deren Vorzüge der Liebende nur vom Hörensagen kennt. Uns ist dieses Thema bereits aus der alten keltischen Geschichte von Culhwh und Olwen vertraut. Jaufré Rudel, ein Troubadour zu Eleonores Zeit, wurde zum Sänger dieser Liebe, zum Dichter der »Amor de lonh«, der »Geliebten im fernen Land«. Und es war Königin Eleonore, der er seine Verse zudachte:

»Geliebte im fernen Land
Euretwegen ist mein ganzes Herz wund,
und nichts kann meine Leiden lindern,
es sei denn, ich suchte,
trunken vor Liebe,
in einem Obstgarten, unter Laubgehängen
die Nähe der ersehnten Freundin...«

Viele berühmte Troubadoure umschwärmten Eleonore. In England am Musenhof von Bermondsey, in Frankreich am Hof von Poitiers, ihrem Lieblingsaufenthalt, und in Niort. Macabrú, der »Sohn der braunen Marca«, ein Findelkind, das sich unter ihrem Mäzenat zum großen Sprachkünstler entwickelte, gehört dazu, desgleichen der von einem Bäcker abstammende Bernart von Ventadorn, der »Fürst der Troubadoure«, Eleonores Lieblingsdichter. Als die Königin an der Seite des Plantagenet nach England ging, gestand er: »Ich erdulde mehr Liebesleid als der Liebhaber Tristan, der wegen der blonden Isolde manchen Schmerz ertrug.«
Minnehöfe gab es in Deutschland nicht. Doch die in Frankreich gepflegte Kultur gelangte über die Artusdichtung auch in die Heimat Wolframs von Eschenbach, Hartmanns von Aue, Walthers von der Vo-

gelweide und vieler anderer großer Minnesänger und Epiker deutscher Zunge. Als Eleonore bereits Königin von England war, huldigte ihr ein anonymer deutscher Dichter:

»Waer diu werlt alliu mîn
von dem mere unz an den Rîn,
des wolt ih mih darben,
daz diu chünegin von Engellant
laege an mînen armen.«

»Und wäre die ganze Welt mein eigen,
vom Meer bis an den Rhein,
gern ließ' ich das alles fahren,
wenn dafür nur die Königin von England
in meinen Armen läge.«

Der Ruhm ihrer Minnehöfe mußte auch bis zu dem Schweizer Dichter Ulrich von Zatzikoven gedrungen sein. Er hätte sonst nicht, bald nach 1194, in seinem »Lanzelet de Lac« von einer fremden Jungfrau berichten können, die »am Artushofe Richterin über galante Mißhelligkeiten gewesen« sei und deren Entscheidung »allemal richtig befunden« wurde, »denn sie hatte um der falschen Minne willen große Drangsal erlitten«.

Eleonore von Aquitanien hatte mit ihrer Liebe zur Dichtung, der Freude am Spiel des Intellekts und dem Vorbild einer frei über sich selbst bestimmenden Frau bisher ungekannte Lichter des Geistes entzündet. Weit über die Grenzen ihrer Länder hinaus war sie zur Sonne eines einmaligen Schönheits- und Liebeskultes der höfischen Welt geworden. Vor allem aber förderte sie die Artusdichtung, deren Brennpunkt die Minne ist, die dem unsterblichen König und seiner Tafelrunde unvergänglichen Glanz verleiht. Dabei kam sie der Sehnsucht ihres Zeitalters entgegen, die von den Dichtern als der Traum einer Welt artikuliert wurde, in dem das vollkommene Märchen regiert und eine nie alternde, nie endende Liebe.

»Saget mir ieman, waz Liebe ist?«

»Kann jemand mir sagen, was Liebe ist?«

So fragt einmal auch Walther von der Vogelweide. Die Frage ist kaum leichter zu beantworten als die nach dem heiligen Gral, dessen Geheimnis die Artusritter ergründen wollen und dessen Besitz sie als höchstes Ziel all ihrer Abenteuer erstreben.

DIE SUCHE NACH DEM GRAL

»Jetzt endlich erschien die Königin. Ihr Antlitz strahlte so hell, daß alle meinten, der neue Tag sei angebrochen. Ihr Gewand war aus arabischer Seide, und auf grünem Seidentuch trug sie den Inbegriff paradiesischer Vollkommenheit, Anfang und Ende allen menschlichen Strebens! Dieser Gegenstand wurde ›Gral‹ genannt und übertraf alle Vorstellungen irdischer Glückseligkeit.«

WOLFRAM VON ESCHENBACH

DAS RÄTSEL

Eines Tages, zu Pfingsten, als König Artus wieder einmal in Camelot im Kreise seiner Ritter weilte, wurde er von Trauer übermannt; denn er sah voraus, daß er bald seiner edlen Gefolgschaft beraubt werden würde, weil alle sich der Suche nach dem heiligen Gral verschrieben hatten, was mit gefährlichen Abenteuern verbunden war. »Nie wieder werde ich Euch beisammen sehen«, klagte Artus. Da sagte Lanzelot, wie Thomas Malory erzählt: »Ach, tröstet Euch, Herr, die Gralssuche wird uns große Ehre bringen und viel mehr, als wenn wir an einem anderen Ort stürben; denn des Todes sind wir alle sicher.«

Vorher hatten die Artusritter geschworen, ihr Leben der Suche nach jener geheimnisvollen, überirdischen Kostbarkeit zu weihen, die der Gral genannt wurde. Nicht eher würden sie zurückkehren, bis sie das Geheimnis gelüftet und sich seiner versichert hätten. Sie handelten damit einer Prophezeiung Merlins gemäß, der, nachdem er die »Runde Tafel« geschaffen hatte, verkündete, durch ihre Mitglieder »würde die Wahrheit des heiligen Grals überall bekannt werden«. Nur zu diesem Zweck war die Tafelrunde gegründet worden. Merkwürdig: Noch zu Beginn des 12. Jahrhunderts sprach niemand vom Gral, er war unbekannt, dann aber, Ende des 13. Jahrhunderts, gab es kaum jemand, der nicht von ihm gehört hatte. Von nun an beschäftigte er die Phantasie der Menschen bis in unsere Gegenwart. Wer auch nur den Anschein eines Bewahrers irgendwelcher Werte für sich in Anspruch nehmen darf, schon wird er als »Gralshüter« tituliert. Was aber ist der Gral? Was gab dieser Erscheinung, diesem mysteriösen Gefäß, als welches er zumeist beschrieben wird, die Kraft so langen Überlebens und kaum nachlassender Faszination? Seit Chrétien de Troyes dieses Gefäß Ende des 12. Jahrhunderts in seinem letzten, unvollendeten Werk, dem aus 9234 Achtsilbern bestehenden »Perceval«, auch »Conte del Graal« genannt, erstmals zum Thema machte, erscheint es gleich einem wegweisenden Stern am Himmel der Dichter. Sein Kraftfeld ist so stark, daß es ein stets neu sich rekrutierendes Gefolge Leidender, Suchender und Hoffender auf sich zieht. Seit dem vorigen Jahrhundert wird diese Jüngerschaft von Richard Wagner »unmerklich die ›pfadlosen‹ Wege zur Gralsburg geleitet«, wobei der große Magier der Töne in seinem »Parsifal« »zugleich die sagenhafte Unauffindbarkeit derselben für Unberufene« zum Ausdruck bringt. Wie König Artus, der von der historischen Figur zur Sagengestalt, vom sterblichen »dux bellorum« zum unsterblichen »rex futurus« wurde, muß auch der Gral die Qualität des Archetypischen haben, um so lange als Idee und Wunschbild überleben zu können. Dies mit der Zielsetzung einer klar gegliederten Beweisführung untersuchen zu wollen, gleicht bei der Riesenfülle des Stoffes und seiner Variationsbreite beinahe dem eitlen Versuch einer Quadratur des Kreises. Denn alles hängt bei den Gralsromanen, denen bald nach Chrétiens Dichtung weitere folgten, mit allem zusammen. Gerade dadurch aber erreichen sie, im Ganzen gesehen, eine Art von Vollkommenheit, die derjenigen des Kreises als geometrische Figur entspricht. Auf unserem eigenen Gralsabenteuer werden wir deshalb zwar Kenntnisse erwerben und ausweiten, sie aber an keiner »Ecke« endgültig »festmachen« können. Wir tun darum gut daran, uns bei der »Suche nach dem heiligen Gral«, der »Queste del Saint Graal«, der Lebensweisheit Schopenhauers zu erinnern, der einmal sagte, daß so wie mit dem Radius eines Kreises sein Umfang wächst, mit dem Gewußten auch das Rätselhafte wachse.

Schon bei Chrétien, der das Gralsthema in die Artusliteratur einbrachte, zeigt sich der Gral, der bei ihm eine wundersame Speisenschüssel in den Händen einer schönen Jungfrau ist, als eine Erscheinung, von der nicht gesprochen werden darf. Warum, bleibt offen, weil der Dichter

Gralsprozession. Miniatur aus dem frühen 14. Jahrhundert

sein Werk nicht vollendete. In einer späteren Erklärung, der »Elucidation«, die seinem Epos von fremder Hand vorangestellt wurde, wird mit besonderem Nachdruck auf das tabuisierte Geheimnis hingewiesen, das mit dem rätselhaften Gefäß verbunden ist. Seine Preisgabe hätte verhängnisvolle Folgen, heißt es. Es wird also ängstlich gehütet. Das erinnert an die sagenhafte Stadt Sais, eine Stätte altägyptischer Priesterweisheit, wo der Tempel einer Göttin gestanden haben soll, deren Schleier niemand zu lüften wagte, obgleich das Geheimnis des Lebens dahinter verborgen war. Offensichtlich handelte es sich um schreckliche Erfahrungen, um Einsichten auf der Schwelle von Leben und Tod. Solche Aventüren haben auch die Gralsritter zu bestehen, ehe sie ins Mysterium einbezogen werden. Es ist zu fragen, ob es ihnen bei ihrer Suche ähnlich erging wie jenem Mutigen im alten Ägypten, von dem der Romantiker Novalis zu berichten weiß:

»Einem gelang es –
er hob den Schleier der Göttin zu Sais –
Aber was sah er? –
Er sah – Wunder des Wunders, sich selbst.«

Als strahlendes Gefäß aus Gold und Edelsteinen zeigt der Gral sich zuweilen im Zentrum der Tafelrunde. Dann spendet er den Artusrittern köstliche Nahrung – gleich einem Speisungswunder aus mythischer Zeit. So erleben ihn Artus, alle seine Ritter und Ginevra an jenem Pfingstfest, kurz bevor die Ritter sich der bedingungslosen Suche nach ihm verschreiben. Sie hatten sich nach Turnier und Kirchgang gerade an der Tafel in Camelot niedergelassen, als sie mit einem Male »ein Krachen und Donnern« hörten, »daß sie meinten, die ganze Halle müßte einstürzen. Inmitten dieses Getöses brach ein Sonnenstrahl herein, siebenmal heller als der Tag, und alle wurden von der Gnade des Heiligen Geistes erleuchtet. Da schauten die Ritter einander an, und jeder kam dem anderen schöner vor, als er ihn jemals gesehen hatte. Lange Zeit brachte keiner ein Wort heraus, und so schauten sie einander an, als wären sie stumm. Dann erschien der heilige Gral in der Halle, mit reichem, golddurchwirktem Damast bedeckt, aber keiner konnte ihn sehen oder erkennen, wer ihn trug. Die Halle füllte sich mit süßen Düften, und jeder Ritter erhielt die Speisen und Getränke, die er am meisten auf der Welt liebte. Nachdem der heilige Gral durch die Halle getragen worden war, verschwand er plötzlich, und keiner wußte, wohin er getragen worden war.«
Der Gral: Er kann irgendwo unsichtbar in der Luft schweben, wie bei der um 1270 entstandenen Versdichtung »Der Jüngere Titurel« des

bayerischen Ritters Albrecht von Scharfenberg, um sich gleich darauf anderswo wieder zu materialisieren, magisch die Dimensionen wechselnd von jenseitiger Spiritualität zu dreidimensionaler Weltwirklichkeit. Nur die Würdigsten können ihn wahrnehmen, nur den Auserwählten wird er einmal ganz zuteil. Wer den hohen Orden seiner Ritterschaft auf sich zu nehmen wagt, muß reinen Herzens und ohne Sünde sein, »denn der heilige Gral kann nur durch tugendhaftes Leben gefunden werden«. So lesen wir ebenfalls bei Malory, dessen Artusbuch zu einer Zeit geschrieben wurde, als der Gral längst zum christlichen Symbol geworden war. In welcher Gestalt er auch immer erscheint, stets ist er Sinnbild jener unergründlichen Lebens- und Liebesmacht, die den Schmerz der Welt besiegt, alle Wunden heilt und selbst den Tod überwindet. Die Gralssuche wird dabei zu einer Reise durch Raum und Zeit, zu einer nicht endenden »Morgenlandfahrt« und einem »Weg nach Innen«, der tatsächlich an Novalis, und in unserem Jahrhundert an Hermann Hesse, erinnert. Nichts anderes ist diese »Queste« als ein Streben nach jenem höchsten Gut aus einer anderen Welt, das wie die »Fin amor« Unsterblichkeit verleiht. In der Suche danach verbinden sich Orient und Okzident.

Wolfram von Eschenbach berichtet in seinem »Parzival«, der zwischen 1197 und 1210 entstand, von dem hochberühmten Flegetanis, einem Heiden »aus altem israelitischen Geschlecht«, der nur mit Scheu von den Geheimnissen der Sternenwelten erzählte, die sich ihm offenbarten, vor allem aber »von einem ›Ding‹, das der ›Gral‹ hieß, und dessen Namen er klar und deutlich in den Sternen geschrieben fand«.

Dieser Flegetanis – sein Stammbaum reicht »bis in die Zeit vor Christi Menschwerdung«, mütterlicherseits bis Salomon – erkannte nicht nur die Bahnen der Sterne und ihre Umlaufzeit sowie die Konstellationen des Himmels in ihrer Bedeutung für die Geschicke der Menschen. Er war es auch, der, wie Wolfram versichert, die Aventüre vom Gral aufgeschrieben hat. Damit wird das rätselhafte »Ding« eng mit dem Kosmos verbunden. Die »Runde Tafel« als Gleichnis »für die runde Gestalt der Welt«, an der Christen und Heiden zusammensitzen, rückt hier wieder ins Blickfeld.

Nur drei Ritter der Tafelrunde werden die Gralsaventüre vollenden: Galahad, Parzival und Bors. Es fällt auf, daß Lanzelot, der als Krone der Ritterschaft, treuester Liebender, tapferster Krieger, sanftmütigster und liebenswertester Mann, »der je in der Halle mit Damen speiste«, gepriesen wird, dabei fehlt. Bei all seinen Tugenden bleibt er wegen seiner sündhaften Liebe zu Ginevra von der Vollendung der höchsten und edelsten Aventüre ausgeschlossen. Bleiben wir noch kurz bei ihm, dessen Leben dennoch eng mit der Gralsgeschichte verbunden ist. Er wur-

de ja auch, paradoxerweise wiederum durch eine illegitime Beziehung, zum Vater Galahads.
Schon im »Prosa-Lanzelot« wird berichtet, daß man ihn hinter seinem Rücken, was Ginevra aber nicht verborgen bleibt, »der Königin Ritter von Amur« nennt. Das schmerzt die Königin; denn es ist der Grund für den Ausschluß ihres Geliebten von der höchsten Ehre irdischer Ritterschaft, eben der Erlangung des heiligen Grals. In einem vertraulichen Gespräch äußert Ginevra Lanzelot gegenüber sogar, sie wäre wohl besser nicht geboren, da allein durch ihre Schönheit so viel Gutes verhindert wird. Bei dieser Äußerung werden wir Zeugen des Zusammenstoßes der christlichen Glaubensauffassung mit der Erinnerung an die vorchristlich-mythische Welt. Denn es ist die be- und entrückende Feenschönheit, über die Ginevra verfügt, die sie im jetzigen Stadium ihrer Entwicklung aber sittlich verwirft. Dabei ist gerade der Gral neben allen anderen geheimnisvollen Kräften, die von ihm ausgehen, auch Inbegriff überirdischer Schönheit. Und könnte nicht auch irdische Schönheit, Frauen- und Feenschönheit, auf das Überirdische verweisen, aus ihm gekommen sein? Im Laufe der Zeit wurden aber mit den Artus- und Gralserzählungen auch die archaischen Züge der Lanzelot-Ginevra-Liebe zugunsten einer christlichen Interpretation getilgt. So tritt Ginevra bereits unter einer dicken Schicht christlicher Moralvorstellungen auf, die sie ihren göttlichen Ursprung als Gwenhyfar vergessen läßt. Schließlich blieben, schon bei Wace, und dann bei Malory, von der Göttin und ihrem Heros nur noch zwei Büßende übrig. Malory liefert dazu die rührselige Episode einer letzten Begegnung der Liebenden im Kloster Amesbury, wohin Ginevra sich nach dem Untergang des Artusreiches zurückgezogen haben soll. Wir erinnern uns: Artus hatte von Mordred, der ihm während seines Frankreichfeldzugs Frau und Krone raubte, die tödliche Wunde erhalten, weil er die Schlacht von Camlan ohne Lanzelots Beistand schlug.
Nun also erwartet Ginevra den einstigen Geliebten, der eigens aus Frankreich, seinem Stammland, wo er seit seiner Verbannung von Artus' Hof sein Königreich regierte, nach England gekommen war. »So wie sie seiner ansichtig wurde«, heißt es, »fiel sie dreimal in Ohnmacht, und die Damen und Edelfräulein hatten alle Mühe, die Königin aufrecht zu halten. Als sie wieder sprechen konnte, rief sie die Damen und Edelfräulein zu sich und sagte: Ihr wundert euch, edle Damen, warum es mir so erging. Es geschah durch den Anblick jenes Ritters, der dort steht. Deshalb bitte ich euch, schickt ihn zu mir. Als Sir Lanzelot zu ihr gebracht worden war, sprach sie zu allen Damen: Durch diesen Mann und durch mich ist dieser ganze Krieg und der Tod der edelsten Ritter der Welt verursacht worden, und weil wir einander geliebt ha-

Artus' letzte Schlacht gegen Mordred. Illustration von etwa 1470.

ben, ist mein hochedler Herr und Gemahl erschlagen worden. Darum, Sir Lanzelot, bin ich fest entschlossen, nur noch an mein Seelenheil zu denken... Deshalb, Sir Lanzelot, bitte und beschwöre ich euch von Herzen bei aller Liebe, die je zwischen uns war, daß Ihr mir nie wieder vor die Augen kommt. Ich gebiete Euch um Gottes willen, meidet meine Nähe und kehrt in Euer Königreich zurück. Bewahrt es vor Krieg und

Verderben. Wie sehr ich Euch auch geliebt habe, mein Herz erträgt es nicht, Euch zu sehen, denn durch Euch und mich sind die besten Könige und Ritter ums Leben gekommen.«
Lanzelot, der Feengünstling, den die Lady vom See erzog, was in diesem Stadium der Geschichte nicht mehr ins Gewicht fällt – er stammt jetzt »im achten Grad von Unserem Herrn Jesus Christus ab« –, gelobt Ginevra, der »holden Frau«, noch einmal seine unverbrüchliche Treue. Noch immer ist er ihr so sehr ergeben, daß er gelobt: »Gott strafe mich, wenn ich der Welt nicht entsage, wie Ihr es getan habt. Schon auf der Suche nach dem heiligen Gral hätte ich alle Eitelkeit der Welt aufgegeben, wenn nicht Eure Liebe gewesen wäre. Hätte ich damals vom Gefühl, Willen und Verstand her gehandelt, dann hätte ich alle anderen Ritter übertroffen, die ausgezogen waren zur Suche nach dem heiligen Gral, außer meinen Sohn Sir Galahad. Da Ihr, hohe Frau, Euch nun der Buße zugewandt habt, ist es für mich recht und billig, daß auch ich Buße tue.«
So verläßt Lanzelot, einst Zierde der Tafelrunde, die bunte Bühne der Welt, um in Mönchskutte irgendwo hinter Klostermauern zu verschwinden.
Doch viel war dem vorausgegangen, was mit dem Gral zu tun hat. Zum Beispiel Lanzelots Drachenkampf vor der Burg von Corbenic oder Corbin. Eine seltsame Stätte ist das. Bezeichnenderweise gelangt der Held wieder nur über eine Brücke dorthin. Nachdem er eine Dame aus ihren Qualen in siedend heißem Wasser befreit hatte – »sie war die schönste Frau, die er je gesehen hatte, und sie war splitternackt«, schreibt Malory, doch auch angezogen blieb sie noch »die schönste Frau der Welt, Königin Ginevra ausgenommen« –, wurde er zu einem Grabmal geführt, unter dem das fürchterliche Tier der Unterwelt hauste. Auf dem Stein aber stand geschrieben, ein Leopard aus königlichem Blute würde kommen und den Drachen töten. Daraufhin werde der Leopard in dem »fremden Land« einen Löwen zeugen, der alle Ritter übertrifft – eine Prophezeiung im Stile Merlins. Lanzelot erschlägt den feuerspeienden Drachen und sieht sich nun Pelles, dem König von Corbin, gegenüber. Dieser, der auch als der »König des Fremden Landes« bezeichnet wird und den Malory ebenfalls zu einem nahen Verwandten des Joseph von Arimathia macht, führt Lanzelot in die Burg. Was nun geschieht, paßt ganz in die Tradition der keltischen Anderswelt, auch wenn das Szenario sich in christlichem Gewand präsentiert. Eine Taube kommt durchs Fenster mit einem Gegenstand im Schnabel, der einem kleinen, goldenen Weihrauchfaß glich. »Auf einmal verbreitete sich ein Duft wie von allen Spezereien der Welt, und im Nu standen alle Arten von Speisen und Getränken auf dem Tisch, die man sich nur denken konn-

te. Dann ging ein junges und schönes Fräulein herein und trug ein goldenes Gefäß in den Händen, und davor kniete der König demütig nieder und sprach ein Gebet, und mit ihm alle anderen. O Jesus, sagte Sir Lanzelot, was bedeutet das? Dies ist die größte Kostbarkeit, antwortete der König, die je ein Mensch auf Erden besessen hat. Wenn diese Kostbarkeit zerstört wird, dann wird auch die »Runde Tafel« zerbrechen; denn wisset, was Ihr hier gesehen habt, das ist der heilige Gral.«
Auch hier erscheint der Gral, wie zum Pfingstfest in Camelot, das im zeitlichen Rahmen der Erzählung erst nach diesem Abenteuer anzusetzen ist, als Gefäß in der Funktion eines Speisungswunders. Gleichzeitig aber werden mit dieser Epiphanie die Worte vom Leoparden und der Entstehung des Löwen erfüllt: Auf einer nahe bei Corbin gelegenen Burg zeugt Lanzelot mit Elaine, der Tochter König Pelles, Galahad. Nur durch eine List war das zu ermöglichen; denn Lanzelots Liebe gehörte Ginevra. Dem König und Elaine war das bekannt. Gleich überirdischen Wesen wußten sie aber auch um Lanzelots schicksalhafte Bestimmung: »Gern hätte König Pelles ein Mittel gefunden, um Sir Lanzelot zu veranlassen, mit seiner Tochter Elaine das Lager zu teilen«, heißt es, »denn der König wußte wohl, daß Lanzelot mit der schönen Elaine ein Kind zeugen würde, das Sir Galahad heißen und ein wackerer Ritter werden sollte, der alle Gefahren von dem Fremden Land abwenden und zum heiligen Gral gelangen würde.«
Den Ausweg fand Lady Brisen, »eine der größten Zauberinnen, die damals auf der Welt lebten«. Sie ließ Lanzelot einen falschen Ring als Grußbotschaft der angeblich in der Nähe weilenden Ginevra überbringen, und nachdem der begehrte Ritter aus ihrer Hand auch noch einen Becher Wein empfangen hatte, »war er so betrunken und toll, daß er nicht mehr warten konnte, sondern sich unverzüglich ins Bett legte und glaubte, das Fräulein Elaine wäre die Königin Ginevra. Und Sir Lanzelot war voller Freude, und Elaine war es nicht minder, als sie Lanzelot in ihren Armen hielt. Denn sie wußte, daß sie in dieser Nacht Galahad von ihm empfangen würde, der sich als der beste Ritter der Welt bewähren sollte.«
Aufs äußerste erzürnt, entdeckt Lanzelot am folgenden Morgen den Betrug. Doch er verzeiht König Pelles' Tochter, bevor er zu neuen Abenteuern aufbricht.
»Hoher Herr Sir Lanzelot«, sagte Elaine, »ich beschwöre Euch, kommt zu mir zurück, sobald Ihr könnt, denn ich habe mich der Weissagung gefügt, die mir mein Vater verkündete. Und da er mir befahl, diese Weissagung zu erfüllen, habe ich den größten Schatz und die schönste Zier hingegeben, die ich je besaß, nämlich meine Unschuld, die ich nie wiedererlangen werde; deshalb, edler Ritter, seid gütig zu mir.«

Lanzelot wird in späterer Zeit sogar gemeinsam mit Elaine für die Dauer eines mythischen Jahres auf einer glückseligen Insel leben. Davon aber an anderer Stelle mehr. Desgleichen von König Pelles, hinter dem sich der Unterweltskönig Pwyll verbirgt, ein Held der Anderswelt, den wir als Bran »den Gesegneten« und Besitzer des »Kessels der Fülle« kennen. Die Stätte von Lanzelots Abenteuer aber, das ihn zum Vater Galahads machte, Corbin oder Corbenic, heißt ebenfalls Füllhorn: »Cor benic« – »gesegnetes Horn«.

Als Lanzelot über die Brücke von Corbin gekommen war, nachdem er alter mythischer Prägung zufolge die wunderschöne Frau gerettet und den schrecklichen Drachen getötet hat, betritt er in König Pelles' Burg nicht etwa den Palast eines gewöhnlichen Herrschers. Er begibt sich vielmehr in ein Jenseitsreich, in dem das Schicksal seiner Gralssuche bereits beschlossen liegt. Es bestimmt ihn zum Vater Galahads, des besten Ritters der Welt, der nach christlichem Verständnis auch der keuscheste und reinste Gralsritter ist, den keine Sünde befleckt. Daß Galahad seine Existenz äußerst fragwürdigen Umständen verdankt – spiegelbildlich zu Artus' Zeugung –, zeigt, daß der Übergang vom heidnischen Mythos zur christlichen Heilslehre nicht nahtlos zu bewerkstelligen war. Auch die schillernde Figur der Elaine erwuchs dem Boden des vorchristlichen Mythos. Sie tritt zwar als Konkurrentin Ginevras auf, steht zu ihr aber, wie auch zu der von Lanzelot geretteten schönen Frau und zu Morgane, nach dem Muster proteischer Verwandlung gleichzeitig in magischer Beziehung. Elaine ist nämlich eine Mondfee. Ihr Name zeigt wieder einmal, in welch weit verzweigte, auch über den keltischen Mythos immer wieder hinausweisende Kulturräume die Artus- und Gralsromane reichen. Elaine geht nämlich auf die vorgeschichtliche Mondgöttin der griechischen Mythologie, auf Selene, zurück. »Silberne Tautropfen, in denen sich das Licht irisierend widerspiegelt, sind ihr Gewand«, schreibt Eckart Peterich über die griechische Göttin. Ähnlich tritt Elaine in älteren Fassungen des Lanzelotzyklus auf: In Silber und Weiß gekleidet, erscheint sie, während das Licht des Mondes Galahads Geburt umspielt.

Was ist dann aber der Gral für ein Gefäß? Welches Rätsel birgt er in sich, wenn er an Jenseitsorten wie Corbin, dem »Corbenic« des »Prosa-Lanzelot«, zur vertrauten Erscheinung seiner Bewohner, der aus weiter Zeitenferne stammenden Elaine und ihres Vaters, König Pelles, wird? Reicht hier eine Erklärung aus, er sei der Kelch, den Joseph von Arimathia mit Christi Blut nach Cornwall brachte? In diesem Sinne wird er tatsächlich einmal in Malorys Artusbuch von Sir Ector gegenüber Parzival gedeutet, nachdem die beiden sich beinahe in einem Zweikampf erschlagen hätten. Wie bei noch ungeläuterten Schwerthelden üblich,

hatten sie bei einer Begegnung in einem Wald sofort aufeinander eingehauen, um dann, als sie endlich ihre Namen genannt hatten und sich als Ritter der Tafelrunde erkannten, gemeinsam über ihre tödlichen Wunden zu klagen. In diesem Augenblick aber erschien mit holdem Duft der Gral, und »sogleich waren beide heil an Haut und Gliedern wie nur je in ihrem Leben«. Sie dankten Gott, und Parzival fragte: »Was kann das bedeuten, daß wir geheilt sind und doch eben noch im Sterben lagen? Ich weiß sehr wohl, wie das kommt, sagte Sir Ector. Es kommt von einem heiligen Gefäß, das von einer Jungfrau getragen wird, und darin ist ein Teil des heiligen Blutes Unseres gesegneten Herrn Jesus Christus; doch es ist nur einem vollkommenen Mann sichtbar. So wahr mir Gott helfe, sagte Sir Parzival, mir war, als sah ich ein Fräulein, das war ganz in Weiß gekleidet und trug ein Gefäß in beiden Händen, und in diesem Augenblick war ich geheilt.«
Es ist also eine strahlende Jungfrau, die den Gral trägt, kein christlicher Engel, sondern ein Wesen aus dem Feenreich. So bleibt die Herkunft des numinosen Gefäßes, auch wenn es im Sinne der Josephslegende gedeutet wird, weiterhin rätselhaft. Die Frage nach dem Gral bedarf noch einer längeren Suche. Kehren wir zunächst noch einmal zu Elaine zurück.
Nachdem sie Galahad, einen schönen Knaben, zur Welt gebracht hatte, erhielt sie Besuch von Bors, dem Neffen Lanzelots. Auch er hatte einen schweren Kampf zu bestehen, bevor er nach Corbin gelangte. Sir Bromel, ein von Elaine abgewiesener Rivale Lanzelots, stellte sich ihm entgegen. Bors besiegte ihn. Unter der Bedingung, sich am kommenden Pfingstfest bei Lanzelot einzufinden und sich ihm als Besiegter zu unterwerfen, schenkte er ihm das Leben. Das war ritterlicher Brauch, wenn Gnade walten sollte. Gewöhnlich wurden die Bezwungenen direkt zu König Artus geschickt, und es gab keinen, der so ehrlos gewesen wäre, dort nicht zu erscheinen, wenn er der Bedingung zugestimmt hatte.
Als Bors nun bei Elaine den kleinen Galahad sieht, erkennt er dessen Ähnlichkeit mit Lanzelot. Er ist darüber zu Tränen gerührt, und Elaine bestätigt ihm: »Dieses Kind hat er mit mir gezeugt.« Als Bors für das Kind zu beten beginnt, damit es ein ebenso tüchtiger Ritter wie sein Vater werde, erscheint wieder die weiße Taube mit dem goldenen Weihrauchfaß. Und wieder stehen wie hingezaubert Speisen und Getränke aller Art auf dem Tisch, »und eine Jungfrau brachte den heiligen Gral und sagte laut und vor allen: Wisset, Sir Bors, dieser Knabe ist Galahad, der auf dem Gefährlichen Platz sitzen und zum heiligen Gral gelangen und seinen Vater Sir Lanzelot bei weitem übertreffen wird.«
Und so geschah es dann auch.

Noch im zarten Alter kommt Galahad an Artus' Hof. Ein weiser alter Mann aus König Pelles' Gefolge führt ihn zur »Runden Tafel« an den Gefährlichen Sitz, über den ein Tuch gebreitet ist. Der Alte nimmt es weg und liest: »Hier sitzt Galahad, der hohe Prinz.« Beherzt läßt Lanzelots Sohn sich nieder, allseits bestaunt und bewundert. Schon zuvor hatten die Artusritter am Gestühl rund um die Tafel eine Schrift in goldenen Lettern entdeckt, die jedem seinen Platz zuwies, während auf dem Gefährlichen Sitz in frischen Goldbuchstaben stand: »Vierhundertvierundfünfzig Winter nach der Passion unseres Herrn Jesus Christus soll dieser Sitz besetzt werden.« Es war genau das Jahr, in dem Galahad erschien.
Thomas Malory verlegt seine Geschichte demnach ziemlich genau in die Zeit des historischen Artus-Riothamus. Es fällt auf, daß Galahad mit dem späteren Sagenkönig zwei bedeutende Umstände gemeinsam hat: die Empfängnis durch zauberischen Betrug – in vertauschten Geschlechterrollen wird Galahads Vater durch die Zauberin Brisen ebenso getäuscht wie Artus' Mutter Igraine durch Merlin – und die magische Zuweisung des Schwertes. Auch Galahads Schwert steckt, wie ehemals das von Artus, in einem Stein. Wie Artus ist auch Galahad unter allen Rittern der einzige, der das Schwert aus dem Stein zu lösen und an sich zu nehmen vermag. »Kein Mann wird mich herausziehen«, steht auf dem Knauf der ihm zugedachten Waffe, »außer dem, an dessen Seite ich hängen soll, und er wird der beste Ritter der Welt sein.« Sogar die Erinnerung an Artus' Excalibur, das die Fee ihm aus dem See heraus gereicht hatte, klingt bei Galahad noch nach: Sein Schwert schwimmt, zusammen mit dem Stein, auf dem Wasser. Wo aber Stahl und Stein schwimmen, gelten andere Gesetze als die der realen Welt. Alter Feenzauber ist hier wieder wirksam. Artus, der Galahad persönlich an den Ort dieses Abenteuers führt, sagt dem jungen Ritter: »Hier ist das größte Wunder, das ich je gesehen habe.« Doch Galahad ist keineswegs erstaunt. Er weiß bereits, daß diese Aventüre auf ihn wartet. Deshalb kam er auch schon ohne Schwert an Artus' Hof. Die Scheide dazu aber brachte er mit. Klar tritt hier die mythische Schicht unter der mittelalterlichen Dichtung noch hervor. Mit dem Weiblichkeitssymbol der Schwertscheide weist Elaines Sohn sich als Heros der Mondfee aus. Aber auch als Sohn von Lanzelot, dem Liebling Vivianes und Geliebten von Ginevra-Gwenhyfar, ist er dem Feenreich verbunden. Wie ein Artus in verjüngter Gestalt betritt Galahad die Bühne der Gralsdichtung. Er verkörpert auf ihr die neue Entwicklungsstufe des »reinen« christlichen Helden. Die Erbmale früherer Herkünfte aber bleiben seinem Wesen eingeschrieben.
Solche Beobachtungen gehören zu den Segmenten des schier unauslotbaren Zauberkreises der Gralsromane. Sie zeigen, wie archetypische

Raster die Bilderwelt der Dichtung weiter prägen, selbst wenn sie späteren Zeiten rätselhaft geworden und Ursache mißverstandener oder mißverständlicher Doppelungen von Motiven oder Personen sind. Artus, der Herr der Tafelrunde, deren höchste Bestimmung die Gralssuche ist, besitzt das Schwert Excalibur. Galahad, der bevorzugte Feensohn, der das Gralsabenteuer vollenden wird, erhält sein Schwert auf ähnlich wunderbare Weise. Gral und Schwert scheinen auf geheimnisvolle Art einander zuzugehören. Vielleicht entspricht das Schwert als sakrale Waffe der blutenden Lanze, die in den klassischen Gralsdichtungen stets dem heiligen Gefäß vorangetragen wird – ein Thema, dem wir uns später noch zuwenden werden.
Begleiten wir zunächst noch Galahad ans Ende seiner Aventüre. Nach einer Reihe weiterer Abenteuer wird ihm als einem der drei auserwählten Artusritter als Krönung seines Lebens die Schau jenes höchsten Gutes gewährt, das »so lange Zeit seine Sehnsucht gewesen ist«. Verzückt in den Anblick des Grals verläßt Galahad, nachdem ihm auch noch Joseph von Arimathia erschienen war, die Welt. Eine »große Engelschar« trägt seine Seele zum Himmel empor, und die Gefährten Parzival und Bors werden Zeugen seines irdischen Abschieds. »Darauf sahen sie eine Hand vom Himmel kommen, aber keinen Körper, und diese Hand ergriff das heilige Gefäß und die Lanze und trug beides zum Himmel. Seitdem hat nie wieder ein Mensch die Kühnheit besessen, zu sagen, er habe den heiligen Gral gesehen.«
Das ist Malorys Version, der dem klassischen Gralssucher Parzival in seinem Artusroman keine herausragende Rolle mehr zugedacht hat. Bei ihm lebt Parzival nach Galahads Hinscheiden nur noch auf die Dauer von einem Jahr und zwei Monaten in einer Einsiedelei. Dort stirbt er als heiligmäßiger Eremit. Als einziger der zum Gral Erwählten kehrt Bors nach Camelot zurück, um Artus die Vollendung der Gralssuche zu melden. Der König und Ginevra sind darüber hoch beglückt, und »großer Jubel« erhob sich über die Nachricht bei Hof. Doch bald »fing Sir Lanzelot wieder an, häufig zu Königin Ginevra zu gehen, und er vergaß sein Gelübde und die Vollkommenheit, die er auf der Gralssuche erlangt hatte. Denn wäre Sir Lanzelot in seinen geheimen Gedanken und in seinem Herzen nicht der Königin so verbunden gewesen, wie er es Gott dem äußeren Anschein nach war, kein Ritter hätte ihn auf der Suche nach dem heiligen Gral übertroffen.«

Nicht oft genug können Malory und die christlichen Erzähler der Gralsgeschichte diese Verfehlung Lanzelots betonen. Es handelt sich dabei ja auch um nichts Geringeres als die Bevorzugung der Frauenminne vor der Gottesminne. Ihre Verurteilung tritt umso stärker in den

Vordergrund, je mehr die mythischen Wurzeln von Lanzelots Liebe in Vergessenheit geraten. Seine Gedanken jedenfalls waren »stets bei der Königin, und nun liebten sie einander heißer als je zuvor und trafen so oft heimlich zusammen, daß viele am Hofe darüber sprachen«. Eines Tages werden sie entdeckt, und das Verhängnis nimmt seinen Lauf.
Schon vor der Vollendung des Gralsabenteuers fällt auf, daß mit zunehmender Spiritualisierung der Handlung Artus selber in allen einschlägigen Romanen mehr und mehr in den Hintergrund tritt. So erscheint der Sagenkönig in späteren Abbildungen auch immer öfter als der weise, überlegene und gütige Herrscher, der es nicht mehr nötig hat, seinen Ruhm auf die Bluttaten von Excalibur zu gründen. Auf die Integrationskraft seiner Persönlichkeit für die Artusritter bei deren Suche nach geistigen Schätzen und dem Gralsgeheimnis kommt es nun an. Das jugendliche Schlachtenschwert wird zum »gladium spirituale«, zum »Schwert des Geistes«, dessen Kraft in der Inspiration für das Wunderbare liegt. Ein Pariser Gobelin aus der Zeit um 1385 – heute in der Cloisters Collection des Metropolitan-Museums in New York – zeigt König Artus unter den damals mehrfach dargestellten neun würdigsten Helden der Welt – wieder sind es neun! –, zu denen drei aus der Antike (Hektor, Cäsar, Alexander), drei aus dem Alten Testament (Josua, David, Judas Makkabäus) und drei aus der mittelalterlichen Romanliteratur gehören, neben Artus Karl der Große und Gottfried von Bouillon, der »Vogt des Heiligen Grabes«, wie er sich 1099, nach Beendigung des ersten Kreuzzuges und der Eroberung Jerusalems, dessen Königstitel er ablehnte, nannte. Artus erscheint auf diesem Heldengobelin vor dem Hintergrund eines fein ziselierten gotischen Kirchenraums wie ein christlicher Heiliger. Das Schwert, dessen Knauf seine Linke umfaßt, gleicht eher einem Zierdolch, dafür hält er als sakralisierter König in der Rechten einen hochaufgerichteten Wappenwimpel mit den drei goldenen Kronen.
Auch als Repräsentant und Hüter der Tafelrunde nimmt Artus allmählich die Rolle des weisen Königs ein, der nach einer Epoche heldenhaften Draufgängertums jetzt eine Stufe der Mäßigung und Weisheit erreicht hat. Da Avalon schon bald auf ihn wartet, bedarf er der Abenteuer der Welt nicht mehr. Zudem verkehrt er mit einem Teil seines Wesens bereits in der Anderswelt. Dorthin wird er sich auf einem Gralsabenteuer besonderer Art noch einmal begeben, ehe er seine letzte Überfahrt nach Avalon antritt. Trafen wir ihn aber nicht soeben noch in Camelot, traurig über den Auszug seiner besten Ritter und dann erfreut über die Nachricht von Bors? Das ist kein Widerspruch. Im Reich der Dichtung, in der magischen Welt der Seele, herrscht eine eigene Logik. Sie ist auf ein Raum-Zeit-Kontinuum bezogen, in dem es kein

Außen und Innen, kein Oben und Unten, sondern nur ein ständiges Fließen von Gestalt zu Gestalt, vom Diesseits zum Jenseits, vom König zum Gott, der Königin zur Göttin und dem Ritter der Tafelrunde zum Gralsritter in voller Verklärung gibt.
Verklärt war Galahad aus der Welt geschieden, nachdem er den Gral erschaute, der sich ihm als »das heilige Gefäß« offenbarte, das zusammen mit einer Lanze von einer göttlichen Hand zurück in den Himmel getragen wurde. Reckte sich nicht auch im Bodmin Moor eine geheimnisvolle Hand aus dem See, um Excalibur wieder in Empfang zu nehmen, nachdem Artus seine tödliche Wunde erhalten hatte? Zwei Sphären verbinden sich in solchen Bildern: Oben und Unten, Himmel und Wasser, göttliche Hand und Feenhand, Geist und Seele. Der Gral erscheint in dieser christlichen Version offensichtlich als jenes Gefäß, von dem schon Sir Ector erklärte, daß es einen Teil des Blutes des Erlösers berge. Mit der Lanze kann nur die des legendären Kriegsknechts Longinus gemeint sein, mit der er auf Golgatha die Seite des Gekreuzigten öffnete.
Lassen wir die viel ältere Herkunft von Gefäß und Lanze zunächst noch beiseite. Auch auf der Stufe christlicher Symbolik bleibt das Gralsmysterium noch von feenhaftem Zauber begleitet. Nicht nur Galahad erwies sich als Feensproß. Auch das »heilige Gefäß« selbst ist durch die jungfräuliche Trägerin, die zum festen Szenarium des Erscheinungswunders gehört, von feenhafter Aura umhüllt. Den Rittern der Tafelrunde wird der Gral zur Verheißung himmlischer Glückseligkeit, zum Ziel der Sehnsucht, die sie ihrem höchsten und letzten Abenteuer entgegenführt. Auf diesem esoterischen Weg tritt die »Aventüre« selbst als eine der Musen auf, die zur Suche inspiriert. Bei Wolfram von Eschenbach klopft sie ganz persönlich an. Sie möchte in sein Herz hinein und ihm »viel Wunder sagen«, während er am »Parzival« schreibt. »Seid Ihr es, Frau Aventüre?« fragte er, sie erkennend, und läßt sie ein.
In vielen Metaphern haben die Poeten »die höchste Kostbarkeit« beschrieben. Auch in der mit dem Opferblut Christi verbundenen Josephslegende bleibt sie noch vom Atem jener Liebe durchdrungen, die als hohe Minne die gesamte Artus- und Gralsliteratur erfüllt. John Masefield hat dafür das Symbol der Rose gefunden. In ihm beschreibt er Sehnsucht, Suche und Hoffnung des christlichen Gralsritters »Sir Bors«:

»Könnte ich doch etwas Ruhe und Frieden finden, ein wenig
Erleichterung, in der kühlen grauen Stille der Dämmerung,
einen dämmrig grünen Ort im Wald, wo die Vögel singen,
singen, singen, laut das Lied von der roten, roten Rose
singen, die jenseits der Meere blüht.

Könnte ich sie doch sehen, diese Rose, wenn das Licht schwindet, und jenen einsamen weißen Stern des Westens, der auf der Rüstung schimmert:
Diese rote, rote leidenschaftliche Rose des geopferten Blutes Christi,
im leuchtenden Kelch Gottes, die Schale des Heiligen Grals.

Mein Pferd ist lendenlahm, die Rippen scheinen ihm durch die Haut,
Mein Schwert ist von Rost verdorben, doch ich ziehe die Zügel an und reite weiter,
denn die strahlenden weißen Vögel Gottes, die in der Rose nisten, haben mich gerufen,
und nirgendwo gibt es eine Stadt, in der ich verweilen kann.

Schließlich wird es geschehen, in der Dämmerung, wenn mein Pferd sich den Weg entlangschleppt,
Ein Stern wird leuchten wie ein Ton Gottes, der aus einer silbernen Glocke erklingt,
und die strahlend weißen Vögel Gottes werden meine Seele Christus entgegen tragen,
und der Anblick der Rose, der Rose, wird mich für die Jahre der Hölle entschädigen.«

Das mehrmals beschworene Gleichnis der Rose – es steht im weiten Beziehungsfeld einer Esoterik der Liebe. Seit jeher ist die Rose Zeichen und Inbegriff der Geliebten. Nach C. G. Jung ist sie »das Symbol des geliebten Weibes«. Im Marienkult wurde die Rose als »Rosa mystica« zur Bezeichnung Mariens. Noch im 15. Jahrhundert konnte die christliche Gottesmutter gleichsam als »heiliges Gefäß« gesehen werden, das in sich auch die männliche Gottheit birgt. Das anschauliche Beispiel hierzu findet sich im Musée de Cluny in Paris. Dort steht die »Vierge ouvrante«, eine etwa 40 Zentimeter hohe Holzskulptur der Madonna, möglicherweise eine Arbeit aus Köln. Das Besondere dieser Figur nun ist es, daß ihr Körper sich wie die Flügel eines Triptychons öffnen läßt, wobei im Leib der Heiligen Gottvater zum Vorschein kommt, der seinen gekreuzigten Sohn in Händen hält. Die sich öffnende Madonna als Gottesgebärerin nicht nur des Sohnes, sondern auch des Vaters – eine ketzerische Erinnerung an vorchristliche jungfräuliche Muttergottheiten, die den göttlichen Heros gebären! Das Schnitzwerk wurde darum auch, wie andere Darstellungen, in denen aus Marias Schoß die Dreieinigkeit hervorgeht, aus den Kirchen verbannt. Kein Wunder, hält die Madonna neben dem Jesusknaben doch auch noch den Granatapfel in

der Hand, das Fruchtbarkeits- und Lebenssymbol der antiken Welt – der Demeter und der Aphrodite ebenso wie aller Liebes- und Jenseitsinseln von den Hesperiden bis nach Avalon.
Die christliche Gralsmystik: Wer dahinter zu blicken versucht, findet wie bei der »Vierge ouvrante« immer tiefere Schichten mythischer Vorstellungswelten. Sie werden nur dem fremd und anstößig erscheinen, der nicht bereit ist, sie als das anzuerkennen, was sie sind und immer waren: Gemälde aus dem unerschöpflichen Bildersaal der Psyche, die das immer gleiche Thema menschlicher Sehnsucht und Hoffnung im Stil ihrer Zeit variieren.
Das mag auch für jene Bilder gelten, die uns beim Betreten einer kleinen Kirche im bretonischen »Pays de la Table Ronde« überraschen, im Wald von Brocéliande, den wir schon einmal auf den Spuren von Merlin, Viviane und Morgane betraten. Es ist das granitgraue Dorfkirchlein von Tréhorenteuc, ganz nahe am Eingang zum »Val sans retour«, das als Stätte der Gralsverehrung auch unter dem Namen »L'église du Saint Graal« bekannt ist. Noch während des Zweiten Weltkriegs begann Abbé Henri Gillard die aus dem 17. Jahrhundert stammende Landkirche, die eigentlich Sainte Onenne – einer der zahlreichen bretonischen Heiligen, die kein Kirchenkalender kennt – geweiht ist, zu renovieren. Er ließ das abgelegene Gotteshaus mit einer Innenausstattung versehen, die mittlerweile Besucher aus aller Welt bestaunen. Von 1942 bis 1962 dauerten die Arbeiten nach den Ideen des Geistlichen, der eine Vorliebe für heidnisch-christliche Legenden, keltische Mythen, Symbolismus und Gralsgeheimnis hegte, wie das in Verbindung mit dem Amt eines katholischen Priesters wohl nur bei einem gebürtigen Bretonen möglich ist. Zur Verwirklichung seiner Vorstellungen von der Zusammengehörigkeit des christlichen Heilswegs mit den Inhalten der Artusdichtung erreichte er 1945 von den Behörden in Rennes auch noch die Freistellung zweier deutscher Kriegsgefangener, des Malers Karl Rezabeck und des Tischlers Peter Wisdorf, die in weniger als zwei Jahren einen Kreuzweg, Altäre und Ölbilder aus dem Sagenkreis um König Artus schufen. Einige der Bilder, wie das von Viviane und Merlin an der Quelle von Barenton, sind in der Sakristei untergebracht, der sie ebenfalls einen merkwürdigen Hauch heidnischen Zaubers verleihen.
Beherrschend aber sind die drei Kirchenfenster mit ihren Glasmalereien. Anonyme Künstler haben sie nach Angaben des Abbé gefertigt. Prächtig, in den Farben des Regenbogens, das Mittelfenster im Chor: der von Flammen umloderte Gral. In Form eines türkisgrünen Kelches leuchtet er in der Bildmitte, und zwei Engel entrollen ein Spruchband mit den Worten: »Der Kelch meines Blutes«. Darunter Christus, und vor ihm kniend, Blick und Hände ihm und dem heiligen Gefäß zuge-

wandt, Joseph von Arimathia, über dem das Kreuz Jerusalems und das Wappen der Bretagne zu sehen sind. Zu beiden Seiten des Rundbogenfensters, unter Tauben und Eichenlaub, die Symbole der vier Evangelisten: Mensch (Matthäus), Löwe (Markus), Stier (Lukas) und Adler (Johannes).

Das linke Fenster zeigt Christus im Kreise seiner Jünger beim Letzten Abendmahl. Der Kelch steht in der Mitte eines rechteckigen Tisches, und über der Szene schwebt in einer Wolke Gottvater. Auf der rechten Chorseite, als Pendant zum Abendmahlsbild: König Artus' Tafelrunde mit der »Apparation du Saint Graal« – der »Erscheinung des Grals«. Die mit Hermelinkragen und Stirnreifen geschmückten Ritter sitzen um die »Runde Tafel«, die mit Brot und Wein gedeckt ist. Wie Christus auf dem Abendmahlsbild hebt Artus, der eine goldene Krone trägt, eine Hand, während von oben, unter dem Bild des Gekreuzigten, zwei Engel mit dem Gralskelch herabschweben – Artus' Tafelrunde und die Eucharistie in engster Verbindung.

Gral und Abendmahlskelch sind in allen drei Fenstern in grün schildernder Farbe wiedergegeben. Damit knüpfen diese Glasmalereien an eine ketzerische Gralsvorstellung an, auf die der Betrachter nur deshalb aufmerksam wird, weil eine in der Kirche erhältliche Broschüre, erstaunlicherweise in positivem Sinne, darauf hinweist. Es handelt sich dabei um eine apokryphe Schilderung von Luzifers Sturz.

Biblischer Tradition zufolge, so lesen wir in dem Kirchenführer von Tréhorenteuc, trug Luzifer, der oberste der Engel, als er nach seiner Revolte gegen Gott vom Himmel gestürzt wurde, eine grüne Krone, das Symbol der Hoffnung. Nach Luzifers Abfall war zunächst jede Hoffnung verwirkt. Aus seiner Krone aber hatte sich beim Absturz in die Tiefe ein Smaragd gelöst, der in dem Augenblick Adam und Eva vor die Füße fiel, als sie gerade aus dem irdischen Paradies vertrieben wurden. Sie hoben den Stein auf, der ihren Nachkommen zum Zeichen messianischer Hoffnung wurde. Später verwechselte man den Stein mit einer Schale.

In der Broschüre, deren Text auf den 1979 verstorbenen Abbé zurückgeht, wird im Anschluß an diese Geschichte auch der Josephslegende gedacht. Nun allerdings versteckt der Mann aus Arimathia den Abendmahlskelch bei seiner Missionsreise in den Westen nicht mehr in Cornwall bei der Chalice Well in Glastonbury, sondern in der Bretagne. Er vergräbt ihn im Wald von Brocéliande.

Der alte Zauberwald ist in der »Église du Saint Graal« auch im Kirchenschiff zu finden. Mit Feenquelle und Merlinstein wurde er in ein großes Hirschmosaik einverarbeitet, dessen intensive Farbgebung den Blick auf sich zieht: Der strahlend weiße Hirsch ist von vier feuerroten

Löwen umgeben. Ein Hubertus-Hirsch? Aber er trägt kein Kreuz zwischen dem Geweih. Er zeigt es nur viel kleiner an einer goldenen Halskette. Der mythenfreudige Abbé hat das alte keltische Hirschgottsymbol, wenn auch christianisiert, in seine Kirche eingebracht.
Der Hirsch nicht mehr als Cernunnos, sondern als Christussymbol findet sich auch in Malorys Artusroman. Dort wird den Gralssuchern Galahad, Parzival und Bors ein Erlebnis zuteil, auf das sich das Mosaik im Kirchlein von Tréhorenteuc bezieht: »In einem tiefen Wald erblickten sie vor sich einen weißen Hirsch, den vier Löwen geleiteten. Sie entschlossen sich, den Tieren zu folgen, um zu erfahren, wohin sie gingen. Sie ritten ihnen ein großes Stück nach, bis sie in ein Tal kamen. Dort war eine Einsiedelei, in der ein frommer Mann wohnte. Der Hirsch und die Löwen traten dort ein.« Mit Staunen gewahren die Artusritter, wie der Hirsch sich während der Messe, die der Einsiedler gerade zelebrierte, beim Offertorium in einen Menschen verwandelte. Auch die Löwen verwandelten sich. Einer blieb ein Löwe, einer wurde ebenfalls ein Mensch, einer ein Stier und einer ein Adler. Daraufhin verschwanden alle »durch ein Glasfenster, ohne daß es zerbrach. Eine Stimme sprach: ›Auf diese Weise gelangte Gottes Sohn in den Schoß der Jungfrau Maria, deren Jungfräulichkeit weder zerstört noch verletzt wurde.‹«
Als die drei Ritter, nachdem sie bei diesen Worten wie betäubt zu Boden gefallen waren, wieder zu sich kamen, hieß der fromme Einsiedler sie willkommen. »Nun weiß ich wohl«, sagte er, »ihr seid die guten Ritter, die zum heiligen Gral gelangen werden, denn Unser Herr wird euch große Geheimnisse offenbaren.«
Die nun folgende Erklärung der Hirschsymbolik erinnert an den Wiedergeburtsglauben der Kelten, wie er uns in ähnlichem Zusammenhang bereits bei Cernunnos und Merlin als göttliche Wesen in Hirschgestalt begegnete: »Wohl kann unser Herr mit einem Hirsch verglichen werden«, sagte der Einsiedler, »denn ein alter Hirsch wird wieder jung durch sein weißes Fell. Gerade so erwachte Unser Herr wieder vom Tod zum Leben. Denn er legte das Fleisch ab, das sterblich war und das er im Schoß der gesegneten Jungfrau Maria angenommen hatte. Aus diesem Grunde erschien Unser Herr als fleckenlos weißer Hirsch. Seine vier Begleiter sind als die vier Evangelisten zu verstehen, die einen Teil der Taten Jesu Christi niederschrieben, die er einst vollbrachte, als er Mensch war unter Menschen. Und merket wohl, nie zuvor konnte je ein Ritter diese Wahrheit erkennen, und oft hat sich früher Unser Herr frommen Männern und guten Rittern in der Gestalt eines Hirsches gezeigt.«
Nach der Legende sollten der weiße Hirsch und die vier Löwen in der Nachbarschaft der Feenquelle von Barenton gelebt haben. Um ihre

höhere Wesenheit auszudrücken, sind auf dem Mosaik von Tréhorenteuc alle fünf Tierköpfe von einem Glorienschein umgeben. Das Rot der Löwen ist als Zeichen der Stärke zu deuten.
Die Bilder in der kleinen bretonischen Gralskirche machen nachdenklich. Immer wieder drängt Malorys Text sich dazu auf, werden Assoziationen wachgerufen, die auf Abwege zu führen scheinen und doch eng mit dem Gralsthema zusammenhängen. Zweimal zum Beispiel erwähnt Malory den Schoß Mariens in Verbindung mit der Verwandlungsgeschichte des weißen Hirsches – die jungfräuliche Empfängnis in einem Atem mit Relikten vorgeschichtlicher Mythen. Wäre nicht der ganze Streit um das späte Dogma der katholischen Kirche zu entschärfen, wenn man sich dabei nur einmal an die alten Muttergottheiten erinnerte, die als Lebensspenderinnen und Gefäße der Fruchtbarkeit gleichwohl Jungfrauen waren, Jungfrauen gemäß ihres triadischen Charakters? Besonders eindrucksvoll zeigt sich das bei der griechischen Demeter, die Kore, Persephone und Hekate zugleich war: das junge Mädchen des aufblühenden Frühlings, die reife Frau der Liebe und Fruchtbarkeit und die Greisin des Todes, die jedoch alljährlich als Kore aufersteht. Deshalb wurde sie in Kultstätten wie Delphi oder Dodona auch als »Die Drei« und stets im Plural als »Die Mütter« verehrt. Das würde freilich eine Gleichrangigkeit der männlichen Gottheit gegenüber, wenn nicht gar eine Überlegenheit über sie, wie die »Vierge ouvrante« es veranschaulicht, nahelegen, wozu eine patriarchalisch dominierte Welt- und Religionsauffassung sich nicht verstehen kann.
Im linken Querschiff des Gralskirchleins, der »Chapelle de la Vierge«, der Kapelle der Jungfrau, werden solche Überlegungen durch eine Glasmalerei unterstützt. Das Fensterbild zeigt die Madonna, sternengekrönt, den Mond zu ihren Füßen. Diese häufig zu findende Auffassung wurde durch die Worte der Offenbarung des Johannes inspiriert: »Am Himmel erschien ein großes Zeichen: Ein Weib, bekleidet mit der Sonne, der Mond zu seinen Füßen und eine Krone von zwölf Sternen auf seinem Haupte« (Offenbarung, 12, 1). Erinnerung an die einstige Göttin und ihre kosmische Macht lebt in solcher Bildersprache weiter. Die »Jungfrau« in Tréhorenteuc aber steht auch noch zwischen zwei Vasen, von denen die eine mit Blumen, die andere mit Korn gefüllt ist – beides Symbole der Großen Göttin. In Indien und Ägypten ist ihr der Lotos, in Europa die Rose zugeordnet. Zur Blüte aber gehört die Frucht. So ist die Ähre das vorherrschende Symbol der Ceres und der Demeter, und sie wurde auch – was erstaunen mag – zum Attribut der Madonna. Noch in einem Holzschnitt aus der Mitte des 15. Jahrhunderts, der sogenannten »Garbenmadonna«, tritt die christliche Gottesmutter im Ährenkleid auf, in einem Mantel, der übersät von Kornähren ist.

Unser Kirchenführer deutet die Blumen als Symbol des Glaubens, die Ähren als das der Hoffnung. Es fehlt »nur« noch die Liebe im Katalog der christlichen Kardinaltugenden. Steht dafür, in diesem Bild, etwa die Madonna selbst? Auch diese Interpretation wäre möglich. Auf einer späteren Bewußtseinsstufe hat die Göttin ihren ursprünglichen Elementarcharakter mit seiner chtonischen Schwere ja auch überwunden und sich zu einer weiblichen Geistigkeit verwandelt, die dem christlichen Weltbild einzubeziehen war. In hochgradiger Spiritualität kann sie dann auch als personifizierte Weisheit auftreten. Das tut sie in Gestalt der heiligen Sophia, deren drei Töchter eben Glaube, Hoffnung und Liebe – Fides, Spes und Caritas – sind. Seit dem 6. Jahrhundert kündet die in mystischem Goldglanz ihrer Kuppeln schimmernde »Hagia Sophia« in Konstantinopel von der hohen Verehrung, die man ihr zollt. Ganz begreifen aber wird man ihr Wesen nur aus ihrer fernen vorchristlichen Ahnenreihe weiblich-göttlicher Eigenständigkeit heraus. »Dieses Sophia-Weibliche«, schreibt Erich Neumann in seinem Standardwerk »Die Große Mutter«, »das als Blüte die höchste sichtbare Form einer Entfaltung erreicht, verschwindet nicht in der nirwanahaften Abstraktheit eines männlichen Geistes, sondern sein Geist bleibt wie der Duft der Blüte immer an diese als an die irdische Grundlage der Wirklichkeit gebunden. Wandlungsgefäß, Blüte, die Einheit der mit Kore wiedervereinigten Demeter, Isis, die Mondgöttinen, in denen die Lichtseite das Nächtliche ihrer eigenen Dunkelheit überwindet, sie alle sind Ausdrucksformen dieser Sophia, der höchsten weiblichen Weisheit.«

Das Gralskirchlein von Tréhorenteuc mit dem Mosaik eines weißen Hirsches und dem Glasmalereibild der Madonna – welch weit ausschweifende Gedanken setzten sie in Bewegung! Doch auch sie kreisen um das Rätsel des Grals. Noch einmal müssen wir fragen: Warum stehen die Gralsritter in so enger Verbindung mit dem Reich der Feen und dem Minnekult? Warum umgibt den Gral, wie in Wolframs »Parzival«, eine ganze Schar liebreizender Jungfrauen? Warum wird er von einer Jungfrau, deren Antlitz »wie eine Blüte leuchtete«, getragen?

Behalten wir diese Fragen im Gedächtnis. An späterer Stelle werden sie sich vielleicht von selbst beantworten. Mit der christlichen Gralsauffassung haben die Jungfrauen jedenfalls kaum etwas zu tun. Dem Gral haftet sogar da, wo er als Abendmahlskelch oder Gefäß mit dem Blut Christi assoziiert wird, noch so viel heidnischer Zauber an, daß die katholische Kirche sich ihm gegenüber stets größter Zurückhaltung befleißigte. Sie verdammte den Gralskult zwar nie, unternahm aber auch nichts zu seinen Gunsten. Die Existenz des katholischen Gotteshauses von Tréhorenteuc als inoffizielle »Église du Saint Graal« ist deshalb um so erstaunlicher. Nur einem unorthodoxen Geistlichen aus der Bretagne konnte es in diesem Teil Frankreichs mit seiner unvergessenen keltischen Tradition gelingen, die Kirche einer Regionalheiligen wie der Sainte Onenne zu einer Stätte der Gralsverehrung umzufunktionieren.

Bevor wir das Kirchlein verlassen, wenden wir uns noch einmal zurück zum Chor. Über dem Eingang zur Sakristei begegnet uns dort zum zweiten Mal König Artus' Tafelrunde. Es ist ein naives, farbenprächtiges Ölbild, wahrscheinlich von Karl Rezabeck. Als Vorlage diente eine französische Miniatur des 14. Jahrhunderts aus einer Handschrift zu Chrétiens Lanzelotroman, dessen Original sich in der Pariser Nationalbibliothek befindet. Das Bild zeigt die Artusritter, wie sie am gedeckten »Runden Tisch« vor gebratenen Hühnchen sitzen. Doch sie rühren die Speisen nicht an, sondern bestaunen gestenreich das Wunder der Gralserscheinung, das sich soeben vollzieht. Den christlichen Charakter betonend, sind es zwei Engel, die über dem Zentrum des Tisches schweben und ein edelsteinbesetztes Ziborium in Händen halten, dessen Goldglanz die ganze Tafel wie mit Sonnenstrahlen überflutet. Nicht Artus, sondern der auf einem Thronstuhl sitzende Galahad ist in dieser Darstellung die dominierende Figur. Entsprechend erscheinen auf dem mittelalterlichen Originalbild an den Plätzen der Ritter auch noch deren Namen in Goldschrift: Parzival, König Artus und Tristan rechts neben Galahad, Lanzelot, Bors und Gawein links von ihm. Galahads Thron ist natürlich der Gefährliche Sitz. Wenn wir uns seinem jungen Inhaber zuwenden, der im blauen Mantel über rotem Unterkleid abgebildet ist – in einer Farbensymbolik, die Wassily Kandinsky einmal am Beispiel der für die Volkskunst typischen Madonnenbemalung als Sieg des geistigen Prinzips (blau) über das Erdhafte (rot) deutete –, dann sind wir wieder mitten in Malorys Geschichte, wo über Galahads Auftreten am Artushof berichtet wird: »Da staunten alle Ritter der Tafelrunde sehr, daß er auf dem Gefährlichen Sitz Platz nehmen durfte und noch so zarten Alters war. Sie wußten nicht, woher er kam, außer allein von Gott, und sie sagten: Das ist er, der zum heiligen Gral gelangen wird, denn hier saß noch keiner, dem es nicht übel ergangen wäre.«

Galahad, der Sohn Lanzelots und Elaines, der Mondfee, ist zum Auserwählten Gottes geworden. Aber nicht nur christliche Gralsmystik drückt das schlichte Ölbild im Kirchlein von Tréhorenteuc aus. Auch alter Merlinzauber liegt noch in ihm und macht die ganze Tafelrunde im sonnenhaften Strahlenglanz zum kosmischen Gleichnis, während die gefüllten Teller vor den Artusrittern ein Speisungswunder aus ferner Zeit heraufbeschwören.

Eng ist dieser Teil der Bretagne der Wunderwelt von König Artus verbunden. Wenige Schritte von der »Église du Saint Graal« lädt das poppige Konterfei der Feenkönigin zur »Bar Morgane« ein, und nur einige Autominuten weiter, in Néant-sur-Yvel, empfiehlt sich die »Auberge de la Table Ronde«. Gegenüber, in der alten Kirche, treffen wir in einem großen Fußbodenmosaik noch einmal den weißen Hirsch mit Heiligenschein und Goldcollier, nur ohne die Löwen, und ein ebenfalls modernes Wandmosaik zeigt wieder das Gralswunder: Eine weiße Taube trägt eine Oblate zu einem smaragdenen Kelch, der in geheimnisvoller Landschaft zwischen Mond und Sternen über dem geöffneten Grab des auferstandenen Christus schwebt. Wie das Hirschsymbol in Verbindung mit der Jungfrauengeburt Mariens einen Aspekt des Weiblichen ausdrückt, so trägt auch die in den Gralsromanen des öfteren erwähnte »weiße Taube« als Sinnbild des Heiligen Geistes weibliche Züge. »Komm, heilige Geist(Macht)... Komm, heilige Taube«, lautet eine Anrufung des feminin aufgefaßten Heiligen Geistes in einer Neutestamentlichen Apokryphe. Diese »Heilige Geistin« – es ist die hebräische »ruach« des biblischen Schöpfungsmythos – schwebt als Taube über den Wassern, um aus dem Chaos den Prozeß der Weltschöpfung einzuleiten. In der als Meerstern, als »stella maris«, verehrten christlichen Madonna klingt solche Mächtigkeit noch nach.
Im bretonischen »Land der Tafelrunde« ist es nicht verwunderlich, wenn der Heilige Geist im Symbol der weißen Taube auf einmal seine weibliche Seite zeigt, erscheint doch auch der heilige Gral stets in weiblichen Händen. Von einer strahlenden Jungfrau getragen, präsentiert schon Chrétien in seinem »Perceval« das numinose Gefäß. Wenn sich bei ihm der alte König auch von einer Oblate aus dem kostbaren Pokal ernährt, geschieht das noch nicht im eindeutigen Sinne der christlichen Eucharistie. Dies erfolgt erst in dem bald darauf erscheinenden »Roman de l'Estoire dou Graal« des Robert de Boron. Er wird uns im nächsten Kapitel beschäftigen.
Tréhorenteuc und Néant-sur-Yvel: Zwei Orte im alten Waldrevier von Brocéliande, an denen in katholischen Gotteshäusern mythische Vorstellungen der Artuswelt im Symbol des Grals als eine Art von kosmischem Christentum in Erscheinung treten. Der *genius loci* dieses Teiles der Bretagne macht solche Konstellationen möglich. Alt genug ist dort ja auch die Überlieferung des Wunderbaren. Schon Wolframs Parzival kannte den Wald von Brocéliande. Gleich nachdem er – noch als »tumber Tor« – die Mutter verlassen hat, um zu den Rittern an den Artushof zu laufen, heißt es:

»Dô kêrt der knabe wol getân
gein dem fôrest in Brizljân.«

»Da zog der Knabe wohlgetan
hin nach dem Wald von Brocéliande.«

Als Parzival später Zeuge der Gralserscheinung wird, trägt die schöne Jungfrau aber kein wundertätiges Gefäß mehr, sondern einen nicht weniger heil- und zauberkräftigen Stein. Rätsel um Rätsel tun sich auf.

Fäden durch das Labyrinth

In alle vier Winde zerstreuen sich die Gralsritter auf ihrer Suche. Auch wir müssen uns aus vielerlei Richtungen dem Gralsgeheimnis nähern, wenn wir es durchschaubar machen wollen. Bis jetzt haben wir noch nicht einmal nach dem Namen »Gral« gefragt. Halten wir zunächst einmal fest: Ursprünglich haftet dem Wort Gral keinerlei mystische Bedeutung an. Es stammt aus dem Altfranzösischen und ist eine der zahlreichen Ableitungen des mittellateinischen »gradale«, was »stufenförmig« oder »schrittweise« bedeutet. In diesem Sinne wurde das Wort auch für eine Schüssel gebraucht, auf der während eines üppigen Mahles mehrere Speisen zugleich aufgetragen werden konnten. Der uns bereits bekannte Helinand von Froidmont, Königin Eleonores Kritiker, gibt in seiner lateinischen Chronik des frühen 13. Jahrhunderts folgende Erklärung: »Gradalis oder gradale heißt französisch eine breite und etwas vertiefte Schüssel, in welcher den Reichen kostbare Speisen vorgesetzt werden, deren einzelne Stücke stufenartig in verschiedenen Reihen angeordnet sind... volkstümlich wird sie auch ›graalz‹ genannt.«

Französische Texte des 12. Jahrhunderts überliefern das Wort in dieser prosaischen Bedeutung. Auch in Chrétiens »Conte del Graal« (seinem »Perceval«) ist der Gral noch eine Schüssel zum Speisenauftragen. Doch erstmals war jetzt etwas hinzugekommen: Er ist nun vom Wunderglanz aus einer anderen Welt berührt. Chrétiens Perceval, der Vorgänger von Wolframs Parzival, wird Zeuge eines Rituales, in dem der Gral in solcher Doppeldeutigkeit erscheint. Wie der spätere Parzival wächst Perceval, der erste Gralsritter, weltabgeschlossen als Sohn einer Witwe auf, verläßt die Mutter, kommt an Artus' Hof und gelangt nach einer Reihe von Abenteuern als Gast in die Burg des Fischerkönigs – Wolframs Amfortas –, an dessen Tisch er Zeuge der Gralsprozession wird. Der alte König heißt »Fischerkönig« – »Li rois Peschierre« –, weil er, »von einem Wurfspieß zwischen beiden Hüften verletzt«, nicht mehr aufs Pferd steigen und seine einzige Zerstreuung nur noch in der

Nähe seiner Burg, in einem Nachen sitzend, beim Fischen finden kann. So sah Perceval ihn zum ersten Mal. Doch dieser Name verweist auf weit mehr. Der Fisch symbolisiert, wie wir von C. G. Jung wissen, »einen (autonomen) Inhalt des Unbewußten« und »hat in den Träumen gelegentlich die Bedeutung des ungeborenen Kindes, denn dieses lebt vor seiner Geburt im Wasser, wie ein Fisch; und die Sonne wird, indem sie ins Meer taucht, Kind und Fisch zugleich. Der Fisch hat daher mit Erneuerung und Wiedergeburt zu tun.«

Er ist aber auch ein Christussymbol. In der Katakombenmalerei wurde es erstmals bildhaft dargestellt. Die frühen Christen lasen die griechische Formel für das Wesen Christi, IESUS CHRISTOS THEOU HYSIOS SOTER – Jesus Christus Gottes Sohn Heiland – in der Art eines Akrostichons. Bei der Aneinanderreihung der ersten Buchstaben der fünf griechischen Worte ergibt sich dann ICHTHYS, das griechische Wort »Fisch«.

Die Demetermysterien kannten den Fisch auch als Phallus, »als ein Symbol jener regenerativen Kraft des Weizenkorns, das, in der Erde wie ein Leichnam begraben, zugleich ein erdbefruchtender Same ist« (C. G. Jung). Vor diesem Hintergrund sind alte griechische Vasenbilder wie jenes, das eine nackte Frau zeigt, die einen riesigen phallischen Fisch trägt, keineswegs obszön. Sie gehören vielmehr, wie die kretische Erdgöttin Rhea mit ihren prall zur Schau gestellten Brüsten in den Bereich sakraler Ikonographie.

Der Fischerkönig der Gralsromane ist offensichtlich an den Genitalien verletzt. Die Formulierung »zwischen beiden Hüften« ist eine verschämte Umschreibung dafür. Auch Wolframs Amfortas hat diese Verwundung, desgleichen König Pelles, der Vater Elaines. Sein Enkel Galahad erfährt in Malorys Artusbuch davon durch eine Jungfrau, die ihn begleitet: »Es kam eine Lanze angeflogen und fuhr ihm durch beide Schenkel. Seitdem konnte er nicht geheilt werden und wird es auch nicht, bis wir zu ihm kommen.« Der an einer solchen Verletzung leidende König ist unfruchtbar und muß warten, bis ein Nachfolger ihn von seiner Qual erlöst. Nach Wegen der Läuterung wird Perceval-Parzival der Erlöser sein.

Doch bleiben wir noch beim Gral als Speisenschale. Schon bei Chrétien ist diese bereits so sehr dem Wunderbaren verbunden, daß allein eine Oblate aus ihr genügt, den kranken König am Leben zu halten. »Eine so heilige Sache ist der Gral«, heißt es im »Perceval«, »und so vergeistigt (esperitax) war auch der Fischerkönig, daß er sonst nichts benötigte.« Doch immer wenn der Gral erscheint, geschieht es in Begleitung der blutenden oder blutigen Lanze, jener Waffe, die den König einst auf so verhängnisvolle Weise traf.

Gawein auf einem Liebesabenteuer. Dem liebeskranken Lanzelot hängt Ginevra zur Genes
einen Schild um den Nacken. Lanzelot hebt in einem Friedhof die schwere Deckplatte eine
Grabes. (Text S. 153)

Kapitell-Relief des keltischen Gottes Cernunnos im Dompeter von Avolsheim, Elsaß (Text S. 124)

Szenen aus dem Leben des Tristan. Mittelalterliche Buchillustration ►

Lanzelot überquert die Schwertbrücke. St. Pierre, Caen, 13. Jahrhundert (Text S. 181)

Tristan und Isolde auf dem Schiff, französische Miniatur

Der »Tristan-Stein« bei Fowey in Cornwall (Text S. 183)

Artus auf dem Rad der Fortuna, französische Miniatur

Nachdem Perceval als Gast des Fischerkönigs, der mit einigen seiner Leute auf einem Ruhebett ausgestreckt war, ein Schwert von zauberhafter Qualität erhalten hatte, begibt sich eine seltsame Prozession durch den Saal des Hausherrn: »Wie sie nun von diesem und jenem sprachen«, lesen wir bei Chrétien, »trat aus einem anderen Raum ein Knappe, der eine blanke Lanze trug, die er mitten am Schaft gefaßt hielt. Er schritt vorüber zwischen dem Feuer und denen, die auf dem Bett saßen. Und alle, die da drin waren, erblickten die blanke Lanze und das blanke Eisen. Aus dem Eisen der Lanze quoll an der Spitze ein Blutstropfen, und dieser rote Tropfen floß bis auf die Hand des Knappen... Siehe, darauf kamen zwei andere Knappen herein, die in den Händen Leuchter aus feinem Schmelzgold trugen. An jedem Leuchter brannten wenigstens zehn Kerzen. Eine schöne, edle und kostbar geschmückte Jungfrau, die mit den Knappen hereintrat, hielt einen Graal zwischen ihren Händen. Als sie mit dem Graal, den sie trug, eingetreten war, da kam damit ein so großer Glanz herein, daß die Kerzen ihre Helligkeit verloren, ganz so wie die Sterne, wenn die Sonne oder der Mond aufgeht. Hinter dieser Jungfrau kam eine andere, die einen silbernen Vorschneideteller trug. Der Graal, der vorausging, war aus reinem, feinem Gold. Kostbare Steine der verschiedensten Art waren an dem Graal, die reichsten und teuersten und wertvollsten, die es im Meer oder in der Erde gibt: Die Steine am Graal übertrafen ohne Zweifel alle anderen Steine. So wie die Lanze an dem Ruhebett vorübergegangen war, so zogen auch diese Dinge daran vorbei und traten von einem Raum in einen anderen.«

Perceval wagt nicht, nach der Bedeutung dessen, was er soeben gesehen hat, zu fragen. Durch diese Unterlassung bleibt der leidende König, genau wie in Wolframs »Parzival«, unerlöst. Die Wichtigkeit dieser Frage wird uns später noch ebenso beschäftigen wie der verwundete König und die Symbolik von Lanze und Gral. Halten wir zunächst nur einmal fest: Es ist nicht von »dem« Gral die Rede, sondern von »einem« Gral, den die Jungfrau vorüberträgt. Das Wort muß demnach als Bezeichnung für ein Gefäß zum Auftragen von Speisen den Zuhörern oder Lesern der damaligen Zeit bekannt gewesen sein, ganz so, wie Helinand es beschrieb. Trotz aller Begleitumstände des Wunderbaren ist der Gral bei Chrétien de Troyes noch nicht auf einen bestimmten esoterischen Inhalt fixiert. Erst später wird aus »ein« Gral »der« Gral mit betont religiöser Besetzung des Begriffs. Im Verlauf dieser Entwicklung schält sich allmählich »eine neue Wesenheit des Grales« heraus, »die dem mittellateinischen Wort gradalis = stufenweise zugrunde liegt«, in der sich nach Auffassung des Anthroposophen und Gralsforschers Gerhard von dem Borne »die ewig schöpferische Stufenordnung geistiger Wesenhei-

ten« ebenso widerspiegelt wie »das Gesetz des stufenweise erfolgenden Suchens und Erkenntnisringens des religiösen Menschen während seines Erdenlebens«, so daß er »im Mittelalter das Tätigkeitswort ›gralen‹ prägen und sinnvoll anwenden konnte, wie es von dem Dichter Heinrich Frauenlob einmal angewendet wird«.
Ein Blick in Friedrich Kluges »Etymologisches Wörterbuch« informiert uns sogar, daß sich auch das profane Wort »grölen« vom Gral herleitet. Es entstand im späten Mittelalter, als Gralsfeierlichkeiten zu bürgerlichen Turnierfesten herabgesunken waren, bei denen der Lärm der Gäste in den Festzelten das Augenscheinlichste war.
Doch zurück zum ursprünglichen Wortsinn des Grals. Allein die Speisenschüssel ist in ihrer Symbolik bedeutsam genug. Nicht nur, daß das sich in ihr vollziehende Speisungswunder an den keltischen Kessel der Fülle erinnert, oder auch an die Germanen, die ebenfalls einen wunderbaren Kessel kannten, der in unerschöpflicher Fülle Fleisch und Met zu spenden vermochte. Als Archetypus des Weiblichen spielt das Gefäß in vielen Kulturkreisen seit frühesten Zeiten eine wichtige Rolle. Es war der Mischkrug, in dem aus Ei und Samen Leben entstand, später auch die alchimistische Phiole, in der die Elemente sich zu neuen Substanzen vereinten bis hin zu spiritueller Transformation. Vielleicht hat das Wort Gral auch mit »kratér«, dem Mischkrug der Griechen, zu tun. In einem Kessel kochte Medea, die gewaltige Zauberin, einen alten Widder zu einem lebendigen Lamm. Auch Jason, der mit den Argonauten das Goldene Vlies nach Hellas brachte, soll Medea auf solche Weise zu verjüngen versucht haben. Antike Vasenmalereien erzählen von Mythen, in denen kessel-, schalen- oder kelchartige Gefäße zu magischen Gerätschaften der Fruchtbarkeit oder der Verwandlung werden. Oft haben sie, wie der Gral, mit Lebenserneuerung und Wiedergeburt zu tun. Eine griechische Vasenmalerei aus dem 5. Jahrhundert v. Chr. zeigt den Unterweltsgott Hades, wie er Persephone eine Schale mit Granatapfelsamen reicht, die sie mit ihm teilt. Für immer wäre sie durch diesen Liebeszauber an ihren Entführer gefesselt gewesen, hätte nicht Demeter, deren Schmerz über den Verlust der Tochter die Erde unfruchtbar werden ließ, durch Zeus erwirkt, daß Persephone zwei Drittel des Jahres, zur Zeit der Blüte und des Reifens, zurück zur Erde durfte. Dadurch begann die Erde wieder Früchte zu tragen und zu sprießen. Ein Jahresdrittel, die Winterzeit, mußte Persephone bei ihrem Gatten im Totenreich bleiben. Da sie als Unterweltsgöttin *und* Frühlingskore mit ihrer Mutter, der dreifaltigen Göttin, in der Wirklichkeit des Mythos eine Einheit bildet, wird auch die Schale mit den Granatapfelsamen zum Heilssymbol neuen Lebens – nicht anders als das mysteriöse Gefäß in den Gralsgeschichten.

Eine seltsame Figur taucht darin auf: die Gralsbotin. Ihr Erscheinen verbreitet Schrecken an Artus' Hof. Als Weib von abgrundtiefer Häßlichkeit tritt sie in den erlauchten Kreis der Tafelrunde, allein, um Perceval – genauso aber auch den späteren Parzival – seiner nicht gestellten Frage wegen zu verfluchen. Schlimmes wird geschehen, verkündet sie, weil er beim Fischerkönig nicht nach Gral und Lanze fragte: »Die Frauen werden ihre Gatten verlieren, die Länder werden verwüstet werden, und mancher Ritter wird sterben.«

Das Gralsgeheimnis steht also offenbar mit dem Wohl und Wehe des Landes in Zusammenhang, in dem der unfruchtbar gewordene König regiert. Es rückt aber auch in die Nähe des griechischen Mythos; denn die häßliche Botin entspricht dem archetypischen Muster der Persephone als Todesgöttin, die unter diesem Aspekt der Demeter auch als »altes Weib« erscheint, das die unfruchtbare Zeit der Winterstarre symbolisiert. So ist die häßliche Botin – in Wolframs »Parzival« hat sie in gleicher Funktion den Namen Cundry – nichts anderes als eine späte Nachfahrin der Muttergöttin in deren furchtbarer Gestalt. Bei den Kelten war sie als die »pechschwarze Hexe« bekannt. Sie wird von Artus auf einem seiner Jenseitsabenteuer, das in »Culhwh und Olwen« beschrieben wird, erschlagen. Die Kore aber, als welche Persephone alljährlich in jungfräulicher Schönheit wiederersteht, um die Erde blühen zu machen, ist eine ferne Verwandte der Gralsträgerin, deren Erscheinen so viel überirdischen Glanz verbreitet.
Man hat sich gefragt, ob es einst esoterische Gemeinschaften gab, die um solche Zusammenhänge wußten, um alte Welterklärungs- und Erlösungsmythen, in deren reichgeknüpftes Netz noch vielerlei Relikte früher Religionsvorstellungen eingeflossen sein konnten, vom altiranischen Mithraskult bis zu den Lehren des persischen Mani, dessen verketzerte Nachfolger die Katharer und Waldenser gewesen sind. Die englische Forscherin Jessie Weston jedenfalls glaubte, daß es während des Mittelalters tatsächlich bestimmte, streng abgeschlossene Kreise gab, die ein mit dem Gral in Verbindung stehendes Geheimnis hüteten. Ihrer scharfsinnigen Recherche nach könnte ein gewisser Bleris mit solchen Gemeinschaften oder deren Wissen vertraut gewesen sein und das Gralsthema in den Stoffkreis der Artusliteratur eingebracht haben. Es wäre denkbar, daß das in verschlüsselter Form geschah, deren Sinn von den nachfolgenden Gralsdichtern dann zum Teil selbst nicht mehr verstanden worden war. Von diesem Bleris oder Bleheris – er taucht auch noch unter anderen, ähnlich klingenden Namen auf, wissen wir allerdings nicht viel mehr, als daß er am Hofe der Herzöge von Poitiers, beim Vater Eleonores von Aquitanien, wegen seiner Begabung als Ge-

schichtenerzähler besonderes Ansehen genoß. Eilhart von Oberge läßt ihn 1170 in seinem »Tristan« sogar persönlich auftreten. Als möglichen Vermittler esoterischen Wissens spricht für ihn die uns schon bekannte Warnung vor der Preisgabe des Gralsgeheimnisses in der »Elucidation« zu Chrétiens »Conte del Graal«, die unter dem Namen »Blihis« erschien. Vielleicht gab es auch Geheimbünde, die einen Kult ausübten, zu dessen Einweihungsritus »eine simulierte, aber dennoch furchterregende Konfrontation mit dem Tod und dem Jenseits zu bestehen war«, wie Hubert Lampo übereinstimmend mit Jessie Weston zu bedenken gibt. Hier bringt Glastonbury Tor sich in Erinnerung, der kultische Hügel, der mit seiner labyrinthartigen Spiralenform womöglich einmal der zeremonielle Weg einer solchen Einweihung gewesen ist. Theseus und Minotauros, Mithras und der Urstier in dunkler Höhle, den der Lichtgott überwindet, tauchen auf die Dauer eines Blitzlichts aus dem Dunkel der Geschichte auf. Das Schweigen der Jahrtausende liegt über solchen Riten. Doch wir wissen, daß sie langlebig und verbindungsfreundlich sind, wenn sie nur die immergleiche Erlösungssehnsucht der Menschen aus Angst und Dunkelheit und die Hoffnung auf Licht zum Ausdruck bringen. »Realistisch betrachtet«, schreibt Lampo, »kann man sich gut vorstellen, daß der Gral nichts weiter ist als ein rituelles Gefäß, während sich das eigentliche Geheimnis in der fehlenden ›Hintergrundinformation‹ verbirgt: seine mit der Lanze geteilte Rolle der Polarisation magischer Kräfte, die Leben und Tod beherrschen.«

Zum Gralsgeheimnis gehören auch die mysteriösen Bücher, aus denen die Dichter ihr Wissen angeblich schöpften und auf die sie wiederholt verweisen. Sie sprechen davon mit scheuer Ehrfurcht, so, als handle es sich um gefährliche Inhalte, die nur getarnt überliefert werden dürfen, wohl weil sie dem Dogma der Kirche widersprechen. Der Bedeutung dieser Bücher wegen, von denen bis heute jedoch kein einziges aufgefunden wurde, glaubte man das Wort Gral auch von »graduale« im Sinne von »Buch« ableiten zu dürfen, wenngleich unter einem Graduale seit dem 12. Jahrhundert lediglich ein Choralbuch mit den Gesängen zur Eucharistiefeier zu verstehen ist. Gerade darum aber handelt es sich bei den von den Gralsdichtern erwähnten Büchern nicht.

Chrétien de Troyes, der seine Gralsgeschichte nicht mehr unter dem Mäzenat von Marie de Champagne, sondern im Auftrag Philipps von Flandern schrieb, bemerkt in seiner Dichtung: »So wird also Chrestien seine Mühe nicht umsonst gehabt haben, wenn er auf Geheiß des Grafen Philipp von Flandern sich müht und strebt, die beste Geschichte zu reimen, die je an einem Königshof erzählt wurde: Das ist die Erzählung vom Gral, zu der der Graf ihm das Buch übergab. So hört denn, wie er es ausführt.« Es wird nicht gesagt, um welches Buch es sich handelte. Nur auf seine Einmaligkeit spielt Chrétien an.

Wolfram von Eschenbach wiederum gibt vor, er habe »diu verholnen maere umbe den grâl« – die geheime Geschichte über den Gral – von einem Gewährsmann namens Kyot erfahren, der sie einer unbeachteten arabischen Handschrift entnahm, die er in Toledo fand. Doch »Kyot bat mich«, so Wolfram, »Stillschweigen zu bewahren, denn die Aventüre gebot ihm, nichts darüber verlauten zu lassen, bis der Gang der Erzählung näheren Aufschluß erforderlich machte.« Näheres über die Handschrift, die »in heidenischer schrifte« aufgezeichnet war – da sie aus Toledo stammte, also in Arabisch –, wird nicht gesagt.
Das gleiche gilt für die Gralsgeschichte des burgundischen Dichters Robert de Boron, der in seinem um das Jahr 1200 erschienenen »Roman de l'Estoire dou Graal« besonders nachdrücklich bemerkt: »Ich wage nicht zu erzählen, noch zu berichten, noch könnte ich es tun, selbst wenn ich es wollte, hätte ich nicht das Große Buch, worin die Geschichten von den großen Gelehrten verzeichnet, erzählt und aufgeschrieben sind, darin sind die großen Geheimnisse geschrieben, die man den Gral nennt.«
Gral – Graduale – geheimnisvolles Buch: der Gral in Verbindung mit einer esoterischen Überlieferung, deren Quelle entweder so gefährlich oder so erhaben ist, daß sie nicht genannt werden darf.
Robert de Boron will sein aus einer englischen Abtei stammendes Buch sogar aus den Händen von Engeln oder von Jesus selbst erhalten haben. Mit diesem Autor sind wir an einer entscheidenden Entwicklungsstufe der Gralsliteratur angekommen: am Beginn der Christianisierung des Gralsgeheimnisses. Robert de Boron hat als erster das mysteriöse Kultgefäß mit der Eucharistie verbunden. Er verknüpfte es mit dem reichen Mann des Evangeliums, der Jesus vom Kreuz nahm, mit dem schon so oft genannten Joseph von Arimathia. Dabei wird Joseph zum ersten Besitzer des Grals, den er oder seine Nachkommen von Palästina bis ins südwestliche England bringen, bis »in die Täler von Avalon«. Der aus der Franche-Comté stammende Dichter, sicher ein Kleriker, stand im Dienst des Grafen Gauthier von Montbéliard, der während des vierten Kreuzzugs zu Beginn des 13. Jahrhunderts umkam. Aller Wahrscheinlichkeit nach hielt Robert sich vor der Niederschrift seiner Gralsdichtung, die nach ihrem Hauptthelden auch als »Joseph d'Arimathie« bekannt ist, einige Zeit am Hofe Heinrichs II. in England auf. Einmal auf der Insel, so dürfen wir annehmen, wird er nicht versäumt haben, die berühmte Abtei von Glastonbury zu besuchen. Das brachte ihn mit Ynis-Witrin in Berührung, mit jener traditionsreichen Stätte,

an der druidisch-heidnische Erinnerung auf so merkwürdige Weise mit der Glaubenswelt des frühen Christentums verschmolzen war. Erinnern wir uns: In Glastonbury stand die erste Marienkirche Englands, »Lady Chapel«, die frühere »vetusa ecclesia«, in der sich schon der historische Artus mit König Melwas nach dem Raub Ginevras versöhnt haben soll. Ganz Glastonbury galt aber auch als das kosmische Abbild der keltischen Wunderschale, des »Cauldron«, der in den Tiefen des Tor verborgen sein konnte. Dieses Kultgefäß aus heidnischer Vorzeit, von dessen Existenz die Menschen sich immer noch zuraunten und das seine Kraft nicht nur aus keltischen Traditionen, sondern auch aus der weit umfassenderen Archetypik eines Weiblichkeitssymbols bezog, wird jetzt durch Robert de Boron, als er nach Frankreich zurückgekehrt war, zum christlichen Heilssymbol, zum Kelch des Letzten Abendmahls. In dieser Verwandlung kehrt es dann vom Kontinent aus wieder auf die britische Insel zurück und hält seinen Einzug in Avalon. Der englische Schriftsteller Thomas Scott Holmes schrieb: »Nun, wenn St. Joseph den Gral hat, dann muß er ihn nach Glastonbury gebracht haben, denn alle wußten, daß in Glastonbury das geheimnisvolle Gefäß der Wiedergeburt war. St. Joseph und der heilige Gral waren die christliche Form der heidnischen Sage.«
Erstaunliches weiß Robert de Boron über Joseph von Arimathia zu berichten. Nachdem der angesehene und reiche Ratsherr von Pilatus den Leichnam Jesu erbeten und diesen mit Hilfe des Nikodemus in einem Felsengrab nahe der Schädelstätte bestattet hatte, wie die Evangelien es überliefern, berichtet Robert in seinem Versepos, daß er von den Juden gefangengenommen und in ein dunkles Turmverlies geworfen wurde. Auf wunderbare Weise wird er dort von Christus ernährt. Diese Gnade widerfährt ihm, weil er bei Jesu Kreuzabnahme auch noch dessen Blut aufgefangen hatte. Dazu benutzte er den Kelch des Letzten Abendmahls, den Pilatus ihm ebenfalls ausgehändigt hatte. Christus, der Auferstandene, erscheint nun bei Joseph im Kerker und sagt ihm: »Du sollst das Zeichen meines Todes in deiner Macht haben und sollst es hüten, und diejenigen sollen es in ihre Macht bekommen, denen du es wirst geben wollen.«
Das Gefäß des Heils als »Zeichen meines Todes« – eine Formulierung, die zu denken gibt. Der ewige Kreislauf von Tod und Wiedergeburt ist damit gemeint, die Hoffnung auf das Licht aus der Dunkelheit. Auch der keltische Kessel der Fülle befindet sich in der Anderswelt, die nur durch die Pforte des Todes zu erreichen ist, so wie auch Persephone die Schale mit den Granatapfelsamen im Totenreich empfängt. Das Gralsgefäß hat etwas mit dem biblischen Gleichnis vom Weizenkorn zu tun, von dem es heißt, wenn »es nicht in die Erde fällt und stirbt, so bleibt

es allein; wenn es aber stirbt, so bringt es viel Frucht« (Joh. 12, 24). Joseph von Arimathia wurde im Gefängnis von Christus in das Gralsgeheimnis eingeweiht, erzählt Robert de Boron. Hing das Geheimnis mit dem Inhalt dieser Parabel zusammen? Weiter aber heißt es in Roberts Roman: »Unser Herr hob empor das kostbare edle Gefäß, worin das allerheiligste Blut war, als er Ihn vom Kreuze abnahm und Ihm die Wunden wusch. Und als Joseph das Gefäß erblickte und erkannte, freute er sich in seinem Herzen.«
Hier wird das Blut als magische Lebenssubstanz angesprochen, das Erlöserblut, das »für alle Menschen« vergossen wurde, denen es deshalb auch in materieller Form zur Quelle des Lebens werden kann – eine dem mittelalterlichen Denken durchaus gemäße Vorstellung. Sie entspricht dem Glauben an die Heilkräftigkeit von Reliquien, der seine seltsamste Ausprägung in der späteren Blut- und Wundenmystik erfuhr.
Auch über die Bedeutung von Altar, Kelch und Patene als Symbole der Eucharistie wird Joseph von Christus im Kerker aufgeklärt: »Als du mich vom Kreuze nahmst und mich in das Grab legtest«, sagt der Herr zu ihm, »da ward dies der Altar, auf dem mich fortan alle legen werden, die mein Opfer darbringen werden. Dieses Gefäß, worin du mein Blut fließen ließest, als du es aus meinem Leibe auffingst, wird Kelch genannt werden. Die Platte die darauf liegen wird, soll den Stein bedeuten, der über mir versiegelt wurde, als du mich in das Grab gelegt hattest. Das sollst du alle Tage wissen, diese Dinge sind das Zeichen, worin man meiner gedenken wird. Nun reichte Jesus ihm das Gefäß und Joseph nahm es mit der Freude des Willens hin.«
Es gibt noch eine Version, in der auch das Tuch erwähnt wird, das bei der Messe über Kelch und Hostienteller liegt. Mit ihm soll an das Leichentuch erinnert werden, in das Joseph den Heiland gehüllt hatte. Ein berühmter Hostienteller in der Kathedrale von Canterbury trägt in Lateinisch die Inschrift: »Der Altar vertritt das Kreuz, der Kelch das Grab, die Patene den Stein und das reine Linnen das Leichentuch.«
Mehrere Jahre noch läßt Robert de Boron seinen Helden im Kerker schmachten. Dann tritt Kaiser Vespasian auf den Plan. Durch das Schweißtuch der Veronika von einer üblen Krankheit geheilt, kommt er nach Judäa, um den Tod Jesu zu rächen (wieder einmal eine sich bis in unsere Zeit auswirkende verhängnisvolle Schuldzuschreibung an die Juden am Tod des Erlösers) und sich zum Christentum zu bekehren. Er findet Joseph noch immer in Gefangenschaft und befreit ihn aus seinem Kerker. Warum das Christus nicht selber tat, der Joseph doch die ganze Zeit über auf so wunderbare Weise am Leben erhielt, bleibt das Geheimnis des Autors.

Doch Robert de Boron ist ein »sorry poet«, wie die englische »Arthurian Enzyclopedia« vermerkt. Er weiß sich zwar elegant auszudrücken, verwickelt sich aber oft in Widersprüche und Ungereimtheiten.
Folgen wir seiner Geschichte weiter, dann finden wir den Ratsherrn aus Arimathia als Stammvater einer Familie, die schließlich das Abendmahlsgefäß nach Avalon bringen wird. Einer von Josephs Verwandten ist Hebron, auch Bron genannt, der mit dessen Schwester Enygeus zwölf Söhne hat. Alain, der zwölfte unter ihnen, führt die übrigen Brüder nach Westen, in ein »fernes Land«, um dort das Evangelium zu predigen. Unter seinen Nachkommen wird einer der »dritte Mann« sein, der als letzter Erdenbürger den heiligen Gral besitzt. Aber auch Bron geht mit seinem Schwager Joseph und mehreren Begleitern ins Exil, auch er in ein »fernes Land« im Westen. Auf der Reise jedoch machen sich einige der Teilnehmer der Sünde der Wollust schuldig, und Joseph als gewissenhafter Anführer der Gruppe muß sie von den anderen absondern. Er tut dies auf Befehl des Heiligen Geistes, der ihn auch beauftragt, im Andenken an das Letzte Abendmahl eine zweite Tafel zu gründen, an der das Gralsgeschehen zelebriert werden soll. Um diese Tafel zuzubereiten, fängt Bron einen Fisch, dem ein Ehrenplatz neben dem heiligen Gefäß reserviert wird. Wieder haben wir es mit dem altbekannten Symbol zu tun. Christus als Fisch: In ganz Europa war den Menschen des Mittelalters diese Bildersprache vertraut. So zeigt auch ein spanischer Grabstein aus dem 13. Jahrhundert – heute im Museum von Lerida – einen großen Fisch, der auf einer zweihenkeligen, mit Zickzackmuster verzierten Speiseschüssel liegt.
Als Josephs Tafel bereitet ist, zeigt sich, daß nur diejenigen zu ihr gelangen können, die schuldlos und frei von jeglicher Begierde sind. Die Herzen der Reinen aber werden an dem geheiligten Tisch von höchster Freude erfüllt. Als dennoch ein Unwürdiger es wagt, an der Tafel Platz zu nehmen, wird er von der Erde verschlungen – ein Motiv, das uns, wenn auch in einer für den Betroffenen weniger krassen Weise, bereits aus Artus' Tafelrunde mit ihrem Gefährlichen Sitz bekannt ist. In dieser Szene spielt Artus als Herr der Tafelrunde die gleiche Rolle wie Joseph, zu dessen direkten Nachfahren ihn der Chronist John of Glastonbury im 14. Jahrhundert in seiner »Chronica sive Antiquitates Glastoniensis« (»Geschichte der Altertümer Glastonburys«) dann auch tatsächlich machte!
In Roberts Roman gelangen Josephs Nachfahren schließlich in die Täler von Avalon. Dort wartet auch Bron auf den »dritten Mann«, der den Gral von ihm in Empfang nehmen wird. Dieser Hebron-Bron ist eine merkwürdige Figur in Borons Dichtung. Nicht nur, daß er im Anklang an Parzivals Gralskönig der »Reiche Fischer« genannt wird. Sein

Name erinnert auch an Bran »den Gesegneten«, der den keltischen Kessel der Fülle besitzt. Daß Robert de Boron sich mit Hebron oder Bron nur ein auf sich bezogenes Namensspiel erlaubte, ist allerdings nicht gänzlich auszuschließen.
Schier unentwirrbar sind die Verflechtungen der mittelalterlichen Erzählungen mit ältesten Motiven aus vorchristlicher Zeit. Den Autoren, die ihre Stoffe hernahmen, wo immer sie sie fanden, war deren ursprüngliche Bedeutung dabei oft kaum noch bewußt. Als Joseph zum Gedächtnis des Letzten Abendmahls seine Tafel errichtet, wird das Symbolgefäß des Golgathageschehens vom Dichter mit Namen genannt: »Wer das Gefäß recht nennen will, soll es mit Fug und Recht GRAL nennen! Denn niemand soll den Gral erblicken, glaube ich, dem er nicht genehm ist; er gefällt allen im Lande, allen ist er genehm, und allen ist er recht. Ihn zu sehen, erfüllt alle mit Wonne, die in seiner Nähe leben.«
Stark strapaziert Robert die Etymologie, wenn er das Wort Gral auf das französische »agréer« = »gefallen« zurückführt. Doch solche Ausuferungen philologischer Phantasie sind im Mittelalter keine Ausnahme. Sie dienen der Stabilisierung eines Weltbildes, das im Symbolismus eine Bestätigung für die lebensübergreifenden Postulate des Glaubens suchte. Auch der »dritte Mann« in Roberts Josephsroman, der die letzte Gralstafel errichten wird, ist das Ergebnis solchen Symboldenkens. Nach Josephs zweiter Tafel vollendet er die heilige Dreizahl und taucht damit ein in das Geheimnis der Dreifaltigkeit. Immer wieder erscheint es in den Gralsromanen. Es ist die uralte Trinität, in deren Zeichen schon in matriarchaler Vorzeit die Große Göttin stand. Selbst noch in den drei christlichen Kardinaltugenden, deren Mutter die mystische Sophia war, tritt sie in Erscheinung. Der »dritte Mann« wird in Roberts Dichtung nicht namentlich genannt. Es könnte auch Galahad, Bors oder Parzival, einer der drei Auserwählten aus König Artus' Tafelrunde sein.
Diese drei sind es auch, denen in Malorys Roman, kurz vor Galahads beseligtem Hinscheiden, Josephs gleichnamiger Sohn als »der erste Bischof der Christenheit« erscheint, um sie »einen Teil der Abenteuer des heiligen Grals« sehen zu lassen. Zu ihm gehört »die heilige Schüssel«, aus der Jesus »am Gründonnerstag das Lamm aß«. Galahad ist darüber von solcher Freude erfüllt, daß er zu Gott betet, er möge ihn von dieser Welt nehmen, damit ihm endlich auch das ganze Geheimnis offenbart werde, das wiederum in der Schau der göttlichen Trinität besteht: »Darum weiß ich«, sagt er seinen Begleitern, »wenn mein Leib tot ist, wird meine Seele jeden Tag die große Freude haben, die Heilige Dreifaltigkeit und die Majestät Unseres Herrn Jesus Christus zu sehen.«

Diese Freude soll im Jahre 717 einem Eremiten »in der verlassensten und wildesten Gegend der hellen Bretagne« in der Nacht vom Gründonnerstag auf Karfreitag zuteil geworden sein. An der Schwelle vom Wachen zum Schlafen hörte dieser Gralssucher, dessen Vision uns als Einleitung zu einem anonymen französischen Prosaroman aus dem 13. Jahrhundert bekannt ist, eine Stimme, die dreimal seinen Namen rief und sagte: »Erwache, und vernimm von den drei Dingen: Ebensoviel vermag das Eine als die Drei, denn sie sind im Grunde nur Eines.« Als der Eremit nach dieser Stimme erwacht, erscheint ihm ein Mensch, »so schön und so liebreich, daß seine Schönheit weder dargestellt noch beschrieben werden könnte« – Christus, der Herr. Und da der Einsiedler Zweifel gehabt hatte, »wie es sein könnte, daß die Trinität drei Personen habe und habe doch nur *eine* Göttlichkeit und *eine* Macht«, bestätigt ihm der Herr: »Dieses ist die Erkenntnis der Trinität, die ich dir brachte.«
Wie in Roberts Josephsroman wird auch hier ein zentrales Mysterium christlicher Glaubenslehre mit dem Gralsgeheimnis verknüpft. Der Eremit erfährt das Gralswunder als Offenbarung der Dreifaltigkeit. Wieder aber spielt auch ein mysteriöses Buch eine Rolle. Der Herr legt es dem Einsiedler in die Hand: »ein kleines Büchlein, das in keiner Weise länger und breiter war als die innere Fläche einer Menschenhand«. Und doch ist dieses Büchlein groß genug, die höchsten Erkenntnisse in sich zu fassen. »Dies ist das Buch«, sagt der Herr, »in dem du so große Wunder finden wirst, daß kein sterbliches Herz sie je ausdenken könnte. Und es wird nichts geben, worüber du in Zweifel kommen könntest, über das du nicht Rat fändest durch dieses Buch.« Alle Geheimnisse des Meisters sind darin, so heißt es, des Meisters, von dem schon Nikodemus wußte, daß er »von Gott gekommen war«. Nur »mit der Sprache des Herzens« sind diese Geheimnisse artikulierbar: »Denn sie können durch keine sterbliche Zunge ausgesprochen werden, damit nicht alle vier Elemente durch sie in Aufregung geraten. Denn der Himmel würde seine Schleusen öffnen und andere Wunder würden sein. Die Luft würde trübe, die Erde erbebend sich auftun und das Wasser seine Farbe verwandeln. All dieses wird sich ereignen durch die Macht der Worte, die in diesem Büchlein geschrieben sind.«
Der Geist eines kosmischen Christentums waltet in diesem Text, aber auch das Beben einer Weltuntergangsangst, die an die oftmals beschworene Apokalypse des Johannes erinnert. Von der Vision des Eremiten, die Wilhelm Rath übersetzte und, mit einem Kommentar versehen, unter dem Titel »Das Buch vom Gral« veröffentlichte, hatte schon Helinand von Froidmont gehört. Er erwähnt sie in seiner bis zum Jahr 1204 geführten Chronik als besonderes Ereignis für das Jahr 717. »Diese Historie«, schreibt er, »konnte ich nicht in lateinischer Sprache

auffinden, sondern nur in der Niederschrift in französischer Sprache wird sie von gewissen Adeligen aufbewahrt, und nicht leicht wird sie, wie sie sagen, vollständig vorgefunden.«
An dieser Stelle sollten wir einmal fragen, ob diese Gralsvision überhaupt einer so frühen Zeit angehört. Ist dieser traumhaftmystische Erlebnisbericht wirklich »die Gralsoffenbarung des 8. Jahrhunderts«, wie der Anthroposoph Rath behauptet? Geraten wir nicht auch hier wieder, wie bei so vielen mittelalterlichen Schriften, sehr bald in ein Labyrinth sich widersprechender Daten und Beweisführungen? Wer sagt uns, daß der anonyme Autor des Prosaromans aus dem 13. Jahrhundert, der nach einer alten Handschrift erst 1875 unter dem Titel »Le Grand Saint Graal« erschienen ist, die Vision des Eremiten nicht selbst erfunden und seinem Werk als zugkräftige Einleitung vorangestellt hat? Auch Helinands Notiz ist nicht beweiskräftig. Der Chronist schrieb post festum, und die »von gewissen Adeligen« aufbewahrte Niederschrift hat er selbst nicht in Händen gehabt, um ihr Alter zu verifizieren. In der Vision des Eremiten wird einmal auch Nikodemus herangezogen, jener Mann der Bibel, der die nächtliche Unterredung mit Jesus gesucht hatte und Joseph von Arimathia bei der Bestattung des Gekreuzigten half. Auch das spricht für eine spätere Datierung des Textes, der wahrscheinlich zusammen mit dem Prosaroman bald nach dem Josephsroman Robert de Borons geschrieben wurde, zu einer Zeit also, in der das Gralsthema erstmals in christlicher Form seine Darstellung fand.
Halten wir uns aber nicht bei Datierungsfragen auf. Auch wenn wir an der »Gralsoffenbarung des 8. Jahrhunderts« Zweifel hegen, bleibt dieser Text als ein frühes Zeugnis christlicher Gralsinterpretation mit dem Trinitätsmotiv im Zentrum immer noch interessant genug. Eine christlich-esoterische »Urdreiheit« spielt auch in der Anthroposophie von Rudolf Steiner eine große Rolle, die bekanntlich vom »Christus-Impuls« spricht, den sie mit »den Mysterien des Grals« verbindet. Mit der »Urdreiheit« der Steinerschen Lehre ist nicht nur die Dreifaltigkeit von Vater, Sohn und Geist gemeint, sondern auch eine Dreigliederung des menschlichen Organismus, der »zu den drei Seelenkräften des Wollens, Fühlens und Denkens« in Beziehung gesetzt wird. Wilhelm Rath glaubt darüber hinaus: »Ein neuer Impuls zu einer lebendigen Anschauung und einem spirituellen Erfassen des Wesens der göttlichen Urdreiheit sollte mit der Gralsströmung inauguriert werden, weil der eigentliche Kampf, um den es sich handelt, nur im Innern, auf dem Felde der Seele gewonnen werden konnte.«

Äußerer Anlaß des Kampfes war seiner Auffassung nach die Kirche mit ihrem »Machtanspruch über die Seelen«, wodurch ein esoterisches

Christentum verhindert wurde. Sinnvollerweise, meint Rath, wurde die Gralsvision des bretonischen Eremiten deshalb nicht, wie sonst üblich, lateinisch, in der Sprache der Kirche, der Abstraktion und der strengen Logik verfaßt, sondern im volkstümlichen Altfranzösisch: »Das Altfranzösische war noch ganz lebendig, noch ein Gefäß für das Bildhafte, es war noch von dem keltischen Volksgeist inspiriert, der, wie wir durch Rudolf Steiner erfahren haben, die Aufgabe erhalten hatte, der führende Geist des esoterischen Christentums und damit der Gralsströmung zu werden.«

Etwas viel »Volksgeist«-Esoterik und von Steiner geschaute geschichtsphilosophische Sinnzuschreibung. Aber auch ohne einem Gralsmystizismus sektiererischer Färbung zu huldigen, dürfen wir im Aufkommen der Gralsromane (und in Übereinstimmung mit der Anthroposophie) den Ausdruck einer religiösen Strömung erkennen, die am Rande der kirchlich reglementierten Glaubenswelt angesiedelt und auf ein esoterisches Christentum gerichtet war. Dabei wollen wir jedoch nicht gleich, wie Steiner in einem seiner Bücher, von der »Wissenschaft vom Gral« reden oder uns gar, wie er, für die »Eingeweihten des Grales« in neuerer Zeit halten.

Nun aber nochmals zurück zu Robert de Boron: Trotz der Vision des Eremiten aus der Bretagne, die in Raths »Buch vom Gral« auch noch als »eine Einweihung aus der Zeit des 8. Jahrhunderts« tituliert wird, war es der burgundische Dichter, der mit seinem Josephsroman den Grundstein für alle späteren Gralsdichtungen christlicher Prägung legte. Dabei könnte aber auch das aus England stammende »Große Buch«, von dem Robert so respektvoll und bewundernd spricht, tatsächlich existiert haben. Vielleicht war es eine geheim gehaltene Abschrift des apokryphen Nikodemus-Evangeliums, das auch unter dem Namen Pilatus-Akten bekannt ist, aus denen er über Joseph von Arimathia mehr erfuhr als aus den kanonisierten Bibeltexten. Vielleicht hat Robert, was Hubert Lampo für möglich hält, ein solches Exemplar in der Bibliothek von Glastonbury vorgefunden?

Dort blüht unter den besonderen klimatischen Verhältnissen seither nicht nur Josephs Weißdorn auf so eigenartige Weise. Auch die Legende treibt in Glastonbury bis in unsere Tage ihre seltsamen Blüten. So geht etwa eine Broschüre über Joseph von Arimathia, die sich den Anschein von Wissenschaftlichkeit gibt und in der Abteibuchhandlung und anderen Bookshops des Städtchens vertrieben wird, davon aus, daß Joseph der Onkel von Jesus gewesen sei, den er in jungen Jahren auf einer seiner Reisen ins Zinnland von Cornwall mitgenommen habe. Auf einem Privatgrundstück in der Nähe von St. Endellion, nicht weit von Tintagel, gibt es tatsächlich schon seit langer Zeit eine »Jesusquelle«, die »Jesus Well«. Dem von einem Kapellchen überdeckten Brunnen wird folgender Ursprung zugeschrieben: Nachdem Joseph mit seinem Schiff in der Camelmündung angelegt hatte, schickte er den jungen Jesus an Land, um Trinkwasser zu suchen. Daraufhin schlug Jesus aus dem trockenen Boden hinter den Dünen das Quellwasser. Noch bis ins 19. Jahrhundert galt das Wasser der »Jesus Well« als wundertätig, gleich der »Chalice Well«, in deren Umfeld der Gral versteckt worden sein soll. Der mystisch-visionäre Dichter William Blake (1757–1827) schenkte der Legende Glauben und fragte rhetorisch:

»And did those feet in ancient time
Walk upon England's mountains
green?
And was the Holy Lamb of God
On England's pleasant pastures
seen?«

Wenn das heilige Lamm Gottes die schönen Weiten Britanniens auch nicht gesehen hat, die an Glastonbury geheftete Josephslegende war dennoch eindrucksvoll genug, selbst von gekrönten Häuptern für wahr oder wenigstens für nützlich gehalten zu werden. So kam Eduard III., der Begründer des Hosenbandordens, 1331 in die Abtei, um sein Interesse an der Suche nach Josephs Grab zu bekunden. Die Dichtung von Robert de Boron konnte der Anlaß hierzu nicht gewesen sein; denn in ihr kehrt Joseph nach der Ankunft des »dritten Mannes«, der in Avalon den Gral in Empfang nimmt, zurück nach Arimathia, wo er seine Tage beendet. Doch die Phantasie arbeitet schnell, und hurtig fügt sie vorgegebenen Mustern weitere Steinchen hinzu, um sich ein Mosaik aus eigenen Wünschen zurechtzulegen.
Wie wichtig die Josephslegende geworden war, zeigt sich bereits im »Prosa-Lanzelot«. Darin findet Artus' bester Ritter auf seiner Gralssuche in einem unheimlichen Kloster den Sarg eines Sohnes von Joseph sowie das Grab eines seiner Neffen, »von dem das hohe Geschlecht kam im Großen Britannien«. Die Mönche von Glastonbury fanden Josephs Grab zwar nicht. Dafür aber machte John of Glastonbury König Artus in seiner Chronik zum Nachfahren des Mannes aus Arimathia. Dem hohen Adel konnte das nur recht sein. Es stärkte das Ansehen der Monarchie.
Roberts achtsilbige Versdichtung »Le Roman de L'Estoire dou Graal« mit Joseph von Arimathia als Haupthelden ist nur der erste Teil einer Trilogie, zu der auch ein Buch »Merlin« und ein »Perceval« gehörten. Die Fortsetzungsteile blieben jedoch nur als Prosa-Adaptionen eines anonymen Autors erhalten, dessen Bearbeitungen wiederum eine Fül-

le weiterer Artusromane auslösten. Sie sind in der Literaturwissenschaft als »Vulgatazyklus« bekannt.
Was aber veranlaßte Robert de Boron, sich in seinem Roman ausschließlich auf christliche Überlieferungen zu beschränken? Warum definierte er den Gral als Abendmahlskelch?
Kehren wir nochmals kurz nach Glastonbury zurück, in der Annahme, daß Robert es besucht hatte. Es sieht nämlich so aus, als hätten die Mönche dort wirklich ein Geheimnis gehütet. Dafür spricht trotz aller wild wuchernder Legendenbildung eine Äußerung des vertrauenswürdigen William of Malmesbury. In seinem Bericht über die »vetusa ecclesia« bemerkt er: »Ich glaube, daß hier ein heiliges Mysterium verborgen liegt.« Sonst verlautet er darüber allerdings nichts. Hubert Lampo aber nimmt an, daß man in Glastonbury bereits vor dem Erscheinen von Roberts Gralsroman und vor dem Auftreten der Artusliteratur davon überzeugt war, ein Gefäß mit dem Blut Christi zu hüten. Diese »Quelle gewaltiger, wohltätiger Kräfte« könnte der Heiligkeit des Gegenstandes entsprechend streng geheim gehalten worden sein. Man hatte vielleicht gefürchtet, »die leichtfertige oder irrtümliche Preisgabe könnte zum Verlust des Grals führen…« Eine interessante Hypothese. Offen bleibt dabei allerdings die Frage, wie dieser Gral nach Glastonbury gekommen war. Besaß das Kloster außer dem Nikodemus-Evangelium noch weitere Apokryphen in Verbindung mit der Josephslegende und dem heiligen Blut Christi? Schon St. Dunstan, der Abt aus dem 10. Jahrhundert, gilt als passionierter Sammler alter Manuskripte. Was in der Bibliothek als spiritueller Besitz und geheimes Wissen verwahrt wurde, könnte später – aber immer noch vor den ersten Artusromanen – greifbare Form angenommen haben: Hatte nach der Eroberung Jerusalems im ersten Kreuzzug (1096–99) etwa ein Gefäß aus der heiligen Stadt, das als Abendmahlskelch galt und dann mit Joseph von Arimathia in Verbindung gebracht wurde, die damals weltberühmte Abtei erreicht? Auch wenn die Mönche darüber Stillschweigen bewahrten, könnte etwas davon zu Robert de Boron durchgesickert sein. Hinzu kam die Atmosphäre des Ortes, die ihn stark berührt haben mochte. Durch Chrétiens Gralsdichtung bereits mit dem faszinierenden Stoff vertraut, würde ihn Glastonbury dann als christianisiertes Avalon zu seiner Gralsgeschichte inspiriert haben. Wenn er dabei weder über das »Große Buch« Näheres sagt noch die englische Abtei namentlich erwähnt, sondern nur ein »fernes Land« im Westen sowie die »Täler von Avalon«, so läge das ganz auf der Linie mystifizierender Heilsüberlieferungen und der Tabuisierung von Geheimwissen.
Als Hüterin des christlichen Gralskelches lebt Glastonbury indirekt auch in einer Überlieferung fort, die sich an das Kloster von Strata Flo-

rida in Wales knüpft. Nur wenige Überreste blieben von der einstigen Zisterzienserabtei aus dem späten 12. Jahrhundert in Cardiganshire erhalten. Von ihr aber wird erzählt, daß dort im Jahre 1539 nach der Auflösung von Glastonbury Abbey durch Heinrich VIII. sieben Mönche Zuflucht gefunden hätten, die ihre kostbarste Reliquie mitbrachten: eine von Alter schwarz gewordene Schale aus Olivenholz – den Abendmahlskelch aus Glastonbury, den heiligen Gral! Als Strata Florida noch im selben Jahr ebenfalls aufgelöst wurde, fanden die Mönche bei der einflußreichen Adelsfamilie Powell von Nanteos Aufnahme, wohin sie auch die Gralsschale mitnahmen. Sie konnte angeblich Kranke heilen, die daraus tranken.

Die Villa Nanteos ist heute unzugänglich und verfallen. Neue Besitzer haben begonnen, das einst prächtige Bauwerk im Palladiostil des 18. Jahrhunderts zu renovieren. Aber selbst im Verfall, vielleicht auch gerade deshalb, hat das verwunschene Haus in romantischer Abgeschiedenheit Zauberatmosphäre. Riesige Rhododendronsträuche umsäumen es, und ein vor sich hindämmernder Teich mit Seerosen, über deren weit ausgebreitete Blatteller Wasserhühner wie schwerelose Traumvögel huschen, scheint zu Klingsors Zaubergarten zu gehören. Hierher kam 1855, fünf Jahre nach der Uraufführung seines »Lohengrin« und siebenundzwanzig Jahre vor der des »Parsifal«, Richard Wagner, um die schlichte Gralsschale in Augenschein zu nehmen. Eine der früheren Besitzerinnen der Villa Nanteos wußte von den Mönchen aus Glastonbury zu berichten, daß sie als »nicht unfreundliche Gestalten im Hause umgingen«, wie Paul und Sylvia Botheroyd mitteilen. Bei ihnen ist auch zu lesen: »Beim Zusammenfallen von Artus- und Wagnerbegeisterung mit mißverstandener Gralsmystik soll es schon zu absonderlichen Szenen gekommen sein; deutsche Touristen, die sich ins Musikzimmer stürzten, um ergriffen den mottenzerfressenen Teppich unter dem Konzertflügel zu küssen!« Das Instrument, auf dem Wagner improvisiert haben soll. Wenn es sich auch nicht unbedingt so verhalten haben mag, ist es doch eine hübsche Legende.

Der »Nanteos-cup«, die Olivenholzschale des angeblichen Abendmahlskelches, ist seit Ende des vorigen Jahrhunderts verschwunden. Sie soll einige Zeit in einem Banktresor aufbewahrt worden und später von einer »Heilungstour nach Amerika« von dort nicht mehr zurückgekommen sein.

Wenn dieser »Gral« auch verschwunden ist und sich längst keine Spuren mehr von ihm in Strata Florida finden, so ist ein Besuch dieser einst blühenden Abtei doch lohnend. Man kann sich gut vorstellen, wie hier einst eifrige Mönche über ihren Handschriften saßen; denn Strata Florida besaß ein bekanntes Skriptorium. Am 2. April 1188 kehrte Giraldus Cambrensis, den wir bereits als Berichterstatter über Caerleon und über das Artusgrab in Glastonbury kennen, dort ein. Er begleitete den Erzbischof von Canterbury auf einer Geldbettelreise für den ein Jahr später beginnenden dritten Kreuzzug und genoß offensichtlich die klösterliche Atmosphäre als kurze Zwischenstation auf beschwerlicher Reise.

Strata Florida, in einsamer Lage des Teifi-Flüßchens zu Füßen eines grünen Hügelzugs gelegen, von dem herab das Blöken der Schafe weht, das die Stille ringsum nur noch unterstreicht, ist eine Stätte der Beschaulichkeit. Ein romanischer Portalbogen, schlichte Grabsteine früherer Mönche, schief mit dem Keltenkreuz in die Erde gesunken, Mauer- und Fußbodenreste einstiger Kapellen, Spuren im Gras, die Altar und Presbyterium markieren: Fragmente einer Zeit, deren Geist wir nur noch bruchstückhaft erfassen. Das zwölfte Jahrhundert: Über Länder und Meere ziehen die Truppen der Kreuzfahrer, Scharen von Gläubigen pilgern ins Heilige Land, Vaganten und Bettelmönche durchstreifen die Länder Europas, Spielleute und Troubadoure wechseln von Hof zu Hof, Wahrheitssucher und Scharlatane bevölkern die hohen Schulen, und in abgeschiedenen Klöstern spinnen asketische Mönche am mystischen Gewebe einer Gottesschau, die den Menschen mit dem Höchsten verbindet – fromme Gegenspieler fetter Prälaten auf reicher Pfründe oder landgieriger Haudegen auf grausamem Kriegspfad. Eine Zeit des Aufbruchs und des Wunderglaubens, der Ängste und Hoffnungen. Das alles floß ein in die Werke der Dichter. Wie Artus zum Märchenkönig edlen Rittertums und Schutzherrn aller Minnenden wurde, so der Gral zum Wunderkelch ewigen Lebens, der Körper und Seele heilt, leibliche und seelische Schmerzen, Wunden und Zweifel. Daß er an der Schwelle zum 13. Jahrhundert als christlicher Abendmahlskelch Gestalt annimmt, liegt an der Grundstimmung der Zeit, an der religiösen Erwartung und am Glauben an die Heilkraft von Christi Blut.

Schon während des ersten Kreuzzugs hatte sich die Kunde verbreitet, in Antiochia wäre die Lanze des Longinus wiedergefunden worden, die Waffe, die mit dem Blut des Erlösers in Berührung gekommen war. Nach anderer Legende soll Dietrich von Elsaß, der Vater jenes Philipp von Flandern, der Chrétien zu seinem »Perceval« »das Buch« übergab, aus den Kreuzzügen das »heilige Blut nach Brugge« gebracht haben, eine der Stätten, an denen es noch heute verehrt wird. Die Menschen suchten nach Gewißheit im Glauben. Sie wollten Gott, oder wenigstens einen Teil von ihm, leibhaftig besitzen. Das vierte Laterankonzil von 1215 kam diesem Verlangen – bald nach dem Erscheinen von Roberts Gralsroman – entgegen, indem es die Lehre von der Transsubstantiation zum Dogma erhob. Der schon lange vorher verwendete Begriff ist, wie das »Kirchliche Handlexikon« von Michael Buchberger erläutert, die Bezeichnung für die im Meßopfer »erfolgende ›Umwandlung der ganzen Substanz des Brotes in die Substanz des Leibes Christi und der ganzen Substanz des Weines in die Substanz des Blutes Christi‹, so daß von Brot und Wein nur noch die Akzidentien (Farbe, Geschmack, Gewicht usw.) zurückbleiben«. Dieses nunmehr dogmatisierte Glaubensbekenntnis war insbesondere gegen die Sekten der Katharer oder Albigenser gerichtet, die weder Christus als Gottmenschen noch die Sakramente der Kirche anerkannten. Eine Gralsströmung war, wie wir noch sehen werden, auch von dieser pazifistischen Armutsbewegung beeinflußt, die sich bald in ganz Europa ausbreitete und deren Anhänger Papst Innozenz III. erbarmungslos verfolgen und grausam ausrotten ließ.

Das Laterankonzil von 1215, das die leibliche Gegenwart des Erlösers in der Eucharistie zum Glaubensdogma machte, gab der christlichen Gralsbewegung weiteren Auftrieb. Bald erschienen in Gralsromanen Miniaturbilder, in denen aus dem Gralskelch, der zum Meßkelch wurde, der nackte Gekreuzigte oder das Jesuskind emporsteigt. Ein Manuskript des 14. Jahrhundert aus Flandern ist dafür beispielhaft. Es stellt Josephus, den Sohn Josephs von Arimathia, mit den ersten Gralsrittern dar. Sie sitzen aber nicht mehr an einem runden Tisch, wie die Artusritter, sondern an einer rechteckigen Tafel, wie sie in der christlichen Ikonographie für die Abendmahlsdarstellung die Regel ist, Joseph als Bischof auf erhöhtem Stuhl als Vorsitzender in vollem Ornat. Begleitet von vier Engeln, erscheinen auf dem Tisch Longinuslanze und Gralskelch, in dem mit blutenden Wundmalen Christus schwebt.

Man dachte ganz stofflich. Doch der Stoff, die Substanz, hatte alle Wirkkräfte des Wunderbaren an sich. Diese Auffassung äußert sich am innigsten, wenn es sich um das Blut des Erlösers handelt. Es ist wirklicher Stoff, gleichzeitig aber heilkräftiges Element und göttliche Essenz wie jene, welche die Alchimisten in hermetischer Phiole zu destillieren versuchten und die Unsterblichkeit verleiht. Schon Bernhard von Clairvaux (um 1090–1153) sagt, daß ein Blutstropfen des Heilands genügt hätte, die ganze Welt zu erlösen, »nun aber ist uns ein Überfluß davon gegeben«. Ein Jahrhundert später – Roberts Gralsroman war bereits bekannt – vergleicht Thomas von Aquin (1225/26–1274) Jesus in einem Hymnus mit dem Pelikan, der das eigene Blut für seine Kinder hingibt: »Frommer Pelikan, Herre Jesus,/Reinige mich Unreinen durch dein Blut,/Davon ein Tropfen erlösen kann/Die ganze Welt von jeder Sünde.« Davon ist auch noch 1588 Christopher Marlowes »Doctor Faust« überzeugt, wenn er ausruft: »Sieh dorthin, wo Christi Blut in das Firmament strömt! Ein Tropfen Blutes wird mich erlösen.« Dieser

Glaube an die Heilkraft des Erlöserblutes steht im Zentrum der Josephslegende und aller christlichen Gralsromane.
Nun können wir nochmals auf Galahads Gralserlebnis zurückkommen, wie es ihm zusammen mit Parzival und Bors widerfuhr, Joseph, der »erste Bischof der Christenheit« brachte nämlich mit der »heiligen Schüssel« auch noch weitere Wunder mit, die sich während und nach einer Gralszeremonie ereigneten. Dabei gleicht die geschilderte Szene dem erwähnten Bild aus Flandern, das bereits ein Jahrhundert vor Malorys Text entstanden war. Nachdem Galahad und seine Gefährten ihr Erstaunen über Josephs Erscheinen zum Ausdruck gebracht hatten, »denn der Bischof war mehr als dreihundert Jahre tot«, läßt Malory diesen antworten und erzählt weiter: »O Ritter, wundert euch nicht, denn auch ich war einmal ein Mensch. In diesem Augenblick hörten sie, wie sich die Tür zum Gemach öffnete, und sie erblickten vier Engel. Zwei von ihnen trugen Wachskerzen, der dritte ein Tuch und der vierte eine Lanze, die wundersam blutete, daß die Tropfen in einen Behälter fielen, den der Engel in seiner anderen Hand hielt. Sie setzten die Kerzen auf den Tisch, deckten das Tuch über den Behälter und steckten die Lanze aufrecht hinein. Danach traf der Bischof Vorbereitungen für das heilige Meßopfer. Er nahm die Oblate, die wie ein Brot geformt war. Als er sie emporhob, senkte sich die Gestalt eines Kindes hernieder mit einem roten Gesicht, das wie Feuer leuchtete. Das Kind schlüpfte in das Brot hinein, und alle konnten sehen, daß das Brot aus einem fleischlichen Leib bestand... In großer Furcht setzten sie sich an den Tisch und verrichteten ihre Gebete. Dann blickten sie auf und sahen einen Mann aus dem heiligen Gefäß aufsteigen, der alle Zeichen der Passion Christi trug und deutlich blutete.«
Das Glaubensdogma der Transsubstantiation in poetischer Form! Im direkten Anschluß an dieses Gralsabenteuer erweist sich nun auch noch die Heilkraft des Blutes an einem »frommen Mann«, der gleichfalls Teilnehmer der eucharistischen Zeremonie war und den vier Edelfrauen dazu in einem Bett hereingebracht hatten. »Er war sehr krank und trug eine goldene Krone auf seinem Haupt und sprach: Galahad, Ritter, Ihr seid willkommen, denn ich habe sehnlich auf Euch gewartet, da ich seit langem in solcher Not bin. Doch nun vertraue ich auf Gott, daß die Zeit gekommen ist, da mein Schmerz Linderung findet und ich aus dieser Welt scheiden kann, wie es mir schon lange versprochen worden ist.«
Es handelt sich natürlich um den verwundeten Fischerkönig der Parzivallegende, auch wenn Thomas Malory ihn nicht mehr so benennt. Geblieben aber ist – vom archaischen Speer früher Mythen – die Waffe des Longinus mit Christi Blut: »Galahad ging sogleich zu der Lanze«, heißt

es, »und berührte mit seinen Fingern das Blut. Dann wandte er sich zu dem verwundeten König und rieb ihm die Glieder ein. Darauf erhob sich dieser von seinem Bett und konnte wie ein gesunder Mensch wieder auf seinen Füßen stehen.«

Vielfältig sind die Verästelungen der Gralsgeschichten, deren fast jede auf eine weitere, ursprünglichere zurückzuführen ist, so, wie in russischen Spielzeugpuppen immer eine und nochmals eine in der anderen steckt. Da bedarf es gelegentlich mehrerer Ariadnefäden, um aus dem Labyrinth sich überschneidender Inhalte und Motive wieder herauszufinden. Dann aber zeichnet sich ein gemeinsames Grundmuster ab, das nie ganz verschüttet, sondern im Laufe der Zeit nur weiter verwandelt wurde. Ein besonders anschauliches Beispiel solcher Zeitenschichtung findet sich, plastisch greifbar, im Teutoburger Wald. Dort stehen – man nannte sie sogar »ein deutsches Stonehenge« –, die Externsteine, jene rätselhaften Sandsteinfelsen, deren Anbetung Karl der Große im Jahre 772 verbot. In den Fels dieser heidnischen Kultstätte, die auf dem gleichen Breitengrad wie das britische Megalithheiligtum und wie Glastonbury in einem Netz »Heiliger Linien« liegt, haben Zisterziensermönche um 1120 das Relief einer Kreuzabnahme gemeißelt: Es zeigt Nikodemus, der auf der gebeugten Irminsul steht, der Weltsäule, die nach germanischer Vorstellung mit der Weltesche den Himmel trägt. Nikodemus steht auf ihr wie auf einem Schemel, um Jesus zu erreichen. Das Steinrelief ist ein Symbol für den Sieg des Christentums. Man kann aus ihm aber auch lesen, wie ein Zeitalter auf dem anderen steht und die Kontinuität heiliger Stätten über Jahrtausende hin erhalten bleibt.
Suchen wir weiter nach dem Grundmuster, das auch dem Gral als Heiligtum eingeschrieben ist.

Botschaft aus dem Reich der Mütter

Die Suche nach dem Gral hat seit den Rittern von König Artus' Tafelrunde nicht aufgehört. Romanisten und Germanisten, Kulturhistoriker und Mythenforscher haben ihre Hypothesen über Wesen und Herkunft des umrätselten Kultgegenstandes vorgetragen, zum Teil mit kriminalistischem Spürsinn und als Frucht lebenslanger Studien. Mancher Tjost der Artusritter auf dem abenteuerlichen Weg zur Gralsburg fand dabei seine späte Entsprechung in den heftigen Kontroversen der Gelehrten. Vor allem die Verfechter einer christlichen Ursprungshypothese gerieten sich mit denen einer keltischen in die Haare. Betonten die einen die Ähnlichkeit von Gralsgefäß, Gralsprozession und Gralslanze mit Abendmahlskelch, Longinusspeer und Eucharistiefeier in Verbindung mit Kreuzzugsstimmung und Reliquienkult des 12. Jahrhunderts, so pochten die anderen auf die Zugehörigkeit des Grals- und Parzivalstoffes zur älteren Welt von König Artus mit ihrer unbestrittenen keltischen Tradition, die einen Kessel der Fülle, einen Speer als Rachewaffe und den verwundeten König als Vorläufer des Fischerkönigs kennt. Neuerdings scheint sich die Einsicht in eine aus weiter Zeitenferne kommende Überlieferung zu etablieren, deren archetypische Bilder bis zurück zu matriarchalen Strukturen reichen, die auch wir des öfteren angesprochen haben. Diese Thematik hat den Vorteil, daß sie weder in Widerspruch zur Keltenhypothese steht noch auch zu einer anderen, die das Gralsgeheimnis mit alten Vegetationsriten der mediterranen Welt vergleicht. Parallelen zum Demeterkult und zu Eleusis gehören dazu und die Deutung der Gralsprozession als Anbetungsritus generativer Kräfte der Natur, die von einer Gottheit repräsentiert werden, aus der sich schließlich ein König herausbildete, von dessen Gesundheit und Potenz das Wohl und Wehe seines Landes abhing – das Vorbild wiederum für die Gestalt des Fischerkönigs.

So wenig wir wissen, welches Buch Chrétien de Troyes von Philipp von Flandern erhielt und welche anderen Quellen ihm zu seiner Gralsdich-

tung zur Verfügung standen – wobei bestimmt auch mündliche Überlieferungen aus dem altüberkommenen Repertoire bretonischer Spielleute und Erzähler hinzuzurechnen sind –, so wenig sinnvoll wäre es, sich ausschließlich auf eine Ursprungshypothese festzulegen. Bei dem erstaunlich weit gefächerten Kulturaustausch des Mittelalters, der auch den Orient miteinschließt, konnte gerade das Gralsthema, in dem sich elementare, allgemeinmenschliche Sehnsüchte wie in einem Brennspiegel sammelten, eine Vielzahl von Elementen in sich aufgenommen haben. Robert de Boron hat den alten Stoff durch seine Dichtung zwar mit den sublimen Ingredienzien einer christlichen Mystik angereichert, den Kern des Gralsgeheimnisses aber gerade dadurch auch verdeckt. Für den Gral gilt, was Richard Wagner für seinen »Lohengrin« feststellte, als er ihn »ein uralt menschliches Gedicht« nannte, das wie viele der »ergreifendsten Mythen« vom Christentum nicht erfunden, sondern lediglich »aus den rein menschlichen Anschauungen der Vorzeit übernommen« und den Eigentümlichkeiten seines Geistes entsprechend umgemodelt wurde. Wagner selbst hat das denn auch in seinem »Parsifal« getan, wenn auch nicht in der ihm von Nietzsche vorgeworfenen Form einer Rückkehr zum kirchlichen Christentum.
Eine Reihe von Motiven weisen auf keltische Quellen der mysteriösen Gralsgeschichte hin. So etwa die stets betonte unzugängliche Lage der Gralsburg. Nur auf Anweisung des Fischerkönigs können Perceval und Parzival sie finden – ein nicht zu übersehender Hinweis auf das keltische Motiv der Anderswelt. Auch in der christlichen Gralsdichtung ist es noch deutlich genug zu erkennen. Der Gral wird darin wegen der Sündhaftigkeit der Menschen an einen verborgenen Ort gebracht, auf eine Burg in wilder Umgebung oder irgendwohin weit übers Meer. »Darum mußt du von hier fortgehen und dieses heilige Gefäß mit dir nehmen, denn in dieser Nacht soll es aus dem Reiche Logris weggebracht werden und wird nie mehr hier zu sehen sein.« So spricht der Heiland zu Galahad, nachdem er ihm im »Reiche Logris«, das ist England, einen Blick auf das Gralsgeheimnis gewährte. »Und weißt du, warum?« fährt er fort: »Es wird von den Menschen in diesem Lande nicht behandelt und verehrt, wie es ihm zukommt, denn sie haben sich einem schlechten Leben zugewandt; darum will ich ihnen die Ehre entziehen, die ich ihnen erwiesen habe.«
Der moralische Kontext fehlt selten in Malorys Dichtung. Gral und Gralsburg aber bleiben auch in Erzählungen, in denen der christliche Gnadenentzug wegfällt, nur äußerst schwer zugänglich. An einem fernen Ort, »im Umkreis von dreißig Meilen völlig menschenleer«, liegt die Gralsburg Munsalväsche in Wolframs »Parzival«. Der Name kann sowohl »wilder Berg« als auch »Berg des Heils« bedeuten. Wie Corbe-

nic, die Burg des »gesegneten Horns«, ist auch Munsalväsche eine Stätte der Anderswelt. Das gleiche gilt für jene andere Burg, in die Lanzelot später noch Elaine folgt. Malory sagt von ihr, daß sie »eisengepanzert auf einer Insel stand, die von tiefem und breitem Wasser umgeben war«. Gleich nach seiner Ankunft nannte Lanzelot den mystischen Ort die »Frohe Insel«.

Wenn der Dichter des 15. Jahrhunderts auch nicht weiter mehr darauf eingeht, so besteht doch kein Zweifel: Die »Frohe Insel« ist ein glückseliges Jenseitsreich, über das die Gaben des Grals wie aus dem Füllhorn der Göttin ausgestreut sind. Lanzelot mußte von Elaine erst vom Wahnsinn geheilt werden, dem er zwei Jahre lang verfallen war, bevor er dorthin gelangte. Die Ursache seiner Krankheit: bei einem Artusritter keine Frage – Liebesschmerz! Er war von Ginevra fortgejagt worden, nachdem er ein zweites Mal, wieder in der Annahme, die vergötterte Königin zu umarmen, mit Elaine geschlafen hatte. Als er in der Rolle eines herumirrenden Narren zufällig wieder nach Corbenic gelangt war, hatte Elaine ihn sogleich erkannt und in ein Turmgemach bringen lassen, »in dem der heilige Gral stand, und durch die Wunderkraft dieses heiligen Gefäßes wurde Sir Lanzelot geheilt und wiederhergestellt«. Vergessen wir nicht: Wir sind im Reich von König Pelles, der in Wirklichkeit der Unterweltskönig Pwyll, auch Bran »der Gesegnete«, mit dem Kessel der Fülle ist. Dabei sind Unter- und Oberwelt, Welt der Toten und Welt der Lebenden nicht streng zu scheiden. Die Anderswelt gleicht dem numinosen Reich der »Mütter«, in das sich Jahrhunderte später Goethes Faust wagen wird. Mit dem Schlüssel der Magie und dem Zuspruch »Versinke denn! Ich könnt' auch sagen: steige! 's ist einerlei...« beginnt er sich ihnen anzunähern. Die Mütter: »Um sie kein Ort, noch weniger eine Zeit...« Merlin bringt sich bei solchen Worten in Erinnerung.

In der zeitentrückten Anderen Welt feiert die Göttin mit ihrem Heros in matriarchaler Frühzeit die »Heilige Hochzeit«. Ein mythisches Jahr lebt der König dann im Glanz der Macht und der Freude an der Seite der Königin – eigentlich ein Prinzgemahl. Nach dieser Zeitspanne wird er vom Nachfolger abgelöst. Lanzelots »Frohe Insel« im tiefen, breiten Wasser ist das Abbild dieses mythischen Schauplatzes. Zusätzlich mit Mauern bewehrt, wird die keltische Anderswelt oft als Insel im Meer geschildert. Auf einem Kristallberg steht dann in ihrer Mitte die Burg aus Gold.

Der Glaube an ein solch glückliches Jenseitsreich beschränkt sich nicht nur auf die Kelten. Aus ihrem Kulturkreis aber ist er seit dem 7. Jahrhundert in irischen Texten belegt. Man genießt in diesem Reich alle Freuden ohne Schuldgefühle, kennt weder Alter noch Krankheit und labt sich am Überfluß köstlicher Speisen und Getränke. Dieser Schlaraffenland- und Tischleindeckdichaspekt ist auch dem Gral zu eigen. Da wird zum Beispiel Chrétiens Perceval beim Fischerkönig nach den erlesenen Speisen des Hauptmahls immer noch weiter bewirtet: »Es waren da köstliche Früchte: Datteln, Feigen, Muskatnüsse und Nelken; Granatäpfel; alexandrinischer Ingwer, aromatisches Mus und starker Magentrank. Sie tranken noch manch anderes Getränk: Würzwein, dann Maulbeerwein und klaren Sirup. Über all das staunte der Junker, der es nicht kannte, sehr.«

Über Eigenart und weitere Vorzüge dieser dem Gral so eng verbundenen paradiesischen Anderswelt schreibt die Germanistin und Keltologin Ó Riain-Raedel: »Der Überfluß bezieht sich auch auf das Vorhandensein schöner Frauen, und oft sind sie die einzigen Bewohner, so daß die Andere Welt zum ›Land der Frauen‹ wird. Die Andere Welt übersteigt räumliche und zeitliche Grenzen. Sie kann mit Insel und Meer identifiziert werden, mit einem Land unter den Wellen, ihr Eingang kann eine Höhle sein oder ein Erdhügel. Der Held kann ihr aber auch begegnen, ohne daß er dazu eine spektakuläre Reise unternimmt: Indem er den Weg während einer Jagd verliert oder von seinen Begleitern durch einen Nebel getrennt wird, findet er sich plötzlich vor einem glänzenden Palast.«

Als Lanzelot, nachdem er »tief im Wahnsinn« gewesen war, vom Gral geheilt auf die »Frohe Insel« kommt, ist er gleichsam zu neuem Leben erwacht – das alte Motiv von Tod und Wiederkehr. Auch das des Nachfolgerkönigs schimmert bei Malory noch durch; denn symbolisch löst Lanzelot König Pelles ab. Er schenkt dem Land des unfruchtbar gewordenen Königs den Nachfolger. Nach mythischem Muster ist Pelles auch nicht Elaines Vater, sondern ihr alternder Gatte. Diese ursprüngliche Konstellation wird bei Malory freilich nur noch in Ansätzen sichtbar. Lanzelot bleibt weiterhin an Ginevra gebunden, die vom Autor nicht mehr als die göttliche Gwenhyfar und damit auch nicht als das alter ego Elaines erkannt wird. Deshalb muß Lanzelot sich weiter nach ihr als der Diesseitskönigin im Lande Logris sehnen. Auf der »Frohen Insel« läßt er sich einen Schild anfertigen, ganz schwarz, mit dem Bild einer gekrönten Königin aus Silber darauf, vor der ein gewappneter Ritter kniet. »Einmal an jedem Tag, trotz aller Kurzweil, die ihm die Damen bereiteten, schaute er in die Richtung des Königreichs Logris, wo König Artus und Königin Ginevra lebten. Und dann brach er in Tränen aus, als müßte ihm das Herz brechen.« Wieder ist es die Macht der Liebe, die von der Gralswelt nicht zu trennen ist. Ihre frühesten Wurzeln aber scheinen einem uralten Fruchtbarkeitskult anzugehören, dessen Grundstruktur wir uns noch einmal verdeutlichen wollen.

Wir kennen bereits den König, der auf die Dauer eines mythischen Jahres regiert. Er empfängt seine Macht aus den Händen der Königin, der Göttin. Manche Forscher nehmen an, daß dieser König, der Heros der Göttin, in vorgeschichtlicher Zeit nach Jahresablauf getötet wurde. In den mythischen Erzählungen ist es der Nachfolger, der den König im Zweikampf besiegt – ein Urmuster auch für jene Kämpfe der Artusritter, denen der Charakter von Einweihungsriten zugeschrieben werden darf. Im Jahreszyklus steht der alte König, wie wir wissen, im Kreislauf der Natur für die Unfruchtbarkeit des Winters, der neue für Aussaat und Frucht. Beide verkörpern das immerwährende Stirb und Werde, den Kreislauf von Tod und Wiedergeburt. Der nach diesem ehernen Gesetz todgeweihte Fürst entgeht aber schon früh seinem barbarischen Schicksal. Er wird durch einen Stellvertreter ersetzt. Das kann ein Kriegsgefangener, vielleicht sogar ein Freiwilliger sein, den die Privilegien des göttlichen Prinzgemahls locken, zu denen auch die Gunst der am Hofe lebenden Frauen gehört. In der »Perlesvaus«-Dichtung übernimmt diese Rolle ein Zwerg. Schließlich wurde das alte Fruchtbarkeitsritual durch ein Tieropfer ersetzt. Das geschah schon lange vor dem Christentum. Im Alten Testament steht die Geschichte vom Opfer Abrahams: Der Stammvater Israels ist bereit, seinen Gehorsam gegenüber Gott durch die Opferung seines Sohnes Isaak unter Beweis zu stellen. Gott aber verzichtet auf das Opfer. Eindrucksvoll ist dieser bedeutungsvolle Wandel innerhalb der Menschheitsgeschichte in der berühmten »Bestiensäule« der Benediktinerabteikirche von Souillac im Périgord dargestellt: Schon hält Abraham in diesem Meisterwerk romanischer Bildhauerkunst des 12. Jahrhunderts Isaak an den Haaren fest, um ihm den Todesstoß zu versetzen, als ein Engel vom Himmel herabstürzt, seine Hand mit dem Messer ergreift und in der Linken einen Widder hochhält, der das Menschenopfer ersetzt.
Auch der Fischerkönig der Gralsromane wird nicht mehr getötet. Sein Schicksal ist es, nicht sterben zu können, bis der Nachfolger eine rituelle Frage stellt. Einer Theorie des Anthropologen Sir James G. Frazer (1854–1941) zufolge herrschte in den sogenannten primitiven Gesellschaften der Glaube an die Abhängigkeit der Fruchtbarkeit des Landes von der Gesundheit des Stammeshäuptlings, der in magischer Kommunikation dazu stand. Diese frühzeitliche Vorstellung hat offensichtlich auch noch in Chrétiens Gralsroman Eingang gefunden: Die häßliche Botin verwünscht Perceval, weil durch seine Schuld der leidende König nicht geheilt wurde, was über seine Länder Verwüstung und Übel heraufbeschwor. In der englischen Literatur ist dieses Motiv der magischen Einheit des Königs mit seinem Land, das unfruchtbar wird, wenn er es ist, unter dem Begriff »Waste Land« – »Wüstes Land« be-

kannt. Auch bei Malory taucht diese Bezeichnung noch auf. Auf einem unheimlichen Schiff erfahren Galahad, Parzival und Bors während ihrer Gralsaventüre von einer Jungfrau die Geschichte zweier Könige, die einander töteten. »Darauf befiel schreckliche Pestilenz und großes Unheil beide Reiche«, berichtet das Edelfräulein, »und es wuchs von da an weder Korn noch Gras und kaum eine Frucht, und im Wasser gedieh kein Fisch. Und das Land dieser beiden Reiche wird wegen dieses schmerzlichen Streiches das Wüste Land genannt.«

Dieses sehr alte »Waste-Land«-Motiv liegt auch der Figur des Fischerkönigs zugrunde. Er wartet auf den Nachfolger, der ihn und sein Land vom Leiden erlöst. Daß dies in den Gralsromanen allein durch eine rituelle Frage geschehen kann, zeigt, daß mittlerweile ein langer Prozeß humanisierender Bewußtseinsbildung stattgefunden haben muß. Was aber bedeuten, um wiederum zu fragen, Gral und Lanze, die zum Fischerkönig gehören?

Hier kann uns ein irischer Mythos weiterhelfen. Er führt zur Göttin Erin, von der Irland seinen Namen hat.

Erin ist eine über alle Maßen schöne Frau, auch »flaith Erinn«, »die Herrschaft Irlands« genannt. Sie überreicht dem König bei seiner Inthronisation eine goldene Schale, einen Kelch, gefüllt mit roter Flüssigkeit. Diese Zeremonie geht der »Heiligen Hochzeit« voraus. Erin ist die Große Mutter von Irland. Ihr »Kelch« aber meint sie selbst. »Er ist«, wie Heide Göttner-Abendroth es formuliert, »das Symbol ihres unerschöpflichen Schoßes, aus dem Leben und Fruchtbarkeit kommt. Letztlich ist er damit ein sexuelles Symbol.«

Erins erster König war Lug gewesen. Er besaß einen Speer, mit dem er jede Schlacht gewann. Auch der in den Gralsprozessionen mitgeführte Speer erhält nun seine mythische Bedeutung. Er ist weit älter als die Lanze des Longinus. Von späteren Erzählern nicht mehr verstanden, taucht in alten Legenden ein blutender Speer in Verbindung mit einem silbernen Pokal auf. Zu diesem kombinierten Gleichnis nochmals Göttner-Abendroth: »Der silberne Pokal ist ein ›Kelch‹ der Erin, ihre Vulva, und der ›Speer‹ ist Lugs Phallus, beide zusammen ein Symbol für die mystische Hochzeit, die das verwüstete Land aus der Unfruchtbarkeit erlöst.«

Der irische Erinmythos ist für den modernen Gralssucher ein Wegweiser gleich dem Schlüssel der Magie, der Faust den Weg ins Reich der »Mütter« öffnet. Nun wird auch klar, um nochmals mit der Literaturwissenschaftlerin und Matriarchatsforscherin zu sprechen, »was Parzival mit dem Gral erwirbt: die Göttin und ihr Land. Sobald er neuer Gralskönig ist, blüht das Land in der herrlichsten Fruchtbarkeit auf; es ist nun so reich, wie es vorher steril war.« Verständlich wird nun aber auch, »warum Parzivals unausgesprochene Frage vor dem ›Gral‹ so schuldhaft war: Seine Naivität hatte katastrophale Folgen für das Land. Es blieb unfruchtbar, was Hunger und Tod bedeutete, weil Parzival nicht zur rechten Zeit seine Nachfolge als Heros und Heiliger König antrat.«

Falsch verstandenen Konventionen folgend, unterläßt Parzival bei seinem ersten Aufenthalt auf der Gralsburg bekanntlich die entscheidende Frage an den König, wodurch er sich dem Leidenden gegenüber als mitleidlos erweist. Die Frage selbst ist, wie wir schon feststellten, eine späte, sehr sanfte Form der ursprünglich barbarischen Ablösung des alten Königs. Im Laufe langer Zeitabschnitte mochte man erkannt haben, daß nicht die Tötung des Königs durch den Nachfolger das Wesentliche für die Prosperität des Landes war, sondern seine Gesundheit oder Genesung. So konnte sich anstelle der Gewaltanwendung ein auf Wortmagie gegründetes dialogisiertes Ritual herausgebildet haben. Die verhängnisschweren Folgen der unterlassenen Frage aber erfuhr schon Chrétiens Perceval aus dem Mund der fürchterlichen Gralsbotin, in der wir Wesensmerkmale der keltischen »pechschwarzen Hexe« und den Unterweltsaspekt der Großen Mutter erkannten. Auch Wolfram von Eschenbach hat der häßlichen Gralsbotin in seiner Figur der Cundry die ganze abstoßende Schrecklichkeit verliehen, die der dreifaltigen Göttin in ihrer Nacht- und Todesseite zu eigen sein kann. Als »Jungfrau«, »Glückszerstörerin« und »Zauberin« läßt er sie mit langen, schweinsborstigen Zöpfen auf einem schlitznasigen, dürren Maulesel am Hofe König Artus' einreiten, um Parzival zu verfluchen. Wenngleich sie so gelehrt war, »daß sie alle Sprachen – Latein, Arabisch, Französisch – fehlerlos beherrschte«, ist sie doch ein solches Monster gewesen, daß Wolfram sich bei seinen weiblichen Lesern auf höfisch ironische Weise der krassen Worte wegen entschuldigt, mit denen er sie schildert: »Sie besaß eine Nase wie ein Hund. Zwei Eberzähne ragten spannenlang aus ihrem Munde. Die Wimpern waren zu Zöpfen geflochten und ragten steif bis zum Haarband empor. Sollte ich bei dieser Beschreibung einer Dame die Schicklichkeit verletzt haben, so geschah es nur um der Wahrheit willen. Sonst kann mir keine Frau einen Vorwurf machen. Cundry hatte Ohren wie ein Bär, nicht geschaffen, das zärtliche Verlangen eines Liebhabers zu erregen. Ihr ganzes Gesicht war abstoßend häßlich. In der Hand hielt sie eine Peitsche mit einem Rubinknauf und seidenen Peitschenschnüren. Dieser anmutige Herzensschatz hatte Hände wie von Affenhaut! Die Fingernägel waren lang und schmutzig wie Löwenklauen. Gewiß hat kein Ritter aus Liebe zu ihr den Zweikampf gesucht!«

Zu Artus, dem »Sohn König Utherpendragons«, wendet »dieses Grab allen Frohsinns« sich mit den Worten: »König Artus, du warst berühm-

ter als alle Ritter deines Gefolges, doch dein Ruhm sinkt, statt aufzusteigen, dein Ansehen hinkt, statt rüstig voranzuschreiten, deine hohe Würde beginnt sich zu neigen, deine Ehre ist nicht mehr ohne Makel. Der Ruhm der Tafelrunde wurde zunichte, als man Herrn Parzival aufnahm.«
Und dann Cundrys Fluch über Parzival: »Ihr seid schuld daran, wenn ich Artus und seinem Gefolge keinen freundlichen Gruß sagen kann. Schande über Eure glänzende Schönheit und Eure männliche Stärke! Könnte ich bestimmen, wer in Ruhe und Frieden leben soll, Euch würde ich es nie gönnen. Ich erscheine Euch sicher widerwärtig, doch Ihr seid weit abscheulicher als ich. Sagt mir, Herr Parzival, warum Ihr den armen Fischer nicht von seinen schmerzlichen Seufzern erlöst habt, als er jammervoll und hilflos vor Euch saß! Er führte Euch doch deutlich genug vor Augen, wie schwer ihn die Bürde seiner Not drückte. Treuloser Gast! Ihr hättet Euch doch seiner Qual erbarmen müssen! Die Zunge sollt Ihr verlieren, wie Euer Herz jede rechte Gesinnung verloren hat! Gott hat Euch schon verworfen und für die Hölle bestimmt, und auch auf Erden wird man Euch zur Hölle wünschen, wenn die Edelleute Euch erst durchschaut haben. Ihr Gefährder des Heils, Fluch des Glücks, Verächter wahren Ruhms…! Ein Spielzeug der Teufel seid Ihr, abscheulicher Herr Parzival! Gleichgültig saht Ihr zu, wie man den Gral, die silbernen Klingen und den blutigen Speer vor Euch trug! Ihr laßt die Freude welken und den Jammer blühen! Hättet Ihr in Munsalväsche gefragt, so hättet Ihr mehr gewonnen als die unermeßlich reiche Stadt Tabronit im Heidenland.«
Schlimmer kann eine Verfehlung nicht angeprangert werden. Warum aber wird Parzival, der »tumbe Tor«, dem die Folgen seines Schweigens vor Amfortas, dem Gralskönig, doch gar nicht bewußt waren, auf so furchtbare Weise verflucht? Was ist seine persönliche Schuld?
Auch diese Frage beantwortet sich wieder aus dem Gesetz des Mythos: Parzival wurde schuldig, weil er die Mutter verließ! Durch sein Fortlaufen von ihr zu den Rittern hatte er Herzeloyde tödlichen Schmerz zugefügt, einen Kummer, an dem sie starb. Herzeloyde symbolisiert in der »Parzival«-Dichtung die mütterliche Welt der Liebe, die durch das patriarchale Rittertum bedroht ist. Schon durch den Tod von Parzivals Vater Gachmuret erfuhr Herzeloyde diese Bedrohung. Deshalb hält sie den Sohn in abgeschiedener Waldeinsamkeit von der rohen, männlichen Ritterwelt fern.
Unter ihrer Obhut wächst er dort auf.

»Den Waffen fern, der Männer Kampf und Wüten
wollte sie still dich bergen und behüten…«

So heißt es in Richard Wagners »Parsifal«. Parzival aber ist von unbezähmbaren Drang nach Heldentum erfüllt. Schließlich läßt ihn die Mutter ziehen. Um ihn vor der Aufnahme in den Kreis der Ritter zu schützen, steckt sie ihn in Narrenkleider, damit er sich dort lächerlich macht. In kindlicher Unerfahrenheit zieht Parzival in die Welt. Als er zum ersten Mal drei voll gerüstete Ritter herangaloppieren sieht, glaubt er, sie seien Götter. »So viel Glanz hatte er noch nie erblickt«, schreibt Wolfram von Eschenbach. Ehrfürchtig wirft er sich vor ihnen zu Boden. Ein andermal glaubt er von Türmen, die er am Horizont emporwachsen sieht, »Artus habe sie ausgesät. Er hielt ihn daher für einen wundertätigen Heiligen.«
Viel entscheidender als seine kindliche »tumbheit« aber sind die psychischen Folgen, die sich aus seinem Fortgehen von der Mutter ergeben. Parzival verläßt dadurch die matriarchale Religion und ihre Gefühlswelt. Einen schmerzhaften Entwicklungsprozeß hindurch bleiben ihm nun die matriarchalen Grundwerte fremd, hat sein Herz »jede rechte Gesinnung verloren«, wie Cundry ihm vorwirft. Er ist unfähig, Amfortas, seinen Onkel, den Fischer- und Gralskönig, durch die erwartete Mitleidsfrage von seinem Leiden zu erlösen. Stärker als Mitgefühl erweist sich die Konvention männlicher Härte. In der partriarchalischen Welt eines falsch verstandenen Rittertums wird Parzival sogar bald schon zum Töter. Er erschlägt den »roten Ritter«, unwissend, daß es ein Verwandter von ihm ist, und raubt auch noch dessen Schwert und prächtige Rüstung. Blind und taub hat ihn sein Auszug aus dem Reich der Mutter gegenüber dem Leiden der Mitmenschen gemacht.
Richard Wagner hat den Gedanken des Mitleids in seinem »Parsifal« zur Leitidee gemacht: »Nur die dem *Mitleiden* entkeimte und im Mitleiden bis zur vollen Brechung des Eigenwillens sich bestätigende Liebe ist die erlösende christliche Liebe, in welcher Glaube und Hoffnung ganz von selbst eingeschlossen sind«, schreibt er im Nachtrag zu »Kunst und Religion«. Hier wird eine Brücke von früher Weiblichkeitskultur zur christlichen Ära geschlagen. Bezeichnenderweise verbindet Wagner die Gestalt des Amfortas auch mit der Liebeswelt Tristans. Mathilde Wesendonck vertraute er seine Gedanken über den Gralskönig an: »Er ist mein Tristan des dritten Aktes mit einer undenklichen Steigerung«, heißt es in einem Brief an die Freundin. »Die Speerwunde, und wohl noch eine andere – im Herzen, kennt der Arme in seinen fürchterlichen Schmerzen keine andere Sehnsucht als die, zu sterben; dies höchste Labsal zu gewinnen, verlangt es ihn immer wieder nach dem Anblick des Grals, ob der ihm wenigstens die Wunden schlösse – aber der Gral gibt ihm immer nur das eine wieder, eben, daß er *nicht* sterben kann; gerade sein Anblick vermehrt aber nur seine

Qualen, indem er ihnen noch Unsterblichkeit gibt. Amfortas, mit derselben Wunde behaftet, die ihm der Speer in einem leidenschaftlichen Liebesabenteuer geschlagen, muß zu seiner einzigen Labung sich nach dem Segen des Blutes sehnen, das einst aus der gleichen Speerwunde des Heilands floß, als dieser weltentsagend, welterlösend, weltleidend am Kreuze schmachtete! Blut um Blut, Wunde um Wunde – aber hier und dort, welche Kluft zwischen diesem Blute, dieser Wunde!«
Amfortas befindet sich in tief tragischer Situation. Um sterben zu können, möchte er sich in seiner Verzweiflung, wie Wagner weiter schreibt, vielleicht sogar »gänzlich vom Gral abwenden«, doch weil keiner wie er »so tief und innig das Wunder des Grales erkannt«, wurde er zu seinem Hüter bestellt. Er kann gar nicht anders, als immer wieder mit ganzer Seele nach ihm zu drängen. Der Gral aber gewährt dem an seiner Wunde so sehr Leidenden stets nur »himmliches Heil« und »ewige Verdammnis« zugleich.
Parzivals Mangel an Mitleid steht auch in Wagners Oper in enger Beziehung zur verlassenen Mutter. Als Parzival erfährt, daß die Mutter aus Gram um ihn starb, überwältigt ihn der Schmerz:

»Wehe! Wehe! Was tat ich? Wo war ich?
Mutter! Süße, holde Mutter!
Dein Sohn, dein Sohn mußte dich morden!
O Tor! Blöder taumelnder Tor!
Wo irrtest du hin, ihrer vergessend –
deiner, deiner vergessend?
Traute, teuerste Mutter!«

So wird in Richard Wagners »Bühnenweihfestspiel« von 1882 wiederum deutlich, was schon für den mittelalterlichen Gralssucher gilt: Wir dürfen in Parzival »trotz seiner zeitweiligen Verwirrung«, wie Göttner-Abendroth feststellt, »einen echten matriarchalen Helden« erkennen. Das spricht für das Alter der Figur, für Parzivals mythische Herkunft. Der tiefgreifende Wandel einer längst vergangenen Zeitenwende vom Matriarchat zum Patriarchat spiegelt sich in dieser Dichtung, in der uns eine späte Botschaft aus dem Reich der Mütter erreicht.
Wenn Parzival auch als »tumber Tor« seinen Weg in die Welt beginnt, so sagt das noch nichts über sein wahres Wesen. Sein Name kommt nämlich nicht, wie Wagner fälschlicherweise glaubte, von »Fal parsi« – »reiner Tor« (so hatte Joseph von Görres den Namen umgedeutet), sondern vom altfranzösischen »perce-val«, was »mittenhindurch« heißt.
Parzival kannte zunächst seinen Namen selber nicht. In Wolframs Epos erfährt er ihn bei seiner ersten Begegnung mit Sigune, seiner Base. Die Jungfrau fragte ihn danach – nicht ohne zu beteuern, daß sein wohlge-

staltetes Äußeres »Gottes Meisterhand« erkennen lasse –, und er antwortete ihr naiv: »Bon fils, cher fils, beau fils, so wurde ich daheim genannt.« Sie aber klärt ihn auf:

»deiswâr du heizest Parzivâl.
der name ist ›Rehte enmitten durch‹«.

»Fürwahr, du heißest Parzival.
Der Name sagt: ›Inmitten durch‹«.

Mitten durch Schuld und Verstrickung muß der Gralssucher, bevor er Munsalväsche, den Berg des Heils, erreicht.
Cundrys Fluch stürzt Parzival in tiefe Verzweiflung. Er verläßt die Tafelrunde. »Von nun an sei mir jede Freude so lange fern, bis ich den Gral wieder vor Augen habe. Das ist mein fester Entschluß, an dem ich Zeit meines Lebens festhalten will«, läßt Wolfram von Eschenbach ihn geloben. »Fortan wird bitterer Schmerz mein Begleiter sein; mein Herz soll meine Augen weinen lassen, denn ich ließ auf Munsalväsche zurück, was mich aus wolkenlosem Glück verstieß – ach, wie viele reine Jungfrauen! Die größten Wunder dieser Welt werden vom Gral übertroffen, doch der Herrscher der Gralsburg siecht jämmerlich dahin! Ach, hilfloser Amfortas, was half es dir, daß ich bei dir war!«
Mit Worten, die der Erfahrung der Unbehaustheit späterer Jahrhunderte zugehören könnten, hadert Parzival mit Gott. Als Gawan ihm bei seinem Abschied Gottes Beistand wünscht, bricht es aus ihm heraus: »Ach, wer ist Gott? Wäre er wirklich allmächtig und könnte er seine Allmacht offenbaren, so hätte er uns beiden nicht solche Schmach angetan. Ich war ihm stets ergeben und zu Diensten, und ich hoffte auf seinen Lohn. Doch jetzt kündige ich ihm den Dienst! Ist er mir feind, so will ich's tragen! Freund, ziehst du in den Kampf, vertraue nicht auf Gott! Vertraue lieber auf eine Frau, wenn du ihrer Reinheit und fraulichen Güte sicher bist. Ihre Liebe sei dein Schutz und Schirm im Kampf!«
Einen weiten Weg der Läuterung hat Parzival noch vor sich. Viele Abenteuer muß er noch bestehen. Seine wahre Ausbildung erfährt er bei Trevrizent, dem Einsiedler. Fünfzehn Tage lebt er bei ihm. Kräuter und Wurzeln sind seine Nahrung, eine Strohschütte dient als Bett. Seelisch gereift verläßt er die asketische Klause. Der Eremit hatte ihn von seiner Schuld befreit, indem er sie selber auf sich nahm. Einen bedeutsamen Rat gibt er dem Gralssucher mit auf den Weg: »Willst du ein glanz- und würdevolles Leben führen«, ermahnt er ihn, »dann erzeige dich den Frauen stets ehrerbietig. Frauen und Priester, das weiß jeder, können sich nicht wehren, und auf den Priestern ruht der Segen Gottes!«

Zwei Kulturschichten durchdringen sich in dieser Lebensmaxime: die des Frauen- und Minnekults und die des Christentums, das in Gestalt seiner Priester das matriarchale Prinzip überlagert und dominiert. Aus der mütterlichen Linie aber fällt Parzival nie heraus: Wie Amfortas ist auch Trevrizent ein Oheim Parzivals, ein Bruder von Herzeloyde. Die Strukturen uralter Weiblichkeitskulte erweisen sich mächtig genug, das christlich-mittelalterliche Weltbild immer wieder zu durchdringen. Es sind Strukturen des Archetypus, die auch Wagners »Parsifal« an die Welt seines »Tristan« binden. Liebe und Leid sind in diesem Werk ineinander verwoben, und über den Tod hinaus siegt in mystischer Vereinigung die Liebe. Das gilt »mit einer undenklichen Steigerung« auch für den »Parsifal«, wobei eine »erlösende christliche Liebe« sich zum Mitleid sublimiert. Ausdruck metaphysischer Sehnsucht ist aber auch, bei aller unchristlichen Sinnlichkeit, die Liebe zwischen Tristan und Isolde.

Greifen wir diese Dichtung in ihrer klassischen, mittelalterlichen Form noch einmal auf. Die Liebe wird dort in der Gestalt der Geliebten selber zum Gral. Das wird auf besonders poetische Weise in der Beschreibung der »Minnegrotte« ausgedrückt, die Gottfried von Straßburg in seinem »Tristan« gibt. Tristan und Isolde, so heißt es dort, wandten sich nach ihrer Verstoßung durch König Marke »geradewegs der Wildnis zu, zu Wald und Heide«, wo sie »in einem wilden Berge eine Höhle« fanden. Sie stammte noch aus der Zeit der Riesen, wird gesagt.

Überhaupt die Höhle oder Grotte: Schon seit der Antike ist sie als verborgene Stätte der Liebe ein sakraler Ort. In besonderer Weise trifft das auch auf Tristans und Isoldes Minnegrotte zu. Ihre vielschichtige allegorische Bedeutung hat die Forschung immer wieder neu zu ergründen versucht. Das verborgene Domizil der beiden Liebenden gleicht in vielen Zügen, so ist festzustellen, den esoterischen Konzepten alter Tempel oder Kirchengebäude. Dabei kann vieles zusammenwirken. Ulrich Ernst verweist in einer Untersuchung auf den alttestamentarischen »Tempel Salomons als *figura ecclesie*, die gläserne und lichtdurchflutete Gottesstadt der Apokalypse und das christliche Kirchengebäude in der imposanten Bauform der gotischen Kathedrale«. Dementsprechend und mit vielen Details wird »der Minnen hus«, die Liebesgrotte, von Gottfried auch beschrieben:

»Die Geschichte erzählt uns,
die Grotte sei
rund, weit, hoch und steil,
schneeweiß, überall eben und glatt gewesen.

Das Gewölbe war oben
vortrefflich geschlossen.
Der Schlußstein war kronenförmig
und herrlich
mit Schmiedearbeit verziert...«

Dabei sind alle Gegenstände der kostbaren Einrichtung Allegorien der Minne. Ein Beispiel:

»Im Inneren die beiden Riegel,
jeder von ihnen ein Siegel der Liebe,
waren einander zugewandt
von beiden Seiten der Wand.
Der eine war aus Zedernholz,
der andere aus Elfenbein.
Hört nun ihre Auslegung:
Das Zedernsiegel
bedeutet in der Liebe
die Weisheit und den Verstand,
das aus Elfenbein
Keuschheit und Reinheit.«

Erst durch Tristan und Isolde gelangt die Grotte zu ihrer wahren Bestimmung, wird sie zur Venusgrotte. Dabei wird alle Sinnenfreude widerspruchslos unter dem Zeichen der Keuschheit und Reinheit gesehen – wahre Minne ist eben makellos:

»Und was auch immer von dieser Grotte
von alten Begebenheiten
zuvor erzählt worden war,
das erwies sich jetzt an ihnen.
Ihre wahre Herrin
hatte sich dort drin
erst jetzt ihrer Beschäftigung hingegeben.
Was ihr zuvor dort dargebracht wurde
an Zeitvertreib oder Spielen,
war nicht dasselbe.
Es war in seiner Bedeutung
nicht so lauter und makellos
wie das Liebesspiel der beiden.«

Kein Zweifel: Isolde selber ist die Venus. Inmitten der Grotte stand auf kostbarem grünem Marmorboden, der wie Gras wirkte,

»*...ein Bett,*
herrlich und rein
aus Kristall geschnitten,
hoch und breit, schön erhöht,
ringsum mit eingravierten Buchstaben,
die besagten,
daß es geweiht sei
der Liebesgöttin.«

Das Bett aus Kristall auf grünem Marmor: Grün ist die Farbe der Feen, im Kristall aber funkelt ein Feuer, dessen geheimnisvolle Kraft an die des Grals erinnert, der auch als Edelstein erscheinen kann, wie wir im letzten Kapitel noch sehen werden.

Die Minnegrotte von Tristan und Isolde ist eine Gralsburg der Liebe. In der Waldwildnis versteckt, gleicht sie den Palästen des irischen Feenvolkes der Thuata da Danaan. Auch sie waren tief in der Erde verborgen, geheimnisumwobene Orte einer Anderswelt unter Hügeln oder Bergkämmen, in denen die Gesetze von Raum und Zeit in magischer Einheit aufgehoben sind. Wie im Reich der »Mütter« gibt es an solchen Stätten keine Scheidung von Oben und Unten, Hoch und Tief, Innen und Außen. Tristans und Isoldes Minnereich mit seiner sakralen Erhöhung der Liebe ist ein Paradies der inneren Fülle, in dem auch der leibfeindliche Gegensatz von Körper und Seele nicht gilt. Es ist, als würden die Körper der Liebenden zu einer Substanz des Göttlichen umgeschmolzen. Als matriarchales Sakrament, das die beiden sich spenden, wird ihnen die Minne zu einem Grals- und Speisungswunder:

»*Die Ernte ihrer Augen*
war ihrer beider Nahrung.
Sie aßen dort nichts
als Liebe und Verlangen.
Die beiden Verliebten
machten sich über ihr Essen
keine Sorgen.
Sie trugen bei sich, verborgen
unter ihren Kleidern,
die beste Nahrung,
die man auf der Welt haben kann.
Das stand ihnen unentgeltlich zur Verfügung
immer wieder frisch und neu.
Das war die unbedingte Treue,
die balsamisch süße Liebe,

die Leib und Seele
so innig beglückt,
die Herz und Geist ernährt.
Das war ihre beste Speise.«

Immer ist die Suche nach dem Gral eine Suche nach überirdischer Nahrung, eine Suche nach dem verlorenen Paradies. Der Gral selbst ist nichts anderes als der »wunsch nach pardîs«, der »Inbegriff paradiesischer Vollkommenheit«, wie wir bei Wolfram von Eschenbach lesen. Wenn Parzival mit dem Gral in Wirklichkeit die Göttin und ihr Land gewinnt – wie Lug durch die Heilige Hochzeit mit Erin –, dann zeigt das, wie diese Paradieseshoffnung noch von Erinnerungsresten an ferne, mutterrechtlich geprägte Zeiten mit erfüllt ist, die in der mittelalterlichen Dichtung zu einem Reich der Minne mit der zur Gottheit erhobenen Frau verklärt wurden. Und wieder lesen wir in Gottfrieds »Tristan« über die rechte Frau, die gleich einem göttlichen Füllhorn gesehen wird und täglich neu mit allen Ehrungen geschmückt und bekränzt werden soll:

»Wem sie sich zuwendet,
wem sie vollständig sich schenkt
sich selbst und ihr Herz,
ihr Gefühl und ihre Liebe,
der ist zum Glücklichsein geboren,
der ist von Geburt an auserwählt
zu ewiger Seligkeit,
der trägt das Paradies auf Erden
in seinem Herzen.«

Aller Feenzauber, der König Artus und seine Gralsritter umgibt, verweist auf dieses Paradies; alle Abenteuer der Minne, die von den Artusrittern zu bestehen sind, sind Aventüren auf dem Weg zum Gral. Die angebetete Frau kann dabei, uralter Herkunft zufolge, selber zum Gral werden, den sie als Göttin der Liebe repräsentiert.
Für diese Utopie gibt es auch in der bildenden Kunst ein erstaunliches Dokument: Ein im Louvre von Paris aufbewahrter italienischer Präsentierteller aus dem späten 14. Jahrhundert zeigt Tristan und Lanzelot, wie sie in Gemeinschaft mit vier trojanischen Helden der Liebesgöttin huldigen. Anbetend knien sie vor der nackten Venus, die in einer das weibliche Genital symbolisierenden Mandorla von zwei Engeln umgeben, zu ihren Häuptern schwebt. Dabei werden ihre Blicke nicht von der Glorie um das Gesicht der Göttin angezogen, sondern von ihrem Schoß, aus dem zu jedem einzelnen ein gebündelter Lichtstrahl

fließt. Eine üppige Vegetation, aus der Granatapfelbäume hervortreten, gehört mit zu diesem freizügigen Sakralbild der Minne. In schöpferischer »Blumenmächtigkeit« wurde die Liebesgöttin hier zum Gralsgefäß. Der bestrickende Reiz der Venus, dem die Ritter der Tafelrunde so oft erliegen, spricht aus diesem Bild, eine Weiblichkeitsmagie, deren verführerisches Fluidum auch die »Blumenzaubermädchen« Richard Wagners noch umgibt, wenn sie in Klingsors Garten Parsifal umgarnen. Im alten Indien gab es philosophisch-religiöse Liebeslehren, in denen ein göttlicher Lotusblumenkelch als »Yoni«, als Sinnbild des Weiblichen, verehrt wurde. Ein weiter Weg von Erins »Kelch« nach Indien, und doch – in der grenzenlosen Landschaft menschlicher Psyche ein magisches Zugleich! Aus »indischen Reichen« – worunter einfach eine weite Meerfahrt zu verstehen ist – kommt ja auch Parzivals Bruder Feirefiz, der bei Wolfram von Eschenbach, weil er Heide ist, den Gral selbst zwar nicht sehen kann, wohl aber seinen Frühzeitzauber in der feenhaften Frau erkennt, die ihn trägt. Allein die Gralsjungfrau nimmt er bei der Prozession des heiligen Gefäßes wahr. Der Gral als Schale, als Kelch, als fruchtbarer Schoß: Durch keine geographischen Grenzen getrennt, Orient und Okzident verbindend, symbolisiert er paradiesische Glückseligkeit im Zeichen des »Ewig-Weiblichen«. Eine unerschöpfliche Quelle der Fülle und des Heils, kann er in seiner überzeitlichen Bedeutung sowohl zum Gefäß für das lebenspendende Getränk der Göttin wie für das Erlöserblut Christi werden. Er erinnert an den Rauschtrank der Kelten ebenso wie an den Göttertrank Soma, der in den ältesten religiösen Schriften Indiens, den Veden, in Verbindung mit der Mondgöttin als »Trank der Unsterblichkeit« überliefert ist.

Gleich den Götterbildern und Mythen ist auch der Gral eine Schöpfung der menschlichen Phantasie, geboren aus Angst vor dem Tod und Hoffnung auf Unsterblichkeit, aus dem Leiden an der Misere der Welt und der Sehnsucht nach glückseliger Geborgenheit. Deshalb ist er zu einem raum- und zeitenthobenen Zeichen der Zuversicht geworden. An seiner Wiege steht das Verlangen nach Rückkehr in den mütterlichen Schoß des Vergessens ebenso wie die Hoffnung auf Wiedergeburt. Als Sinnbild des ewigen Stirb und Werde wie als höchstes Minnesymbol steht er der »ewigen Mutter« nahe. Darum nennt C. G. Jung den Gralskönig auch einen Herrscher, »der das Gefäß, das Muttersymbol, hütet«. Die ewige Mutter: »Ihr Blick ist mein Stern«, heißt es in dem Gedicht »Vom Baum des Lebens« in der Klingsorerzählung von Hermann Hesse: »Alles andre mag gehn und verwehn,/Alles stirbt, alles stirbt gern;/Nur die ewige Mutter bleibt,/Von der wir kamen./Ihr spielender Finger schreibt/In die flüchtige Luft unsre Namen.«

Das melancholische Wissen um diese Flüchtigkeit war auch bei den

Kelten ausgeprägt. Im »Black Book of Carmarthen«, einer der in den Mabinogion überlieferten frühesten Zeugen keltischer Artusliteratur, stehen die Verse:

»Wir sind in einer Welt schmerzlicher Willkür;
Wie Blätter von den Kronen der Bäume
wird sie vergehen...«

Dieser Klage fügt Nikolai Tolstoy in seinem Merlinbuch die Sätze eines frühen Iren hinzu: »...die Welt ist ohne Lohn, unsicher, ein vergängliches Etwas, das jeder der Reihe nach besitzt, jeden Tag. Jeder, der gewesen ist, jeder, der sein wird, ist gestorben, wird sterben, ist verschieden, wird verscheiden.«
Das ist die Anderswelt in ihrem dunklen Aspekt. Auch als Unterwelt war sie allgegenwärtig, wie bei den Griechen der Hades. Das Glücksverlangen hat der Dunkelheit mit dem seligen Jenseitsreich geantwortet, mit der Burg des »gesegneten Horns«, der »Frohen Insel« und der göttlichen Frau, die den Gral trägt oder ihn selber verkörpert. Wie die Fin'Amor die nicht endende Liebe schenkt, so gewährt der Gral ein nicht endendes oder wieder erneuertes Leben. Schon in seiner Vorform aus ältester Zeit, als keltischer Kessel der Fülle, besitzt er diese Eigenschaft.
Immer wieder führt unsere Spurensuche einen weiten Weg zurück in die Geschichte, bis in die Schichten des Mythos. So auch bei der Frage nach diesem zauberkräftigen Kessel. Als perlengeschmücktes rituelles Gefäß und begehrenswertes lebenspendendes Heiligtum taucht er in der Literatur der Kelten auf. Da wir bereits daran gewöhnt sind, in König Artus' ausgedehntem Reich zugleich ein Reich symbolträchtiger Magie zu sehen, wird es uns kaum mehr erstaunen, diesen wunderkräftigen »Cauldron« gleich im Besitz mehrerer Gestalten aus der Anderswelt zu finden. Da ist einmal Bran »der Gesegnete«, dem dieser Ur-Gral in den Mythen der Kelten zugesprochen wird. Ihn kennen wir bereits als den einstigen Herrn der eulenartig zu Tal schauenden Burgruine Dinas Brân bei Llangollen in Wales. Auch sein alter ego, der Unterweltskönig Pwyll ist uns bekannt, der spätere König Pelles der Artuslegenden, auf dessen Burg Corbenic Sir Lanzelot der Gralserscheinung beiwohnte und mit Elaine, der Mondfee, zusammentraf, mit der er Galahad zeugte.
Der magische Kessel kann aber auch von Ceridwen gehütet werden, jener Göttin, die uns in ihrem Todesaspekt als die »pechschwarze Hexe« bekannt ist, die Artus auf einer seiner Jenseitsreisen erschlug. Bei ihr wird der »Cauldron« zur Quelle der Inspiration und der Weisheit. »Mit Wissen begabt wurde ich durch den Kessel von Ceridwen«, sagt Talie-

sin, der berühmte Barde und Prophet, aus dem geistigen Umfeld von Merlin.
Schließlich ist noch Dagda zu nennen, der den Kessel besitzt, auch er ein Unterweltskönig, zugleich aber auch Gatte der Dreifaltigen Göttin im Feenreich der Thuata da Danaan. Sein Attribut ist die Keule, die der des griechischen Herakles gleicht. Doch auch eine magische Harfe gehört zu ihm, die selbständig ihren Platz an der Wand verläßt, damit er auf ihr das Lied des Schlafes, des Lächelns und der Klage spielt. Dagda ist also Krieger und Magier zugleich. Er wird mit dem römischen Dis Pater, dem Gott der Unterwelt und des Reichtums, gleichgesetzt, von dem Cäsar im »Gallischen Krieg« berichtet: »Alle Gallier rühmten sich, von Vater Dis abzustammen, und sagen, das werde von den Druiden überliefert.«
Dagdas Kessel der Fülle ist wie der von Ceridwen und Bran nicht nur ein Kessel, der Nahrung für Leib und Geist enthält, er ist auch ein Gefäß der Wiedergeburt. Offensichtlich sind druidische Glaubensvorstellungen an ihn geknüpft, zu denen auch blutige Riten gehörten. Von ihnen haben wir bis jetzt noch nicht gesprochen. In alten gälischen Texten ist aber immer wieder von rituellen Todesarten die Rede, die der Wiedergeburt vorausgehen. Auf einer bestimmten Frühstufe des Denkens gehörten solche Praktiken, über den keltischen Bereich hinaus, offensichtlich zum festen Bestand der Menschheit. »In allen diesen Geschichten«, schreibt Jean Markale in seinem Buch »Keltisches Bewußtsein«, »muß das alte Wesen, bevor es wiedergeboren wird, einen ganz besonderen Tod erleiden. Es wird in verschiedene Gestalten und Aspekte zerlegt, um schließlich im Schoß einer Frau – der Personifikation der Muttergöttin – wieder zu erstehen. All das könnte darauf hinweisen, daß es in der Religion der Druiden einen Opfer-Kultus gab, der mit der Lehre von der Transsubstantiation verbunden war und dessen Ritual daher blutig sein mußte – wenigstens im Mythos. So lassen sich nicht nur die Blutopferrituale erklären, die die antiken Schriftsteller den Galliern zuschreiben, sondern auch der blutige Aspekt des Grals. So läßt sich schließlich das Ritual der ›Abgeschlagenen Köpfe‹ erklären, das sowohl in sagenhaften Erzählungen als auch bei Geschichtsschreibern wie Titus Livius und Diodor von Sizilien überliefert ist und das wir auf Skulpturen abgebildet finden.«
Markale erwähnt hierzu unter anderem Exponate in den Museen von Aix-en-Provence und Glanum, im Borely-Museum von Marseille, im Museum Calvet in Avignon sowie romanische Skulpturen in der Auvergne.
Im walisischen Roman »Peredur« erscheint tatsächlich an Stelle des Grals ein abgeschlagener Kopf auf einem Präsentierteller. Eine blutige

Lanze begleitet ihn in sakraler Prozession. Peredur ist ein in der walisischen Tradition verankerter Held, ursprünglich ein Prinz des Nordens, der um 580 n. Chr. starb. In der späteren Dichtung wurde er zum Artusritter. Wie Parzival wird er von der Mutter dem Rittertum ferngehalten, findet seinen Weg aber dorthin und versäumt es ebenfalls, seinem Onkel, dem leidenden König, die erlösende Frage zu stellen – das alte »Waste-Land«-Motiv. Der anonyme Dichter des 13. Jahrhunderts wird Chrétiens »Perceval« gekannt haben. Er verfährt aber trotzdem sehr eigenständig mit seinem Helden. Peredur trägt, auch wenn er fünfzehn Jahre lang gemeinsam mit der Kaiserin von Konstantinopel regiert, noch beachtliche Reste eines barbarischen Erbes in sich.
Der Kopf auf dem Gralsteller mag in dieser Dichtung ebenso an einen Wiedererweckungsglauben erinnern wie an Blutopfer aus druidischer Zeit. Man vergißt leicht, daß das Menschenopfer, selbst ritueller Kannibalismus, mit zur Kultur der Druiden gehörte. Im Jahre 61 n. Chr. ließ der römische General Paulinus diesen grausamen Brauch auf Anglesey verbieten, nachdem er diese Insel ältester druidischer Tradition, die man ihrer Fruchtbarkeit wegen »Man mam Cymbry« – »Mutter von Wales« – nannte, unterworfen hatte. In den übrigen, südlicheren Teilen Britanniens war, den Forschungen von Ranke-Graves zufolge, damals bereits »ein ehrsamer Belin- oder Apollon-Kult« eingeführt, wie der kontinentale Druidismus ihn kannte. Der Legende nach hat auch der heilige Patrick noch Blutstätten druidischer Menschenopferung aus der Welt geschafft.
Ein Kopf auf der Gralsschale: Auch diese dunkle Seite frühester Tradition der Gralsgeschichte darf nicht unterschlagen werden. Ein Stück menschheitlicher Entwicklungsgeschichte ist daraus abzuleiten, in der der Gral selber im Sinne von »gradale« ein stufenweises Fortschreiten unseres Bewußtseins zum Ausdruck bringt. Der christliche Gral als Gefäß des Erlöserblutes reiht sich hier ein. Auf dem Hintergrund archaisch-barbarischer Vorstellungen erweist sich die Josephslegende als eine Stufe der Sublimation, die zu einem vergeistigteren Mysterium führt, das in die Vorstellung vom Gral als Kelch für das unblutig dargebrachte Meßopfer mündet. Die Gläubigen, die ihm beiwohnen, oder der Priester, der es zelebriert, tun das jedoch in derselben Hoffnung, die schon unsere Ahnen aus grauer Vorzeit in sich trugen, wenn sie den Mythos vom Kessel der Fülle in der Anderswelt schufen. Auch der Christ erwartet die wahre Fülle des Lebens in einer anderen Welt, und auch er hofft auf die Überwindung des Todes durch die Auferstehung. Über den keltischen »Cauldron« erzählt eine Geschichte von Bran im »Mabinogion«: »Die Gälen zündeten ein Feuer unter dem Kessel der Auferstehung an, dann füllten sie ihn mit den Leichen der Krieger. Am

nächsten Morgen waren die Leichen wieder zum Leben erwacht; sie erhoben sich, um so tapfer wie zuvor weiterzukämpfen, aber sie konnten nicht reden.«
Ihre Stummheit weist wohl darauf hin, daß die Wiedererweckung sich in der Anderswelt mit ihren anderen Gesetzen vollzog. Natürlich sind es in früher Zeit die Krieger, die nach tapferem Kampf eine Wiedergeburt erwarten dürfen. In dem Taliesin zugeschriebenen Gedicht »Die Beute von Annwfn« – Annwfn ist der walisische Name für die Anderswelt – heißt es über den Kessel der Fülle:

»Er ist mit Perlen geschmückt
und er kocht nicht die Speise des Feiglings –,
das ist wahrlich nicht seine Aufgabe.«

Für Artus, den mythischen Helden, wird diese Speise erst gar nicht gekocht; er ist berühmt und mächtig genug, um gleich den ganzen Kessel zu erbeuten. Im selben Gedicht aus dem Mabinogion wird seine abenteuerliche Jenseitsfahrt zu diesem Ur-Gral geschildert, allerdings auf eine zum Teil unverständliche kryptische Weise. Die Anderswelt, zu der er mit seinen Helden aufbricht, ist eine von der See abgeschirmte und von sechstausend Wächtern beschützte Burg, die abwechselnd unter verschiedenen Namen erscheint: als Feenburg, als Burg des Rausches oder als »Caer Wydr« – »Gläsernes Schloß« –, was an Glastonbury erinnert. Auf dem Zauberschiff »Prydwen« kämpft Artus mit seinen Begleitern gegen die »schwere blaue Kette« des Meeres an, um die Jenseitsfestung zu erreichen.

Der Kessel von Gundestrup.

»Dreimal die Fülle von Prydwen, so gingen wir hinein;
Und außer sieben kehrte keiner zurück«,

erzählt der walisische Barde, der wiederum auch Taliesin sein kann. Immer wieder betont er, daß nur sieben das Abenteuer bestanden. Dabei beruft er sich auf eigene Zeugenschaft und schließt die »Fürsten der Literatur« nachdrücklich von seiner Lobeshymne aus, weil sie dem gefahrvollen Unternehmen nicht selber beigewohnt haben. Das Mittel monotoner Wiederholung gehört zu seiner Wortmagie. Schon ein Teil des langen Gedichtes zeigt das:

»Und als wir mit Arthur zogen, bei seinen herrlichen Taten,
Kehrte, außer sieben keiner von Caer Vediwid zurück.
Bin ich nicht Anwärter auf den Ruhm, wie in dem Lied zu vernehmen?
In dem viereckigen Gemäuer, auf der Insel der starken Pforte,
Wo das Zwielicht und die Schwärze der Nacht sich vereinigen,
Funkelnder Wein war der Trank der Schar.
Dreimal die Fülle von Prydwen, so fuhren wir auf das Meer,
Kehrte, außer sieben, keiner von Caer Rigor zurück.
Ich sing kein Lob den Fürsten der Literatur.
Jenseits Caer Wydr erblicken sie nicht Arthurs Kühnheit.
Dreimal zwanzig-hundert Männer standen auf der Mauer.
Schwer war es, mit ihrem Wächter zu sprechen.
Dreimal die Fülle von Prydwen, so zogen wir mit Arthur.«

Der gälische Barde stellt in seinem Gedicht auch die Frage:

»Das erste Wort aus dem Kessel, wann ward es gesprochen?«

Doch er beantwortet sie nicht. Statt dessen fährt er mit dem Hinweis fort:

»Durch den Odem von neun Maiden wird er sanft erwärmt.«

Damit sind wir wieder mitten im Feenreich, bei den neun Schwestern, die, wie wir bereits aus der »Vita Merlini« des Geoffrey of Monmouth wissen, die Insel Avalon regieren und von denen Morgane, Artus' Schwester, die schönste ist, die auch »kranke Leiber heilen kann« und den König nach seiner letzten Schlacht dorthin geleiten wird.
Der Kessel der Fülle: Ein solches Kultgefäß in der Ahnenreihe des Grals

könnte der berühmte keltische Kessel von Gundestrup gewesen sein. Der mit reichen Treibarbeiten ausgestattete »Cauldron« aus vergoldetem Silber wird dem ersten Jahrhundert v. Chr. zugerechnet. Er befindet sich im Nationalmuseum von Kopenhagen. Seine Bilder im archaischen Stil haben etwas maskenhaft Beschwörendes. Noch immer geben sie Rätsel auf. Einige Szenen aber sind als Wiedergeburtsriten zu verstehen. Dazu gehört der Hirschgeweihträger im Lotussitz, den wir schon in einem früheren Kapitel als den Keltengott Cernunnos kennenlernten, in dessen Maske Merlin gelegentlich in seiner Rolle als »Herr der Tiere« schlüpft. Eine andere Darstellung, ebenfalls in der Innenwand des 90 Zentimeter durchmessenden Gefäßes, ist für unser Thema noch faszinierender: Es ist eine ganze Bildfolge mit zwei Reihen von Kriegern. Die untere zeigt Männer mit Speeren und Schilden, die sich zu Fuß nach links auf einen Kessel zubewegen, in den sie von einer übergroßen Figur, dem Herrn des Kessels, Bran oder Dis Pater, kopfüber getaucht werden. Es ist offensichtlich ein Zug von Toten. Begleitet von Bläsern mit lurenartigen Instrumenten kommen die Männer in der oberen Region, nunmehr auf Pferden sitzend und nach rechts, nach der Seite des Lebens fortreitend als Auferweckte wieder aus dem Kessel heraus.

Texte aus dem Mabinogion, die Jean Markale heranzieht, stützen diese Deutung. »Ich werde dir einen Kessel schenken«, sagt Bran da einmal, »der folgende Eigenschaften hat: Wenn man dir heute einen deiner Männer tötet, so wirf ihn getrost in den Kessel, und morgen wird er wieder so gut gehen wie zuvor, nur daß er nicht mehr sprechen kann.« Und wieder schließt sich der Kreis zur mythischen Artuswelt: Auch Peredur, der Vorläufer Parzivals, kennt den keltischen Zauberkessel. Bei ihm liegt die Wiedergeburtszeremonie sogar, weit überzeugender, in den Händen heilkräftiger Frauen: »Er (Peredur) sah ein Pferd herantraben, das eine Leiche im Sattel trug. Eine der Frauen erhob sich, nahm den Leichnam aus dem Sattel, badete ihn in einem Zuber heißen Wassers, der ein wenig niedriger war als die Tür, und bestrich den Körper mit einer kostbaren Salbe. Der Mann erwachte zu neuem Leben, grüßte und machte ein heiteres Gesicht.«

Wie die Farben der Elster

Schwarz-weiß, wie die Farben der Elster – »als agelstern varwe tuot« –, so stellt sich für Parzival die Welt dar, in der er sich zwischen der Finsternis der Hölle und der lichten Farbe des Himmels zu entscheiden hat. Zwischen Licht und Finsternis muß er hindurch. Mit dem Elsterngleichnis beginnt Wolfram von Eschenbach seine große Gralsdichtung.

In sich selbst trägt Parzival das Licht des Grals, aber auch alles Dunkel, das durch ihn besiegt werden soll. Wenn er Amfortas erlöst, erlöst er damit eine ganze Welt, erlöst er aber auch sich selbst. Viele Stufen muß er emporschreiten, um aus »tumbheit« und »zwîfel«, Knabentorheit, Zweifel an Gott und Verzweiflung, zur »saelde« zu gelangen, zu himmlischer Glückseligkeit. In der mittelalterlichen Literatur wurde dieses Wort sogar personifiziert: »vrou Saelde«, so entnehmen wir dem mittelhochdeutschen Lexikon, ist »die Spenderin aller Vollkommenheit, alles Segens und Heils«. Um sich ihrer Gunst zu erfreuen, müssen die Gralssucher die »Farben der Elster« als Signale der Tiefe des eigenen Wesens erfahren, die dazu aufrufen, das barbarische Erbe in sich selbst zu erkennen, damit es durch das Licht des Grals überwunden werden kann.

Durch Irrtum und Schuld führt Parzivals Weg, bis er zur »saelde« gelangt. Zu seinen Abenteuern gehört auch ein Kampf mit Artus' Neffen Gawan, bei dem Parzival sich als der Stärkere erweist. Wieder erkennen die beiden sich erst mitten im blutigen Duell und bedauern, die Schwerter gegeneinander erhoben zu haben. Schließlich führt Gawan – dessen eigene Abenteuer in Wolframs Epos einen breiten Raum einnehmen und die Handlung des Hauptthelden unterbrechen – den durch Cundrys Bannspruch Vertriebenen wieder in den Kreis der Tafelrunde ein. Erneut wird er mit Freuden aufgenommen: »Artus begrüßte ihn und dankte ihm für den Ruhm, den er bisher schon so gemehrt hatte, daß alle ihn preisen mußten.«

Der König wird bei Wolfram als »der lebenserfahrene, vornehme Artus« bezeichnet, als »der welterfahrene und feingebildete Edelmann«, der Frieden stiftet und Paare von Liebenden zusammenführt. Auch Parzival hätte große Minnechancen, da ihn »gerne minnen möhten wîp« – da die Frauen ihm, seiner wiederum betonten außerordentlichen Schönheit wegen, gern ihre Liebe schenken wollten. Doch er bleibt standhaft, um das Bild Condwiramurs in seinem Herzen nicht zu trüben. Im Kreise der Glücklichen es länger auszuhalten, vermag er jedoch nicht. Wie es in ihm aussieht, schildert Wolfram in einer Art von »innerem Monolog«: »Wie hat die Liebe mich behandelt, seit ich etwas davon weiß? Und ich entstamme doch einem Geschlecht, das der Liebe dient. Wie konnte ich also ganz ohne Liebe leben? Während ich den Gral suche, verzehre ich mich in Sehnsucht nach der zärtlichen Umarmung meiner Frau, von der ich viel zu lange schon getrennt bin. Soll ich das Glück anderer vor Augen haben und selbst im Herzen Trauer fühlen, so paßt das nicht zusammen... Möge das Glück allen Freude schenken, die nach wahrer Freude verlangen! Gott gebe allen hier nur Freude! Ich aber will den Kreis der Glücklichen verlassen.«

Er wirft sich in die Rüstung, sattelt eigenhändig sein Pferd und reitet im Morgengrauen fort zu neuen Abenteuern.

Schließlich kommt er mit seinem Halbbruder Feirefiz erneut zu den Artusrittern. In einem Zeltlager wird mit Artus, Ginevra und vielen schönen Damen ein großes Fest gefeiert. Feirefiz erzählt dem König von seiner weiten Reise, die er im Frauendienst unternommen hat, und Artus preist Gott für die Ehre seines Besuches. »Nie ist ein Mann aus dem Heidenland in die Lande der Christen gekommen«, sagt der Herr der Tafelrunde, »dem ich bereitwilliger und lieber jeden Wunsch erfüllt hätte!«

In Artus' Nähe zählt nur Edelmut und wahres Rittertum. Er ist der universale König, der keine Schranken der Religion und der Kontinente kennt. Morgenland und Abendland sind einander in Freundschaft verbunden. »Eitel Glück« fühlt auch Feirefiz, seit ihm »die Göttin Juno mit günstigem Fahrtwinde in diese westlichen Lande führte«. Er versichert Artus, daß dessen Name auch in weiter Ferne bekannt ist.

Artus wird in dieser Szene zum Repräsentanten eines neuen, weltumfassenden Menschenbildes, in dem auch Platz für den »edlen Heiden« ist. Die hohen Kulturleistungen des Orients und das prächtige Auftreten seiner Herrscher konnte dem europäischen Feudaladel seit den Kreuzzügen nicht länger verborgen bleiben. Die kirchliche Schauermär vom boshaften, unkultivierten Muselmann verlor dadurch ihren Schrecken.

Auf dem Fest von Joflanze – so heißt der märchenhafte Ort, an dem Feirefiz mit Artus zusammentrifft – wendet sich Parzivals Schicksal.

Nach langer Irrfahrt zu Pferd und zu Schiff, zu Land und zu Meer, nach Zweifel, Leiden und Kampf, wird er zum Gral berufen. Wieder erscheint Cundry. Diesmal aber tritt die Gralsbotin auf schwarzem Zelter in kostbaren Kleidern französischen Zuschnitts in den Kreis der Artusritter und ihrer liebreizenden Damen, angetan mit einem Mantel aus prächtigem schwarzem Samt, auf dem das Gralswappen prangt: Turteltauben, aus Fäden von arabischem Gold gestickt.

Mit folgenden Worten wendet »Cundrîe la surziere« – »Cundry, die Zauberin« – sich nun an Parzival: »Nimm jetzt dein Herz in beide Hände und freue dich! Heil deiner hohen Bestimmung, du Krone menschlichen Glücks! Auf dem Stein war zu lesen, daß du zum Gralsherrscher berufen bist. Auch deine Gattin, Condwiramurs und dein Sohn Lohengrin werden zum Gral berufen... Auch wenn dir kein anderes Glück beschieden wäre, könnte kein Mensch glücklicher sein als du. Dein Mund, der keine Lüge kennt, soll nun den edlen, liebenswürdigen Amfortas grüßen dürfen; deine Frage bringt ihm Genesung und erlöst ihn von seinem bejammernswerten Leid.«

Die Namen von sieben glückbringenden Sternen nennt sie ihm noch. Sie sind »Zügel des Firmaments«, die auch von ihm verlangen, sich stets jeder Maßlosigkeit zu enthalten. »Alles, was der Planeten Bahn umschließt und ihr Glanz umstrahlt, wirst du erringen und gewinnen. All dein Leid wird vergehen«, verkündet sie ihm: »Du hast dir die Ruhe der Seele erkämpft und Trübsal getragen, bis dir die Freude nahte.«

Mit Cundry als Führerin und begleitet von Feirefiz, bricht Parzival zur Gralsburg auf. Zum zweiten Mal kommt er nach Munsalväsche. Seine Ankunft fällt gerade in die Zeit der bedrohlichen Konstellation von Mars und Jupiter. Amfortas Leiden steigern sich dann jedesmal zu einem Höhepunkt. Auch jetzt gellen seine Schmerzensschreie durch die Gralsburg. Er möchte nichts als sterben, doch der Anblick des Grals verhindert den Tod. Endlich erscheint Parzival:

»Dreimal warf er sich zu Ehren der Heiligen Dreieinigkeit vor dem Gral auf die Knie und betete um Hilfe für die Herzensnot des schwergeprüften Mannes. Dann richtete er sich auf und sprach laut und feierlich die Worte: ›Oheim, was fehlt dir?‹ Gott, der auf die Bitte des heiligen Silvester einen Stier vom Tod erweckt und lebendig davontraben ließ, der dem Lazarus gebot, sich wieder aufzurichten, bewirkte nun auch, daß Amfortas genas und seine volle Gesundheit zurückerlangte. Sein Antlitz erstrahlte wieder in dem Glanz, den der Franzose ›flori‹ – das heißt blühend – nennt.«

Eine humanere Lösung des »Waste-Lande«-Problems ist kaum denkbar! Die Farben der Elster: Der Gral selbst hat alle dunklen Seiten seiner fernen Herkunft abgestreift und ist zur lichten Himmelskraft geworden. –

Parzival besucht als neuer Gralskönig noch einmal den Einsiedler Trevrizent, dann holt er die so lange entbehrte Condwiramurs als seine Königin heim. Er trifft sie an der gleichen Stelle, an der ihr Bild ihm vor fünf Jahren in den drei Blutstropfen im Schnee erschienen war. Sie empfängt ihn dort in einem Zelt. Wolfram berichtet: »Einst hatten Blut und Schnee auf der Wiese Parzival das Bewußtsein verlieren lassen. Jetzt entschädigte ihn Condwiramurs für die durchlittene Not, und sie hatte ja auch das rechte Trostmittel zur Verfügung. Obwohl ihm nicht wenig Frauen ihre Liebe angetragen hatten, hatte er nie bei einer anderen im Liebesleid Trost gesucht. Meines Wissens genoß er die Freuden, die seine Frau ihm schenkte, bis in den späten Vormittag.«
Mit Küssen darf Condwiramurs dann auch bei ihrer Ankunft in Munsalväsche nicht sparen. Ihre Lippen wurden davon so sehr ermüdet, meint Wolfram, daß er ihr die Anstrengung gern abgenommen hätte.
Nach dem herzlichen Willkommen rüstet man auf Munsalväsche zum Empfang des Grals. »Mit vröude er wirt nu vür getragen« – »mit Freude wird er nun getragen« – heißt es, nicht mehr wie damals, als der Anblick der blutigen Lanze alle todtraurig machte, weil Parzival die Frage nicht stellte. Wieder tragen fünfundzwanzig Jungfrauen den Gral in den festlich geschmückten Saal: »Alle Jungfrauen waren liebreizend, anmutig, ja bezaubernd anzusehen. Schließlich folgte ihnen Repanse de Schoye, die strahlendste und schönste Jungfrau. Wie ich hörte«, sagte Wolfram, »ließ sich der Gral einzig und allein von ihr tragen. Ihr Herz war von makelloser Reinheit, ihr Antlitz leuchtete im schimmernden Glanz einer zarten Blüte.«
Der Gral selbst aber ist in Wolframs Dichtung weder Kelch noch Schale mehr, sondern – ein Stein! Ein Stein von gleicher Strahl- und Wunderkraft wie das mystische Gefäß:

»Sei noch so groß des Menschen Weh,
Sah er den Stein, so hell und licht,
Stirbt er die ganze Woche nicht,
Die nach des Schauens Tag ersteht.
Des Lebens Farb' ihm nicht vergeht:
Die Leibesfarbe bleibt ihm ganz,
In der er sah des Steines Glanz
In seines Lebens bester Zeit...«

Viel ist nach dem Rätsel dieses Gralssteines gefragt worden, der jeden Karfreitag den Besuch einer blendend weißen Himmelstaube empfängt, die eine Oblate auf ihn niederlegt. Dadurch wird er befähigt, wie Parzival schon früher von Trevrizent erfuhr, »die köstlichsten Getränke und Speisen dieser Erde in überströmender Fülle darzubieten, alles, was die

Erde hervorbringt, auch alles Wildbret unter dem Himmel, ob es fliegt, läuft oder schwimmt«.
Das aus fernen Zeiten herrührende Speisungswunder in Einklang mit den christlichen Symbolen von Oblate und Taube, Leib Christi und heiligem Geist! Oder Geistin?
Auch als neu inthronisierter Gralskönig erlebt Parzival, und mit ihm die ganze Gralsgemeinde, wie sich die goldenen Schalen auf der Speisetafel immer wieder von selbst nachfüllen, solange der geheiligte Stein in der Nähe ist. Alle Köstlichkeiten des Gaumens, durch die das leibliche Wohl der Gralsdiener gesichert wird, zählt Wolfram auch an dieser Stelle wieder auf. Zwei Sphären sind im Wunderstein des Grals vereint: die irdische im paradiesischen Schlaraffenlandaspekt und die überirdische im Symbol der Unsterblichkeit. Durch die von der Himmelstaube auf den Stein gelegte Oblate kommen »Erdenstein und Himmelsbrot aufeinander zu liegen«, interpretiert der Anthroposoph Gerhard von dem Borne das karfreitägliche Gralsgeschehen, in dem er eine Erinnerung »an das heilige Brot der orthodoxen Messe« wieder aufleben sieht, »das aus zwei aufeinanderliegenden runden Teilen besteht, welche die beiden Naturen Christi, Gott – Mensch, versinnbildlichen«.
Auch als Stein ist der Gral unendlicher Auslegung fähig. Der »makellose Stein« selber aber wird von Wolfram in so verunstaltetem Latein benannt, daß schon dies wiederum zu zahlreichen Spekulationen Anlaß gab. Wolfram sagt nämlich über den von Tempelherren gehüteten Stein, den er ausdrücklich als »der Gral« bezeichnet: »er heizet lapsit exillis«.
Schon Arnold von Villanova (1240–1311), ein weitgereister Arzt, Magier und Alchimist, der Könige und Päpste zu Patienten hatte und dessen Werke 1305 durch die Inquisition verboten wurden, bezieht sich in seiner Schrift »Rosarium Philosophorum« auf Wolframs rätselhaften Stein. Nicht »lapsit exillis« heißt er bei ihm, sondern »lapis exilis«, was so viel wie »schmächtiger, unscheinbarer Stein« bedeutet. »Hic lapis exilis…«, dieser unscheinbare Stein, schreibt Arnold, »wird von den Toren gering geachtet, von den Weisen aber hoch geschätzt«. Es könnte damit also auch der »Stein der Weisen« gemeint sein, der von den Alchimisten so hingebungsvoll gesuchte »lapis philosophorum«, der sowohl die Materie wie den Menschen zu höchster stofflicher und geistiger Vollkommenheit läutern sollte.
Häufiger aber wird die Wolframsche Formulierung als ein von ihm fehlerhaft wiedergegebenes »lapis ex coelis« gedeutet, als »Stein vom Himmel«. In diesem Zusammenhang hat man zum Beispiel gefragt: Dachte Wolfram vielleicht an den vom Himmel gefallenen »Schwarzen Stein«, der sich in der Kaaba der Moschee von Mekka als höchstes Hei-

ligtum des Islam befindet und seit Mohammed als Quell der Gottesverbindung verehrt wird? Eine von vielen Fragen. Selbst der Teufel geht bei der Interpretation dieses rätselhaften Steins nicht leer aus: Wir erinnern uns an den Smaragd aus der Krone Luzifers, der uns bereits in einer Broschüre über das Kirchlein von Tréhorenteuc begegnete.
Aus dieser apokryphen Tradition hat Otto Rahn in seinen Büchern »Kreuzzug gegen den Gral« und »Luzifers Hofgesind« in den dreißiger Jahren eine weitgefächerte, jedoch unhaltbare Theorie entwickelt. Die beiden von Heinrich Himmler begeistert gelesenen Bücher des jungen SS-Angehörigen, der kurz vor dem Zweiten Weltkrieg seinem Leben selbst ein Ende setzte, nachdem er mit der NS-Führung, wahrscheinlich seiner Homosexualität wegen, in Schwierigkeiten geraten war, bestehen bei aller Quellenkenntnis und der Hingabe des Autors an sein Thema aus einem Gebräu phantasievoll zurechtinterpretierter Texte, nationalsozialistischer Rassenwahnideologie und nachexpressionistischem Pathos. Trotzdem haben sie die moderne »Gralssuche« nicht unbeeinflußt gelassen, insbesondere wegen ihrer Lokalisierung von Munsalväsche und der Interpretation des Gralssteins als Heiligtum der Sekte der Katharer. Wir kommen darauf noch zurück.
Ganz anders wiederum vierzig Jahre später die Deutung des Germanisten Hans Bayer. Er sieht hinter Wolframs Formulierung den »›lebendigen Stein‹ in der Mauer des himmlischen Jerusalem«, wie Papst Gregor der Große (um 540–604) ihn mehrfach in seiner »Exposition«, der Auslegung der Bußpsalmen, erläutert. Diese symbolischen Steine »werden diejenigen verkörpern, die zwar leiblich noch unter den Menschen sind, aber ihre Seele zum Himmel erheben«, wo sie »sogar selbst Steine beim Bau dieses Tempels sein« können. Bayer sieht in Gregors Schriften die Hauptquelle des Parzivaldichters, der seiner Meinung nach ein Anhänger der Laienbewegung der bibelkundigen Waldenser gewesen ist.
Es gibt aber auch eine sehr alte Erzählung aus Irland, die von einer Zeit berichtet, in der zuweilen die ganze Insel vom Reich der »Faeries«, der Feen, überstrahlt war: »Eine starke Musik wallte dann von der Erde herauf. Und jeder Stein, jedes Blatt, jeder Tropfen Wasser leuchtete auf, bis ganz Irland einem großen Kristall glich, weiß und leuchtend.« Wie der Regenbogen strahlte dieser Kristall, in dem Irland sich dann selbst als eine verzauberte »Glasinsel« erkennen konnte, nicht anders als Glastonbury, die Avaloninsel Ynis-Witrin aus Glas.
Lassen wir es mit diesen Beispielen für die Vielfalt von Deutungsmöglichkeiten des Gralssteins bewenden. Entscheidender als jede eng begrenzte Festlegung ist, daß Wolfram den Gral nicht mehr im tradierten Bild des Gefäßes darstellt, sondern als Stein. Damit unterbindet er die

OLOMEE: S MARI A:

Galahad heilt den Fischerkönig durch Berührung mit dem Gralsgefäß. Italien, 14. Jahrhundert

Vorhergehende Seite:
Die Madonna als Gralsträgerin. Romanisches Fresko in der Apsis der Kirche von St. Climent in Taüll, Spanien (Text S. 279)

Die Venus als Gral. Tristan und Lanzelot huldigen mit vier trojanischen Helden der Liebesgöttin. Italienischer Präsentierteller aus dem späten 14. Jahrhundert (Text S. 259)

◄ *Perceval bei seinem ersten Besuch auf der Gralsburg. Nordfranzösisches Manuskript von 1274*

Wie im keltischen »Kessel der Fülle« werden tote Krieger in ein Gefäß getaucht, aus dem sie wieder lebendig hervorkommen. Kessel von Gundestrup.

Keltengott Cernunnos. Detail aus dem Kessel von Gundestrup (Text S. 265)

Assoziation mit der kirchlich-dogmatischen Abendmahlssymbolik zugunsten einer freieren religiösen Auffassung, die auch für andere Einflüsse offen ist.
Wir dürfen uns den Dichter des »Parzival« überhaupt als einen Menschen vorstellen, der im Schutze seines poetischen Werkes wesentlich freiere Meinungen zum Ausdruck brachte, als ihm das sonst im starren System des mittelalterlichen theologischen Lehrgebäudes möglich gewesen wäre. Wer war dieser Mann überhaupt? Was wir von ihm persönlich wissen, ist in keiner Chronik oder Urkunde, sondern ausschließlich in seinen Werken zu finden. Unter ihnen galt der »Parzival« schon unter Wolframs Zeitgenossen als etwas Besonderes. Es wären sonst nicht 75 vollständige Handschriften davon überliefert worden. »Diese meine Geschichte«, heißt es am Ende des zweiten Buches, »fügt sich nicht den Grundsätzen gelehrter Schulweisheit. Ehe man sie für ein Buch solcher Art nähme, wollte ich lieber nackt und ohne Badetuch im Bad sitzen, wenn ich nur wenigstens den Badewisch zur Hand hätte.« Wolfram legt Wert auf die Feststellung, durch Geburt und Erziehung dem Rittertum anzugehören. Selbst die Liebe einer Frau wünscht er sich nur dann, wenn sie ihm auch seines ritterlichen Mutes und nicht allein seiner Dichtkunst wegen geschenkt wird. Geboren wurde er um 1170 im mittelfränkischen Eschenbach bei Ansbach, das sich heute stolz Wolframs-Eschenbach nennt. Dort ist der viel Umhergetriebene nach 1220 auch gestorben. Wenngleich er dem herrschenden Feudaladel angehörte, war er, wie wir ebenfalls aus dem »Parzival«, dem vierten Buch, erfahren, ziemlich arm. Offen bekennt er das auch: »Dort, wo ich oft vom Pferd steige und wo ich Hausherr bin – also bei mir daheim, in meiner eigenen Behausung –, hat die Maus keine Freude zu erwarten, wenn sie ihre Nahrung zusammenstehlen will. Vor mir braucht man schon gar nichts zu verstecken, ich finde ohnehin nichts.« Der Landgraf Hermann von Thüringen, die Grafen von Wertheim und die Edlen von Dürne, deren Stammburg Wildenberg im Odenwald liegt, waren seine Mäzene. Ist Munsalväsche – als »wilder Berg« übersetzt – eine Huldigung an deren Besitzer gewesen? Auch diese Frage hat man gestellt.
Zu Mißverständnissen führte eine Bemerkung Wolframs über sein Bildungsniveau. Wieder im »Parzival« sagt er, er sei »künstelos« in dem geblieben, »swaz an den buochen stêt geschrieben«. Wolfram aber war keineswegs der Buchstaben, des Lesens also, unkundig. Die Behauptung ist, wie mancherlei bei diesem geistreichen Dichter, ironisch gemeint. Sie schließt zwar das Eingeständnis mangelnder geistlicher Schulbildung mit ein, richtet sich ansonsten aber bewußt gegen die verachtete Buchgelehrsamkeit. Als Autor umfangreicher epischer Werke

war Wolfram mit der Dichtung seiner Zeit sicherlich vertraut. Zu deren Repräsentanten gehörten außer ihm selbst etwa Hartmann von Aue, Heinrich von Veldecke, Reinmar von Hagenau, Walther von der Vogelweide sowie Gottfried von Straßburg, mit dem er in literarischer Fehde lag. Besondere Kenntnisse erwarb Wolfram sich als Autodidakt aber auch in Astrologie und Alchimie, die beide in seiner Dichtung eine nicht unbedeutende Rolle spielen.

Damit sind wir wieder beim Gral als Stein.

Im Stein können, alchimistischer Lehre entsprechend, heilende Kräfte gebunden sein. Deshalb ist auch das Bett des leidenden Gralskönigs so überreich und ausschließlich mit Edelsteinen verziert. Nicht weniger als 44 solcher Steine, vom Karfunkel, Heliotrop oder Achat bis zum Smaragd, Saphir und Pyrit, zählt Wolfram neben weiteren 14 Gesteinsarten, darunter Türkise, Rubine, Diamant, Malachit und Topas, namentlich bei der Beschreibung von Amfortas Lagerstätte auf. Sie alle sollen die Lebensenergie des Dahinsiechenden in Verbindung mit der Heilkraft des Grales aufrechterhalten. Steine sind Glücksbringer und Arznei. »Wer es mit rechter Kunst versucht«, heißt es, »konnte viel Kräfte in ihnen finden.«

Wie die Gestirne mit dem Gral und seinem König in enger Beziehung stehen, so auch die Steine, und wer will, kann in Wolframs Gral noch fernste Erinnerung an die sakralen Steinsetzungen der Vorzeit finden, an den magischen Steinkreis von Stonehenge – den »Runden Tisch« der Gralssucher als kosmisches Symbol. Im Gral selbst aber liegt alle Herrlichkeit des Paradieses. Wie ein Sakrament göttlicher Verheißung erscheint er in den Händen von Repanse de Schoye:

»ûf einem grüenen achmardî
truoc si den wunsch von pardîs,
bêde wurzeln unde rîs.
daz was ein dinc, daz hiez der Grâl,
erden wunsches überwal.«

»Auf smaragdgrüner Seide
trug sie des Paradieses Segen,
in sich schließend Wurzel und Gezweig,
ein Ding, das hieß der Gral,
irdisches Glück weit überstrahlend.«

Repanse de Schoye aber – ihr Name bedeutet »Überfluß der Freude«, »der Freude Spenderin«!

In der strahlenden Schönheit der jungfräulichen Gralsträgerin ist die Liebes- und Fruchtbarkeitsgöttin aus ältesten Zeiten wieder auferstan-

den. Christlich gedeutet in christlicher Zeit, verkörpert sie jene vollendete Weiblichkeit, wie sie sich außerhalb des orthodox-patriarchalischen Glaubensgebäudes in der heiligen Sophia offenbart oder in Maria, als Gottesmutter in eigenem göttlichem Glanz.
Wo aber konnte im römisch-katholischen Mittelalter eine solche Esoterik überlebt haben? Wo floß die Quelle, aus der Wolfram sich speiste? Am ehesten in Spanien. In diesem späteren Hort klerikaler Reaktion und der Rekonquista herrschte einst mehrere Jahrhunderte hindurch eine von Rom unabhängige Strömung, die auch alte, sowohl weiblichkeitsnahe wie kosmologische Überlieferungen tolerierte. Vom 5. bis zum 11. Jahrhundert etwa behauptete die iberische Halbinsel eine religiöse Sonderstellung, die sich sogar in einer eigenen Liturgie widerspiegelte, der altspanischen Messe, die während der arabischen Herrschaft als »Mozarabische Messe« bezeichnet wurde. Die Lehre des in Memphis geborenen spanischen Asketen Priscillian, der um 380 Bischof von Avila war und 385 mit sechs seiner Anhänger das erste Opfer einer Ketzerverbrennung im fernen Trier wurde, wirkte hierin noch nach. Nichtkanonische Texte, jüdisches sowie gnostisches und manichäisches Gedankengut gehörten zu dem verinnerlichten Christentum des Priscillianismus, der sich von Spanien aus über die Pyrenäen nach Südfrankreich ausbreitete. Im 9. Jahrhundert, nach dem Konzil von Konstantinopel (869/70), ging die Auseinandersetzung der spanischen, vom Volk unterstützten Kirche mit dem römischen Papsttum so weit, daß, wie Konrad Burdach in seinem Werk über den Gral schreibt, »der Primat Roms geleugnet und mehr oder minder scharf ein überlegener Primat Toledos als der Bewahrerin alter, apostolischer, direkter Überlieferung behauptet wurde. Man stellte jetzt die Entscheidung dem Gottesgericht eines Zweikampfes und einer Feuerprobe anheim. Und beides fiel zugunsten der heimischen Liturgie aus.«
Mittelpunkt dieser Weg-von-Rom-Bewegung war Toledo. Aus Toledo aber stammte auch die Handschrift des sternenkundigen Heiden Flegetanis, aus der Wolframs Gewährsmann Kyot alles über den Gral erfuhr! Nun wäre es natürlich hilfreich, wenn wir über diesen Kyot mehr wüßten. Doch bis heute ist ungeklärt, ob er überhaupt existierte. Wolfram nennt ihn allerdings an sechs Stellen seines »Parzival«. Er bezeichnet ihn als einen berühmten Meister der Dichtkunst – »Kyôt der meister wol bekant« – und als einen Provençalen – »Kyôt ist ein Provenzâl« –, woraus man auf den altfranzösischen Lyriker Guyot de Provins schließen könnte, von dem aber keine Gralsdichtung bekannt ist.
Wolfram teilt mit, Kyot habe zuerst das ABC der heidnischen, d.h. der arabischen Handschrift erlernen müssen, um sie zu entziffern – »der karakter âbc/muose er han gelernet ê« –, was ihm aber ohne Hilfe von

Zauberei, ohne »nigrômanzî«, kraft seiner christlichen Taufe gelungen sei. Nur ein Christ konnte das Wesen des Grals entschlüsseln. Das klingt, als hätte Wolfram sich mit diesem Hinweis von dem Vorwurf freisprechen wollen, unerlaubte Quellen zu benutzen, ketzerische Quellen womöglich, an denen Toledo offensichtlich nicht arm war. Andererseits kommt darin aber auch die Anerkennung eines esoterischen Christentums zum Ausdruck, in dessen Spektrum »heidenische« Erkenntnisse miteingeschlossen sind.
Auch wenn wir das Rätsel »Kyôt« nicht lösen, der Hinweis auf Toledo allein ist bedeutsam genug; denn damit verbindet sich ein Gedankengut der Toleranz und Weltläufigkeit. In dieser Stadt konnte Wolframs Gewährsmann, wer immer es war, nicht nur eine besonders ausgeprägte Art von Rittertum finden, dort herrschte darüber hinaus ein vielfältiges, von Rom nicht dominiertes, kulturelles Leben, das Philosophie, Kunst, Mathematik, Astronomie, Alchimie und Astrologie umfaßte.
Jahrhundertelang war Toledo, wie ganz Spanien, Einfallstor morgenländischer Kulturen. Arabische Gelehrte und spanische Ritter trafen hier zusammen, der Ruf der Muezzins mischte sich mit dem Klang der Kirchenglocken, und die Gläubigen Mohammeds lebten neben christlichen Mönchen und jüdischen Schriftgelehrten lange Zeit in Eintracht zusammen. Das währte bis zum Jahre 1355, als der Geist der Toleranz in einem Pogrom ertrank, das die Anhänger Heinrichs IV. von Trastamara angezettelt hatten. Weiter in die Intoleranz führte die Epoche der »katholischen Könige«, die 1469 durch die Vermählung Isabellas von Kastilien mit Ferdinand von Aragonien eingeleitet wurde. Unter den katholischen Königen ist 1492, im Jahre der Entdeckung Amerikas, nicht nur Granada erobert und die maurische Herrschaft beendet worden. Im selben Jahr wurden auch alle Juden aus Spanien vertrieben, was besonders Toledo schwer getroffen hat, die Stadt mit dem größten Anteil jüdischer Bevölkerung. Gerade einen Gelehrten jüdischer Abstammung aber finden wir in Wolframs »Parzival« als eine Schlüsselfigur des Gralsgeheimnisses: Flegetanis. Er ist es – ein Mann nicht nur der Synagoge, sondern auch alter, jüdisch-chaldäischer Sternenweisheit –, der die Geheimnisse des Grals »in den Gestirnen geschrieben fand«. Sein Wissen, noch aus der Zeit, als Toleranz in Spanien herrschte und Toledo eine Blüte der Wissenschaften, auch der des gestirnten Himmels, hervorbrachte, findet sich wieder in der Belehrung, die Parzival schon während seines ersten Besuches bei Trevrizent erfuhr. »Mit dem Umlauf der Sterne«, sagte ihm der Einsiedler, »ist alles menschliche Geschick verbunden.«
Auf das Gralswissen bezogen, bedeutet dies: Mikro- und Makrokosmos, Himmel und Erde, Universum und Mensch stehen in magischer

Korrespondenz zueinander. Doch es gibt die Farben der Elster: die dunkle und die helle Welt, das Böse und das Heil. Wer nach dem Licht strebt, nähert sich dem Gral, der nur dem Reinen zugänglich wird. Als Ausdruck der Gesinnung und des Herzens übt Reinheit ihren Einfluß auch auf den Körper aus, indem sie ihn in Schönheit taucht. Im Gegensatz zur orthodoxen Doktrin und Glaubenspraxis nimmt dabei das Prinzip des Weiblichen eine bevorzugte Stellung ein. Es wird zum Träger göttlicher Schönheit, Weisheit und Freude. Deshalb glauben alle, »der neue Tag sei angebrochen«, wenn Repanse de Schoye erscheint, so hell leuchtet das Antlitz der Gralskönigin.
Toledo, wo Orient und Okzident einmal, wie in der Märchenwelt der Artusritter, eine Ehe eingegangen waren, diese Stadt bot Platz für ein kosmisch-esoterisches Christentum, wie Wolfram es in vielerlei Formen der Verschlüsselung erstehen ließ.

Wolfram von Eschenbach predigt Toleranz gegenüber den Juden. Miniatur aus seinem Roman »Willehalm«. 13. Jahrhundert

Vielleicht verbirgt sich auch in dem Hinweis auf die Templer eine geheime Botschaft. Von ihnen heißt es:

»Es wohnt wehrhafte Ritterschaft
Zu Munsalväsche beim Grale dort,
Sie reiten durch die Lande fort,
Auf Abenteuer und Gefahr;
Und ob auch der Templeisen Schar
Preis oder Kummer möge finden,
Sie tragen es für ihre Sünden.«

Solche Sünden sind dem 1119 von französischen Rittern gegründeten militärisch-religiösen Orden, der im weißen Habit mit rotem Kreuz den sogenannten Tempel Salomonis, die heutige El-Aksa-Moschee, hütete, bald vorgeworfen worden. Sie waren jedenfalls wichtige Vermittler zwischen den Erdteilen, zwischen der freien, sinnlichen Denk- und Handlungsweise orientalischer Herrscher und der sinnenfeindlichen Kirchendoktrin. Ob zu recht oder zu unrecht: Man bezichtigte sie des Gottesfrevels und der Ketzerei, die sie über die Länder jenseits des Meeres gebracht hätten, über Frankreich, die Normandie, Aquitanien und Poitou. Papst Innozenz III. erhob gegen die Templer 1206 den Vorwurf, sie fröhnten dämonischen Lehren. Im Jahre 1307 ließ Philipp der Schöne, nachdem der französische Generalinquisitor Anklage gegen den Orden wegen »Häresie, Blasphemie und Unzucht« erhoben hatte, alle Templer in Frankreich festnehmen und ihr großes Vermögen, auf das er es abgesehen hatte, konfiszieren. Der ganze Orden wurde schließlich ausgerottet, Geständnisse seiner Mitglieder durch die Folter erpreßt. Am 22. März 1312 erfolgte die offizielle Auflösung des einst so hoch geschätzten christlichen Ritterordens durch Dekret Papst Klemens' V.
Kirchenkonform verhielt Wolfram von Eschenbach sich jedenfalls nicht, wenn er gerade die Templer zu Gralswächtern machte und das Gralswissen selbst einer arabischen Handschrift anvertraute, die ein jüdischer Gelehrter in Toledo verfaßte.
Knapp zwei Jahrhunderte nach Wolframs »Parzival«, 1391, kam es in Toledo, in der Synagoge Santa Maria la Blanca, zu einem Judenmassaker, geschürt durch die fanatischen Predigten eines Gralsritters besonderer Art – des heiligen Vinzenz Ferrer. Ein Todesstoß für die völkerverbindende Gralsidee!
Zu Vinzenz Ferrer gehört eine Geschichte, die den Gral wiederum als Abendmahlskelch in Anspruch nimmt. Acht Jahre nach dem Pogrom von Toledo war der wortgewaltige Bußprediger, der in Norditalien, Frankreich und Spanien Juden, Mauren, Waldenser und Katharer der Kirche zuzuführen versuchte, dem aragonischen Königshaus beim Erwerb eines päpstlichen Meßkelchs behilflich, der sich damals im Kloster San Juan de la Peña befand. Der Legende nach war das der Abendmahlskelch Christi. St. Petrus und St. Markus – Joseph von Arimathia spielt dabei keine Rolle – hätten ihn, der ebenfalls mit dem Erlöserblut in Berührung gewesen sei, von Jerusalem nach Rom gebracht. Dort hätte ihn zuletzt Papst Sixtus II. als Meßkelch benutzt. Als Sixtus im Jahre 258 unter Kaiser Valerian, zusammen mit allen römischen Diakonen, enthauptet wurde, habe der heilige Laurentius den Kelch drei Tage vor seinem eigenen Martyrium gerettet. Der Legende zufolge entzog er ihn der Raubgier der Christenverfolger, indem er ihn nach Huesca in

Spanien bringen ließ, seinen Heimatort in den westlichen Pyrenäen. Dort verblieb der Kelch bis zum Jahr 713, als die Christen und ihr Bischof ihn auf ihrer Flucht vor den Sarazenen mit sich nahmen. Nach weiteren Zwischenstationen soll er in die älteste Domkirche Spaniens gelangt sein, nach Jaca, und von hier aus nach San Juan de la Peña. Jetzt konnte Vinzenz Ferrer ihn, unterstützt von Papst Benedikt XIII., dem Hause Aragon zuführen. Im 15. Jahrhundert, am 14. März 1437, kam der Kelch schließlich, nachdem er zuvor noch in Zaragossa und Barcelona gewesen war, als Schenkung Alfons' VI. in die Kathedrale von Valencia. Dort wird er noch heute in einer eigenen Kapelle als »heiliger Gral« verehrt. Ins mystische Licht seiner gotischen Tabernakelwand getaucht, ist der aus einem großen Stück Achat gearbeitete Meßkelch im Glanze seiner achtundzwanzig Perlen, zwei Rubinen und zwei Smaragden, die seinen goldenen Fuß umsäumen, zwar ein ehrwürdiges Symbol menschlicher Heilserwartung – mit dem Gral und dessen verborgener Tradition aber hat er nichts zu tun. Dafür begrüßt uns, unweit des gotischen Apostelportals der Katherale, auf der heiteren Plaza della Virgen das Geplätscher eines prächtigen Brunnens. Sieben weibliche Aktfiguren, die sieben Quellen Valencias symbolisierend, gießen aus Amphoren Wasser in das weite Brunnenrund, umflattert von einer Schar weißer Tauben. Aus einem der Krüge glitzert das erfrischende Naß in der Sonne wie ein Geschenk aus dem Füllhorn der Amalthea. Über den Kopf der Wasserträgerin hinweg reicht der Blick gerade noch bis ins Bogenfeld des Domportals, von dem herunter eine gotische Madonna schaut.

Näher als in der Kathedrale von Valencia kommen wir dem Gralsgeheimnis, so wie Meister Kyot es in Toledo gefunden haben soll, in einem anderen Gotteshaus in Spanien, an abgelegener Stätte in den katalonischen Pyrenäen. Dort, auf dem bergumschlossenen Plateau von Taüll, steht seit dem 12. Jahrhundert das frühromanische Kirchlein von St. Climent. Weder Wolfram noch Chrétien de Troyes oder Robert de Boron waren geboren, als dieser Dreiapsidenbau mit seinen Rundbogenfenstern im sechsarkadigen, schlanken Turm und dem expressiven Freskenschmuck im dreischiffigen Inneren entstand. Unter den byzantinisch-strengen Bildern der Apsis ist eines von besonderer Bedeutung: die Jungfrau Maria, die mit weit geöffneten Augen zugleich in sich selber wie in weite Fernen zu schauen scheint und in der Linken eine Schale hochhält, die eine Fülle von Strahlen aussendet.

Man hat in diesem herben Bild – die Fresken sind rekonstruiert, die Originale im Museo de arte Cataluña in Barcelona – die erste Gralsdarstellung des Mittelalters sehen wollen, was nicht auszuschließen ist. In zeitloser Gebärde, ein wenig unheimlich fast, ragt diese Madonna unter ihrer großen Gloriole langgesichtig und fremdartig aus dem Bilderzyklus heraus. Sie befindet sich zu Füßen des Pantokrators zwischen St. Bartolomäus und St. Johannes. Die Schale aber präsentiert sie auf einem in langen Falten ihres prächtigen Mantels herabfließenden Stoff von blaugrüner Farbe, gerade so, als hätte ihr Maler bereits Wolframs Verse gekannt, in denen Repanse de Schoye den Gral »auf smaragdgrüner Seide« trägt. Stein, Kelch oder Schale, es ist das gleiche Symbol der lebenspendenden Fülle des Grals. Welches Ausmaß an archaischer Erinnerung aber in diesem Bild der Maria in St. Climent von Taüll! Die Gralsverheißung in den Händen der göttlichen Jungfrau, nun eingebunden in die christliche Glaubenswelt in der Apsismuschel einer kleinen spanischen Kirche.

Wie gelangt eine solche Auffassung vom Wesen der Gottesmutter in dieses spanische Pyrenäendorf? Fanden Sagen der Artus- und Gralswelt über Südfrankreich ihren Weg über die Berge? Das wäre möglich. Einen dauernden Fluß herüber und hinüber gab es damals allein schon durch die Bewegungen der Hirten, und mündlicher Transfer spielte eine wichtige Rolle im Austausch von Sagen und Legenden. Deren uralte Strukturen und Inhalte waren seit jeher grenzüberwindend gewesen. Vielleicht genügte aber auch der eigene Freiraum Spaniens während seiner von Rom unabhängigeren Epoche, die Madonna als Grals- und Hoffnungsträgerin zu sehen. Doch auch Verbindungen zum keltischen Christentum in Irland hat es gegeben. Irland, ebenfalls für längere Zeit Rom kaum verpflichtet, hatte die häretische Lehre Priscillians in sich aufgenommen, so daß die keltische Kirche schon im 6. Jahrhundert einen eigenen Bischofssitz in Nordwestspanien einrichten konnte. Das war die Diözese von Bretoña mit dem Marienheiligtum von Santa Maria de Bretoña im damaligen Galicia mit der späteren Hauptstadt Santiago de Compostela.

Gralsbewegung und Marienkult entsprechen einander. Im Walisischen gibt es noch dazu den Wortgleichklang von »Pair«, dem magischen »Cauldron«, und »Mair«, dem Namen Mariens. »Christ mab Mair am Pair pur vonhedd« – »Christus, Sohn Mariens, des Gefäßes der reinen Geburt«, schrieb der walisische Dichter Dafydd Benfras zur Zeit der Gralsromane. Wie die angebetete Frau zur Venus und zum Gral werden konnte, so wird innerhalb eines esoterischen Christentums auch die Madonna in vielerlei Assoziationen »zum lebendigen Gral, der das Blut und die geistige Essenz Christi enthält«, formuliert der englische Gralsforscher John Metthews. Mittelalterliche Marienlitaneien bringen das deutlich zum Ausdruck. Maria erscheint darin als »einzigartiges Gefäß der Verehrung«, »geistiges Gefäß«, »Gefäß der Würde«, »Haus Gottes«, »Sitz der Weisheit« oder »Spiegel der Gerechtigkeit«.

Sie ist »Meerstern« und »vielblättrige Rose«, »Rose der Welt« oder auch »Rose Alchimica«, die alchemistische, zu höchster Vollendung gelangte Weiblichkeit im Bilde der Rose. Zur Mutter der Schmerzen wird sie am Karfreitag, wenn ihr Sohn den Kreuzestod erleidet. Im Tod liegt aber schon die Auferstehung, im Leiden die Freude: An einem Karfreitag erfährt Parzival von Trevrizent die Geschichte vom Gral.

Diesen Gedanken Wolframs von Eschenbach griff Richard Wagner am Karfreitagmorgen des 10. April 1857 in der Villa Wesendonck in Zürich auf. In »Mein Leben« schreibt er: »Am Karfreitage erwachte ich zum ersten Male in diesem Hause bei vollem Sonnenschein: Das Gärtchen war ergrünt, die Vögel sangen... Hiervon erfüllt, sagte ich mir plötzlich, daß heute ja Karfreitag sei, und entsann mich, wie bedeutungsvoll diese Mahnung mir schon einmal in Wolframs ›Parzival‹ aufgefallen war. Seit jenem Aufenthalt in Marienbad (1845), wo ich die ›Meistersinger‹ und ›Lohengrin‹ konzipierte, hatte ich mich nie wieder mit jenem Gedichte beschäftigt; jetzt trat sein idealer Gehalt in überwältigender Form an mich heran, und von dem Karfreitagsgedanken aus konzipierte ich schnell ein ganzes Drama, welches ich, in drei Akte geteilt, sofort mit wenigen Zügen flüchtig skizzierte.« Noch acht Jahre später spricht Wagner in einem Brief an Ludwig II. vom »sonnigen Karfreitag der Ersten Empfängnis«.

»Karfreitagszauber« liegt auch über den letzten Szenen des »Parsifal«, den Wagner »das mystisch bedeutsame Liebesmahl meiner Gralsritter« nannte. Auf Weinen und Trauern folgen darin Glück und Freude durch die Erlösung Amfortas' von seiner »schrecklichen Wunde« und die Erscheinung des Grals. »Zunehmende Dämmerung in der Tiefe bei wachsendem Lichtschein in der Höhe«, heißt es in der Regieanweisung zu der Stelle, an der Parsifal sich in den Anblick des Grals vertieft. Dann »hellstes Erglühen des ›Grales‹«, wenn die weiße Taube aus der Kuppel der Gralshalle herabschwebt, um über Parsifal zu verweilen.

Aus dem Kampf zwischen Dunkel und Licht, den Farben der Elster, hat das Licht sich siegreich erhoben.

Immer wieder aber heißt es – bei Wagner und in der Dichtung des Mittelalters –, daß die Gralsburg nur den zum Gral Berufenen erschlossen wird. Doch wer ist berufen? In der Artus- und Gralsliteratur gibt es, entsprechend der gesellschaftlichen Struktur des feudalistischen Zeitalters, eine Gralsdynastie, die mit Titurel, einem Vorfahren Parzivals, beginnt und bis zu dessen Sohn Lohengrin reicht. Aus ihr stammen die Burgherren von Munsalväsche, die Hüter des Grals. Dieser Elitegedanke kann zu abstrusen Interpretationen und einem aufklärungsfeindlichen politischen Messianismus führen, wenn er nicht als poetisches Gleichnis für eine von Vererbung und Abstammung unabhängige Ari-

stokratie des Geistes gesehen wird. Die zum Gral Berufenen sind »Diener des Geistes«, wie Hermann Hesse sie in der »Morgenlandfahrt« beschreibt.
Liest man dagegen aus den Gralssagen eine »Genetik« oder »genetische Magie« heraus, in der »bestimmte, mit speziellen Fähigkeiten ausgestattete Blutlinien« eine Rolle spielen (R. J. Steward), dann öffnen sich unter dem Deckmantel geistiger Erneuerung Tür und Tor ins Reich der dunkelsten Reaktion. Aus dem von mittelalterlichen Romanautoren benutzten Wort »Sangreal« für »Saint-Gréal«, den heiligen Gral, wird dann »Sang Real«, das königliche Blut. Unter Hinweis auf apokryphe Evangelien, die Jesus von Nazareth Nachkommen aus seiner Verbindung mit Maria Magdalena zuschreiben, ist es dann nicht mehr weit, über das Geschlecht der Merowinger eine »Blutlinie« der Gralsdynastie zu rekonstruieren, die – wie in einem Buch »Der heilige Gral und seine Erben« von Michael Baignet, Richard Leigh und Henry Lincoln – bis herauf zu Otto von Habsburg reicht, der ja auch tatsächlich heute noch Titularkönig von Jerusalem ist.
Wenigstens haben diese drei Autoren aus England, Neuseeland und Amerika in ihrem späteren Werk »Das Vermächtnis des Messias« dann auch auf den Blut- und Rassekult des »Tausendjährigen Reiches« und seines Führers als eines »schwarzen Messias« aufmerksam gemacht, der sich auf einem, wenn auch bald wieder eingezogenen, Plakat von 1936 in mittelalterlichem Harnisch und mit der Hakenkreuzfahne als Gralsritter zu Pferd feiern ließ. Bleiben wir noch kurz bei diesen Gralsverirrungen.
Zu ihnen gehört auch Himmlers SS-Ordens- und Gralsburg Wewelsburg in Nordrhein-Westfalen. Um diese vom »Reichsführer SS« mit hohen Kosten zur NS-Kultstätte umgestaltete Ritterburg aus dem 13. Jahrhundert im Kreis Büren wurde viel herumgerätselt, zumal die SS sie am Karfreitag 1945 selbst sprengte. In Amerika gibt es bereits Taschenbücher über den an dieser Stätte praktizierten Gralskult von schwarzer Magie. Das renovierte alte Gemäuer mit seinem mächtigen, runden Nordturm, dessen Krypta Himmler mit Sitzen wie zu Artus' Tafelrunde ausstatten ließ, wurde als »Black Camelot« bezeichnet und Himmler selbst von Neonazis als der »lebendige Parzival« gepriesen. Fest steht, daß Wewelsburg von 1933 bis 1945 eine »Kult- und Terrorstätte der SS« gewesen ist – dies der Titel einer fundierten Dokumentation von Karl Hüser –, daß es seit 1939 in Wewelsburg ein KZ gab und der aus kleinbürgerlichem Sektierertum schöpfende Massenmörder sich in der alten Ritterburg ein »okkultes« Machtzentrum schaffen wollte, in dem der barbarische Herrenrassegedanke der NS-Ideologie sich mit einer dementsprechend zurechtinterpretierten Gralsritter-

schaft verband. Otto Rahn hat dort in Vorträgen seine Spuren hinterlassen. Letztlich ging es in Wewelsburg, wie bei Rahn, um die totale Umwertung der christlichen Lehre aus dem »Urbronn« des »nordischen Weistums« heraus, bei dem das mittelalterliche, kosmopolitisch gedachte Munsalväsche mit einem arischen »Asgard, Walhall, Rosengarten« gleichgesetzt wurde. Lokalisiert wird dieses Wahnreich bei Rahn in den Vorbergen der französischen Pyrenäen, in der Burg des Herren Ramon de Pérelhe, in Montségur.
Montségur – das Thema vieler Spekulationen! Nach Rahns Auffassung wurde dort das Heiligtum der Katharer, ihre »Reine Lehre«, gehütet, die »nach dem Beispiel der indischen *Mani* mit einem vom Himmel gefallenen Stein symbolisiert« wird, »einem ›Lapis ex coelis‹«. Nur ihn,

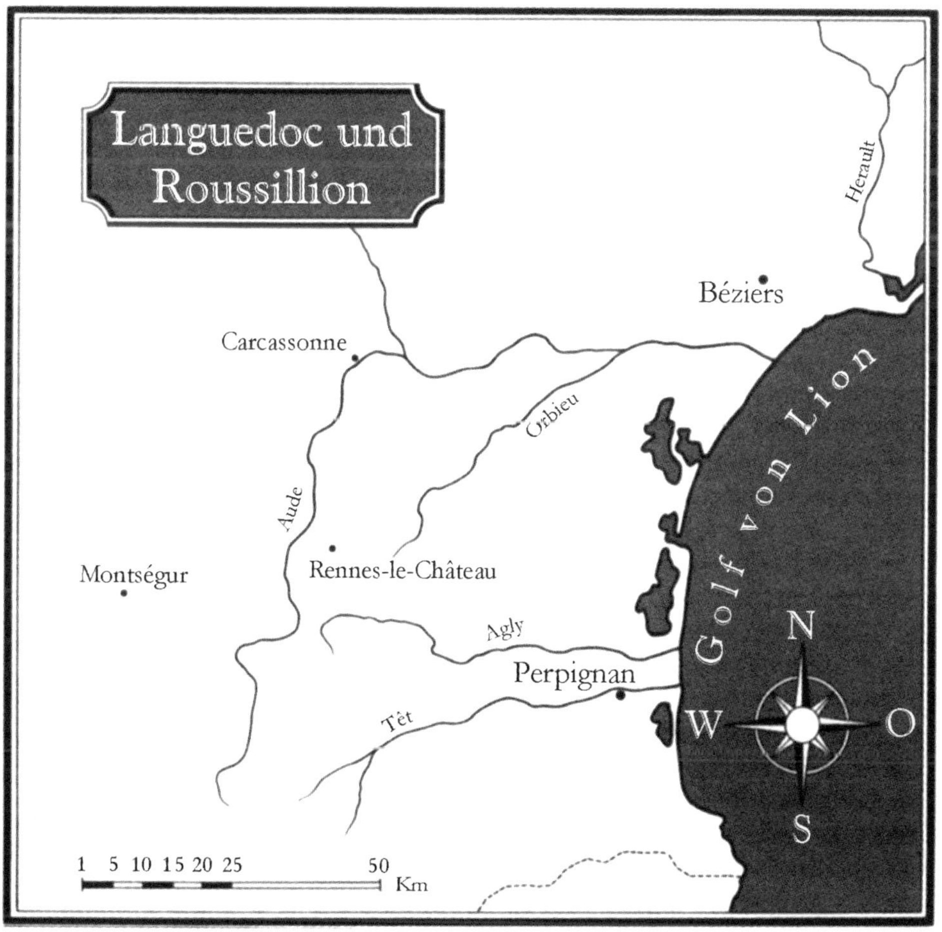

das Emblem für die reine katharische Lehre, so Rahn, könne Wolfram von Eschenbach mit seinem falsch geschriebenen »lapsit ex illis« gemeint haben. Er sei der Gral. Dieser aber soll, »wie manche meinen, ein aus Luzifers Krone gefallener Stein sein.« Diese Geschichte kennen wir bereits. In höchster Not hätten vier waghalsige Katharer diesen Gralsstein, als Montségur der Übermacht seiner Feinde nicht mehr standzuhalten vermochte, »in abenteuerlicher Kletterei nach den Höhlen von Ornolac geschafft«, wo er noch heute unauffindbar verborgen liege. Rahn schreibt: »Der Gral war ein ketzerisches Symbol. Er wurde von den Anbetern des christlichen Kreuzes verflucht und von einem Kreuzzug angegriffen. Das ›Kreuz‹ führte einen heiligen Krieg gegen den ›Gral‹«.

Wolfram wird in dieser Interpretation zum Katharer. Als Waldenser, einer den Katharern verwandten Sekte Zugehörigen, haben wir den Dichter des »Parzival« bereits in einer wissenschaftlich fundierten Deutung kennengelernt. Wahrscheinlich war Wolfram keines von beiden. Nur eines ist er sicher gewesen: ein selbständig denkender, kritischer Geist, der nicht im Einklang mit der herrschenden Kirche stand. Sympathien zu der einen oder anderen religiösen Armutsbewegung mochte er durchaus gehegt haben. Wohl kaum aber hätte er sich mit Otto Rahns Glaubensbekenntnis identifiziert: »Auch in Luzifers Haus sind viele Wohnungen. Mancher Weg und manche Brücke führen zu ihm hin…«

Zu verhängnisvollen Schlüssen im Gefolge einer »genetischen Magie« kann eine Gralssuche führen, wenn sie den »wunsch von pardîs«, die universelle Gralsidee, in greifbare Form zwingen will oder gar Forscher wie Rahn sich als Gralsritter aus »Luzifers Hofgesind« sehen, auserwählt, im Dienste einer Rassenwahnideologie »den Menschen ihres Blutes Hilfe zu bringen«.

Nicht alles, was Rahn über Montségur und den Gral schrieb, war eigene Erfindung. Sein Mentor und väterlicher Freund Antonin Gadal, der damalige Präsident des Fremdenverkehrsvereins von Ussat, ist es gewesen, der den jungen Schwärmer mit der Burg und den umliegenden Höhlen des Sabarthès bekanntmachte. Wie Jean Markale feststellt, ist er »der Vater der Idee…, die Katharer mit dem Kult der Sonne und dem ›deutschen‹ Gralsmythos in Verbindung zu bringen«. Zeichnungen in den imposanten Höhlen des Ariègetals veranlaßten ihn zu ausschweifenden Gedankenspielen. »Die phantasievollen Behauptungen von Antonin Gadal haben sich zu wahren Märchen entwickelt«, schreibt Markale. »Die Höhlen von Ussat seien Initiationsstätten der Katharer und auch der Gralsritter gewesen. Und da die Zeichnungen zum Teil nicht mehr vollständig erhalten waren, ergänzte man sie einfach nach eigenem Gutdünken.«

Die Zeichnungen stammten aber noch dazu nicht einmal, wie Archäologen längst festgestellt hatten, aus der Zeit der Katharer. Diese lebten zwar für eine Weile im Ariègetal, das ihnen Schutz vor den Nachstellungen durch die Inquisition bot. Daß sie dabei aber die Höhlen aufgesucht oder als Kultstätten benutzt hätten, entbehrt jeder Grundlage. Bedauerlich, meint Markale, »für die Liebhaber des Mysteriums und der Esoterik, aber es ist nun einmal so«.
Trotzdem ist Montségur noch immer eine bevorzugte Pilgerstätte moderner Gralssucher. Allein die Atmosphäre dieser geschichtsträchtigen Burgruine auf spitz zulaufendem Bergkegel mit dem atemberaubenden Panorama über die Faltungen des Plantaurel, den Einschnitt des Audetals und das Massiv des St. Barthélémy ist noch ganz dicht jener mittelalterlichen Welt verbunden, in der Chrétien und Wolfram einst ihre Gralsdichtungen schrieben. Unter dem Mantel feudaler Prachtentfaltung war es eine Welt des Kampfes, ja des Hasses, auf den die Dichter mit dem Paradiesestraum vom Gral geantwortet haben, so wie sie dem Raubrittertum und der herrscherlichen Willkür die hehre Gestalt des edlen Königs Artus entgegenstellten. Die ganze Spannweite dieser beiden Welten scheint stimmungsmäßig über der Ruine dieser Burg zu liegen. Mit Montségur, einer der letzten Bastionen der Katharer, die sich im 13. Jahrhundert weit über Südfrankreich hinaus über ganz Europa ausbreiteten, steht auch die damals hochverehrte Fürstin Esclarmonde de Foix in Verbindung. Ihr Name bedeutet »Leuchte der Welt«, und als solche hat man sie mit Repanse de Schoye, der Gralsträgerin, gleichgesetzt. Auch das eine unhaltbare, wenn auch poetische Hypothese.
Über eine weitere Namensspekulation, die den einstigen Burgherrn von Montségur betrifft, meint der sonst durchaus kritische Katharerforscher René Nelli: »Man muß sich wundern, daß der Herr von Pérelhe, lateinisch Perilla, den gleichen Namen trug wie der erste Gralskönig in der ›Titurel‹-Dichtung... Ist der Zufall hier nicht ›magisch‹?« Trotzdem ist größte Vorsicht bei allen Zuschreibungen geboten.
Aus dem Griechischen »Katharos«, Reinheit, leiteten die Katharer ihren Namen ab. Sie glaubten an die Wiedergeburt, waren bedingungslose Pazifisten und gelobten Armut. Wenngleich sie die diesseitige Welt als Teufelswerk betrachteten und es deshalb ablehnten, sie weiter zu bevölkern, gestanden sie den Frauen hohe Ehre zu. Vieles in ihrem Denken, vor allem aber in ihrem anspruchslosen, dem geistigen Leben verpflichteten Auftreten mag sie mit der Gralsidee in Verbindung gebracht haben. So konnte Montségur, auch schon vor Otto Rahns rassistischer Luzifer-Grals-Esoterik, in den Sagen der einheimischen Bevölkerung zu einer Lichtburg der Gralsritter werden.
Im Jahre 1244 wurde Montségur vernichtet. Den Kreuzzug gegen die

Katharer hatte Papst Innozenz III. schon 1208 eröffnet. Nicht nur Burgen, ein ganzes blühendes Land, ein Land auch der Troubadoure und des Minnekults, in dem viele Adelige die Katharer unterstützen, wurde unter Führung des rigorosen Simon de Montfort, der wie alle päpstlichen Streiter dabei auch reiche Beute machte, vernichtet. Zweihundert »Vollkommene«, so hießen die mit den katharischen Weihen Ausgestatteten, bestiegen 1244 in Montségur den Scheiterhaufen. In ihrem Sterben mochten sie ihre manichäische Lehre von der sichtbaren Welt und aller Machtinstanzen als einer Schöpfung des Teufels bestätigt gefunden haben. Etwa an der Stelle, wo zu Füßen der Burg die Scheiterhaufen loderten, wurde 1960 ein Gedenkstein errichtet. Unter dem fünfzackigen Stern mit dem Katharerkreuz ist zu lesen: »Martiris Del Pur Amor Christian« – »Die Märtyrer der reinen christlichen Liebe«.
Im Languedoc verleihen die Ruinen der Katharerburgen dem Land noch heute nachdenkenswerte Akzente historischer Erinnerung.
Eine alte Katharerburg war auch Carcassonne. Und wieder werden Bezüge zur Gralswelt hergestellt! Diesmal ist es der Name ihres tapferen Burgherrn und Verteidigers Trencavel, von dem auf Perceval-Parzival geschlossen wurde. »Trencavel«, argumentiert man, bedeutet »durchschneide gut«, was mit »perce-val«, »mittenhindurch«, gleichzusetzen sei. Doch auch diese Deutung ist nicht haltbar. »Die Gleichsetzung Perceval-Trencavel, zu einem guten Teil durch die Lebensgeschichte Trencavels verursacht«, erläutert Jean Markale, ist »ganz klarer Unsinn. Der junge Trencavel war noch nicht geboren, als Chrétien seinen ›Conte de Graal‹ schrieb, wo zum erstenmal in der Literaturgeschichte die Figur des Parzival erscheint. Handelt es sich dann vielleicht um seinen Vater, Raymond-Roger? Das Opfer des Simon de Montfort starb 1209, die Gleichsetzung funktioniert ebenfalls nicht.«
Dessenungeachtet: Die Gegend rund um die Katharerburgen ist noch immer voll von Spekulationen über den Gral.
Besonders das Dorf Rennes-le-Château, eine knappe Autostunde südlich von Carcassonne, partizipiert seit dem Buch von Lincoln, Baignet und Leigh an der Mystifizierung des Gralsthemas. Die Ruine der Stammburg Bertrands de Blanchefort, des vierten Großmeisters der Tempelritter im 12. Jahrhundert, steht dort, so jedenfalls wird behauptet, wenn neuere Untersuchungen auch feststellten, daß die Templer in dem Dorf nicht nachzuweisen seien. Doch es geht um verschlüsselte Geheimdokumente über die wahre Bedeutung des Grals. Sie sollen in der Innenhöhlung eines gotischen Säulenträgers des Kirchleins der heiligen Magdalena einst vom Templerorden – der noch heute eine Priorie in Sion unterhält – deponiert worden sein. Als Bérengar Saunièr, der Pfarrer, die Kirche 1917 renovierte, habe er diese danach verschwunde-

nen Dokumente entdeckt, die den Beweis erbracht hätten, daß der Gral nichts anderes als das in seinen leiblichen Nachkommen fortlebende Blut Christi sei, das »Sang Real«, von dem wir bereits sprachen. Nach dieser Hypothese, bei der Maria Magdalena eine wichtige Rolle spielt, müßte es sich also um die sehr alte Niederschrift eines stichhaltigen Stammbaums handeln, den zu verheimlichen natürlich im größten Interesse der Kirche, aber auch des Templerordens, gelegen hätte, der die Zeit für die Aufdeckung des Geheimnisses noch nicht für gekommen erachtete. Seltsamerweise war der arme Dorfpfarrer, der mittlerweile zur Kultfigur wurde, tatsächlich auf rätselhafte Weise plötzlich sehr wohlhabend geworden. Hatte er Bestechungsgelder erhalten, um seinen Fund auszuhändigen und zu schweigen? Wenn das Rätsel um Bérengar Saunièr, über den es bereits mehrere Bücher gibt, auch nicht gelöst ist, klingt die ganze Geschichte doch zu mysteriös, um glaubhaft zu sein. Kritische Textanalysen einschlägiger Quellen haben die Templerhypothese erschüttert. Das kleine Rennes-le-Château aber gehört, seit die genannten Autoren und ein englisches Fernsehteam 1970 mit dieser Geschichte Furore machten, zu den Geheimtips neuerer Gralssucher. In dem Buchladen des malerisch gelegenen Bergdörfchens findet sich neben Esoterik und Templerromantik auch gediegene Literatur, Bücher zur Artusforschung und das Werk des Chrétien de Troyes. Das Verlangen nach Konkretisierung des Wunderbaren ist offensichtlich unwiderstehlich. Auffallend aber bleibt, daß gerade in abgelegener Pyrenäengegend, sei es in Frankreich oder in Spanien, wo einmal das Katharertum in hoher Blüte stand, die Versuche anzutreffen sind, den Gral zu lokalisieren oder ihn, wie in Taüll, als Heiligtum in den Händen der Madonna zu präsentieren.

Die geheimnisvolle Aura, die Gral und Gralsburg in der Artusdichtung umgeben, hat man auch im nordöstlichen Spanien, in der zerklüfteten Felsenlandschaft des Montserrat, gesehen und den dortigen Klosterberg bei Barcelona mit Munsalväsche in Verbindung gebracht. Wenn der Montserrat, dessen Name sich von der gezackten Form seiner Felsenkulisse herleitet, auch nicht mit dem der Gralsburg gleichgesetzt werden kann, ein »Mont salvat«, ein Berg des Heils, mit einer spirituellen Atmosphäre besonderer Art ist er dennoch. Seit vielen Jahrhunderten hat sich hier durch das Gebet früher Mönche und späterer Wallfahrer zur Schwarzen Madonna von Montserrat ein Kräftefeld geistiger Energien aufgebaut, wie es auch dem Gral zu eigen ist. In eine ähnlich mystische Felsenlandschaft versetzte Goethe seine »Heiligen Anachoreten«, die den Eremiten der Gralsdichtungen gleichen, in der hymnischen Schlußszene von »Faust II«. Vielleicht sind es auch die Bergschluchten des Montserrat, die dem Dichter durch eine Beschreibung

Wilhelm von Humboldts bekannt waren, in denen Fausts Tragödie im »Chorus mysticus« verklingt:

> *»Alles Vergängliche*
> *Ist nur ein Gleichnis;*
> *Das Unzulängliche,*
> *Hier wird's Ereignis;*
> *Das Unbeschreibliche,*
> *Hier ist es getan;*
> *Das Ewig-Weibliche*
> *Zieht uns hinan.«*

Faust, der immer Strebende und Suchende, hat seinen Gral gefunden. Von einem »Chor der Engel, Rosen tragend«, wurden dem Verscheidenden, um den Mephisto sich vergeblich mühte, »Paradiese« zugetragen, in denen das »Ewig-Weibliche« in überirdischer Göttlichkeit wirkt. Auch für den Minnekult der Artusdichtung, den Weg der Gralsritter und den Gral selber gilt, was Rike Wankmüller und Erika Zeise über Fausts Metamorphosen sagen: »Es herrscht ›Eros, der alles begonnen‹. Er kann auch die Dämonie, die jegliche Leidenschaft, also auch der Liebe, Triebkraft ist, in Höheres verwandeln. Liebe ist unverlierbar; sie übersteigt alles Irdische, auch die Schuld... Durch die Macht und Gnade der ›ewigen Liebe‹, auf den Stufen von ›Jungfrau, Mutter, Königin, Göttin‹, kann das Wunder der Umartung von Stoff und Element zu Geist vollbracht werden.«

Erinnern wir uns daran, daß Goethe sich selber in der Figur des Merlin gesehen hat.

Was aber Munsalväsche betrifft, so wissen wir, daß es »pfadlose Wege« sind, die dorthin führen und die Gralsburg unauffindbar bleibt für alle Unberufenen. Berufen aber ist niemand durch Herkunft und Geburt. Nur derjenige könnte es sein, der zwischen den Farben der Elster recht zu entscheiden weiß und den Gral nicht irgendwo im greifbaren Äußeren, sondern in sich selber sucht. »Nach Innen geht der geheimnisvolle Weg«, heißt es bei Novalis, der seine romantische »Universalpoesie« gern im Kleide mittelalterlicher Idealfiguren wie der des sagenhaften Heinrich von Ofterdingen präsentierte, jenes legendären Minnesängers, der sich im Sängerwettstreit auf der Wartburg mit Wolfram von Eschenbach maß.

Immer mehr nach innen, in die letzte Tiefe der Anderswelt, führt auch König Artus' Weg. Es sieht fast so aus, als hätten wir den »rex quondam rexque futurus«, den Morgane nach dem tragischen Ende seines weltlichen Reiches heim nach Avalon holte, vergessen. Doch dem ist nicht so. Er war es ja, der ein ganzes Reich der Dichtung inspirierte, weil er einmal, vor mehr als fünfzehnhundert Jahren, als er noch unter den Lebenden weilte, als »dux bellorum« und Riothamus die Hoffnung einer Welt auf Frieden und Gerechtigkeit gewesen ist.

ANHANG

Benutzte mittelalterliche Textausgaben

Chrétien des Troyes: Erec und Enide. Übersetzt von Albert Gier. In: König Artus und seine Tafelrunde. Europäische Dichtung des Mittelalters. In Zusammenarbeit mit Wolf-Dieter Lange neuhochdeutsch hrsg. von Karl Langosch. Reclam, Stuttgart, 1982

Chrétien des Troyes: Perceval oder die Geschichte vom Gral. Aus dem Altfranzösischen übersetzt von Konrad Sandkühler. Stuttgart, 1957

Geoffrey of Monmouth: Die Geschichte der Könige von Britannien. Übersetzt von Karl Langosch. In: König Artus und seine Tafelrunde (siehe oben).

Geoffrey of Monmouth: The History of the Kings of Britain. Translated by Lewis Thorpe. Penguin Books, 1984

Gottfried von Straßburg: Tristan. Nach dem Text von F. Ranke neu hrsg. von Rüdiger Krohn. 3 Bände. Reclam, Stuttgart, 1984/85

Sir Thomas Malory: Die Geschichten von König Artus und den Rittern seiner Tafelrunde. Übertragen von Helmut Findeisen auf der Grundlage der Lachmannschen Übersetzung. 3 Bände. Insel Verlag, 1977

Robert de Boron: Die Geschichte des heiligen Gral. Aus dem Altfranzösischen von Konrad Sandkühler. Stuttgart, 1958

Robert Wace: Le Roman de Brut. Übersetzt von Albert Gier. In: König Artus und seine Tafelrunde (siehe oben).

Wolfram von Eschenbach: Parzival. Nach der Ausgabe von Karl Lachmann übersetzt von Wolfgang Spiewok. 2 Bände. Reclam, Stuttgart, 1981

Anonym: Lanzelot und Ginevra (Prosa-Lanzelot). Aus dem altfranzösischen Prosaroman übersetzt von Karl Langosch. In: König Artus und seine Tafelrunde (siehe oben).

Allgemeine Literatur

Alcock, Leslie: Arthur's Britain. Penguin Books, London, 1989

Ashe, Geoffrey: König Arthur. Die Entdeckung von Avalon. Econ Verlag, Düsseldorf-Wien, 1986

Ashe, Geoffrey: (Hrsg.) The Quest for Arthur's Britain. Paladin Grafton Books, London, 1987

Ashton, Graham: The Realm of King Arthur. Dixon, Isle of Wight, 1974

Atkinson, R.J.C.: Was ist Stonehenge? Staatl. Buchhandlungen, London, 1980

Barber, Richard: King Arthur. Hero and Legend. The Boydell Press, Woodbridge, 1986

Barber, Richard: (Hrsg.) The Arthurian Legends. An illustrated Anthology. The Boydell Press, Woodbridge, 1979

Baier, Lothar: Die große Ketzerei. Verfolgung und Ausrottung der Katharer durch Kirche und Wissenschaft. Verlag Wagenbach, Berlin, 1987

Baumer, Franz: König Artus. Manuskripte zur Fernsehtrilogie des Bayerischen Rundfunks. TR-Verlagsunion, München, 1989

Bayer, Hans: Gralsburg und Minnegrotte. Die religiös-ethische Heilslehre Wolframs von Eschenbach und Gottfrieds von Straßburg. Philolog. Studien u. Quellen. Erich Schmidt Verlag, Berlin, 1978

Bédier, Joseph: Tristan und Isolde. Roman. Deutsch von Rudolf G. Binding. Insel Taschenbuch, 1979

Biddle, Martin, u. Clayre, Beatrice: Winchester Castle and the Great Hall. County Council, Hampshire, 1983

Bötig, Klaus: Zypern. DuMont, Köln, 1986

Borne, Gerhard von dem: Der Gral in Europa. Wurzeln und Wirkungen. Fischer Taschenbuchverlag, Frankfurt a.M., 1987

Botheroyd, Paul und Sylvia: Schottland/Wales/Cornwall – Auf den Spuren von König Artus. Droemer, München, 1988

Brewer, Derek, und Frankl, Ernest: Arthur's Britain. The Land and the Legend. The Pevensey Press, Cambridge, 1985

Bumke, Joachim: Höfische Kultur. Literatur und Gesellschaft im hohen Mittelalter. 2 Bände. Deutscher Taschenbuch Verlag, München, 1986

Burdach, Konrad: Der Gral. Stuttgart, 1938

Caesar, Gaius Julius: Der Gallische Krieg. Übersetzt u. hrsg. von Marieluise Deissmann. Reclam, Stuttgart, 1980

Frazer, Sir James George: The golden bough. 1890

Frenzel, Elisabeth: Stoffe der Weltliteratur. Kröner Verlag, Stuttgart, 1962

Fuhrmann, Horst: Einladung ins Mittelalter. Verlag C.H. Beck, München, 1988

Gantz, Jeffrey: (Hrsg.) The Mabinogion. Penguin Books, London, 1976

Gillard, Henri: Vérités et légendes: L'Êglise de Tréhorenteuc. Hrsg. von Abbé Rouxel, Tréhorenteuc, o.J.

Golowin, Sergius: Magier Merlin. Von Märchenreichen und Rittern im Mittelalter. Merlin Verlag, Gifkendorf, o.J.

Grant, Michael: Roms Cäsaren. Von Julius Caesar bis Domitian. Verlag C.H. Beck, München, 1978

Guénon, René: Der König der Welt. Aurum Verlag, Freiburg i.Br., 1987

Heinsohn, Gunnar, und Steiger, Otto: Die Vernichtung der weisen Frauen. März Verlag, Herbstein, 1985

Hüser, Karl: Wewelsburg 1933 bis 1945. Kult- und Terrorstätte der SS. Eine Dokumentation. Verlag Bonifatius Druckerei, Paderborn, 1987

Huizinga, Johan: Herbst des Mittelalters. Kröner Verlag, Stuttgart, 1965

Johnson, Stephen: Later Roman Britain. Paladin Books, London, 1968

Jung, C.G.: Symbole der Wandlung. Rascher Verlag, Zürich, 1952

Kenntemich, Anton: Gralswelt – Legende und ritterliches Abenteuer. Gehört gelesen. Bayer. Rundfunk, 1983

Knapp, Fritz Peter: Chevalier errant und fin' amor. Das Ritterideal des 13. Jahrhunderts in Nordfrankreich und im deutschsprachigen Südosten. Passavia Universitätsverlag, Passau, 1986

Knight, Jeremy K.:	Caerleon. Roman Fortress. Cadw: Welsh Historic Monuments, Cardiff, 1988
Knight, Jeremy K.:	The Pillar of Eliseg. Ebenda, 1987
Lacy, Norris J.:	(Hrsg.) The Arthurian Encyclopedia. The Boydell Press, 1988
Lampo, Hubert:	Artus und der Gral. Verlag Hugendubel, München, 1985
Lecouteux, Claude:	Mélusine et le Chevalier au Cygne. Payot, Paris, 1982
Leonhard, Kurt:	Dante. Rowohlt Taschenbuch Verlag, Reinbek b. Hamburg, 1970
Lincoln, Bainet, Leigh:	Der Heilige Gral und seine Erben. Lübbe Verlag, Bergisch Gladbach, 1986
Lincoln, Bainet, Leigh:	Das Vermächtnis des Messias. Lübbe Verlag, 1987
Lope, Hans-Joachim:	Französische Literaturgeschichte. Verlag Quelle & Meyer, Heidelberg, 1978
Markale, Jean:	Die Druiden. Gesellschaft und Götter der Kelten. Dianus-Trikont Verlag, München, 1985
Markale, Jean:	Die keltische Frau. Mythos, Geschichte, soziale Stellung. Dianus-Trikont Verlag, München, 1984
Markale, Jean:	Eleonore von Aquitanien. Rainer Wunderlich Verlag, 1980
Markale, Jean:	Rennes-le-Château et l'énigme de l'or maudit. Pygmalion, Paris, 1989
Matthews, John:	The Grail. Quest for the eternal. Thames and Hudson, London, 1981
Matthews, John:	(Hrsg.) Der Gralsweg. Droemersche Verlangsanstalt, München, 1989
Meyer, Rudolf:	Zum Raum wird hier die Zeit. Die Gralsgeschichte. Fischer Taschenbuch Verlag, Frankfurt a.M., 1983
Nelli, René:	Die Katharer. Ouest France, 1988
Niel, Fernand:	Auf den Spuren der Großen Steine. Stonehenge, Carnac und die Megalithen. List Verlag, München, 1977
Neumann, Erich:	Die Große Mutter. Eine Phänomenologie der weiblichen Gestaltungen des Unbewußten. Walter-Verlag, Olten u. Freiburg i.Br., 1985

Ó Riani-Raedel, Dagmar: Untersuchungen zur mythischen Struktur der mittelhochdeutschen Artusepen. Philologische Studien und Quellen. Erich Schmidt Verlag, Berlin, 1978

Pernoud, Régine: Königin der Troubadoure. Eleonore von Aquitanien. Deutscher Taschenbuch Verlag, München, 1979

Peterich, Eckart: Götter und Helden der Griechen. Fischer Bücherei, Frankfurt a.M. und Hamburg, 1958

Pfabigan, Alfred: (Hrsg.) Die andere Bibel mit Altem und Neuem Testament. Eichborn Verlag, Frankfurt a.M., 1990

Rahn, Otto: Kreuzzug gegen den Gral. Urban-Verlag, Freiburg i.B., 1933

Rahn, Otto: Luzifers Hofgesind. Schwarzhäupter-Verlag, Leipzig, 1937

Ranke-Graves, Robert von: Die Weiße Göttin. Sprache des Mythos. Rowohlt Taschenbuch Verlag, Reinbek b. Hamburg, 1985

Ranke-Graves und Patai, Raphael: Hebräische Mythologie. Rowohlt Taschenbuch Verlag, 1986

Rath, Wilhelm: Das Buch vom Gral. Verlag Freies Geistesleben, Stuttgart, 1980

Sager, Peter: Süd-England. DuMont, Köln, 1985

Stein, W.J.: Weltgeschichte im Lichte des Heiligen Grals. Stuttgart-Wien, 1928

Steward, Robert John: Merlin. Das Leben eines sagenumwobenen Magiers. Droemersche Verlagsanstalt, München, 1988

Theisen, Josef: Französische Literaturgeschichte. Kohlhammer Verlag, Stuttgart, 1978

Tolstoy, Nikolai: Auf der Suche nach Merlin. Mythos und geschichtliche Wahrheit. Eugen Diederichs Verlag, Köln, 1987

Vielhauer, Inge: (Hrsg.) Das Leben des Zauberers Merlin. Geoffrey of Monmouth' »Vita Merlini« in deutscher Übersetzung. Amsterdam, 1964

Wallrath, Bertram: (Hrsg.) Das Buch Camelot. Sagen, Lieder und Geschichten von König Artus und den Rittern der Tafelrunde. Droemersche Verlangsanstalt, München, 1989

Wankmüller, Rike, und Zeise, Erika:	In deinem Nichts hoff' ich das All zu finden. Max Beckmann. Illustrationen zu Faust II. Mandragora Verlag, München-Münster, 1984
Wentz, W.Y. Evans:	The Fairy-Faith in Celtic Countries. Oxford University Press, 1911
Westphal, Wilfried:	»Einst wird kommen ein König…« Artus – Wahrheit und Legende. Westermann Verlag, Braunschweig, 1989
Westwood, Jennifer:	Sagen-Mythen-Menschheitsrätsel. Ein Atlas der heiligen Orte, geheimnisvollen Kulturstätten und versunkenen Kulturen. Verlag Frederking & Thaler, München, 1990
White, T.H.:	Das Buch Merlin. Droemersche Verlagsanstalt, München, 1980
Wilson, Collin:	King Arthur Country in Cornwall. The Search for the Real Arthur. Bossiney Books, Bodmin, 1979

Übersetzungen

soweit nicht vom Autor selbst oder unter »mittelalterliche Textausgaben« fallend:

Aëtius, Sidonius, Apollinaris, Gregor v. Tours, Jordanes, Nennius, St. Geoznovius, Sharon Turner, William v. Malmesbury: nach Geoffrey Ashe.

Bernhard v. Clairvaux, Berthélémy, Ruysbroeck, Thomas v. Aquin: nach Johan Huizinga.

Peyrault-Peraldus: Fritz Peter Knapp.

Siodorus Siculus: nach Hubert Lampo.

Mabinogion-Texte: nach Robert von Ranke-Graves.

John Masefield, Sir Walter Scott: Momo Schlender.

Tennyson: Nikolai Tolstoy.

Vergil: U. von Wilamowitz-Moellendorff.

Wichtige Stätten der Artus-Überlieferung

Deutschland

Neuschwanstein

Im Schloß König Ludwigs II. von Bayern wird der Artusstoff vor allem im Wohnzimmer mit dem »Gralswunder«-Gemälde aus der Lohengringeschichte und im Schlafzimmer mit einem Bilderzyklus über Tristan und Isolde aufgegriffen.

England

Cadbury Castle

Keltische Hügelbefestigung in Somerset zwischen den Orten Wincanton und Sparkford. Wurde in der Volksüberlieferung seit langem als König Artus' Camelot bezeichnet. Ausgrabungen zeigen, daß hier gegen Ende des 5. Jahrhunderts tatsächlich die Residenz eines großen Königs gewesen war, so daß der Gedanke an das Hauptquartier des historischen Artus nicht ganz von der Hand zu weisen ist.

Caerleon

Die ehemalige römische Legionärsstadt bei Newport in Südwales galt als einer der Hauptsitze von König Artus. Das Amphitheater, dessen eindrucksvolle Ruine zu besichtigen ist, wurde in mythischer Verklärung zum »Runden Tisch« der Artusritter.

Glastonbury

Südenglisches Städtchen in Somerset mit *Glastonbury Tor*, einem Keltenhügel, zu dessen Füßen sich ein keltisches Brunneheiligtum und die »Chalice Well«, die Kelchquelle, befinden, wo Joseph von Arimathia der Legende nach den Gralskelch versteckte. In *Glastonbury Abbey*, der einst bedeutenden mittelalterlichen Abtei, soll Artus' Grab gewesen sein. *Glastonbury* wurde mit der Jenseitsinsel *Avalon* gleichgesetzt.

Llangollen	In Wales. Ganz nahe, beim *Craig Arthur*, dem sogenannten Artus-Felsabbruch, die Burgruine von *Dinas Bran*, dem Helden der kymrisch-walisischen »Mabinogion«-Prosaerzählungen mythischen Inhalts, dessen Burg mit den Fischerkönigen der Gralsgeschichte in Verbindung gebracht wird. Etwa 3 km nordwestlich von Llangollen die 1201 gegründete Zisterzienserabtei (Ruine) *Valle Crucis*, in deren Nähe *Elisegs Pillar*, die Gedenksäule für diesen König, dessen Stammbaum genannt wird, darunter der Name Britu, des Sohnes von Vortigern und der Sevira, der Tochter des Kaisers Maximus.
Nanteos	Von der Stadt Aberystwyth in Wales (Universität mit Artusforschung) aus zu erreichen: die *Villa Nanteos*, einst das Haus der Adelsfamilie Powell, die im Besitz einer als Gralsgefäß angesehenen Holzschale der Mönche von Strata Florida war. Besuch Richard Wagners. Keine Besichtigung!
Reynoldstone	Ortschaft in Wales in der Nähe von Swansea auf der Gower-Halbinsel mit dem *Megalithgrab Maen Cetti, »Artusstein«*, durch den Artus in der Volksüberlieferung zum Riesen wurde, der diesen Stein aus seinem Schuh verlor.
Strata Florida	Von Aberystwyth aus zu erreichendes ehemaliges Zisterzienserkloster, in dem die Mönche die Olivenholzschale als Gralskelch hüteten, die sie schon aus Glastonbury nach ihrer Vertreibung von dort mitgebracht und später nach Nanteos weitergegeben haben.
Stonehenge	Die berühmte vorgeschichtliche Steinsetzung nördlich von Salisbury in Südengland steht über den Zauberer Merlin in Verbindung mit dem Artus-Sagenstoff.

Tintagel — Ein vom Artuskult lebendes Dorf in Nord-Cornwall mit einer »King Arthur's Hall of Chevalry«, insbesondere aber mit der imposanten Ruine von *Tintagel Castle,* das seit Geoffrey of Monmouths phantasiereicher »Geschichte der Könige Britanniens« (12. Jahrhundert) als König Artus' Geburtsort gilt.

Winchester — In der »Great Hall« des Schlosses befindet sich die Round Table, eine Platte des »Runden Tisches« der Artustafelritter, die wahrscheinlich Eduard I. im 13. Jahrhundert anfertigen ließ. Selbstverherrlichung im Rückgriff auf die Artusüberlieferung.

Italien

Modena — Ein als »Artusmeister« bekannter Bildhauer des frühen 12. Jahrhunderts hat in der Archivolte des Nordportals der Kathedrale, der »Porta della Peschiera«, eine im Mythos wurzelnde Artusgeschichte dargestellt: die Befreiung Ginevras aus der Burg des Riesen Caradoc. Die früheste bekannte Artus-Darstellung in der bildenden Kunst.

Otranto — In der Kathedrale schuf Meister Pantaleone 1165 sein berühmtes Fußbodenmosaik. Darauf ist neben Alexander dem Großen, griechischen Göttern, germanischen Nornen und Figuren östlicher Mythen auch Artus als »Rex Arturus« dargestellt. Ein offenbar mythisches Bild; denn reitet auf einem ziegenartigen Symboltier.

Frankreich

Brocéliande (Forêt de Paimpont) — Der sagenumwobene Märchenwald des Zauberers Merlin und der *Fee Viviane* mit der *Barenton-Quelle* des Zauberers und seiner Fee. In diesem Wald, dem heutigen Wald von Paimpont im Herzen der Bretagne, auch das angebliche *Grab von Merlin*.

Caen

In der Kirche Saint Pierre aus dem 13. Jahrhundert zeigt ein Kapitellrelief Lanzelot, wie er über die magische Schwertbrücke kriecht, um Ginevra aus der Gewalt des Meleagant zu befreien.

Comper

Ebenfalls im Forêt de Paimpont, mit Überresten einer zum Teil noch bewohnten Burg (keine Besichtigung!), die der Geburtsort der Fee Viviane sein soll, die auch mit jener »Lady vom See« gleichgesetzt werden kann, bei welcher der Held Lanzelot aufwuchs.

Fougères

Guterhaltene Burg in der Bretagne mit dem Melusinenturm aus dem 14. Jahrhundert, nach jener Fee, von der das Geschlecht der Lusignans sich herleitete und deren Name sich auch mit Morgane oder Viviane vertauschen läßt, Sagenfiguren aus dem Artus-Zauberreich.

Houlgoat

In der Bretagne im Finistère. Im Wald von Houlgoat wird ein altes gallo-römisches Feldlager als *Camp des Artus* (Artus-Feldlager) bezeichnet und eine Felshöhle als *Artusgrotte* – Ausdruck der Breitenwirkung des Artusstoffes.

Montségur

Ruine einer Katharerburg in Südfrankreich bei Carcassonne, die seit dem Buch von Otto Rahn, »Der Kreuzzug gegen den Gral«, in dem in mysteriöser Weise die Gralssage mit den Albigenserkriegen verbunden wird, als einstige Stätte der Gralshüter gilt.

Néant-sur-Yvel

In der Kirche dieses kleinen Ortes befinden sich moderne Mosaikarbeiten aus dem Artus- und Grals-Sagenkreis. Sie sind in Verbindung mit der Kirche des benachbarten Tréhorenteuc im Forêt de Paimpont zu sehen.

Rennes-le-Château	Dorf in der Nähe von Carcassonne, über das die englischen Buch- und Filmautoren Lincoln, Baigent und Leigh in Verbindung mit ihrer aufsehenerregenden Hypothese vom Gral geschrieben haben. Alte, verschlüsselte Dokumente des Templerordens sollen dort gefunden worden sein, die beweisen, daß es sich bei dem Blut Christi des Grals um die leibliche Nachkommenschaft Jesu aus einer Verbindung mit Maria Magdalena gehandelt habe. Das im Verborgenen gehütete »heilige Blut« soll über die zum Christentum bekehrten Merowinger als »sang royal« eine geheime dynastische Tradition begründet haben, die sich im Untergrund bis heute fortsetzt. Eine dem modernen Wunderglauben entgegenkommende Hypothese, die in Verbindung mit der Artus-Gralsgeschichte zwar nicht unbeachtet bleiben darf, einer nicht ungefährlichen Mystifizierung jedoch sehr entgegenkommt.
Tréhorenteuc	Kleine Ortschaft in der Bretagne im Forêt de Paimpont mit einem Dorfkirchlein aus dem 17. Jahrhundert, das von Pfarrer Henry Gillard zwischen 1942 und 1962 umgebaut und zur *Stätte der Gralsverehrung* gemacht wurde, mit Mosaiken, Bildern und Glasgemälden im Chor und in der Sakristei.
Vouvant	In diesem Ort am Nordrand des Waldes von Mervent-Vouvant im Poîtou steht noch ein 30 Meter hoher Donjon auf dem einstigen Burggelände, der als Melusinenturm bezeichnet wird, weil Melusine der Sage nach den Ort gegründet und den Turm in einer Nacht errichtet hat.

Spanien

Montserrat	Berühmtes Benediktinerkloster nordwestlich von Barcelona und Wallfahrtsstätte zur »Schwarzen Madonna von Montserrat«, wurde (fälschlicherweise) mit dem »Munsalväsche«, dem Gralsberg aus der Parzivaldichtung des Wolfram von Eschenbach, in Zusammenhang gebracht.
Taüll	In der frühromanischen Kirche Sant Climent von Taüll in den katalonischen Pyrenäen befindet sich unter den Apsisfresken eine Mariendarstellung, in der die christliche Heilige als Gralsträgerin zu sehen ist. Heute Kopie, die Originalfresken sind im Museo del arte de Cataluña in Barcelona.
Toledo	Hängt mit der Dichtung Wolframs von Eschenbach zusammen, der seinen Gewährsmann, den »Meister Kyot«, in Toledo die Handschrift des sternenkundigen heidnischen Flegetanis gefunden haben läßt, in der alles über den Gral gestanden habe.
Valencia	In der Gralskapelle der Kathedrale wird ein päpstlicher Kelch als angeblicher Abendmahlskelch verehrt. Der hl. Vinzenz Ferrer brachte das Meßgerät, das in Verbindung mit der Legende des hl. Laurentius steht, in den Besitz des Hauses Aragon. Immer wieder war dieser Kelch auf abenteuerlichen Reisen, bis er im 15. Jahrhundert als Schenkung Alfons VI. nach Valencia gelangte.

Verzeichnis der Personen

Sach- und Ortsregister